李炳南居士年譜

1983-1986
譜後
附錄

林其賢 編著

目　次

▍第伍冊

第七卷　雪窗謄餘（臺）1983-1986

1983 年（民國 72 年・壬戌－癸亥）94 歲 3283

1984 年（民國 73 年・癸亥－甲子）95 歲 3374

1985 年（民國 74 年・甲子－乙丑）96 歲 3471

1986 年（民國 75 年・乙丑－丙寅）97 歲 3597

▪ 譜後

1987 年（民國 76 年）先生往生 1 年 3678

1988 年（民國 77 年）先生往生 2 年 3685

1989 年（民國 78 年）先生往生 3 年 3696

1990 年（民國 79 年）先生往生 4 年・百歲冥誕 3704

1991 年（民國 80 年）先生往生 5 年 3706

1994 年（民國 83 年）先生往生 8 年 3708

1995 年（民國 84 年）先生往生 9 年 3709

1996 年（民國 85 年）先生往生 10 年 3710

1997 年（民國 86 年）先生往生 11 年 3716

1998 年（民國 87 年）先生往生 12 年 3718

2000 年（民國 89 年）先生往生 14 年 3719

2002 年（民國 91 年）先生往生 16 年 3720
2003 年（民國 92 年）先生往生 17 年 3721
2004 年（民國 93 年）先生往生 18 年 3722
2006 年（民國 95 年）先生往生 20 年 3723
2007 年（民國 96 年）先生往生 21 年 3730
2008 年（民國 97 年）先生往生 22 年 3732
2010 年（民國 99 年）先生往生 24 年 3733
2016 年（民國 105 年）先生往生 30 年 3736

■ 附錄

附錄一：李炳南居士弘化志業總表 3742
附錄二：李炳南居士大事紀 3746
附錄三：李炳南居士來臺後職務 3796
附錄四：李炳南居士來臺後講經繫年 3798
附錄五：李炳南居士重要開示繫年 3804
附錄六：李炳南居士著述繫年 3811
附錄七：《雪廬寓臺文存》繫年 3814
附錄八：李炳南居士任教大專講座一覽 3817
附錄九：李炳南居士任教大學紀錄 3819
附錄十：李炳南居士追思會各界輓詩輓聯 3821
附錄十一：人物小傳索引 3831
附錄十二：徵引文獻 3837

1983-1986

第七卷

雪窗習餘
（臺）

第七卷　國內外重要大事

- 一九八二至一九八七年，每年暑假，孔德成赴舊金山祭孔。
- 一九八三年，花蓮慈濟綜合醫院奠基動土。
- 一九八四年，蔣經國當選為第七任總統。孔德成先生應總統禮聘，出任考試院長。
- 一九八六年，廣欽老和尚往生。鳳山佛教蓮社煮雲法師往生。

第七卷　譜主大事

- 同前例行，每年元旦於慎齋堂講授佛法法要。
  每年冬季於靈山寺佛七開示念佛法要。
  每週三於慈光圖書館主持《華嚴經》講座。
- 一九八三年，捐薪設立「孔學獎金會」鼓勵儒學作品之寫作，以充實《明倫》月刊及電臺廣播之稿源。
  四月，病假，論語班、《華嚴經》講座分別由徐醒民、周家麟代理。
  為立委董正之及諸弟子講述《大學‧首章》要義。
- 一九八四年起，陸續至豐原佈教所、東勢念佛會、太平淨業精舍、太平佈教所、鹿港佈教所等機構開示念佛法要，可視為往生前極重要之修行提點，亦先生預向蓮友辭行。
- 一九八四年，《華嚴》經筵，開示「新元講席貢言：世出世法，本立道生」十九講次。
  因食物中毒，四大微恙，休養十四週。
- 一九八五年，《華嚴》經筵，據善導大師《觀無量壽經四帖疏》講述「淨土安心法門」十九週次。
  開辦第十六期暑期明倫講座。主持第二期論語講習班結業典禮，主持第三期論語講習班開學典禮。主持「六吉樓」動土奠基大典。將做為國學啟蒙班、明倫廣播社及社教科辦公及上課之用。
- 一九八六年，開辦第十七期寒假明倫講座。
  三月十九日，於週三《華嚴》經筵，切囑大眾精進修行。為最後一次上臺講經。

三月二十三日（夏曆二月十四日），赴霧峰本淨寺，主持放生。

四月十三日（夏曆三月初五），清晨五時四十五分，吉祥右臥，持珠念佛，於眾弟子念佛聲中，往生於臺中正氣街寓所。

九月，成立「李炳南老居士全集編輯委員會」。

1983年・民國72年・壬戌－癸亥

94歲

【國內外大事】
- 一九八二至一九八七年，每年暑假，孔德成赴舊金山祭孔。
- 二月，花蓮慈濟綜合醫院奠基動土。

【譜主大事】
- 一月，元旦應慎齋堂邀請，開示「業相略舉——淨土法門為當生成就佛法」。
  臺北慧炬雜誌社淨廬念佛會參訪台中蓮社，特為開示有關消業往生之謬誤。
  至全省各佈教所、念佛會巡迴演講，闡揚淨土法門。
- 二月，偕弟子至石岡水壩放生，而後至當地五福神木遊覽，特為授皈依並題詠，有倡議刻詩立碑者。
- 三月，捐薪設立「孔學獎金會」鼓勵儒學作品之寫作，以充實《明倫》月刊及電臺廣播之稿源。
  撰有〈蓮友之聲十週年紀念宣言〉。
  指示《明倫》月刊，將「四依法」及明倫社訓「四為三不」，每期刊載以提醒大眾。
- 四月十一日至五月二日，病假，論語班、《華嚴經》講座由弟子代理。
  四月下旬，臺北錢地之蒞中專訪。於蓮社招待數日，並請

為論語班學員演講。
- 五月,大專佛學社應屆畢業同學聯誼會在台中蓮社舉行,應邀開示,勉勵學子精進不退。
- 六月,與蓮友七十餘人,同遊石岡鄉五福神木,與鄉長會勘立碑地點。

 召集《明倫》月刊座談會,闡述創辦《明倫》月刊之目標、原則,並將《明倫》內容歸納為「法音、孔學廣播錄存、因果律、游藝組、明倫采掇」等五大主題。
- 八月,成立「台中蓮社巡迴弘法團」。
- 九月,至石岡舉行「五福神木碑」豎立落成典禮。
- 十月,「論語講習班」第二期第二學年上學期開學,指點:《論語》幫助大家做人、學佛。

 創辦「明倫動畫研習班」(後改名「美術班」,再改名「社教科研習班」)培養弘法人才。

 臺北慧炬月刊社師生蓮友約百人,蒞臨蓮社參訪,禮請先生開示淨土法要。
- 十二月,為立委董正之及諸弟子講述《大學・首章》要義。

 靈山寺彌陀聖誕佛七,先生開示,指點持戒為基本,念佛憶佛為法門。

 冬至。寄兩張近照回濟南老家,勉兒俊龍積善利人,自述此地有厚道鄰居照應,請家人放心。

 論語講習班第二期授課至〈陽貨〉篇第二十章,此後未續講。

1983 年・民國 72 年｜94 歲

一月一日（六）至二日（日），元旦假期，兩日下午二時半，於慎齋堂開示「業相略舉——淨土法門為當生成就佛法」，引《大乘義章》「依業故生」解說。聽講同學及蓮友於聽講後，聚集蓮社講堂就所聽聞舉行研討。[1]

學佛，正宗旨是為了了生死。了生死，一般人不明白，中外宗教、哲學家等等，能把生死看破，但沒用處，看開也得生死，看不開也得生死。要想跳出六道輪迴，只有佛法。

佛大慈大悲，為末法眾生開特別法門，有淨土法門可以了生死！修這個淨土法門，當生成就，不是成佛，是要往生。

凡是學佛的佛教徒，證到無生法忍，不生不滅，此是證果。淨土宗，說往生，生是生滅法，生滅法不了生死，往生是去修行，去上學，修行後證果。淨土法門修行的法門，就是念佛，只要你心乾淨，一念一心不亂，就與阿彌陀佛接連到，到那裡，沒有了生死，所以叫往生，在這裡死了，在蓮花池裡蓮花裡頭生了，叫往生。

淨土法門有《無量壽經》、《阿彌陀經》、《觀無量壽佛經》這三部經，這三部經，提到往生，沒有說證果，到西方才去證果。帶著惑業怎麼去呢？只要念佛，念得一心，這叫伏惑，就有辦法。淨土三經中，凡是往生到

---

[1] 《蓮社日誌》；智海學社：〈社史〉，《智海卅週年紀念專刊》，頁 129-198；【數位典藏】錄音／佛學講授／開示／慎齋堂元旦開示／〈慎齋堂元旦開示之十〉、〈慎齋堂元旦開示之十一〉，錄音整理，未刊稿。

極樂世界去,去的人惡業也有,善業也有,淨業也有,叫做帶業往生。佛法大意三句話,「諸惡莫作」,這個惡就是惡業,第二句「眾善奉行」是善業。第三「自淨其意」這個意,就是心裏的意思,說的是淨業。往生西方極樂世界時,惡業、善業、淨業三業,這三種都有,都帶著去了。

西方極樂世界有四土,第一凡聖同居土,證果的是聖人,沒證果的凡夫,到那裏去。第二方便有餘土,證了果的,修小乘七方便的人所住,沒有凡夫。第三實報莊嚴土,完全菩薩。第四常寂光土,佛。消業往生,業盡情空,成了佛,還求生西方極樂世界嗎?成了佛自有淨土,何必還求往生呢?

極樂世界有四土,內部、外部,內部九品往生,外部叫邊地。內地九品往生之人是化生,邊地是胎生。《大乘義章》曰:「言化生者,如諸天等,無所依托,無而忽起,名曰化生。若無依托,云何得生?如《地論》釋:依業故生。」業,業體,還是因緣所生法,還是與緣生論不相違背,極樂世界化生,依靠淨業而生,還是帶業往生。

一月三日(一),晚,於台中蓮社論語班講授《論語·子路》。

是日,周邦道來函,為取消原約同往參加鍾煥臻取媳婚宴事致歉。

周邦道，〈周邦道來函〉（1983 年 1 月 3 日）：
雪公夫子大人鈞鑒：鍾煥臻居士娶媳，函屬南來恭陪夫子。因以為與菩提董事會期相近，原已答應。頃悉記錯而又一家感冒，不敢出門。除覆函外，謹報告鈞座，乞與石磐老友言及，為禱。耑肅，敬叩

崇安　　　　　　　學生周邦道頂禮　七十二年元月三日

【案】鍾煥臻與臺南佛教聞人鍾石磐為叔侄（石磐為其十叔），二人年齡相當，且皆獲國軍將軍銜。一九五〇年鍾煥臻與妻鍾張冰如來臺，而後遷居南投中興新村。常隨炳南先生講經說法，每日早晚誦經念佛，長年不間斷。

一月四日（二），夜八時半，於蓮社錄音室，為論語班同學開示。（《蓮社日誌》）

一月五日（三），晚，於慈光圖書館週三《華嚴經》講座，宣講〈十迴向品第二十五〉「九、無著無縛解脫迴向」。

一月七日（五），晚，於台中蓮社論語班講授《論語・子路》。

一月十日（一），晚，於台中蓮社論語班講授《論語・子路》。

一月十一日（二），孔德成先生來函，有關「論語講座」事，

一以先生為主辦。(《圖冊》，1983年圖1)

  孔德成，〈孔德成來函〉（1983年1月11日）：炳兄：昨鄭勝陽以「論語講座」有關文件屬閱。弟以此事，前當面曾與兄詳言：所有有關一切，弟不便過問，只每年可以兄之名義，寫一「簡報」即可。并承惠允矣。故鄭所呈之件，弟未便審閱也。知注，特聞。即頌道安　　　　弟德成敬啟　七二、元、十一午[1]

一月十二日（三），晚，於慈光圖書館週三《華嚴經》講座，宣講〈十迴向品第二十五〉「九、無著無縛解脫迴向」，解說第十三表。[2]

一月十四日（五），晚，於台中蓮社論語班講授《論語‧子路》。

一月十七日（一），凌晨，台中蓮社老社長許克綏捨報，享年九十二歲。多位蓮友前往助念。（《蓮社日誌》）
  【案】許克綏（1892-1983），彰化線西鄉人，臺中瑞成書局創辦人。為台中蓮社三位創辦人之一，與朱炎煌共同助成先生創設台中蓮社，慈光圖書館及慈光育幼院之興辦，與有力焉。為炳南先生初至臺中時即

1　孔德成：〈孔德成來函〉（1983年1月11日），黃潔怡提供。
2　李炳南：《大方廣佛華嚴經講述表解》，《全集》第1冊之2，頁340。

常隨學習。（小傳見 1949 年 5 月 6 日）

晚，於台中蓮社論語班講授《論語・憲問第十四》「一、憲問恥」。論語講習班第二期第一學年上學期圓滿。[1]

一月十九日（三），晚，於慈光圖書館週三《華嚴經》講座，宣講〈十迴向品第二十五〉「九、無著無縛解脫迴向」。

是月中旬及之前，有〈晚歸鄉居〉、〈憑眺〉、〈幽居月夜〉、〈時學〉、〈紫綬環菊之佳種魯產也臺今有之〉。（《雪廬詩集》，頁 694-696）

〈憑眺〉：聽天從不受人憐，時事多違量習寬；烽火半生皆僥倖，心腸分寸未曾寒。南檐短日終長夏，北塞前朝督漢官；今後若非山色好，焚香淪茗莫凭欄。

〈幽居月夜〉：如舟小屋繞煙蘿，開牖平鋪素月波；便覺天低人在上，可將吾足濯銀河。

〈時學〉：君子如雲魯國光，時風移轉各行藏；人間爭學公輸巧，草掩宣尼萬仞牆。

〈紫綬環菊之佳種魯產也臺今有之〉：紫豔纖鈎一尺團，霜中放蕊雪中殘；如何亦作他鄉客，恐是荒天不耐寒。

一月二十一日（五），臘八節，有〈臘八粥普施〉、〈臘月

---

[1] 【數位典藏】錄音 / 儒學研究 / 論語 / 憲問篇 /〈憲問恥〉。

大寒節後殘夜驟雨雷電誌異〉、〈臘夜雷雨晨次始知四郊降雹如卵如拳再誌〉。(《雪廬詩集》，頁 696-697)

〈臘八粥普施〉：臘粥衝開曉色寒，無遮大路任來餐；碗中非蜜甘於乳，釜上蒸雲氣似檀。法界悲心隨處施，冰天果腹萬人歡；善緣圓結知何日，桃柳春風出藥欄。

〈臘月大寒節後殘夜驟雨雷電誌異〉：初聞臘盡鼓頻催，天與人間鑿凍雷；紫電穿窗驚客夢，彤雲蒸壁撥鑪灰。時中雖善吾何有，倫序違名事恐頹；任是英雄猶失箸，況非風候酌青梅。

〈臘夜雷雨晨次始知四郊降雹如卵如拳再誌〉：始信嚴寒冰結天，迎春碎解落雲邊；馬蹄驕逐轅鬥鼓，鵝卵交攻武士拳。位在廟廊當敏政，野居農圃正憂田；左車神格今應禱，漢統還承未改年。

一月二十三日（日），上午十時，台中蓮社蓮友至石岡與臺北慧炬雜誌社、淨廬念佛會一百五十位蓮友會合放生後，返回蓮社午齋，席開十八桌。午二時，放映蓮社簡介影片。四時，禮請先生蒞社開示；先生就久修淨土蓮友對能否「帶業往生」之疑惑，說明淨土殊勝特別，以堅固淨土行人之信願知見。至五時半晚餐後，搭車北返。[1]

〈壬戌年（七十二年）為淨廬蓮友講話——淨土法

---

[1] 〈新聞〉，《慧炬》第 224/225 期合刊（1981 年 3 月），頁 104-105；《蓮社日誌》。

門惟佛乃能究盡〉：

帶業往生教義

　　往生西方是淨業，普通法門修行要三大阿僧祇劫才成就，到西方極樂世界短短時間就成就了。我們修的淨業成功了，阿彌陀佛接引我們去。而在世間造的有漏善，或者所造的是殺盜淫，這些罪業怎麼辦呢？善惡業可以互相抵銷嗎？這在佛教裡絕對說不通，絕對不合理，善惡是沒辦法抵銷的。

淨業是引業，引你上西方極樂世界去，那還有許多善惡業哪裡去了呢？還都在你的本性裡。哪一個力量大，就跟什麼相應，淨業力量大就跟阿彌陀佛相應，到極樂世界去，其餘的善惡業還都在本性裡，暫不起作用，這叫帶業往生。

唯佛業盡情空

　　大家要知道這層道理，非常的重要。若是消業往生，消了業再往生，消什麼業呢？把惡業消了還有道理，善業也消了，十善業、五根、五力、八正道業等正業都消了，什麼都沒有了，若是真能業盡情空，那只有佛。極樂世界有四土，除了常寂光淨土外都有報。《仁王護國經》說：「三賢十聖住果報，唯佛一人居淨土。」只有佛是在常寂光淨土。

本人沒學問，薄地凡夫，外號不通，只是根據祖師注解，當錄音帶轉述供養諸位，別忘了這是當生成就的法

門，祝各位都帶業往生，當生成就。[1]

一月二十六日（三），中午一時，老社長許克綏告別式，先生率蓮社全體同仁，前往弔祭。（《蓮社日誌》）

晚，於慈光圖書館週三《華嚴經》講座，宣講〈十迴向品第二十五〉「九、無著無縛解脫迴向」，解說第十四表。[2] 壬戌年講經圓滿。

是月，《明倫》月刊發行第一二九期，本期起，版面擴增一倍，先生撰〈明倫月刊增廣頌〉祝賀。從是期起至第一六三期先生往生前，均在該刊付印前先行審閱，於編輯方向、原則及技術面多所指導。如：指正編校失誤、指示佛儒雙弘而不夾雜、多刊語體文方便閱讀，並且刪去自我宣傳、歌頌讚歎之文字。（《圖冊》，1983 年圖 2）

〈明倫月刊增廣頌〉：數篇論語安天下，六字洪名出世間；易簡聖言辭不費，邦家文物誓追還。雲興眾望龍行雨，霧久深藏豹澤斑；魚墨氤氳終勿用，蛙鳴日夜厭癡頑。（《雪廬詩集》，頁 694）

---

[1] 李炳南講，顏彩雲記：〈壬戌年（七十二年）為淨廬蓮友講話——淨土法門惟佛乃能究盡〉，《脩學法要續編》，《全集》第 10 冊之 1，頁 250-261；【數位典藏】錄音 / 佛學講授 / 開示 / 念佛班開示 /〈淨廬念佛班〉。

[2] 李炳南：《大方廣佛華嚴經講述表解》，《全集》第 1 冊之 2，頁 341。

黃潔怡，〈雪公與明倫〉：民國七十二年，明倫從一二九期起再度擴版成十六開六十四頁的目前版式，此後一直到一六三期，雪公往生為止，老人家要求印刷前先送給他審閱。這對《明倫》同仁而言，真是莫大的鼓舞和攝受，不論撰稿者或繪圖者，大家無不盡其所能，希望承歡老恩師，並受肯定。

《明倫》是佛儒雙弘的月刊，儒學是人格的基礎，人成才能佛成。為鼓勵社會大眾重視孔學，雪公特別將退休金拿出，成立孔學獎金，希望社會先進及學生們撰文弘揚聖人教化，來稿一經錄用，一來可以在月刊社發表，再者可以在廣播社播放。雪公為《明倫》學子書勉道：「白衣學佛，不離世法，必須敦倫盡分，處事不忘菩提，要在行解相應。」

雖然《明倫》是佛儒雙弘的刊物，然雪公不主張佛儒夾雜。所以對《明倫》文稿或圖稿中，有儒佛夾雜的情況，老人家也一再指正。如孔學廣播稿中的插畫，雪公便指示免畫僧像。對插畫中人物，連鞋子的疏失，也被一一更正。雪公也一再表示希望文稿多求語體文，讓讀者方便閱讀，不要太多文言文。由此可知雪公是位通情達理的長者。

雪公是台中蓮社的導師，在臺中講經弘法三十多年，對眾講話開示不計其數，然《明倫》稿中，有對其歌功頌德之詞句或提到名字，也都嚴加要求刪改，老人家一再談到，自我宣傳，是極無品行之事。雪公就在這文稿的刪改往返中，豎立氣節風骨，引導《明倫》，以養德植

節風化世人。[1]

二月四日（五），立春，有〈立春客思〉。（《雪廬詩集》，頁 697）

〈立春客思〉：尚憶歲寒時，多方惠我私；抱衾湯婦暖，化炭獸心慈。似國除苛政，同舟盡故知；今朝春又至，出震未能移。

二月六日（日），長壽念佛班於蓮社講堂舉行午宴，先生開示：奉勸大眾學老太婆一心念佛，深信因果。（《蓮社日誌》）

〈長壽班開示〉（夏曆十二月二十四日）：淨土宗是「三根普被」，什麼叫三根普被呢？上等根器的人，最高等知識的人，他學淨土宗有一個學法。中等的人他學也行，他的辦法叫中等法。下等的人聽不懂道理，連字也不認得，佛法學不進去，唯有淨土宗三根普被，三等人都能學。上等根器我搆不到，我認得幾個字，能看經，還能一知半解，不算下等根器的人。我是中等根器，中等根器最糟糕，不上也不下。你說他不懂，也懂得一點半點，你說他真懂，他又懂得不徹底，這個最壞事。

我希望你們諸位一個事情，你們學下等根器。下等根器

---

[1] 弘安（黃潔怡）：〈雪公與明倫〉，《明倫》第 300 期（1999 年 12 月）。

能學,上等根器很難學。有人疑惑:「你叫我們學下等根器幹什麼呢?」叫諸位走下頭路,學念佛。念佛的,都是一些老太婆下等人。諸位就接受這個老太婆,現在就學這個老太婆。要是我能學老太婆,我今生一定往生,一點都不假,準成功。

學老太婆沒虛妄分別,準成功,往生西方極樂世界很容易。淨土宗三根普被,我們高的不能學,學下等的。學佛,頭一步是信字,不信不成功。信什麼?先信因果。不殺盜淫妄酒這五戒,這是學佛的基本條件,不犯一戒。守住這五條,就算懂因果了。[1]

二月九日(三),張清泉、林秀惠蓮友結婚嘉禮,菠蓮社禮佛後,至先生正氣街寓所恭聆福證,並合影留念。(《圖冊》,1983年圖3)

二月十日(四),復函舊友徐昌齡。徐夫人於日前往生,先生贈光明咒砂、佛前設位念佛祝禱,並去函慰勉。[2](《圖冊》,1983年圖4)

---

1 【數位典藏】錄音/佛學講授/開示/念佛班開示/〈長壽班開示〉。該文件標記為「夏曆12月24日」,即1983年2月6日。另參見:奚汀:〈記恩師雪廬公勸修淨土法門〉,《蓮花一瓣分台中——台中市佛教蓮社六十週年紀念專刊》(臺中:台中市佛教蓮社,2011年12月),頁117-121。

2 李炳南:〈函徐昌齡〉(1983年2月10日),黃潔怡提供。【案】1983年2月10日為夏曆壬戌年12月28日。

〈函徐昌齡〉（1983年2月10日）：願伯老兄尊鑒：前於臺中晤談匆匆，至感惆悵，諸多疏慢，尤覺不安。尊駕別後之第二日，即將嫂夫人沈女士神位供於佛前，每日焚香念誦為祝往生極樂，至廿九日星四圓滿。至囑題一節，日內遵即奉上。謹此布悃，敬請

冬安　　　　　　　　　　弟李炳南拜啟　二十八日

徐昌齡，〈故舊來函〉：余來臺後五十二年正月配偶病逝，炳老聞訊，以光明砂贈放墓內，得以往生，並介紹余皈依證蓮法師，代取法名為蓮願。七十二年一月續弦病逝，炳老獲知立即唁慰，贈與奠儀，並於蓮社內設位幾番誦經超度，又贈光明砂及題字「神歸安養」四字，勒石於墓，贈與佛教書籍及函件慰勉備至，炳老之所賜恩德，山高水長，永銘不忘。[1]

二月十二日（六），除夕。有：〈除夕自嘲〉、〈除夕清供〉、〈久客〉。（《雪廬詩集》，頁697-698）

〈除夕自嘲〉：文字債多高築臺，方今深悔善門開；貪求未遂時招怨，輕諾生非後有災。誓對九宵焚筆硯，任教三徑長莓苔；漫言終歲無收穫，贏得元辰賀簡來。

〈除夕清供〉：東風北斗兩相親，松竹長青似故人；除夕若還嫌冷淡，隴梅增插一缾春。

〈久客〉：久客翻為主，無家不是僧；妖祥詩眼銳，離亂道心增。花徑攜新俊，騷壇憶老朋；鄉山郭如在，

---

[1] 徐昌齡：〈故舊來函〉，《明倫》第164期（1986年4/5月合刊）。

化鶴視雲仍。

二月十三日（日），夏曆正月初一。晨十時，至蓮社參加新春團拜，參加蓮友約六百人。（《圖冊》，1983年圖5）先生於新春座談，開示當前時局、佛教現況，勗勉未來應在人才培訓、自求學問、練習講經、論語廣播、《明倫》刊物等方面多多努力。（《蓮社社史》）

是日，書函向孔德成先生賀年，並賀誕辰。[1]（《圖冊》，1983年圖6）

〈函祝孔德成先生〉（癸亥元旦）：奉祀官鈞鑒，新正雙雙吉辰，恭逢睿躬聖誕，忭欣無似。慚職體弱，未能趨前稱觴，至感心疚，惟有遙瞻北斗，恭祝萬壽無疆，康強逢吉，實為至禱。肅此上賀，敬請
崇安　　　　　　　　　　　　職李炳南叩　癸亥元旦
闔潭均此祝福

【案】孔德成先生生日為夏曆正月初四。

二月十四日（一），夏曆正月初二，連續兩日致函重慶舊友徐昌齡，鼓勵持久念佛迴向其新逝夫人，說明已特為其祝禱，並寄佛書數種，接引認識佛法。（《圖冊》，1983年圖7）

〈函徐昌齡〉（正月初二）：願兄尊鑒：元旦大函

---

1 李炳南：〈函祝孔德成先生〉（癸亥元旦），黃潔怡提供。

拜讀。敬悉每日朝暮誦經念佛，此不獨超度沈嫂夫人，果能永久不輟，吾兄亦能得大成就，且可超升九世先靈，是為人之一大幸事。深願至心誠信。至前尊囑，腊月廿八日業已遵照，將來正月十二日及三月四日自當按規照辦，不敢或忘，諸希放心。肅此並請大安。兼祝

春福　　　　　　　　弟李炳南拜啟　正月初二日 [1]

〈函徐昌齡〉：願兄尊鑒：人生八苦，家家不免，萬望達觀珍攝，預備自己前途。甚希深入佛學得一歸宿。但此學問甚深難悟，必先由淺而入略知大概，再看經典，方能有所契合也。茲奉上小冊四種，讀後發生興趣再奉寄他經。至懇未雨綢繆，得大自由，是盼是盼。並請

冬安　　　　　　　　弟李炳南拜啟　三日 [2]

二月十七日（四），至法華寺拜年。法華寺為先生初抵臺中時開展弘化之起點。（《圖冊》，1983年圖8）

二月十八日（五），偕弟子至石岡水壩放生，念佛迴向。而後至當地五福神木遊覽，特為授皈依並題詠，有多位詩人唱和，並有倡議刻詩立碑者。（《圖冊》，1983年圖9）

　　歲次癸亥，仲春，雪公老人與諸弟子，放生於石岡水庫，遂遊五福神木之林。老人清覽，歎為希有。一生

1　李炳南：〈函徐昌齡〉（正月初二），黃潔怡提供。信封郵戳為「72.2.16」。

2　【數位典藏】書信／在家居士／徐昌齡／〈徐昌齡之一〉。

曰：「師曷為其授皈耶！」又一生曰：「師將為之詠詩乎！」老人皆笑而不答。明日詩成，果為授皈。諸生傳觀，詠歎再三，乃有倡為刻詩立碑者，眾皆欣和，稟老人，曰可。遂集淨資，鳩工鐫刻。仲秋，工竣碑立。從此勝地，平添無邊風雅。[1]

〈石岡五福神木〉（樟、梅、榕、朴、相思五樹根幹互交成林，數千年物奇觀也。）：連理盤根五樹同，如雲結蓋自洪蒙；高天永夕篩明月，勝地皆春暢惠風。文獻足徵箕子範，彝倫垂象舜臣功；菩提草木聞圓智，願汝今歸古大雄。（《雪廬詩集》，頁701-702）

王禮卿，〈和雪公五福神木碑詩〉：連柯共柢蔭晴空，五福嘉名美化工；榮悴全超交讓上，風煙長養保和中。文章一代寒陵匹，勝跡千秋峴首同；木石無情皆契法，雪公高韻躡生公。[2]

江逸子〈和雪廬老人五福神木〉：洪範傳承當代封，迥非東嶽大夫松；補天分野三千界，浸月垂珠十萬重。蓬萊文章應巨手，騷壇刪述待雕龍；雲林疑近楓橋寺，隱約猶聞夜半鐘。[3]

先生日後撰有該詩之「文法格局評判」。

1　編者：〈五福神木碑記〉，《明倫》第138期（1983年10月）。
2　王禮卿：〈和雪公五福神木碑詩〉，《誦芬館詩集》，《王禮卿教授百年誕辰紀念文集》（臺中：中興大學中國文學系，2011年12月），頁372。
3　見：〈詩品欣賞〉，《明倫》第138期（1983年10月）。

文法格局評判：

起聯◎上句首二字言枝幹，次二字言根柢，再次二字點明樹類集五，末一字括上三折互相交錯。不但括前，而又貫徹到底，實為全體骨髓，不可視韻腳而忽之。○下句如雲喻枝葉茂密，由上連理而來。結蓋雙關，雲蓋虛稱，樹蓋寫實，都為後文伏筆。自之一字，逆料其初，盤錯蒼古，或自洪蒙。前四字有虛有實，後三字乃虛中之虛。此聯上句為主，下句為賓。

頷聯◎以樹環境寫景，脈接前之雲蓋，本聯篩字，即由所出。上句高天，從上向下寫，永夕從東向西寫，其上下東西，謂月升沒之方，樹林皆得篩過。事既豎窮橫遍，而此間天寬地潤可知。○下句勝地，固由高天對仗，更因寬潤使然。皆春自是五樹廣布，成斯清幽。惠風和暢，寓意四季同春。廣布橫寫，四季豎寫，一體圓融，綜錯各異。此聯下句為主，上句為賓。

脛聯◎依名稽古，俾實相符。脈由起聯五樹，全詩所宗。上句先崇文獻，次則足徵不虛，終舉箕子洪範，承受五福。寫法從古垂今，由外向內，雖屬賦事，卻變頌言。○下句即攸好德，闡明洪範造福之本，年代人事不同，因緣理則一貫。彞倫攸序，樹聚垂象，舜廷輔臣，數皆成五。寫法由今溯古，由內向外。好德受福諸語，不獨就樹而稱，地靈人傑，無不雙關。此聯上句為主，下句為賓。

結聯◎近承脛聯，遠合起聯，贈詩者受贈者，概括其中。上句菩提，非獨本句要義，實為此聯神髓。草木

數五,亦貫全體。聞字作者自謂,圓智佛典云然。圓智是果,乃由起聯同字為因。○下句轉折亦多,願是作者勸辭,汝謂五樹接受,今介歸依,映前洪蒙。總結共證菩提,必歸古佛。此聯上句為賓,下句為主。體裁有興有賦,亦頌亦禱。[1]

二月二十三日(三),致函蔡榮華,謝其所贈大作《佛學常識課本‧附編教學指引》,並擬訂購以教授新生。(《圖冊》,1983年圖10)

〈復蔡榮華居士函〉:榮華賢棣台鑒:久別至想,敬讀惠賜大著,甚佩且感,實為初機正途之指南。臺灣佛運大異從前,邪說橫行、惟利是圖,傷哉!傷哉!正須此冊挽救少年。但後印有「版權所有」故亦不敢翻印。祈示知每冊印價若干,擬照數奉上。請購訂五十冊以便教授新生正知正見。實賢棣之大功德也。專肅並希示知為禱。　　　　　　　　　　兄李炳南鞠躬[2]

【案】鄭勝陽一九八六年跋語有:(榮華兄)兩度返臺,復「寄呈《教學指引》請師斧正,師許之……責勝陽參校。迨自咐囑,迄今三年。」[3]則「寄呈《教學指引》」當是一九八三年事。因繫於是。

1　見:〈碑文注釋〉,《明倫》第138期(1983年10月);〈碑文注釋〉後附之「文法格局評判」,係先生親撰。
2　香光編輯委員會:《李炳南老居士復蔡榮華居士書函輯》(馬來西亞:柔佛州香光佛教蓮社,1994年7月),頁40。
3　香光編輯委員會:《李炳南老居士復蔡榮華居士書函輯》,頁56。

是月,夏曆春正月上旬,靈山寺大殿改建落成,山門、大殿中門、正殿楹聯禮請先生撰擬,分別請陳其銓、周家麟書寫。大門橫額「靈山寺」,先生轉請孔德成先生題寫。

〈靈山寺大門〉:

歲在癸亥正月上澣

金碧爛雲霞繼往開來嚴古寺

鏗鏘考鐘磬南箕北斗拱靈山

　　　　　　　稷下李炳南敬撰　嶺南陳其銓拜書

〈靈山寺三聖殿〉:

利鈍全收三根俱證無量壽

智悲雙運四土齊開九品蓮

　　　　　　　　　　李炳南敬撰　周家麟敬書

〈靈山寺正殿〉:

初日照高林不斷香光傳下界

金繩開覺路無邊龍象禮中臺

【案】台中蓮社收藏有〈臺中靈山寺重建撰聯〉(民國第二壬戌),[1] 共有八副對聯,有說明謂「上三聯獨靈山寺可用,以下五聯可通用」,下五聯為:

藥　師:福德助多緣大願同為圓種智,
　　　　旛燈能續命宏慈還送入蓮胎。

釋　迦:誓願入娑婆普度眾生超萬有,
　　　　塵劫皆般若難思一句熄羣言。

---

1 李炳南:〈臺中靈山寺重建撰聯〉(民國第二壬戌),台中蓮社收藏。

1983 年・民國 72 年 | 94 歲

彌　　陀：普放玉毫光四土莊嚴招九界，
　　　　　空鳴天樂雅六時演暢化同居。
大殿內：得入已培根皈依先信因緣果，
　　　　仰瞻應妙悟止觀不離空假中。
天王殿：契理契機度生全賴三尊聖，
　　　　成功成善護法從由六欲天。

是月，夏曆春正月，為王梅南所作〈四季屏風〉各題詩一首，[1] 又為江逸子所作〈石竹花〉題詩一首。[2]

　　〈四季屏風（春）牡丹雉雞圖〉：國色憑依翰墨光，春風拂壁動飄香；瑤臺縱好非王土，一片丹心飛洛陽。
　　　　　　歲癸亥新正　九五雪老人題于鯤臺之上客次
　　〈四季屏風（夏）蓮花翡翠圖〉：滿幅丹青謝女才，蓮花翡翠共徘徊；嘗聞魯國多君子，何事滄溟作客來。
　　　　　　　　　　　　　　　　　　　　九五雪叟李炳南題
　　〈四季屏風（秋）黃冠紫鷩圖〉：黃冠紫鷩各翩翩，慣度深秋霜露天；似厭西風凋萬物，或來蓬島訪神仙。
　　　　　　　　　　　　　　　　　　　九五老人稽下李炳南題

1　李炳南：〈四季屏風（春）牡丹雉雞圖〉、〈四季屏風（夏）蓮花翡翠圖〉、〈四季屏風（秋）黃冠紫鷩圖〉、〈四季屏風（冬）鳴禽粉蜨圖〉，《雪廬老人題畫遺墨》，《全集》第 16 冊，頁 212-215。四首詩，《雪廬詩集》俱未見收。

2　李炳南：〈石竹花〉，《雪廬老人題畫遺墨》，《全集》第 16 冊，頁 229；〈紅邊白石竹亦屬奇卉〉，收見《雪廬詩集》，《全集》第 14 冊之 1，頁 710。

〈四季屏風（冬）鳴禽粉蜨圖〉：鐵幹何妨竹外斜，鳴禽粉蜨入詩家；綺窗開未無鄉俗，先有陽春遍海涯。

癸亥歲　九五雪叟李炳南觀并題

〈石竹花〉：雪簇瓣香千百重，緣邊都作絳絲逢；若非天與人爭巧，裁練亦無刀剪蹤。

九五雪叟李炳南題

是年初春，為王梅南所作〈太平富貴圖〉、〈綬帶海棠圖〉題詩、題辭。自述與屈子同庚而流離多年，所怨尤甚。特以明歲復交甲子為泰來之兆而忻。（《圖冊》，1983年圖11）[1]

〈太平富貴圖〉：余遜清光緒庚寅歲生，與屈子同庚。而侘傺流離幾近百年，是怨尤甚於前哲也。今值中華次癸亥，客寓海嶠三十餘秋。有王生梅南精繪事，出此幀以示。審之，寓太平富貴之意。明歲復交甲子，得非泰來之兆歟。忻而識之。

九五雪叟李炳南

〈綬帶海棠圖〉：紫綿穠蕤燦春墀，只恨無香助藻思；天道忌盈誰共感，南豐文與杜陵詩。

涼天斜日近黃昏，重理殘妝帶淚痕；蟋蟀鳴秋腸欲斷，林泉隨處有詩魂。

歲次癸亥初春觀　九五叟李炳南

---

[1] 李炳南：〈太平富貴圖〉，《雪廬老人題畫遺墨》，《全集》第16冊，頁210-211；〈綬帶海棠圖〉，《雪廬老人題畫遺墨》，頁216。〈題綬帶海棠圖〉詩，《雪廬詩集》未收。

海棠以紫綿為正，叟詩實詠此耳。次首皆秋棠，反襯寓意新奇。山愛夕陽，騷客幽怨，乃人情所同，特誌之。

　　　　　　　　　　　　　　古閩逸子拜觀并識

三月二日（三），癸亥年慈光圖書館週三《華嚴經》講座開始，宣講〈十迴向品第二十五〉「九、無著無縛解脫迴向」，解說第十五表。[1]

　是日，題江逸子繪〈高士圖〉贈林欽勇。[2]
　　〈題畫楓林落孤松下坐老叟袒臂仰觀〉二首：
　落木無邊一樹松，炎涼不著羨高蹤；披裘五月昔曾識，袒臂衝寒今又逢。
　矯首白雲摩碧天，攜筇隨處坐林泉；石牀抱膝云何久，不是深禪便是仙。
　　欽勇賢契　雅囑
　　　　歲次癸亥上元燈節後三　九五雪叟李炳南觀題

三月四日（五），晚，台中蓮社論語講習班第二期第一學年下學期開學。講授《論語‧憲問第十四》「二、士而懷居」。

1　李炳南：《大方廣佛華嚴經講述表解》，《全集》第 1 冊之 2，頁 342-343。
2　李炳南：〈高士圖〉，《雪廬老人題畫遺墨》，《全集》第 16 冊，頁 184；〈題畫楓林落孤松下坐老叟袒臂仰觀〉二首，《雪廬詩集》，《全集》第 14 冊之 1，頁 698。

三月七日（一），晚，於台中蓮社論語班講授《論語・憲問》。

是日，孔德成先生來函，請勿拒受所贈「薄儀」。同時間，孔先生亦發文通告奉祀官府同仁，先生主持「論語講座」為官府數十年新辦業務中最重大者，先生主持該講座，比擔任主任祕書更為重要。（《圖冊》，1983年圖12）[1]

孔德成，〈孔德成來函〉：炳兄道右：今午把晤，新春健體百福，允符私頌！吾兄主持本府論語講座，此乃府中最重要之事，亦為數十年來，府中最大之事，較主祕任責，重大之比，奚啻霄壤！贈送薄儀，本不足與工作成為正比，惟以預算所限，只好如此，已覺愧對萬分，若再拒受，使弟更無地自容矣。數十年手足之交，諒兄當不忍使弟為罪戾之人也。南望雲天，百拜以請。專此奉懇，即頌　道安　弟德成敬上　七二、三、七夜

孔德成，〈大成至聖先師奉祀官府通告〉：李顧問炳南，自任顧問以來，并主持本府主辦之論語講座。論語講座，為本府數十年新辦業務中，最要、最大之事。李顧問主持此事，較任主祕，責任更為重大。本府全體同仁，務希瞭解。特此通告。此致各位先生

　　　　　　　　　　　　孔德成　七二、三、七

【案】一九八二年一月十八日，先生曾璧還孔德成先生所贈之「巨款」陸拾伍萬元（見該日譜文）。

---

[1] 孔德成：〈孔德成來函〉（1983年3月7日），雪心基金會收藏；孔德成：〈大成至聖先師奉祀官府通告〉，澹寧齋監製：《雪廬老人題畫遺墨輯》（臺北：大古出版，2016年3月再版），頁95。

1983 年・民國 72 年 | 94 歲

孔先生所贈「薄儀」當係先生近年拒領之月薪,以及孔先生以私人積蓄做為先生退休金。先生原已婉拒,經孔先生再三懇請,於是以該款成立「孔學獎金會」,用以鼓勵文化傳播。

　　高國浚,〈雪公導師往生三週年紀念追思活動紀實〉:民國七十二年三月,雪公老師又提出一筆基金,成立至聖府孔學獎金會,以推行中華文化、增進社會善良風俗為宗旨,獎勵學者撰述有關儒學的文章。[1]

　　鍾清泉,〈應教木鐸振春風——《明倫》發行五十年孔學回顧〉:民國七十二年,雪公將退休金拿出,成立孔學獎金。雪公以此獎金鼓勵蓮社青年,用心研究儒學,將撰寫心得先供明倫廣播社作廣播稿,後由《明倫》刊出,故專欄訂名「孔學廣播錄存」。[2]

　　【案】先生自一九一三年,二十四歲開始任職歷城縣府承審員,而後歷任縣府司法科長、莒縣管獄員,並在奉祀官府長期服務,退休時理當有公務員退休金,唯奉祀官府機構定位模糊,工作人員並未具備公務員身分。該府祕書郭基發云:「奉祀官府附於內政部,只編列整筆人事費用,沒有任何的業務費用,人員也不是正式公務員,沒有退休金給付。」[3]

1　淨宏(高國浚):〈雪公導師往生三週年紀念追思活動紀實〉,《明倫》第 194 期(1989 年 5 月)。
2　三學(鍾清泉):〈應教木鐸振春風——《明倫》發行五十年孔學回顧〉,《明倫》第 500 期(2019 年 12 月)。
3　林其賢:「郭基發訪談紀錄」,LINE 通訊軟體,2021 年 7 月 29 日。

先生於一九七九年九月二十八日向奉祀官孔德成先生提辭職書，擬辭卸主任祕書職。唯孔先生堅留，並未准辭，雖以「顧問」改稱，實質待遇仍是主任祕書職缺，先生拒受。於是有一九八二年九月四日孔先生來函謂：「請毋推辭每月薪餉。」一九八二年十二月三日，先生函告孔先生「敬收厚賜，一次為限，視為退休矜恤費。」郭基發又云：「老師辭職信雖呈上，孔先生並沒有核准，最後以顧問稱之，實質上仍是主任祕書的缺。薪俸照給，不讓退。老師接受這顧問職，只留車馬費一萬元。其餘不能退的錢，或許就是孔學獎金的來源。」[1]直至一九八五年十二月二十二日，先生堅辭，始有翌年二月新任主祕尤宗周之派任。（詳見各年日譜文）

三月九日（三），晚，於慈光圖書館週三《華嚴經》講座，宣講〈十迴向品第二十五〉「九、無著無縛解脫迴向」。

三月十一日（五），晚，於台中蓮社論語班講授《論語・憲問》。

三月十四日（一），晚，於台中蓮社論語班講授《論語・憲問》。

---

[1] 林其賢：「郭基發訪談紀錄」，LINE 通訊軟體，2021 年 7 月 29 日。

1983 年・民國 72 年｜94 歲

三月十六日（三），晚，於慈光圖書館週三《華嚴經》講座，宣講〈十迴向品第二十五〉「九、無著無縛解脫迴向」，解說第十六表。[1]

三月十八日（五），晚，於台中蓮社論語班講授《論語・憲問》。

三月二十一日（一），晚，於台中蓮社論語班講授《論語・憲問》。

三月二十三日（三），晚，於慈光圖書館週三《華嚴經》講座，宣講〈十迴向品第二十五〉「九、無著無縛解脫迴向」。

三月二十五日（五），晚，於台中蓮社論語班講授《論語・憲問》。

三月二十六日（六），台中蓮社春季祭祖第一天，晨八時起誦《地藏經》，午一時起念佛，晚七時半起念佛，功德迴向祖先。先生於晚七時半至蓮社拈香灑淨。（《蓮社日誌》）

---

[1] 李炳南：《大方廣佛華嚴經講述表解》，《全集》第 1 冊之 2，頁 344。

三月二十八日（一），晚，於台中蓮社論語班講授《論語‧憲問》。

三月二十九日（二），夏曆二月十五日，岳武穆誕辰。有〈岳武穆誕辰遙憶〉，前後又有〈題畫楓林落葉孤松下坐老叟袒臂仰觀〉二首、〈春燈節憶歷下亭〉二首、〈久雨春晴〉。（《雪廬詩集》，頁698-700）

〈岳武穆誕辰遙憶〉：湖山忠骨瓣香分，鑄像何人事出群；寸鐵野風磨不滅，萬年長近岳王墳。

〈春燈節憶歷下亭〉二首：（古詩有「濟南瀟灑似江南」之句，是日濟俗踏橋泛舟，青衿多被邀入商店作樂助興。）

故國鵲橋會，放船看遠山；洲橫渤海右，松列岱雲間。
是日嘗修禊，何人復往還；亭中非李杜，瀟灑帶愁顏。
蘆花飛盡雪，堤柳半垂金；燈火塵中聚，春光象外尋。
閭閻殘夜酒，弦管古人心；七十年前事，天涯憶到今。

三月三十日（三），晚，於慈光圖書館週三《華嚴經》講座，宣講〈十迴向品第二十五〉「九、無著無縛解脫迴向」。

是月，電臺廣播「蓮友之聲」開辦十週年，撰有〈蓮友之聲十週年紀念宣言〉重述佛法緣起在覺悟自主，不被迷惑。

〈蓮友之聲十週年紀念宣言〉：「蓮友之聲」開播

以來，已歷十年，在這十年當中，製作節目工作，幸好沒有間斷，為了「蓮友之聲」十年紀念，特將佛法緣起略加重述。

世間有生物，就須要空氣，世間有情識眾生，就須要佛法。但是生物，並不知空氣重要，就是情識眾生，也很少知佛法重要。情識眾生雖有覺性，對於佛法，萬數之中，大概占有九千九百是迷惑顛倒。佛法是覺悟之學，在家大眾之間，僅知佛法是勸善者，或可占十分之一，一知半解略作朝暮二課者，或可占百分之一，真信深解力不退者，在今之時，恐怕不過千分之一而已。

所謂覺悟，究何所指，先就世間方面說，第一要認明萬象是真是假，第二要體察環境或苦或樂，第三要知生滅變化，皆是無常。再就人身方面說，第一要看大眾對萬象現狀，而起何種見解，發生何等動作，第二要看大眾環境享受，是苦是樂，第三要看大眾各箇生存幾年，死後靈魂歸向何處。這些問題，皆是各箇眾生切己之事，大概多是莫名其妙，自不作主，聽其自然罷了。

自不作主，就是迷惑所致。處世處人，一定亂七八糟，眼前尚不順利，至生生死死那種大事，更是毫無辦法，這就是顛倒了。若能覺悟，就有辦法。

佛是先覺聖人，是已經解脫者，法門無量，大願廣度眾生。一切妙理，俱載三藏經中。「要知山下路，須問過來人」，諸位有願破迷啟悟者，有願離苦得樂者，應該發心學佛，應該常聞佛法，眾生皆有佛性，誰修誰得成

就。最後敬祝諸位法喜充滿道業精進。[1]

是月，《明倫》月刊發行第一三一期，先生指示，要將「四依法」及明倫社訓「四為三不」，每期刊載以提醒大眾。

　　黃潔怡，〈雪公與明倫〉：從一三一期起，雪公便指示明倫要將四依法：「一、依法不依人；二、依了義經不依不了義經；三、依義不依語；四、依智不依識。」以及明倫社訓：「四為三不：為求學問，為轉移汙俗，為求解脫，為宏護正法；不以佛法受人利用，不藉佛法貪名圖利，不昧佛法同流合汙。」期期都在月刊中刊載，提醒作者與讀者走在佛道上要注意的重點和方向。[2]

四月一日（五），晚，於台中蓮社論語班講授《論語·憲問》「三十二、微生畝」。

四月五日（二），清明節，有〈清明客思〉、〈清明日又雨〉、〈憶明湖聯語〉、〈諸佛護念有省自責〉。（《雪廬詩集》，頁 700-701）

　　〈清明客思〉：萬里避胡塵，清明火又新；時艱無淨土，花晚怯殘春。晝夜逝川水，天涯非比鄰；何當開正眼，誰是太平人。

---

[1] 李炳南：〈蓮友之聲十週年紀念宣言〉，《雪廬寓臺文存》，《全集》第 14 冊之 2，頁 254-257。

[2] 弘安（黃潔怡）：〈雪公與明倫〉，《明倫》第 300 期（1999 年 12 月）。

〈清明日又雨〉：故國無新火，邊城厭久霖；能歸門插柳，勝客酒沾襟。大道淪泥濘，群山入霧沉；我思晴世界，不獨首丘心。

〈憶明湖聯語〉：（歷亭楹聯：四面荷花三面柳，一城山色半城湖。亦有碧筩杯之事。）輕舟美酒碧筩杯，十里荷花四面開；如此湖山誰作主，騷人多為賦詩來。

〈諸佛護念有省自責〉：多眷波旬各萬能，袈裟嚴飾偽傳燈；無天護法生三武，問孰虛懷識一僧。捐棄律儀投水火，鉤牽惑業結霜冰；金剛正念人皆有，覺岸光明不礙登。

四月六日（三），晚，於慈光圖書館週三《華嚴經》講座，宣講〈十迴向品第二十五〉「九、無著無縛解脫迴向」。

四月八日（五），晨七時，蓮社念佛班蓮友七百餘人，及樂隊、隊旗、佛轎、廣播車、花車等，參加慶祝佛誕遊行。先生隨車遊行全程，沿途頻頻下車招呼蓮友。遊行至十一時全部結束，於公園入口處發飯盒，計一千四百份。[1]（《蓮社日誌》；《圖冊》，1983年圖13）

四月十一日（一），晚，論語班由徐醒民代課。（《蓮社日誌》）
【案】本講次起，先生病假四週。

---

[1] 資料室：〈空谷傳響清音歷歷〉，《明倫》第193期（1989年4月），雪公往生三周年特刊，頁58插圖。

四月十三日（三）、四月二十日（三），慈光圖書館週三《華嚴經》講座，由周家麟代理，宣講：《徹悟禪師語錄》。

四月二十一日（四），上午十時，《論語漢宋集解》作者錢地之回訪，先生於會客室款宴午餐，由論語班同學作陪。午後由社長王炯如等陪同，參觀各聯體機構後，返蓮社晚餐並休息。先生於蓮社招待數日，並請為論語班學員演講。（《蓮社日誌》；《圖冊》，1983 年圖 14）

　　臺北錢地之先生蒞中專訪。先是雪公閱先生所注《論語漢宋集解》深表讚賞，遂專程北上拜望。至是先生前來致意，公於蓮社招待數日，並請為論語班學員演講。（《蓮社日誌》）

　　淨清，「做人應有血性」：有一次錢地之老師拜訪雪公，錢老師談及他個人在抗戰時之熱血表現後，雪公隨即轉謂旁弟子說：「記住，人要有血性才能成功，要沒血性，連做賊亦不成。」末學聽後深感之。[1]

　　【案】錢地之《論語漢宋集解》於一九七八年九月自印出版，共有一〇四六頁，上下二冊，由新文豐代理發行。

先生先前北上拜訪後，錢地之曾有長函表明學習歷程與抱負。

---

[1] 見：論語班：〈師訓集錦（一）〉，《明倫》第 173 期（1987 年 4 月）。

錢地之，〈錢地之來函〉：炳公老鄉長尊鑒：今十五日始奉教誨大函，心中至為喜悅。文稿中有邵子康節謂王安石執政，中國千年不得太平張紙，為地之讀史心得，不曾示人，此次專奉長者一觀，閱畢擲之可也。又前次奉書，末句引孟子之志舍我其誰，對長輩有失禮。地之當時是向鄉長表明心跡，對外人亦不敢說此大話。孟子不舍是指仁義之責任。孔子曰文不茲乎！亦為負文化承先啟後之責，此與劉季取而代之意思不同也。地之幼承師教，要敢擔當，不可畏葸不前，後來養成說大話之狂氣，今日既有緣得識尊長，立志虛心學習。地之自知血性有餘，謙恭不足，志大有餘而才德（不如），所謂修六十之年必勝五十，七十之年必勝六十。地之正在努力奮進，一息尚存，改過無惡，事之可行也。地之今而後，願尊鄉長為師，多予教誨。

蓋處當今之世，學真孔孟，可以解決人類之大問題；學宋儒則畏首畏尾，難以擔當重任。曾子曰，士不可以不弘毅，任重而道遠。故士之弘毅始可負仁道之責。地本欲孔明苟全生命於亂世，天生此血性，不如此則難以安眠也。今既得識老鄉長，教我佛學華嚴，誨我作人作事道理。回憶離家鄉以前，有位長者呼吾名曰：如欲作番大事業，必先能吃苦。地之立即行之，脫去鞋襪，走於冰雪之上數十華里而不辭足血赤矣。敬祈勿吝璣珠時予匡正過失，免羞我魯人。翹企以禱望之。地之雖才德不如，虛心向善或不後人。此稟告函，請勿覆，免傷精

> 神。肅祝並頌　道祺　　　　　愚鄉晚錢地之叩啟[1]

四月二十二日（五），晚，論語班由徐醒民代課。（《蓮社日誌》）

> 是日，臺中市南區區公所舉辦「端正禮俗示範觀摩會」，蓮社蓮友以先生教授之吟誦法，表演唐詩吟誦，獲所有來賓一致好評。（《蓮社日誌》）

四月二十五日（一），晚，論語班由徐醒民代課。（《蓮社日誌》）

四月二十七日（三），恢復華嚴講座，於慈光圖書館週三《華嚴經》講座，宣講〈十迴向品第二十五〉「九、無著無縛解脫迴向」。

四月二十九日（五），晚，論語班由徐醒民代課。（《蓮社日誌》）

五月一日（日），錢地之初訪臺中北返後，來函致謝，並表達追隨學習之誠。[2]（《圖冊》，1983年圖15）

---

1 錢地之：〈錢地之來函〉（時間不詳，約當 1983 年；據首句「十五日」，或為來中前之 4 月 15 日），李珊提供。
2 錢地之：〈錢地之來函〉（1983 年 5 月 1 日），李珊提供。

錢地之,〈錢地之來函〉(1983年5月1日):
雪廬老鄉長尊鑒:地之此次晉謁鄉長,承蒙賜宴諸盛況,感激無涯。景仰鄉長犧牲小我以全大我之精神,地之無才願學步焉。人生不過百年(老鄉長之壽自不在此限),留些道德事業與後人,覺得比功名富貴更可貴。小女瞻吾等照影曰:觀其親情猶如父子,地之以為吾與尊長親者道與德耳。地之尊儒尊佛重篤行實踐,公居先也。今後永是後學弟子,猶恐不及,甚望時賜教誨,冀孔學重揚,使中國復漢唐匹三代,並駕堯舜。周雖舊邦,其命維新。結束宋明文化之厄,開陽聖教,不亦宜乎。祈勿回信,保重道體。肅頌

道祺　　　　　　　　　鄉後學錢地之叩上　五月一日
高足李榮輝君來舍下,便託帶純正凍頂茶二小包用敬老鄉長。如對口味,地將下月再敬送。又及

五月四日(三),晚,於慈光圖書館週三《華嚴經》講座,宣講〈十迴向品第二十五〉「九、無著無縛解脫迴向」。

五月六日(五),於台中蓮社論語班恢復上課,講授《論語‧憲問》「三十三、驥不稱其力」。

是日,錢地之再來函,說明撰作《朱子四書集註評述》進度。[1](《圖冊》,1983年圖16)

---

1 錢地之:〈錢地之來函〉(1983年5月6日),李珊提供。

錢地之，〈錢地之來函〉（1983年5月6日）：
雪廬老鄉長道鑒：邇來道履康寧，為頌為祝。地之正努力評述朱子《四書集註》，五月中《論語》廿篇、共三百六十餘章可以評定畢，其餘《學》、《孟》比較容易。程朱理學思想貫注於論語，寫來至為勞神。此是欲使孔孟歸孔孟、程朱歸程朱也。將來書成，再請老鄉長教正。地之於前次信上註明勿覆信者，恐怕勞動精神之故，無有他意。蓋年事長，不宜傷神，倘要事需要面談者，由榮輝通知便好。又《明倫》稿已寄出，未知合適否？目前正安心完成此稿，短期內不擬趨府晉謁，希多珍攝道體，松柏長青也。肅頌

福安　　　　　　　　　　愚晚學錢地之叩上　五月六日
兩次敬奉之茶未知適口味否？告李榮輝同學，以便再購奉上。又及

　　【案】錢地之《朱子四書集註評述》有《論語》、《大學‧中庸》、《孟子（上）》、《孟子（下）》共四冊，於一九八五年十二月出版，「旨在評論宋明理學之得失，闡述古聖先王之大道」，「欲使先秦儒學正義得以重見天日，不再為理學所蔽云爾」。[1]

五月九日（一），晚，於台中蓮社論語班講授《論語‧憲問》。

---

[1] 錢地之：《朱子四書集註評述‧序》（板橋：自印本，1985年12月初版），頁1-33。

五月十日（二），於本月《明倫》月刊第一三三期編輯後，對該刊編輯群談話，褒獎勉勵。此後又有多次嘉勉者。[1]
（《圖冊》，1983年圖17）

（其一）《明倫》一三三期雜誌，好之出吾意外。各大小篇，皆有一目標。甚至一小圖，令人感動流涕。皆不殺生，有甚多大學問在。背了全本《華嚴》，又有何益？故材料甚難找也。彼之名士，但炫己之學問耳。汝等能如此，即有底子矣。此期雜誌，除吾之外，皆變心理也。

（其二）所編或圖或文，皆在要點上，是為好雜誌也。

（其三）此次所編至為精美，出乎意料之外。惟內中少一二處，須小變動，果能如是延續，則與社教大益矣。至盼，至盼。　　炳讀後妄評　臘月十三日

是日，於正氣街寓所為蓮友陳志華與何姿慧舉行佛化婚禮福證。

五月十一日（三），晚，於慈光圖書館週三《華嚴經》講座，宣講〈十迴向品第二十五〉「九、無著無縛解脫迴向」，解說第十七表。[2]

---

[1] 李炳南：〈雪公對《明倫》的勉勵〉，《明倫》第500期（2019年12月）。
[2] 李炳南：《大方廣佛華嚴經講述表解》，《全集》第1冊之2，頁345-346。

五月十三日（五），晚，於台中蓮社論語班講授《論語・憲問》。

五月十六日（一），晚，於台中蓮社論語班講授《論語・憲問》。

五月十八日（三），晚，於慈光圖書館週三《華嚴經》講座，宣講〈十迴向品第二十五〉「九、無著無縛解脫迴向」。

五月二十日（五）至六月十三日（一），於台中蓮社論語班講授《論語・衛靈公》共四十二章。[1]

五月二十二日（日），慧炬雜誌社新廈落成，先生題贈賀詞一幅：

　　一炬承傳無盡光，中天遙爇瓣心香，從今了解西來意，剎塵同登普渡航。

慧炬新廈落成紀念　　　　　九五老傖李炳南敬祝[2]

五月二十三日（一），晚，於台中蓮社論語班講授《論語・衛靈公》。

---

1 【數位典藏】錄音／儒學研究／論語／〈憲問篇〉。
2 該件係由周家麟代筆，見：《慧炬》第 228 期（1983 年 6 月 15 日），頁 57。

五月二十五日（三），晚，於慈光圖書館週三《華嚴經》講座，宣講〈十迴向品第二十五〉「九、無著無縛解脫迴向」。

五月二十六日（四），撰彭爾康輓聯，彭與先生同為中國醫藥學院董事。

  彭公爾康吾兄千古
  三十年來道義相從，難挽良朋遲化鶴；
  九重泉下岐黃在念，願求醫國莫招魂。
          愚弟李炳南　敬輓[1]

【小傳】彭爾康（1908-1983），中國醫藥學院董事會常務董事。生於湖南省攸縣，歷任國民革命軍總司令部總政治部北伐行營組織處處長、中國國民黨南京市黨部委員兼書記長，一九四八年當選礦業工會及鹽業工會第一屆立法委員。

五月二十七日（五），晚，於台中蓮社論語班講授《論語‧衛靈公》。

五月二十九日（日），上午九時，至蓮社參加明倫講座歡送中部大專佛青應屆畢業同學會，勉勵精進不退。午齋後各校校友及社團同學分組研討，對明倫講座停辦之因應

---

1 李炳南：〈輓彭爾康〉，《台中蓮社歷年會議紀錄》（1983年5月26日），台中蓮社檔案。

多所討論。[1]

五月三十日（一），晚，於台中蓮社論語班講授《論語・衛靈公》。

是月，曾至臺中孔廟瞻禮。（《圖冊》，1983年圖18）

六月一日（三），晚，於慈光圖書館週三《華嚴經》講座，宣講〈十迴向品第二十五〉「九、無著無縛解脫迴向」。

六月二日（四），上午，至石岡五福神木處踏勘立碑地點，蓮社、明倫社暨聯體機構負責人及蓮友計七十餘人隨行。與鄉長共同會勘立碑地點，並討論相關事宜，至午時圓滿。午餐後回返解散。（《蓮社日誌》）隨後僱工鐫刻、設立，計費約十九萬六千元。[2]

　　【案】是年二月十八日，先生至當地遊覽，為神木授皈依並題詠，多有唱和，並有倡議刻詩立碑者。因有此行。九月十五日，舉行立碑落成典禮。

六月三日（五），晚，於台中蓮社論語班講授《論語・衛靈公》。

---

1 〈明倫社學期間講座聯誼會紀錄〉，《台中蓮社歷年會議紀錄》（1983年5月29日），台中蓮社檔案。
2 陳文玲：《石岡好寶：石崗仔好客庄》（臺北：行政院客家委員會，2008年7月），頁138-139。

1983 年・民國 72 年 | 94 歲

六月六日（一），晚，於台中蓮社論語班講授《論語・衛靈公》。

六月八日（三），晚，於慈光圖書館週三《華嚴經》講座，宣講〈十迴向品第二十五〉「九、無著無縛解脫迴向」。

六月十日（五），晚，於台中蓮社論語班講授《論語・衛靈公》。

六月十三日（一），於台中蓮社論語班講授《論語・季氏》「一、季氏將伐顓臾」。

六月十五日（三），晚，於慈光圖書館週三《華嚴經》講座，宣講〈十迴向品第二十五〉「九、無著無縛解脫迴向」。

六月十七日（五），晚，於台中蓮社論語班講授《論語・季氏》「二、天下有道則禮樂征伐自天子出」。於論語講習班第二期第一學年下學期講授之課程結束。

「論語講習班」期間，指導學員陳火爐習練小楷，並請代鈔《雪廬詩集・雪窗習餘》詩稿。
　　陳火爐，〈抄寫《雪廬詩集》的因緣〉：一九八〇年八月退伍，即到明德高商任教。正好趕上雪公恩師舉辦「論語講習班」第一期，參加為學員。期間，雪公要寫信給奉祀官，便請勝陽老師找末學以毛筆代鈔。那是一封謝

函，大致是感謝年節獎勵金的謝函。雪公老師看過後，勝陽老師轉達雪公要末學練習小楷，指示末學學習王羲之書寫的《佛遺教經》，並贈送《佛遺教經》法帖。

雪公親自用筆劃好了格子讓末學臨摹，特別的是，格子是長方形的，一般市面上書法練習用的毛邊紙，格子是正方形的，所以末學特別請人印製。每一頁有十行，每行二十多字左右。雪公讓末學自己挑十個字，每一行同一個字，十行十個字。一頁就練習寫十個字，而每頁都同樣的寫這十個字。每隔一段時間，在上論語課或是特別講其他課的下課休息時間，就把寫好的幾十頁呈給雪公老師看。老師看過的打勾作記號，並指示說：繼續寫。過了二、三個月左右，心想是不是該換其他字了？問了老師，老師說：還是寫這十個字。又持續寫了很長的時間才換別的字。約一年時間，就依《佛遺教經》臨寫。

就在持續習寫的期間，雪公便讓末學抄寫《雪廬詩集》中的《雪窗習餘》。那時候，《雪廬詩集》中的其他詩集，都已經抄寫完篇。印象中，奉祀官府的陳序同，還有其他同仁，都有代抄過。後來為出版《雪公全集》，也抄寫了《鱗爪概談》。[1]

六月十九日（日），上午九時半，於蓮社地下室召集論語班同學座談，闡述創辦《明倫》月刊之目標、原則，勉勵

---

[1] 陳火爐：〈抄寫《雪廬詩集》的因緣〉（2023 年 11 月 29 日），口述稿，未刊本。

同學參與護持。各期作者及工作同仁七十餘位與會。

〈捧出心來與佛看──明倫月刊發展座談會〉：今天這座談會，專為《明倫》月刊的進行發展而辦。時間很短，說出辦法來就好了。但是光說出辦法來，各位同學不明瞭這個狀況，也沒法改良。幹什麼事情原有一定目標，沒有目標的事情我們就不辦，辦無意義的事，說廢話，這都是用不著的。

拿菩薩心辦月刊

我看了看這月刊，出乎我的意外。沒想到我們的文章比人家的雜誌，材料雖少得多，可是大小材料都有個對象，都是拿出菩薩心來，叫對方學好。甚至畫一個小畫，畫著動物什麼的，就有若干人看了，落淚感動的就不殺生，這個力量大。

月刊這算有底子了。後浪推前浪，有生就有死，我今年九十五了，我還能再活三天兩天？我二十年前就預備、交代，我要退出來，看著大家能接過去。交出去之後，我看不到幾篇就變了質，那就不行。為什麼變了質？他們志不在了生死，懂得了生死就不會變質。

鄙吝自己捨己從人

同學們心裡要堅定住，你能堅定下來，就能了生死，這才肯在社會上辦事，肯犧牲。怎麼個犧牲法呢？捨己從人，一切力量都用在大家身上，這在佛家叫慈悲，孔子叫仁。仁字，一個二字、一個人字，對人一層層加厚。這幾年，大家學佛，人格站不住，沒有法子我才辦論語班。論語班站住人格以後，保了險，學佛才

行。人身難得,連人格還保持不住,學什麼佛呢?

月刊的內容原則

咱們月刊大致上就有這五類:「法音、孔學、因果律、游藝組、明倫采掇」,我們歸納叫他有次序。他去編輯,愛怎麼編怎麼編,很不容易。文辭、圖畫、注解等等都得要編上,無一不是對人有利益的,很難得。我希望大家實實在在辦這個月刊,稿子不要外人的,光我們自己的更好,為什麼呢?自己的人好說話,我們有我們的目標,儒佛之類我貢獻點意思。

印光法師老人家的《弘化》月刊,流通的書就是淨土與般若,其他都不收。因果的書他都有,道家的《太上感應篇》,不是佛家的,印光祖師都蒐集最好的注解,也印出來。那時候一些人說閒話,說:「怎麼著,我們還學道家的東西啊?」善與人同,那不是說我們的內功。

同學們,自己往後,第一要把自己的人格保存住,這是消極的。積極的是,後來一定往生。我們給社會上辦事,學孔子「臨財毋苟得,臨難毋苟免」,自己保持人格。認識朋友,要「親近善知識,遠離惡知識」。月刊對人的好壞,一概不提,概不罵人。某人多麼壞,用不著咱們打報告,佛學雜誌絕不罵人。[1]

---

[1] 李炳南講,直靜(詹曙華)、淨業(鍾清泉)整理:〈捧出心來與佛看——明倫月刊發展座談會(上、下)〉,《明倫》第 523-524 期(2022 年 4-5 月)。

1983 年・民國 72 年 | 94 歲

六月二十二日（三），晚，於慈光圖書館週三《華嚴經》講座，宣講〈十迴向品第二十五〉「九、無著無縛解脫迴向」。

六月二十三日（四），致函臺中市長林柏榕，感謝其惠贈禮品。

〈致林柏榕市長函（稿）〉：柏公市長勛鑒：恭維政躬日隆，德譽竝懋為頌。前奉到寵賜佳茗、珍果諸品，拜領之下，銘感殊深。本當趨前致敬，又恐攪擾公務，有所不便。為此，謹函申謝。肅請

公安　　　　　　　　弟李○○拜啟　六月二十三日[1]

六月二十九日（三），晚，於慈光圖書館週三《華嚴經》講座，宣講〈十迴向品第二十五〉「九、無著無縛解脫迴向」，解說第十八表。[2]

是月，《明倫》月刊發行第一三四期，先生指示，以五大綱領歸類文稿：法音、孔學錄存、因果律、游藝組、明倫采掇。（《圖冊》，1983 年圖 19）

黃潔怡，〈雪公與明倫〉：一三四期起，提議將明倫稿件，就五大綱領加以歸類。一是法音。二是孔學廣

1　李炳南：〈致林柏榕市長函（稿）〉，《台中蓮社歷年會議紀錄》（1983 年 5 月 29 日），台中蓮社檔案。
2　李炳南：《大方廣佛華嚴經講述表解》，《全集》第 1 冊之 2，頁 347-349。

播錄存。三是因果律。四是游藝組。五是明倫采掇。時至今日，明倫在目錄上依然如是編排。並言：「無規矩不能成方圓，辦事要學秩序，說話要學簡要詳明。」並要同仁每天看報，瞭解社會風俗狀況，撰寫文章才能對社會有所幫助。[1]

七月六日（三），上午，本年度台中蓮社第二期國學啟蒙班舉行開學典禮，由班主任李榮輝主持。（《蓮社日誌》）

是日晚，於慈光圖書館週三《華嚴經》講座，宣講〈十迴向品第二十五〉「九、無著無縛解脫迴向」。

七月十三日（三），晚，於慈光圖書館週三《華嚴經》講座，宣講〈十迴向品第二十五〉「九、無著無縛解脫迴向」。

七月十四日（四），第二期國學啟蒙班結訓典禮，禮請先生蒞臨講話，師生分獲紀念品。（《蓮社日誌》）

鍾江波，〈好像變了一個人〉：暑假裡，台中蓮社舉辦了一個有意義的活動，那就是國學啟蒙班。其目的就是──復興中華文化。國學啟蒙班，每次結訓典禮，都請「雪公」太老師來說話。上一期，他老人家告訴我們的重點是「凡事要有次序。」這一次的重點是「要誠

---

[1] 弘安（黃潔怡）：〈雪公與明倫〉，《明倫》第 300 期（1999 年 12 月）。

敬學禮，並守信用。」假如人人都能知禮而行禮，則這一個社會就能和平、安樂，這不就是儒家所謂的「大同世界」嗎？由太老師的話中，我們更深一層知道禮的重要。[1]

七月十五日（五），錢地之來函，所著書《朱子四書集註評述》之《論語》部分已完稿，擬於近日攜往臺中面陳請先生匡正。另並請示《明倫》月刊主編自願承當排字校對，並惠贈印書款等事是否合宜。[2]（《圖冊》，1983年圖20）

　　錢地之，〈錢地之來函〉（1983年7月15日）：雪廬老鄉長尊鑒：邇來天氣炎熱，尊體適應否？時時掛慮，祈勿大意為盼。蓋前代文化種子，合中國不出十餘人矣。如能從前代向後代播種，再見儒學之復興，尚未到來，地終日憂心不已。近日《朱子四書集註》論語部評述及小序均已完畢，想近日親攜臺中，請老鄉長過目匡正，有不宜處，立即刪除之。此外，尚有《大學》、《中庸》、《孟子》七篇等朱註之評述，約在暑期以後完成。惟日來因脫稿，心思勞累、精神透出。地與老鄉長相識甚晚，若在十年前，當必多談話及書信多矣。此刻老者近百年大壽，我尚敢不知禮多勞神乎。又《明

---

1 鍾江波：〈好像變了一個人〉，《明倫》第137期（1983年9月）。

2 錢地之：〈錢地之來函〉（1983年7月15日），鄭如玲提供。

倫》月刊賴、黃貴夫婦,前次送地至溪頭時,自願為地效勞排字校對,不知如此作合宜否?乞請老尊長指示卓裁,並攜印書款十萬元前往。地欲對貴蓮社贊助之不暇,何能忍心虧損乎?彼若人者因受尊師薰陶沐浴,皆情義並重,誠可賀也。地欲接受賴黃兩位夫婦心願在此也。吳剛先生前次代師來函未覆,今攜拙作簽名敬贈。另一位照顧師生活者,亦贈拙作一套,以示敬謝之意。
肅祝　道祺　　　鄉後學地之敬上再拜　七月十五日

七月十八日(一),晚七時半,於台中蓮社錄音室召開「台中蓮社淨宗巡迴弘法團」第一次籌備會。

〈台中蓮社淨宗巡迴弘法團第一次籌備會議紀錄〉(1983年7月18日):

主席致詞:今擬組織巡迴講演組成團,由蓮社辦,不光去養老院,其他養老院、監獄亦可去。此事為長久,於講人例發車馬費。迄今計畫基金二百萬,以利息支車馬費。此事必設有組織「董事會」及「講演團」。余始辦「蓮友慈益基金會」之初,以慈益只含「慈善、公益」,未及文教,乃於江黃靜花大德捐款中,單提一百萬元,單獨存款。後以慈益會董事長郭秀銘之先生捐了十萬,余亦捐此,然後,曾雲妹、林博厚、陳美秀、李春英、翁金水、苑叔恆、中興念佛班、鍾大榮、海漚等大德,及周榮富等共湊足二百萬元。今者,十萬元以上者,請認其為董事,如此計有七人。非本人者,可派代表。

1983 年・民國 72 年｜94 歲

決議：

一、此二百萬為基本金，任何人永遠不能動。以其基金利息作講演人之車馬費。

三、董事增加四位：（1）黃平福（2）賴武義（3）李榮輝（4）涂貞光。合前七位，計十一位。

六、主任，推選王炯如社長擔任。

七、總務，推選郭基發擔任。

九、講師，女同學不外出，蔣俊義、陳雍澤、黃平福、李榮輝、涂貞光、邱瑞興、簡金武、吳聰敏、賴武義、郭基發、鄭勝陽、簡輝雄。可續增聘。

十、訂名為「台中蓮社淨宗巡迴弘法團」。[1]

七月十九日（二），夜，論語班暑假進修開始，每週一、二背誦《論語》及聽《通鑑輯覽》，週五背誦《論語》及講演練習。（《蓮社日誌》）

七月二十日（三），晚，於慈光圖書館週三《華嚴經》講座，宣講〈十迴向品第二十五〉「九、無著無縛解脫迴向」。

七月二十一日（四），錢地之菔蓮社小住三天。（《蓮社日誌》）

---

[1] 李炳南主席，簡輝雄記錄：〈台中蓮社淨宗巡迴弘法團第一次籌備會議紀錄〉（1983 年 7 月 18 日），《台中蓮社歷年會議紀錄》，台中蓮社檔案。

七月二十二日（五），晚七時半，為論語班學員講詩〈月夜憶舍弟〉、〈落花〉。（《蓮社日誌》）

七月二十三日（六），有〈讀高大鵬現代讀經問題論文〉，盛讚高氏主張。（《雪廬詩集》，頁704）

〈讀高大鵬現代讀經問題論文〉：天末飛郵簡一函，應聲金石立辭嚴；百年為學非鄒魯，九度迴腸茹苦鹹。斧鉞羨君能直道，蕨薇慚我困長鑱；興來思戴情無盡，幾欲深宵掛雪颿。

【案】高大鵬文指氏著：〈經──中國人的身分證：談現代人讀經的問題〉，[1] 一九八三年七月二十三日刊於《聯合報》。該文歷敘民國以來提倡讀經運動之成敗，認為官學易成為利祿之學，民間講學反而能夠不斷賦與傳統文化以新生命，生生不息。並分辨中國經書精神在於性情，與西方以「見聞之知」為主有別。作者特別聲明，絕不反西洋文化，更不反對現代化，只是主張，應先充分認識自家文化。

七月二十七日（三），晚，於慈光圖書館週三《華嚴經》講座，宣講〈十迴向品第二十五〉「九、無著無縛解脫迴向」。

---

[1] 高大鵬：〈經──中國人的身分證：談現代人讀經的問題〉，《聯合報・副刊》（1983年7月23日）。

是月,至慈光育幼院與慈德幼稚園第八屆畢業生合照。(《圖冊》,1983年圖21)

是月,蓮友白張文適在美國往生。日後,其長公子白邦本特至臺中面謝先生及諸蓮友,詳述其母臨終瑞相,並為母設奠念佛超度。

> 瑞廉,〈白張文適居士往生紀實〉:居士生前自皈依三寶,繼受在家菩薩戒,行持嚴謹,絕不稍忽。從我公聽經聆教數十年不輟,參加佛七多次,曾朝山三步跪拜,不顧雙膝皮破血流。蓋仿古人修行,拜《法華經》,《地藏王菩薩經》,一字一拜,今者少見。及其南遷,於臺中道場依依難捨,每每欲得我公講經摘要,以養慧命。其在南部,會結蓮友念佛講經弘法,所講皆以淨土法門為主,規矩仿照我公講經方式。並數次率團來臺中拜謁恩師。於途中念佛不稍停息,可見其對恩師景仰之誠敬。居士近年定居美國,往生時,僅旬日不起,可說無疾而終,預知時至。居士次女請母稍待長姊來歸,其言時辰已至,無法再等,勸子女勿悲,懇切念佛助其往生。其毫無拖累家人,乾淨俐落,病苦全無,神色安詳,放手而逝。遺體經火化後,獲舍利四顆,最大約如蠶豆。居士得此瑞相,乃平素接納法規,資糧充沛,方有此殊勝感應,往生必矣![1]

---

1 瑞廉:〈白張文適居士往生紀實〉,《明倫》第140期(1983年12月)。

是年夏,至聖奉祀官孔德成與先生倡議重編監製《孔子聖蹟圖》,請江逸子主其事。

孔垂長,《孔門聖賢畫像冊・弁言》:一九八三年癸亥之夏,先祖達公與雪公,倡議重編監製孔子聖蹟圖,著重史實考證,以闕里文獻為宗。江師據以成事有三十二則,筆墨嚴謹孚實,歷二年乃竣其工。[1]

八月一日(一),有《明倫》月刊讀者來信,通報有盜印盜賣以及剽竊抄襲先生著述者。先生為免外教恥笑,僅再度聲明但不追究。

妙輝,〈讀者來鴻〉:主編先生您好,後學素仰李雪廬老居士之道德學問。雖素昧生平,然於其著作,每多拜讀再三,深覺法喜充滿。今者,略有二疑,煩請貴社代呈老居士釋疑為荷?(一)據聞老居士之著作,向不賣錢,今何以有某書局、流通處、雜誌社自印,有價流通圖利?(二)數月來,有某大德剽竊改寫,甚至原文照抄老居士之舊作,刊載於某佛教雜誌。未詳老居士知悉此事否?
後學修行未臻練達,見不平事,起不平語,非敢以衛道自居,誠恐「方便出下流」之濫觴也。耑此　即頌
編祺　　　　　　　　　　後學妙輝頂禮　八月一日
編者,「覆語」:妙輝大德道鑒:接獲大函即轉呈

---

[1] 孔垂長:〈弁言〉,江逸子:《孔門聖賢畫像冊》(臺北:大古出版社,2014年6月),頁8-9。

1983 年・民國 72 年 | 94 歲

家師炳公。老人家著作一向不賣錢。這是大家所公認。其等盜印圖利，同人等皆主張循法律途徑追究。但家師為免外教恥笑，勸吾等忍耐一次。在此慎重聲明「不可盜賣」並謝謝關心與護法。　　　　　編者謹覆[1]

八月二日（二），錢地之來函，著書重寫小序。煩請《明倫》月刊主編任校對事，容後再補酬報。[2]

　　錢地之，〈錢地之來函〉（1983 年 8 月 2 日）：
雪廬老鄉長道鑒：此次叩謁老鄉長，胸懷暢然。地由溪頭返，立即奉書。近日來，天氣炎熱，不知尊體恭康否？甚念也。關於印書事，預先不知困難重重，使〔實〕感意外。吾等相識，後學當設法增加老鄉長身心愉快，不該因瑣屑之事煩擾也。地正重寫小序，待書畢再聯絡賴、黃賢夫婦有無困難，並價款如何耳。雖好友，金錢不敢苟且，校對之勞，容後再補酬報。月刊稿近日當寄上。暑熱有碍健康，尊體萬自珍攝，為文化保重。地無與老鄉長會，由於得鄉親故，乃不加修飾，不免放言，敬乞海涵。肅頌　道祺　　邑後學錢地之敬拜

八月三日（三），晚，於慈光圖書館週三《華嚴經》講座，宣講〈十迴向品第二十五〉「九、無著無縛解脫迴向」，

1　妙輝：〈讀者來鴻〉，《明倫》第 135 期（1983 年 7/8 月合刊）。
2　錢地之：〈錢地之來函〉（1983 年 8 月 2 日），鄭如玲提供。

解說第十九表。[1]

是日,孔德成先生來函。
　　孔德成,〈孔德成來函〉(1983年8月3日):
炳兄:手示奉悉。已遵囑致霜橋兄申謝矣。專復　即頌
禪安　　　　　　　　弟德成敬復頓　七二、八、三

八月五日(五),晚七時,於台中蓮社召開「台中蓮社巡迴弘法團」成立大會,通過〈台中蓮社淨宗巡迴弘法團組織章程及推行辦法〉,可受邀至養老院、監獄等無佛法地處及蓮社聯體機構、蓮友家庭弘化,至於寺廟、念佛堂等處則不便前往。另並指點講師學習方法。
　　〈台中蓮社淨宗巡迴弘法團組織章程及推行辦法〉:第十六條:本團弘法推行辦法如下:
一、申請人:
(一)資格:限定(1)養老院、(2)監獄、(3)其他無佛法地處之代表人。
(二)辦法:申請人須填具申請表申請,經本團弘法組審核通過後,依申請次序,派人前往弘法。
二、審核原則:
(一)在家眾為尊崇三寶,不便僭越至寺廟、念佛堂等處講演。

1　李炳南:《大方廣佛華嚴經講述表解》,《全集》第1冊之2,頁351-353。

(二)蓮社聯體機構、蓮友家庭,不在此限。

(三)道不同不相為謀者不去,有外道來申請者,由弘法組會議決定之。

三、弘法人員:

(一)資格:受過蓮社薰陶者為主,為安全起見以男眾為限。

(二)操守:堅守「四為三不」原則。

(三)交通費:由本團依當時大學講師二個鐘點費計算為原則,遠地得酌量增加。

「講師宜知方法」:

(一)先學三十七助道品,其始即(1)四念住,此是方便法。始則淺。(2)四種精進。(3)四神足,此必須入定。故四神足,即四種定。此四者在三界內。以四禪天即是定,天則有神通,知此,則於講神通者,知是外行。以無定即無神通。

(二)彌陀接蒙,先習此,弄明白。由此二入手。得懂得念佛法門,然後才能講《印祖文鈔》,《徑中徑又徑》等。

(三)《弘護小品》上之小故事。

(四)余講《華嚴》,係以淨土講《華嚴》。須知釋迦佛十方三世佛,皆念「阿彌陀佛」證的果。

(五)地藏菩薩迄今猶未斷惑,以留惑潤生故。[1]

---

[1] 李炳南主席,簡輝雄記錄:〈台中蓮社淨宗巡迴弘法團第一次籌備會議紀錄〉(1983年7月18日),《台中蓮社歷年會議紀錄》,台中蓮社檔案。

【案】先生晚期培養弘法人才，從資深學眾中挑選參加「通俗講演」講習，每人講一小段，講十五分鐘。之後從第一輪中再挑選若干人參加第二輪，每人講三十分鐘；再從中挑選若干人參加第三輪，講六十分鐘。「講經」則進一步要求，依祖師注解「破字、解句、消文、釋義」。[1]

八月八日（一），立秋，有〈立秋西顧〉、〈新秋〉。（《雪廬詩集》，頁703-704）

〈立秋西顧〉：海嶽羈孤客，凋桐五十秋；惘然歸不去，何處是齊州。島國無蟬唱，時還星火流；應知霜後降，先積玉山頭。

〈新秋〉：涼風拂羅幕，閭巷擣衣碪；客緒終宵月，秋聲萬里心。思鱸歸楫杳，窺鏡有霜侵；不及龍沙雁，年年返舊林。

八月十日（三），晚，於慈光圖書館週三《華嚴經》講座，宣講〈十迴向品第二十五〉「九、無著無縛解脫迴向」。

八月十五日（一），夏曆七夕，有〈情人廟美僑捐建淫祠七夕乃國古節今竟改稱情人節類祀典焉〉，前後又有〈過

---

[1] 參見：簡輝雄：《經文研學演契（第1次）》（智者文教基金會：https://www.youtube.com/watch?v=aTC1MftO7fQ）。先生弘法教學分「通俗演講」及「講經」，教材有《實用講演術要略》及《內典講座之研究》，俱收見《弘護小品彙存》，《全集》第4冊之2。

1983年・民國72年 | 94歲

友人山居〉。（《雪廬詩集》，頁704-705）

〈情人廟美僑捐建淫祠七夕乃國古節今竟改稱情人節類祀典焉〉二首：

祀有情人典，風從美地來；華僑由被化，紺殿壓新臺。
首廢周公禮，兼除月老媒；凡塵與天上，此夜路徘徊。
萬類乾坤象，倫常寧有私；雎鳩開國祚，奠雁古昏儀。
但舉西門豹，河巫失詭辭；中天申信睦，砥柱作君師。

〈過友人山居〉：孤松千百載，修竹兩三竿；只許幽人住，結廬容膝安。疏窗冬曝日，清陰夏生寒；山匝低牆入，誰先青眼看。

八月十七日（三），晚，於慈光圖書館週三《華嚴經》講座，宣講〈十迴向品第二十五〉「九、無著無縛解脫迴向」。「知一切世界如夢甚微細智、知一切世界如像甚微細智、知一切世界如幻甚微細智」。

八月十八日（四），復函趙天行，讚歎其文章益國利民，將發刊於《明倫》月刊；並另訂期晤談。[1]（《圖冊》，1983年圖22）

〈趙天行之一〉：天行鄉棣道鑒：奉示及大作，敬讀俱悉，是血性文章，對今詬病正是良藥，益國利民，功德甚大，極為贊佩。已交該刊主編，當在下期登錄。但時下所謂文豪者不過專尚辭藻而已，至於道之一字，

---

[1] 【數位典藏】書信／在家居士／趙天行／〈趙天行之一〉；收見《雪廬老人題畫遺墨》，《全集》第16冊，頁265-266。

則相去萬里,國勢所以亂耳。炳與台端久違,似能暢談一日方快。俟氣候少涼,定期面晤。為風俗不景象,尚有求教多事。興亡,匹夫有責,各盡其心,收穫可不問也。先此申謝,匆匆,順頌

撰祺　　　　　　　　　小兄李炳南拜啟　八月十八日

【小傳】趙天行(1914-2006)號道之,為先生山東濟南同鄉,出生書香世家,對中國歷史文化及書法學養深厚。北平中國大學國學系畢業,復於一九四五年考入中央警官學校,一九四九年隨政府來臺,奉派臺灣省警務處,後定居嘉義,從事書法教學有成。函文中所指趙天行大作,於《明倫》第一三七期(1983年9月)起,共有〈原孝〉、〈原悌〉、〈原忠〉、〈原信〉等十六篇文字刊出。落款「八月十八」,當即是年。炳南先生往生,趙天行錄寫《雪廬詩集》詩作百幅,追念先生。俱見交誼。

八月二十四日(三),晚,於慈光圖書館週三《華嚴經》講座,宣講〈十迴向品第二十五〉「九、無著無縛解脫迴向」。

是日下午,豐原高中舉行新生入學訓練時,禮堂屋頂塌毀,造成二十六人死亡、八十六人受傷之重大災難。先生悲憫,減膳同哀。[1]

1　陳雍澤「筆記」,1983年8月,未刊本。

1983 年・民國 72 年 | 94 歲

八月二十五日（四），錢地之來函，附寄提供《明倫》月刊稿件。[1]

　　錢地之，〈錢地之來函〉（1983 年 8 月 25 日）：雪廬老鄉長尊鑒：貴蓮社明倫月刊草稿畢事，祈查收並予教正為禱。朱子四書集註序由於天氣炎熱，尚未定稿。一俟定稿，連同論語評述，一併送交黃主編代勞校對排字，但不忙先印。此是繁之工作，曷敢當也。肅頌道祺並福體康泰　　鄉末學地之叩啟　八月廿五日

八月二十六日（五），指示台中蓮社總務主任陳雍澤，將日前翻印之木刻善本《佛說阿彌陀經要解便蒙鈔》，廣為流通。（《圖冊》，1983 年圖 23）

　　〈函示陳雍澤〉：雍澤賢契鑒：本星期內請將《便蒙鈔》全發對方如後：

1. 論語班同學。　　2. 聯體機構各職員。
3. 台省各圖書館。　4. 台省各校圖書館。
5. 慈光講座外埠聽經同人。（問鄭勝陽）
6. 各國圖書館。

　　　　　　　　　兄李炳南謹啟　八月廿六日

　　【案】《佛說阿彌陀經要解便蒙鈔》於一九八三年佛誕節由台中蓮社發行流通。係翻印會性法師借出，金陵刻經處發行之木刻本。會性法師收藏多種木刻善本書，生前即大量交付台中蓮社、臺南湛然寺等機構

1　錢地之：〈錢地之來函〉（1983 年 8 月 25 日），鄭如玲提供。

影印流通，以廣流傳。原本俱珍藏於屏東萬巒普門講堂會性法師紀念圖書室。[1]

是日，小友游俊傑過世週年，先生有詩追念。前後又有：〈答友人治第問〉、〈西化〉、〈寄身〉、〈題歸馬回顧圖〉、〈題猴戲圖〉。[2]（《圖冊》，1983年圖24）

〈俊傑游生去世週歲入夢哭之〉：不信老無淚，霑衣今尚流；悲君身已化，入我夢中遊。醒後各分散，思來空自愁；心香何處爇，落日海西頭。

〈西化〉：諸夏從西化。殷憂三十年。無言防暗室。有字寫青天。滕薛恢疆宇。楚秦攘國聯。荒途垂日暮。誰起靖風煙。

〈寄身〉（六朝謂清代末葉、及狩台諸變，予九五齡作）：峨嵋渤澥遠遊人。愛舊山河寄舊身。俯仰之間無限事。六朝煙雨百年春。

〈題歸馬回顧圖〉：射雕歸馬萬方寧，天下無山可勒銘；緩轡遙看後來者，不知誰與畫丹青。

〈題猴戲圖〉：麟臺雲閣意如何，犬背猴冠弄劍戈；不是村翁能造物，時機只在數聲鑼。

1　林其賢：〈修隆法師訪談紀錄〉（2024年9月27日），屏東萬巒普門講堂。

2　李炳南：《雪廬詩集》，《全集》第14冊之1，頁702-703。〈題歸馬回顧圖〉題於江逸子〈停弓勒馬圖〉，收見《雪廬老人題畫遺墨》，《全集》第16冊，頁192；〈題猴戲圖〉題於江逸子〈江湖行〉，收見澹寧齋監製：《雪廬老人題畫遺墨輯》，頁41。

1983 年・民國 72 年 │ 94 歲

八月三十一日（三），晚，於慈光圖書館週三《華嚴經》講座，宣講〈十迴向品第二十五〉「九、無著無縛解脫迴向」。

是日，周邦道來函。受慧炬社創辦人周宣德託請，邀請擔任該社「淨土系列講座」主講。同時推介慧炬社三位核心成員來學。來函附陳周宣德來信。[1]（《圖冊》，1983 年圖 25）

　　周邦道，〈周邦道來函〉（1983 年 8 月 31 日）：雪公夫子大人函丈：瑣屑紛乘，稟候久疏，至為歉疚。子慎兄為端正慧炬社同仁學佛趣嚮，擬由才榮春、席淑媛、王熙元諸氏詣臺中聆聽塵講淨土法門，並皈依座下執弟子禮。意極虔誠。因受業患結膜炎，致未即轉。茲稍瘥，謹附牋奉上，敬乞鈞鑒，伏祈俯允為禱無量。耑此，肅呈，順敏

崇安　　　　　　　受業周邦道頂禮　七十二年八月卅一日
勝陽師兄代為送禮，附此致謝

　　周宣德，〈周宣德來函〉（1983 年 8 月 14 日）：雪公夫子大人尊右：前奉手諭，敬悉法躬康吉。近訊大人以九五高齡，竟又開講華嚴，誨人不倦，益證大人為乘願再來人矣！茲敬稟者，慧炬代替人現改由才榮春居士接任。此人每晚以念佛為主，自修頗勤，非一般好高

1　周邦道：〈周邦道來函〉（1983 年 8 月 31 日）；附〈周宣德來函〉（1983 年 8 月 14 日），鄭如玲提供。

驚遠之妄人可比。又主管財務席淑媛居士，其父乃前清翰林，昔只崇儒，今亦進入佛門，禮佛念佛，甚為虔誠。而王熙元兄，為青年資深同學之一，家境本極清寒，在師大就學期間即精讀儒書，如十三經等，甚具根基。惟獲「狀元」（自小學至博士班皆列榜首，故有此綽號）博士學位後，步步高陞，今已成為知名教授。惜未得明師指導，大概受ＸＸ大師所倡「五宗會通」之影響，而欲於此穢土盡種九品蓮花，故側重「唯心淨土」之理想而忽視持名念佛之悉檀四益。頃已具函勸之。但以上三人仍知大人修德造極，性德亦圓，皆欲有緣親近教誨。倘蒙慈悲攝受，納入門下，諄諄賜誨，未始不能轉化其趣向而實修淨業。尊意云何？尚祈有以教之。又稟者，慧炬與余氏基金會合辦之「淨土系列講座」已舉行數次，才榮春兄來函，擬懇大人於十月內親自選定一星期日（十月二、十六、廿三日）上午或下午，由彼領導北部大專佛學社團幹部，乘車遄赴臺中恭聆大人主講淨土法門。於聞法前（或後）即參訪大人所創佛教聯體機構，然後原車返北。如此將使北部青年同獲法益，亦弟子所衷心切願者。未諳大人能予慈允否？姑先為冒昧代懇，如蒙金諾，則請於九月中函告周慶公師兄，轉知榮春兄，遵照籌辦。專此奉懇，敬祝

福慧具足　　　　受業周宣德頂禮　七二、八、十四日

九月七日（三），晚，於慈光圖書館週三《華嚴經》講座，宣講〈十迴向品第二十五〉「九、無著無縛解脫迴向」。

九月十二日（一），致函陳慧劍，請其勿為作傳，以免引起諍論。緣於陳慧劍是月初於《天華》雜誌刊載〈李雪廬老師山水圖〉，並於文末稱擬寫先生「全傳」，因特去函說明。

〈致函陳慧劍〉：慧劍老棣道席：久違常念。昨讀《天華》〈李某山水圖〉一文，非外人能道，諒出台端手筆；惟愛之深，未免譽之過也。感激萬分，慚怍萬分。

臺中一切建設，乃群策群力，非炳獨成。至於講經，皆依古疏，自作「錄音帶」而已，尚不及鸚鵡學言。若談修行境界，正如山耶雲耶，遠莫知是。初步尚未開眼，自省諸不如人，惟宜守佛戒、祖訓，老實念佛，但求伏惑下品往生，乘願再來，他皆無所知也。

台端法眼高明，今日法運如何，不言可喻。呼牛呼馬，一切由他，守默為是。至於為炳作傳，萬萬不可。炳無一可傳，且免引起諍論，淆亂人心。佛為世間解，萬事佛皆知，各行各是即好，萬謝萬謝。順頌

撰祺　小兄李炳南頂禮　（民國七十二年九月十二日）[1]

陳慧劍，〈李雪廬老師山水圖〉：李師在臺中生活，除了住在一間破舊的小屋之外，晚間不接見任何女性居士，平日過午不食，晚間九時後晚課，直到十一時，清晨四時早課，到六時。

某年，我到臺中，有一晚，在慈光圖書館聽李師的《禮

---

[1] 李炳南：〈致陳慧劍函〉，轉錄自：吉光（鍾清泉）：〈雪公不作傳〉，《明倫》第 463 期（2016 年 4 月），頁 5-6。

記》，聽講的多數是中學以上的老師、教授與社會人士，座無虛席。李師當時講佛經、講儒典，完全沒有用擴音器，但是師之音量寬厚而堅沉，鏗鏘而悅耳，聽得全場鴉雀無聲，彷彿寂寞無人，我從沒有見過這樣的動人道場，更何況，師每入講席，窗外門邊走道盡是聽眾。這還是每週的日常講經說法，至於五年前停辦的「明倫講座」，連續辦了將近十年，每年冬夏辦理三屆，每屆大專學生約三百多人。

師於（大約）民國五十年從舊居遷移到目前的「正氣街九號」，一住二十餘年。其實這間不到十坪的小屋，實在是一間「古厝」，前面是靜僻的水泥街道，一進門是一間兩三個榻榻米的前廳，純水泥地；進去是僅可容人的四個榻榻米的客室，放幾個書櫥和幾張舊沙發。後面，是一間四個榻榻米臥室，一張單調的木床，一壁是佛像、供桌，三壁蕭然。再過去，是窄得只可容身的小院，有一個蹲式設備的古老廁所、洗澡間——這是雪公的棲身之所。

老師有時也會發脾氣。有一次在蓮社席講經，有人在下面說話，他把教鞭一放，嚴厲地說——「我不講，讓你來講！」那位道友嚇得面如土色。在老師的法席上，從沒有亂烘烘的現象，幾百人的講座，靜悄悄地。事實上，老師的深入經藏，析理入微，三十多年來，法筵之盛，絕非臺北任何講席可比。[1]

---

[1] 陳慧劍：〈李雪廬老師山水圖〉，《天華》第 52 期（1983 年 9 月）。

【案】陳慧劍〈李雪廬老師山水圖〉，於《天華》五十二期刊出後，又於同年十一月轉載於香港《內明》一四〇期，後收錄於氏著《當代佛門人物》（臺北：東大圖書，1994年）。該文末段云：「這篇文字沒有經老師過目，老師當年交代過，不經老人允許絕不可以寫他的文章，但是今天學生違教了，我覺得老師是一個不平凡的當代大德，在臺灣不寫他老人家，寫誰呢？我還想寫老師的《全傳》呢，請老師慈悲吧！」

九月十四日（三），晚，於慈光圖書館週三《華嚴經》講座，宣講〈十迴向品第二十五〉「九、無著無縛解脫迴向」。

九月十五日（四），至石岡舉行「五福神木碑」豎立落成典禮。（《圖冊》，1983年圖9）

九月十八日（日），臺北慧炬月刊社才榮春董事長、席淑媛社長、王熙元教授等，蒞臨蓮社參訪，先生有〈為慧炬貢言〉，開示學佛法要，勉以勤修當生成就之淨土法門。[1]

九月二十一日（三），中秋節，有〈中秋夜思〉、〈癸亥中秋夜誌慨〉、〈仲秋夜臺中獨晴〉，又有題寫王梅南所繪

---

[1] 【數位典藏】錄音／佛學講授／開示／〈為慧炬貢言〉。此次前來，當係接洽次月30日慧炬社舉辦淨土系列演講事。

〈有斐君子圖〉，贈鄭惠文。[1]（《圖冊》，1983年圖26）

〈中秋夜思〉：獨避妖氛海上遊，故園西望月中秋。家人容或叨天幸，今夜不知何處愁。

〈癸亥中秋夜誌慨〉：南溟北仰七星文，禹甸鯤臺秋色分。終歲皆看今夜月，重山久斷故鄉雲。孤衾晚熱無詩夢，萬戶夷歌厭酒醨。晨漏海涯沙際闊，應知相待有鷗群。

〈仲秋夜臺中獨晴〉：四方今夕墨雲堆，皓魄雙川印水來。光被人間應不二，天心何獨厚中台。

九月二十四日（六），秋季祭祖第一天，晨八時起誦《地藏經》，午二時半念佛，晚七時半起念佛，功德迴向祖先。先生於晚七時半至蓮社拈香灑淨。（《蓮社日誌》）

九月二十八日（一），江逸子繪〈五福神木圖〉完稿，請先生題詩。[2]（《圖冊》，1983年圖9）

〈五福神木圖〉：歲次昭陽大淵獻仲秋　孔子誕辰日　古閩江逸子寫於澹寧齋

連理盤根五樹同，如雲結蓋自洪濛；高天永夕篩明月，勝地皆春暢惠風。文獻足徵箕子範。彝倫垂象舜臣功，

---

1 李炳南：《雪廬詩集》，《全集》第14冊之1，頁705-706；〈有斐君子圖（之一）〉，《雪廬老人題畫遺墨》，《全集》第16冊，頁220。

2 李炳南：〈五福神木圖〉，《雪廬老人題畫遺墨》，《全集》第16冊，頁201。

菩提草木聞圓智；願汝今歸古大雄。

歲癸亥仲秋敬觀　九五雪叟李炳南題

是日晚，於慈光圖書館週三《華嚴經》講座，宣講〈十迴向品第二十五〉「九、無著無縛解脫迴向」。

十月三日（一），「論語講習班」第二期第二學年上學期開學，講授《論語・季氏》「三、祿之去公室，五世矣」。先生有「第二學年開學講話」指點：《論語》幫助大家做人、學佛，佛戒、儒道，皆應實行。

　　真正學問，一體萬用。一者，有二種真學問：一是世間法，一是出世法；出世法解決生死。吾講《論語》，幫助大家學佛，不學佛也必須先做人。再者，自古以來都有門戶之見，不同道便互相毀謗，同道即使不加毀謗，也會輕視，全在自己的眼力和選擇。三者，看了之後必須實行，否則是空話，佛的戒，孔子的道，都要實行。孔子的道是「朝聞道，夕死可矣」，子貢說：「夫子之文章可得而聞也，夫子之言性與天道，不可得而聞也。」孔子的道重要在「性與天道」，但是自古以來幾人懂？誰守這個道？連「夫子之文章」也不懂。或許有人自以為學了夫子的文章，其實所學都不是夫子的文章，只是唐宋八大家的辭藻而已。對於修道只有萬分之一的幫助而已。會念書的人，經史子集都有用，不會用的人，學文章只會生增上慢而已。

　　《論語》的注解太繁了，書只是讓你參考而已，多讀徒

亂人心。經典的本文好，即使沒有注解也好。[1]

十月五日（三），晚，於慈光圖書館週三《華嚴經》講座，宣講〈十迴向品第二十五〉「九、無著無縛解脫迴向」。

十月七日（五），晚，於台中蓮社論語班講授《論語・季氏》。

十月十日（一），晚，於台中蓮社論語班講授《論語・季氏》。

十月十一日（二），創辦「明倫動畫研習班」，舉行開學典禮，培養弘法人才。（《圖冊》，1983年圖27）

　　張式銘，《張慶祝師姑九十回顧》：老師握賴武義老師半小時的手，請他幫忙成立社教科。[2]

　　吳碧霞，〈雪廬風誼——俠骨詩情醇儒本色悲心忍力菩薩真行〉：雪公說：「我滿身是瘡疤。」他在「社教科」前身的「動畫班」曾勉勵學生說：無論什麼事情，沒有一辦就成的。如果有一點辦不動，就停止，萬事難推動。也就是說，前面有什麼障礙，自己有什麼困難，我都要辦，打破一切一切的困難，必得繼續幹下

1　李炳南：〈論語研習班第二學年開學講話〉，《論語講記》，http://www.minlun.org.tw/1pt/1pt-4-3/index-00.htm# 季氏第十六
2　張式銘：《張慶祝師姑九十回顧》（臺中：自印本，2006年），頁70。

來，秉著這樣的精神，移山倒海都做得到，我有一口氣，我就一直都在幹，我死了，那就沒法子了。這就是人的真正精神，沒這個精神就不算人，就不是個活人。無論如何，大家忍耐下來，藝術都在本人身上，任何人也拿不去，錢財、地位都能奪過來，唯獨你個人的能力、道德、功德，什麼人也拿不去！[1]

【案】「明倫動畫研習班」，係由簡輝雄及其令弟所提出成立，兩年一期，每期招收十位學生。期望培育繪製動畫人才，進而藉此功能，接引社會大眾。半載後，因師資及經費發生困難，改以「明倫美術班」方式繼續經營。兩年結業後，一九八五年，該專班經先生改名「社教科」並與一九八四年成立之「樂育國樂班」合作，免費教授南胡、琵琶、笛子等樂器，積極推廣樂教。並請賴武義為班主任，期許推展社會教育，培育人才。

十月十二日（三），晚，於慈光圖書館週三《華嚴經》講座，宣講〈十迴向品第二十五〉「九、無著無縛解脫迴向」。

十月十四日（五），夏曆九月九日，重陽節，有〈九日島上閑居〉、〈臺俗重陽祀祖氣候猶熱〉、〈九月九日對菊〉、〈九日憶歷山菊會〉，前後又有〈秋思〉、〈讀

---

1 吳碧霞：〈雪廬風誼——俠骨詩情醇儒本色 悲心忍力菩薩真行〉，《紀念李炳南教授往生 20 週年學術研討會論文集》，頁 11-24。

近代史〉、〈菊籬客思〉。(《雪廬詩集》,頁 706-709)

〈讀近代史〉:絃歌久輟習羌胡,祖武茫然不識無;却羨元清還政去,遙承文德述唐虞。

〈九日島上閑居〉:彭澤塵爵杳,新亭江水流;鄉關待歸雁,海嶠歷高秋。籬落菊花淚,唾壺如意鈎;客心聞節醉,不羨酒泉侯。

〈臺俗重陽祀祖氣候猶熱〉:揮扇登高天氣新,歸來禘祭有多鄰;瀛洲淨土時行夏,不受西風半點塵。

〈九月九日對菊〉:客裡黃英是故人,三秋手把倍相親;輸君晚節容先瘦,遜我霜天思出塵。種黍陶潛偏闕酒,斷蓬王勃半無鄰;荒途幸得清幽侶,應護疏籬不插巾。

〈九日憶歷山菊會〉(山有一覽亭,登而北眺,鵲華等九列孤山,及黃河濟濼諸水,均在望中。):黃河入海不歸來,看菊他鄉五十回;佳色都隨塵世改,詩葩曾覆歷山開。九煙題壁人猶健,萬里馳魂酒昔頹;幾欲臨風書往事,江南梻〔柿〕葉罕成堆。

晚,於台中蓮社論語班講授《論語・季氏》。

十月十七日(一),晚,於台中蓮社論語班講授《論語・季氏》。

十月十九日(三),晚,於慈光圖書館週三《華嚴經》講座,宣講〈十迴向品第二十五〉「九、無著無縛解脫迴向」。

1983 年・民國 72 年 | 94 歲

十月二十一日（五），晚，於台中蓮社論語班講授《論語・季氏》。

十月二十四日（一），晚，於台中蓮社論語班講授《論語・季氏》。

十月二十六日（三），晚，於慈光圖書館週三《華嚴經》講座，宣講〈十迴向品第二十五〉「九、無著無縛解脫迴向」。

十月二十八日（五），晚，於台中蓮社論語班講授《論語・季氏》。

十月三十日（日），上午十時半，臺北慧炬學社董事才榮春、席淑媛、王熙元等師生一行九十人，蒞臨台中蓮社，禮請先生於講堂講演後午餐，午後本社播放蓮社聯體機構各項活動紀錄影片，至四時半結束。該次講演為慧炬淨土系列第四場，同時舉行該社第六十九次佛學社團負責人粥會。（《圖冊》，1983 年圖 28）

　　慧炬社，〈新聞〉：第六十九次粥會——由「紀念余家菊先生文教獎學基金會」主辦，慧炬雜誌社協辦的第四次淨土系列演講，於十月三十日假台中蓮社舉辦隆重擴大舉行，恭請李雪公老師慈悲開示，因緣殊勝，令在場百餘位聽眾，無不凝神諦聽。三十日早上七時三十分，北部參加者，包括本社董事、同仁、北區大專院校

佛學社團負責人及慧炬易經班、靜坐會及念佛會蓮友等九十人，分乘二輛遊覽車前往與中區院校同學會合。抵達台中蓮社之後，首先到佛堂禮佛，隨即展開一個半小時的演講開示。雪公老師以九五高齡，而仍為中國儒佛思想文化竭盡心力，令人感佩。

淨土系列演講共計五講次，自一九八三年三月二十七日第六十七次粥會邀請懺雲法師為第一次，此後有毛凌雲老居士、陳清香教授等。李炳老為系列第四講。[1]

  周宣德，〈悼念李雪公老師〉：前年他已年屆九十有五，慧炬同人又請在淨土系列講座中擔任主講，雪公仍慨允勉力擔任，其講詞深妙難測。大意首為實修無諍三昧，次為如何轉識成智，再次為念佛必須一心不亂……，要皆為稱性之談，令聽者咸得「入理益」。這些真是無相的財法兼施了。[2]

十月三十一日（一），晚，於台中蓮社論語班講授《論語‧季氏》。

是月，論語班學員，後任教彰化師大國文系之張清泉，於本年度論語班開學後，拜謁先生求教，蒙先生指點書法學習之道在筆法與間架，臨摹須專注少數幾字，半年不

---

1 〈新聞〉，《慧炬》第233期（1983年11月15日），頁35-36。
2 周宣德：〈悼念李雪公老師〉，《慧炬》第264期（1986年6月15日），頁12-15。

換;且書道通於學佛,可得一心不亂。日後又獲贈書帖數種。

　　張清泉,〈一心不亂〉:論語班從七十一年九月至七十四年六月為期三年,到了後半期,老師法體已屢示欠安,但大家似乎並無警惕。在這期間,老師經常提示大家:「學問貴在自己求。」我因為對書法稍有偏好,當時就鼓起了勇氣,祈請論語班李班長和鄭師兄代為引見。終於在一個晴朗的午後,首次拜謁老師,請示有關書法方面的幾個問題。承蒙老師慈悲開示如下:
第一、初學書法須注意兩個要領,一是間架,一是筆法。若天資好的,可以兩者同時並進;若資質平常者,可以先求間架,再練筆法。
第二、開始臨摹時,先取好的碑帖版本,選出若干字,便專注臨摹此數字,持續練習莫要間斷,半年內不可更換,等這幾字練成後始可換字。
老師所指示的第一點,正是循序漸進,學不躐等的重要法則;第二點乃是專精純熟,臻於成功的不二法門,更是磨練浮躁心、不安份心、好高騖遠心的最佳藥方。猶記得後來每一回呈上習作請老師賜正的時候,老師都會問道:「字換了沒有?」並一再囑咐:「可別換喔!」由此乃見老師的用心。這個祕方日後我皆奉行不渝。
當天在老師的客堂裡,臨別前我還唐突地請示恩師:「學書法會不會影響學佛呢?」老師卻不假思索地答道:「寫書法就是一心不亂!」語氣直接了當。我當下似懂非懂,卻不敢再多叨擾,就起身頂禮告辭了。一路

上直繞著這句話思索著,當時雖體會不深,但是這句話卻在往後的日子裡,不停地給我啟發著。

原來老師訓示我們的,不只是在出世法的念佛工夫上要求一心不亂,更要在世間法一切學與術方面,也做到一心不亂。換言之,只要在任何一種學術上能夠一心不亂,即「道在其中」矣!猶記得在另一個偶然的場合裡,老師也曾說過:「世間任何事物,不『迷』怎麼能成功?」「迷」應就是專一不二,心無旁騖的意思。[1]

【案】先生指導書法,方法始終如此。徐醒民憶述先生早期在國文補習班教授書法時強調:「學習書法開始時,應就性情所近,選一法帖,之後,選十字專攻,十字寫好,其餘皆可寫好,須臨摹到完全相似,半年內不可更換,等這幾字練成後,始可換字。第二功為出帖,是一種涵養的工夫,入帖相似後還要日日學,將原帖精神寫出,出帖時不但要守住原帖,還要寫出自己,如許慎說:如也,如己出。閒時亦要想到書法,在空氣中書寫,入帖學別人是必經階段,出帖階段才有自己面貌。」[2]另請參見:先生指導陳火爐習練小楷一節(1983年6月17日譜文)。

---

[1] 無得(張清泉):〈一心不亂〉,《雪廬老人法彙》(臺中:青蓮出版社,1989年4月),頁470。

[2] 任容清:〈從一絲不苟到一心不亂——雪廬老人法書析論〉,《紀念李炳南教授往生20週年學術研討會論文集》(臺中:中興大學中國文學系,2006年10月),頁145-185;見:注36引「徐醒民訪談語」。

【又案】張清泉獲贈書帖為：王羲之《佛遺教經》，《舊搨唐顏魯公多寶塔碑》，《明拓興福寺碑》。[1]

是月，作有〈清宵醉茗廣雅及桐君錄均載令人不眠〉、〈拾紅葉〉、〈蓮社門臨柳綠兩川觀水〉、〈所見〉、〈刀尺〉、〈亂說欺愚〉、〈正謬〉。（《雪廬詩集》，頁709-711）

〈清宵醉茗廣雅及桐君錄均載令人不眠〉：秉燭讀書能靜慮，清宵啜茗得奇芬；書香無種嘗多士，茗妙如心不可云。今古饕飧鮮知味，童蒙闖黌速成文；虛窗醒睡自為主，習就趙州隨處醺。

〈蓮社門臨柳綠兩川觀水〉：繞門川水向西流，落日煙波伴客愁；碧海有涯天有末，不知何處問歸舟。

〈正謬〉（前人勵學云：書中有黃金、顏玉，似失養正之義。）：詩書禮樂正乾坤，幾個儒生不戲論；結網羨魚都誤解，黃金顏玉餌癡魂。

十一月二日（三），晚，於慈光圖書館週三《華嚴經》講座，宣講〈十迴向品第二十五〉「九、無著無縛解脫迴向」。

十一月四日（五），晚，於台中蓮社論語班講授《論語·季氏》。

---

[1] 張清泉提供。

十一月七日（一），晚，於台中蓮社論語班講授《論語·季氏》。

十一月九日（三），晚，於慈光圖書館週三《華嚴經》講座，宣講〈十迴向品第二十五〉「九、無著無縛解脫迴向」。

十一月十一日（五），晚，於台中蓮社論語班講授《論語·季氏》。

十一月十二日（六），上午十時，應臺中市長林柏榕邀請，於臺中市文化中心落成典禮，擔任啟鑰儀式啟用。典禮後舉行落成慶祝會，各界來賓一千多人應邀參加。[1]

下午，泰國中華佛學研究社副社長楊乘光率團一行四十六人，由《菩提樹》月刊發行人朱斐陪同前往台中蓮社拜訪，聆聽先生演說淨土法門帶業往生之精闢開示。該團於十一月八日至十七日，抵臺參訪佛教大德。[2]

十一月十三日（日），中午十二時，至中國醫藥學院附設醫院九樓辦公室，參加該校董事會第八屆第七次會議。會中報告，醫學院學生讀《內經》之效用比《易經》顯著。

---

1 《民生報》（1983 年 11 月 13 日），第 9 版文化新聞版。
2 〈新聞〉，《菩提樹》第 373 期（1983 年 12 月 8 日），頁 52。

1983 年・民國 72 年 | 94 歲

　　「報告事項十四，李董事炳南報告」：《易經》不是醫書，是各種學術的綜合，是很難讀的一部書。以孔子之聖，讀至韋編三絕，最後只說出「假我數年，五十以學易，可以無大過矣」的話來。漢儒、宋儒對經書都有闡揚，惟對《易經》無多發明。本人對《易經》亦曾鑽研三十年，愈來愈不懂。要學生研讀《易經》，不如使其讀《內經》，只要十年功夫，定能有成。[1]

日後，董事長陳立夫來函，致贈當日相片一幀。[2]（《圖冊》，1983 年圖 29）

　　陳立夫，〈陳立夫來函〉（1983 年 11 月 16 日）：
炳南先生：星期日午餐時，楊代表天生與先生談話時攝影一幀，寄奉以作紀念。專肅，敬請
道安　　　　　　　　　陳立夫　七二、十一、十六

十一月十四日（一），於台中蓮社論語班開始講授《論語・陽貨》。

十一月十五日（二），函復同鄉晚輩楊慧民。楊父為先生在莒時至交楊子餘。楊慧民日前閱報，得知先生主持臺中文化中心啟鑰典禮，因此來信詢問是否為其父親故交。

1　見：徐鳴亞編：《私立中國醫藥學院歷屆董事會議紀錄彙編》（臺中：1984 年 5 月）。
2　陳立夫：〈陳立夫來函〉（1983 年 11 月 16 日），台中蓮社收藏。

（《圖冊》，1983年圖30）

　　楊慧民，〈楊慧民來函〉（1983年11月14日）：炳老尊前：閱民生報，臺中文化中心啟鑰係由您老主持。憶往事，曾聞家父楊子餘（前山東莒縣電信局長）言，有好友李炳南先生，不悉您老是否即為家父老友？祈示知您老省籍，以便連繫。專此，即請

康安　　　　　　　　　晚楊慧民上　十一、十四[1]

　　〈函復楊慧民〉（1983年11月15日）：慧民賢世台大鑒：昨由台中蓮社轉到手書，讀已甚為歡喜，不意他鄉孤客，得逢故交，亦奇緣也。本人即濟南市券門巷之人，曾在莒縣辦理監獄等事，與令尊子餘公為通家之好，並同皈依印光祖師學佛，現年九十五歲，寄居臺中正氣街九號。公餘可以書信先行連絡，俟機再行謀面。肅此奉復，順頌

台綏　　　　　　侍生李炳南拜啟　十一月十五日

　　【案】楊慧民令尊楊子餘為先生在莒時至交，時任莒縣電報局長，曾代先生去函弘化社索取贈書，由是而有後來同禮印光大師皈依三寶之因緣。先生一九三六年自莒縣調任回濟南，楊子餘亦自願請調至濟南電信局，以便與先生就近往返。（見1930年8月1日、1936年春譜文）

---

[1] 楊慧民：〈楊慧民來函〉（1983年11月14日），台中蓮社收藏。有封文，郵戳為「72.11.13」。

1983年・民國72年 | 94歲

十一月十六日（三），晚，於慈光圖書館週三《華嚴經》講座，宣講〈十迴向品第二十五〉「九、無著無縛解脫迴向」。

十一月十八日（五），晚，於台中蓮社論語班講授《論語・陽貨》。

是日，有居士易靜波，經天華出版社李雲鵬介紹，自臺北來蓮社求開示，先生指點入門之道。
　　〈為易靜波居士開示〉：汝欲度生，心有此志，即是發心發願，在儒曰志，不能搖動，三軍可奪帥也，匹夫不可奪志也，來困苦尚易守，最怕得意，環境好，正是人之倒楣，故自古成功多貧寒子弟。
汝要度人，喻如有人溺水，欲救人，須先學會泅水。儒云仁，佛亦是能仁，有仁然須要會泅水，故欲度生，須先懂十分之七之佛法，方能不走錯路。
汝正式皈依三寶，念非只用口念，乃「今心」，不變心理，倒背三藏亦無用，經白紙黑字何用，心即是佛，佛即是心，目的在叫汝變心，字是令照做，照做心即是三寶，經到時亦可不要。
汝有此志向，發度生願，須先力行，是方能正他，樓高由第一步來，越級而升，不成功。《當生成就之佛法》、《歧路指歸》、《彌陀經接蒙》，看完上列三本，果然看明白，可再寫信來要。
一般學佛求福壽、名利，一般人求此不害人即可，學佛

者求此即非正見，非學佛之目的，無始即在六道，求此，眼前好，後來倒楣。[1]

十一月十九日（六），夏曆十月十五日，有〈癸亥十月望晴貞吉〉、〈天涯感〉、〈廣交〉。（《雪廬詩集》，頁711-712）

〈癸亥十月望晴貞吉〉：雲密屯千里，陰連滄海生；天青無十夜，月印鏡湖明。復自下元起，忽逢三島晴；思歸人北望，應止日南行。

〈天涯感〉（大明湖中有藕神廟祀詞人清照）：歷下亭南我舊家，烽煙六代走天涯；愁吟應有詩人志，不獨明湖弔藕花。

十一月二十一日（一），晚，於台中蓮社論語班講授《論語·陽貨》。

十一月二十三日（三），晚，於慈光圖書館週三《華嚴經》講座，宣講〈十迴向品第二十五〉「九、無著無縛解脫迴向」。

十一月二十五日（五），晚，於台中蓮社論語班講授《論語·陽貨》。

---

[1] 李炳南：〈為臺北易靜波居士開示〉（1983年11月18日），《台中蓮社歷年會議紀錄》，台中蓮社檔案。

十一月二十八日（一），晚，於台中蓮社論語班講授《論語・陽貨》。

十一月三十日（三），晚，於慈光圖書館週三《華嚴經》講座，宣講〈十迴向品第二十五〉「九、無著無縛解脫迴向」。

是月，為許智銘編集之《內弘明集》題書名。[1]（《圖冊》，1983年圖31）

【案】該書係蒐集教界大德張澄基、吳汝鈞、沈九成等多位討論「愛、慈悲」異同之篇章而成。先生曾函勸許智銘息諍。（見1981年6月25日譜文）

十二月二日（五），晚，於台中蓮社論語班講授《論語・陽貨》。

十二月五日（一），晨八時，偕同菩提救濟院董事長周慶光暨蓮社蓮友，前往參加救濟院前主任藍文奎告別式。

晚，於台中蓮社論語班講授《論語・陽貨》。

十二月七日（三），晚，於慈光圖書館週三《華嚴經》講座，宣講〈十迴向品第二十五〉「九、無著無縛解脫迴向」，

---

1 許智銘編：《內弘明集》（香港：內明雜誌社，1983年11月）。

解說第二十表。[1]

十二月九日（五），晚，於台中蓮社論語班講授《論語·陽貨》「色厲而內荏、鄉愿德之賊、子謂伯魚、禮云禮云」等各章。

十二月十二日（一），晚，於台中蓮社論語班講授《論語·陽貨》「道聽而塗說、鄙夫可與、古者民有、子曰巧言、惡紫之奪」等各章。[2]

十二月十四日（三），晚，於慈光圖書館週三《華嚴經》講座，宣講〈十迴向品第二十五〉「九、無著無縛解脫迴向」。

十二月十五日（四），於蓮社，為立委董正之及諸弟子講述《大學·首章》要義。
　　〈大學首章解〉：
大學之道
　　「大學之道，在明明德，在親民，在止於至善。」這四句是總綱，朱熹他們分為三綱八目，一綱有幾目？既是三綱，但經文裡只兩綱有目。「明明德」是一綱，

---

[1] 李炳南：《大方廣佛華嚴經講述表解》，《全集》第1冊之2，頁354。

[2] 【數位典藏】錄音/儒學研究/論語/〈陽貨篇〉。

「親民」是一綱,「在止於至善」他也說是一綱,那麼他的「目」在哪裡?

「大學」,什麼叫大學呢?後頭的文就是指著宇宙人生,就跟這一回講的《華嚴》「世間解」一般。唯有佛才能稱「世間解」。

「大學之道」,這個道就是本性。這說佛經的話了,萬事都發生在本性上。這一切萬物都是「心所造萬物」,這是禪家的話。這個性〈中庸〉上有解釋:「天命之謂性,率性之謂道。」只要順著性,絕不違背,就是道。道就是性,性就是道。孔子說:「誰能出不由戶,何莫由斯道也?」無論誰走路都要從門戶出入,誰也得走門,哪有離開「道」的呀!這「大學之道」是總綱,人人離不了道。孔子「志於道,據於德,依於仁,游於藝」,「志於道」這是根本。

在明明德

「在明明德,在親民,在止於至善」,三個「在」字。「道」是根本不動的,心一行動就有所得,叫做「德」,所以德也是本性。在佛學裡叫「性德」。德有修德、性德。「在明明德」上頭之「明」字,是個動詞,意思是再叫他恢復原狀。若性既是乾淨的,又何必「在明」他呢?性在哪裡?性在儒家講是內在的。佛經上說:「性不在內,不在外」,那意思就是說「性也在內,也在外」,這一點你必得要悟!上頭一個「明」字是動詞,下頭那一「明」字是靜詞。按儒家講,〈大學〉要明的明德本性是內在的。

在親民

「在親民」,民是人,這是對誰講的呢?〈大學〉是自天子以至於庶人都得學,先對在上的說。當領袖的,他有這個權,所以「民」指眾人。當領袖的對於大家要親善,書上有說:「仁者,人也。親親為大。」仁字為孔子主張,很重要啊!雖然很重要,先在哪裡入手呢?先在「親親」上,頭一個親是動詞,第二個親是靜詞,在個人的六親上「親」。所以第二步,〈大學〉的道在親民上,是外在的。既是有內在的與外在的,內在的是「自行」,親民呢?是外在的,是「化他」。明德,要自己自修!親民是化他!這是兩個綱!

在止於至善

明德及親民這兩條都得要「止」!止當「住」講,心住到明德上,住到親民上。止到哪裡呢?「至善」是到至極處!明德明到至極處,親民也親到至極處!

古之欲明明德於天下者,先治其國;欲治其國者,先齊其家;欲齊其家者,先修其身;欲修其身者,先正其心;欲正其心者,先誠其意;欲誠其意者,先致其知;致知在格物。

「古之」,是這一大段的總樞紐!「大學之道」是古時候的名詞,孔子「祖述堯舜,憲章文武」,堯舜、文武時就算古,再往上呢?一直到伏羲、《易經》、八卦等等都是古,都是如此說「大學之道」。

「欲明明德於天下者」,天下人皆明德就是親民!這一句說的就是宇宙人生嘛。古人欲明明德於天下者,要叫

天下人也統統明德。既然這樣子了,就是知所先後了。

外頭「親民」那套說完了,這裡統貫起來。你要是想著修身,得「先正其心」,心不正怎麼能以修身呢?你想著要正心了,「先誠其意」。心要能「正」能「定」,有個「意」就有分別,絕對的不安定,所以修行要「離心意識」才能無念而念。意字是最壞的一個東西!「欲正其心者,先誠其意」,〈中庸〉上也說:「誠者,天之道也」,天之道是天然的。第二句「誠之者,人之道也」,誠意是人之道,是正心第一步啊。

「欲誠其意者」你要想誠意,「先致其知」,先得「致」。就是一有了動機,起念頭了,「不怕念起,就怕覺遲」,打妄想不用怕,就怕你感覺力差,感覺力就是「致」。「知」,這是禪家的工夫,知就是你的心。心是體,知是心起的作用,所以「知」字很要緊!一覺悟「致」就是知覺,這是「先致其知」。想著要覺悟,若什麼境界也沒有,你覺悟個什麼?所以「致知在格物」,機一動你就覺悟了,全在這個動機上,沒有動機,你覺悟什麼呢?這是「先」。

物格而后知至,知至而后意誠,意誠而后心正,心正而后身修,身修而后家齊,家齊而后國治,國治而后天下平。

要覺悟必得「物格」,只要物一動,動機一來了,「而后知至」,心一動而後你才知道了。若機不動,你知道的什麼?「知至」,你的心知感覺了,「而后意誠」,意誠是考察自己知道的是正與不正、妄與不妄,才能

「意誠而后心正」。這是內在的。「自天子以至庶人，壹是皆以修身為本」，自天子一直到庶人，人人皆能幹，無非聖人。「壹是皆以修身為本」，自天子到庶人皆以修身為本。

為什麼不說以「格物」為本呢？怎麼在「修身」為本呢？修身為本這是說用，但有體有用啊！這是大家都要做的。至於上頭那一段「格致誠正」的內容，若要在那裡開頭，可是難為人了！所以在修身上開頭。

其本亂而末治者，否矣；其所厚者薄，而其所薄者厚，未之有也。

可是「其本亂而末治者，否矣」，「本」之一字，包括兩種：一種自修身一直到天下平，修身是本，齊家是末。齊家是本，治國是末。治國是本，平天下是末。本要是亂了，而末能治得安定，不會有這種事！這是一個說法。

另一個說法，唯恐大家只說到這裡就完了，內在的不說了，內在的「其所厚者薄，而其所薄者厚，未之有也」，什麼是厚呢？是內在的厚啊？還是外在的厚呢？厚之一字指的是「德」，所謂「厚德載福」！「德必自厚」，德厚了，這才可以。要是「其所厚者薄」，把「格物、致知、誠意、正心」看薄了，光只是務外，會怎樣？外頭這個「修齊治平」就能以辦好了，能以加厚，能以治理了，「未之有也」。

此謂知本，此謂知之至也。

你們雖知道這個，還不行！總得把吾這個講法記住，念上個好幾遍。吾也不是一天就會講這個的，吾若

1983 年・民國 72 年｜94 歲

不是學佛也講不出來。〈大學〉吾多少年沒有講了，學了佛才能以懂儒家，念了儒家的書才懂佛學。[1]

十二月十六日（五），晚，於台中蓮社論語班課程，由徐醒民代講《詩階述唐》。（《蓮社日誌》）

十二月十七日（六），癸亥年靈山寺彌陀聖誕佛七，禮請先生於第五天開示，指點持戒為基本，念佛憶佛為法門。

〈癸亥年靈山寺佛七開示〉：

人身不易得，三途真可怕；極樂人人去，三毒心放下。
念佛不改心，等於說空話；心口若相應，立見佛菩薩。
打佛七講話與講經不一樣，不談道理，專談其中如何可以「一心不亂」之重要問題。

淨土法門是以往生為原則，在三十年內，第一個十年往生的有好幾個，往生的現象很不錯，第二個十年就少了，到現在第三個十年，就寥寥不過幾位而已，功夫已經不行了。不單是修行功夫，連平素做人也差了。佛教徒不論是在家出家，總之是以「戒」為根本，戒、定、

---

[1] 李炳南講，三學（鍾清泉）整理：〈大學首章解（上、中、下）〉，《明倫》第 386 期（2008 年 7/8 月合刊）、第 387 期（2008 年 9 月）、第 388 期（2008 年 10 月）。「為董正之講授」係據：吳孟謙，〈論雪廬老人《學》、《庸》詮釋的內涵與特色〉，《應教木鐸振春風：紀念李炳南先生往生三十週年學術研討會論文集》（臺中：青蓮出版社，2017 年），頁 307-346。另請參見先生為董正之講授「《大學》首章之組織」（1977 年 9 月 10 日譜文）。

慧三學,若連一個「戒」字都看不起,那還成什麼功呢?學佛之基本問題就是「戒」。

《阿彌陀經》要緊的一句話,就是念到「一心不亂」,什麼叫做一心?倘若你的心除了阿彌陀佛,還有藥師佛,這就不叫一心,這叫二心,不專門。一心者,其心乾乾淨淨的,就是這一件事情,此謂之一心,念到一心你才會往生,不到一心就不會往生。但是你們一天二十四小時,自己想想,念了多少時間的「阿彌陀佛」?諸位又說,哪有人一天到晚有閒功夫一直念佛!不錯,沒有教你一直這樣念,經上說得很清楚,有念佛、有憶佛。「念佛」是嘴與心都念,憶佛可以嘴不念,心想著忘不了。這其實不難,大家再忙、再累,即使不餓,到了鐘點還是要吃飯,吃飯忘不了,念佛卻忘了。總之無論什麼事情都別忘了要往生西方,一切皆是為了阿彌陀佛,如此淨念相繼,心裡頭才不會去羼雜其他東西,如此才能一心。[1]

十二月十九日(一),晚,台中蓮社論語班由徐醒民代講《詩階述唐》。(《蓮社日誌》)

十二月二十日(二),夏曆十一月十七日,阿彌陀佛聖誕,晨九時,至蓮社拈香禮佛。(《蓮社日誌》)

---

[1] 李炳南講,黃泳記:〈癸亥年靈山寺佛七開示〉,《脩學法要》,《全集》第9冊,頁301-313。

十二月二十一日（三），晚，於慈光圖書館週三《華嚴經》講座，宣講〈十迴向品第二十五〉「九、無著無縛解脫迴向」。

十二月二十二日（四），冬至。寄兩張近照去濟南老家，勉兒俊龍積善利人，並自述此地得有厚道鄰居照應，請家人放心。[1]（《圖冊》，1983年圖32）

〈函李俊龍〉（癸亥年冬至節）：龍兒如面，由王仲懿先生得到家中狀況，知汝為人忠厚，於兄弟之間不起分別，甘自吃苦，甚喜。汝母德芳，亦甚康健。這就是積善所得。汝作醫生，為人治病，務必盡心盡力，我心就高興。特託王仲懿老伯寄來匯款，以作度日補助，及三節祭掃之用。　　　　父炳諭　癸亥年冬至節

〈函李俊龍〉（同前）：這是八十歲以後照的，那張彩色的，是九十五歲照的，現在尚康健，惟記憶力太差，老景當然如此。幸而鄰居厚道，時長〔常〕照應。而且生活簡約，不感困難，汝放心好了。

舊俗以此日交歲，有〈報歲蘭〉、〈月〉、〈新歲感〉、〈月當頭夜〉、〈胡雁〉。（《雪廬詩集》，頁712-714）

〈報歲蘭〉：餘寒未盡立春前，九畹同芳各自妍；客裡漫勞頻報歲，豈能彤鬌不知年。

1　李炳南：〈函李俊龍〉（癸亥年冬至節），李珊提供。兩件書信皆係寫於照片背面。

〈新歲感〉：誰使妖氛壓九垓，典謨乘筏入鯤臺。南風不悔莫須有，漢幟終當還復來。歷代山陵從舊祀，兆民田畝再重開。天心隨順人心轉，會看匡時降大才。

十二月二十三日（五），晚，於台中蓮社論語班講授《論語·陽貨》「十八、予欲無言」、「十九、孺悲欲見」、「二十、宰我問三年」等三章。先生於論語講習班第二期授課至此章止。

【案】論語講習班第二期，先生講授至是時，此後即未續講。合計兩期先生講授，至〈陽貨第十七〉篇「二十、宰我問三年之喪」章。〈陽貨〉篇最後五章及後續三篇未能講授。

十二月二十八日（三），晚，於慈光圖書館週三《華嚴經》講座，宣講〈十迴向品第二十五〉「九、無著無縛解脫迴向」，解說第二十一表。[1]《華嚴》法筵癸亥年講經圓滿。蓮友舉行放生活動，並有各類結緣品。

記者，〈講經圓滿各道場廣結善緣放生迴向〉：臺中慈光圖書館、台中蓮社、豐原、東勢、太平、員林等佈教所，各講經弘法工作，癸亥年正式圓滿。許多蓮友們，藉此因緣，各盡其心廣結出世善緣。結緣品中，有蓮花盤、溫度計、春聯、沉檀香、筆記本、香皂、毛巾

---

[1] 李炳南：《大方廣佛華嚴經講述表解》，《全集》第1冊之2，頁356。

等。雪公恩師亦以二萬元委託臺北淨廬念佛會,豐原佈教所、太平佈教所、及蓮友之聲放生,將放生功德普皆迴向聽經蓮友。各道場蓮友聞訊亦爭相隨喜,於是在山之顛,在海之濱,皆有蓮友們為鳥類、為水族,懺悔皈依,念佛迴向。普種善根法喜充滿。[1]

---

1 記者:〈講經圓滿各道場廣結善緣放生迴向〉,《明倫》第 141 期(1984 年 1/2 月合刊)。

1984 年・民國 73 年・癸亥－甲子
95 歲

【國內外大事】
- 一月，私立學校法修正通過，大學可設宗教系所。
- 三月，蔣經國當選為第七任總統。
- 四月，孔德成先生訪歐洲八國十二城市。
- 八月，孔德成先生應蔣經國總統禮聘，出任考試院長。

【譜主大事】
- 一月，元旦應慎齋堂邀請講演兩日，開示「修淨須知、世間解簡述」。
- 二月，夏曆甲子年正月初一，蓮社新春團拜，先生於一週前因食品中毒致腳盤腫脹，未能參加。
  新春《華嚴》經筵開講，開示「新元講席貢言：世出世法，本立道生」。
  獲黃懷中之助，於復興廣播電臺及臺灣區漁業廣播電臺開播「明倫之聲」，全省聯播。
  於慈光育幼院，為輔仁大學大千社儒佛講座學員開示法要。
- 三月初，因四大微恙，週三《華嚴經》講座請周家麟代理，宣講《徹悟祖師語錄》；論語班停講。
- 五月，佛誕日，赴臺中太平鄉，為台中蓮社聯體機構淨業精舍落成啟鑰。
  同日，為江逸子所繪〈西方三聖像〉圓滿上供，親書對聯，

並囑大量流通。

- 六月中，休養十四週後，恢復講經，於《華嚴經》講座續講「新元講席貢言」，計共十九講次圓滿。
- 八月，國學啟蒙班舉辦師資座談會，蒞臨勉勵大眾「志道據德依仁游藝」。
- 十月，臺北錢地之蒞中，探視先生足疾。先生函謝，並寄贈王日休《龍舒淨土文》。
- 十一月，臺灣大學晨曦學社畢業社友至台中蓮社參訪，禮請先生開示。
  赴鹿港佈教所弘法，題為「苦口婆心話放下」。此後走訪全臺佈教所或念佛會巡迴演講，可視為往生前極重要之修行提點，亦先生向蓮友辭行。
- 十一月，馬來西亞蔡榮華居士，回臺參學。先生特為多次開示。
- 十二月，至豐原佈教所指導弘法，以「憶佛念佛」為題提示大眾。
- 是年病癒後，講經弘法未歇。然恐淨手頻繁，講經授課當日以禁斷飲食方式控制，體力由是更加虛弱。

一月一日（日）至二日（一），元旦兩天假期，循例於慎齋堂開示，講題為「修淨須知・世間解簡述」，下午二時半開講。首日晚及次日上午，聽經同學及蓮友於蓮社講堂舉行複講及研討。蓮社提供住宿，並招待午晚餐。

本市具有二百餘年歷史之慎齋堂，在已故住持德熙法師時，自民國五十一年始，每屆國曆新年，即親臨本刊，邀請本刊前社長李公炳南，前往講演佛法兩天；前任住持普瑛及現任住持普暉法師，仍於每年新年假期，恭請炳公老師蒞寺弘法，歷時已二十一年。

本年元旦起兩天，每天下午二時半起，九五高齡的雪公老師，準時蒞臨該堂講演，由師專簡教授金武擔任臺語翻譯，李老師今年講題為「世間解」，這是佛陀十號之一。

李老師首先以「修淨須知」十要引介：① 二力相應 ② 正助雙修 ③ 橫超出世 ④ 接引九界 ⑤ 帶業往生 ⑥ 蓮苞正定 ⑦ 花開悟證 ⑧ 四土安養 ⑨ 皆得不退 ⑩ 乘願再來。欲界──五趣雜居地六天眾生，八識俱全，多有飲食睡眠情愛諸欲。而四禪天中初禪三天鼻、舌二識不生，僅餘六識；至二禪三天眼、耳、身三識不生，尚有意想身等三識；殆三禪三天、四禪九天以及四空天等均僅餘六七八識，而生淨土者皆是阿賴耶識往生，試問此阿賴耶識又豈能消盡諸業哉？所謂消業固有經文可查，但所消者，但指惡業而言；帶業雖無經可查，但在經義，是指有漏、無漏善業，有覆、無覆、無記等諸業俱有。往生是生滅法，有生有死（變易生死）；涅槃乃

寂滅法，將永無生死。《仁王經》云「唯佛一人居淨土」，由此可知九界眾生皆具惑業。

李老師以唯識釋往生淨土，並引舉《大乘起信論》、《觀經疏妙宗鈔》、《淨土十疑論》等為證，說明消業、帶業、不退諸義，聽眾無不皆大歡喜。[1]

一月四日（三），午十二時，周榮富於蓮社會客室宴請臺南蓮友許春明，先生與台中蓮社社長王烱如、蓮友李榮輝、陳雍澤、郭基發、林進蘭、黃潔怡等作陪。（《蓮社日誌》）

一月下旬，因食物中毒致腳踝腫大，有〈今之一切食物皆含毒劑〉；又有〈癸亥歲暮〉。（《雪廬詩集》，頁714-715）

〈今之一切食物皆含毒劑〉：民食依鴆毒，無書事空前；群生非不知，聚訟徒紛然。有云順時代，未可多言詮，吾衰聽失聰，或係雙耳聾。自戕率天下，今政難與從；仰面長太息，垂頭憶神農。

〈癸亥歲暮〉：聞道重逢堯甲子，寧忘收拾舊山河；胡天沴氣愁增歲，老革羈魂總枕戈。曆象復初應自健，金甌歸故不求苛；春風願及寰輿國，萬物同圓一太和。

---

1 〈國內佛教新聞版〉，《菩提樹》第374/375期（1984年1/2月合刊），頁53；開示紀錄見：李炳南講，顏彩雲、吳孟昌記：〈甲子年（七十三年）元旦慎齋堂講話〉，《脩學法要續編》，《全集》第10冊之1，頁169-184。

一月十七日（二），劉汝浩來函，感謝贈禮，並為指點《泗水縣志》主編事致謝。[1]（《圖冊》，1984年圖1）

  劉汝浩，〈劉汝浩來函〉（1984年1月17日）：
雪公我師慈鑒：翰示及文集斗方等件，先後奉悉，無任感愧。蓋泗誌主編之建議與生之冒昧轉陳，均屬不情之請，蒙師不加斥責，反詳示進行辦法，可謂憫其愚而嘉其志，曷勝銘感。經生面交賜件詳談，決即遵諭進行，並約生參助。肅此稟請釋注。敬請

  慈安　　　　　　　弟子劉汝浩頂禮　七三、一、十七

一月二十二日（日），孔德成先生來函，為代擬上總統函致謝。[2]

  孔德成，〈孔德成來函〉（1984年1月22日）：
炳兄道右：頃奉寄下代擬上總統函，敬謹收到。代想周詳，曷勝感激。專此奉謝，即頌

  道安　　　　　　　　弟德成敬復啟　七三、元、廿二

一月二十八日（六），午十二時，台中蓮社暨聯體機構同仁，於蓮社講堂舉行歲末圍爐，開席二十八桌。先生腿疾抱病參加。（《蓮社日誌》）

二月二日（四），夏曆春正月初一，蓮社舉行團拜，由社長

---

1 劉汝浩：〈劉汝浩來函〉（1984年1月17日），鄭如玲提供。《泗水縣志》事見1980年10月譜文。
2 孔德成：〈孔德成來函〉（1984年1月22日），鄭如玲提供。

王烱如主持拈香,參加蓮友約有六百位。先生因病未能蒞社。

是日,有〈甲子新元頌〉,前後又有〈吾廬〉、〈閒居述志〉。(《雪廬詩集》,頁714-715)

〈甲子新元頌〉:客館依然我,今朝舊歲除;風塵三尺劍,興廢等身書。新政澄清水,衰翁擯墨豬;干戈投四海,萬國飲屠蘇。

〈吾廬〉:獨坐青氈四壁書,三千世界乃吾廬;偶爾無心嘗矯首,不知何處是鄰居。

〈閒居述志〉:閒居陋巷聚多鄰,來往何嘗盡詠春;匡世有心培後進,荒途無累賴清貧。遙山入室窗留黛,修竹橫天境絕塵;老去終存憂樂志,非棲林壑伴幽人。

是日,為淨空法師成立之「華藏講堂」、「華藏蓮社」題榜。(《圖冊》,1984年圖2)[1]

〈華藏講堂〉:
教育部立案財團法人佛陀教育基金會
華藏講堂　　　　　　　　　　　　　　李炳南敬書

---

[1] 李炳南:〈華藏講堂〉、〈書華藏蓮社〉,《雪廬老人題畫遺墨》,《全集》第16冊,頁361、362。「財團法人佛陀教育基金會」於1984年向教育部提出申請成立,同年4月中旬,成立圖書館,命名「華藏講堂」。「華藏蓮社」則係淨空法師代美國達拉斯佛教會請法。見:鄭樺主編:《淨空法師九十年譜》(聯合國教科文組織淨空之友社,2019年),頁89。

〈書華藏蓮社〉：
中華民國歲次甲子元月元旦
華藏蓮社　　　　　　　　　　　　　　　　李炳南恭書

二月六日（一），上午十一時。桃園蓮社蓮友一行百餘人蒞臨本社，禮請先生於講堂開示。十一時半，臺北慧炬社董事席淑媛、王熙元等一行三人，亦蒞社向先生拜年。（《蓮社日誌》）

二月七日（二），上十一時，蓮社董事長董正之蒞社向先生拜年。（《蓮社日誌》）

二月十二日（日），是日起七天，輔仁大學佛學社大千社假台中蓮社舉辦寒假儒佛講座，蓮社供給膳宿。（《蓮社日誌》）

二月十五日（三），午十二時，周榮富於蓮社講堂，宴請蓮社暨聯體機構蓮友，先生於十一時半蒞臨。（《蓮社日誌》）

二月十七日（五），上午九時，赴慈光育幼院，為輔大大千社幹部訓練儒佛講座學員開示法要。（《蓮社日誌》）
　　新年第一次見面，給各位同學恭賀新喜。諸位同學第一天原來計畫是本人與諸位見見面，因著本人舊曆年前，事情太多，自己飲食不小心，中了點毒，連續犯了

兩個月的病。這一忙又犯了病，所以腿感覺有點困難，沒來給諸位同學見面，遲了幾天，感覺很不對。

諸位不是長久在此學習，得先把重要點提到前頭，然後再聽講，才有個目標。這是原則。今天先給諸位說個原則。

各國裡皆有眾生，而真正佛法怎麼都在中國呢？中國有一個人在這裡鋪了路，是中國文化的孔聖人。孔子講的完全是世間法，是做人的道理，人該辦的事。孔聖人他的責任，鋪上這個路，叫大家覺悟。只要先把人格做成，這才能一步一步學佛。

佛法說，人身難得，佛法難聞。凡成佛都是在人世間成佛，釋迦牟尼佛也是變成人而成佛。自古，佛都是變成人，才成佛，並不是一下生就成佛，沒這個道理。這人格，孔子說的最完全，是孔子鋪上這個路了。同學們來學佛，臺中是儒佛雙修，先站住人格，然後才學佛。[1]

二月十九日（日），下午一時，至臺北市愛國西路自由之家，參加中國醫藥學院董事會第八屆第八次會議。[2]

二月二十一日（二），夏曆正月二十日，函會性法師，祈祝眼疾康復；並請注意飲食安全。（《圖冊》，1984年圖3）

1　李炳南：〈為輔大大千社幹部訓練學員開示〉（1984年2月16日），錄音檔，台中蓮社檔案。

2　見：徐鳴亞編：《私立中國醫藥學院歷屆董事會議紀錄彙編》（臺中：1984年5月）。

〈會性法師之二〉（去函）：會公吾師覓座：近由蓮社辦事之人交讀吾師手示，內有皈依另請高僧之言，不勝駭異。按台中蓮社辦事皆係吾師所授弟子，恩誼非同泛泛。至全體社員及弟子本人，三十年來皆尊吾師為當代高賢，無不心誠悅服。但辦事諸人年少心粗，闕乏經驗，未免時常出錯；弟子年又衰頹，忘事昏瞶，亦不便處處多問。兩皆罪過，尚不自知。倘有對吾師有失禮之處，如蒙明示，自當懺悔改往以求自新；萬懇垂慈，不可輕易棄之。至尊目之病，弟子未學眼科，無能為力；又因身老氣衰不能恭往叩安，心咎萬分。惟有南望，祈禱求佛加被，早勿藥有喜，廣度末法眾生。又望小心，凡有化學食物味精及人造醬油等，一律忌食；不獨於目有損，且害內臟。至台中蓮社皈依之事可暫停止，以待後來，免多操心，力求靜養。再者蓮社諸弟子雖然少不更事，其心尚稱直率，不敢存心作惡，並懇放心。未盡之意，已囑前來二三子面稟。專布腹心，諸求智照，並叩慈安　　弟子李炳南和南　夏曆正月二十日

【案】是函僅標月日，而未紀年。據「凡有化學食物味精及人造醬油等，一律忌食」，當為先生食物中毒以後事。又先生與會性法師初識於一九五一年三月三十一日，「三十年來皆尊吾師為當代高賢」，則此函當為一九八一年以後。姑且繫於是。

【又案】會性法師曾經先生診治胃疾（見1955年7月5日譜文），因於先生醫術頗為信賴。近年會性法師病目，有意請先生診療，唯先生婉辭。先生謂：「久不

看病，診脈會失準錯判，反而延誤病情。」[1]

二月二十二日（三），晚，慈光圖書館《華嚴》法筵，甲子年第一次開講，先生抱病宣講。講前開示，有〈新元講席貢言〉講表及〈新元講席貢言——世出世法，本立道生〉講記。[2]（《圖冊》，1984年圖4）

鍾清泉，〈「新元講席貢言」整理前言〉：民國七十三年新春，雪廬老人李炳南老居士，在《華嚴》講座開講前，體察時節因緣，特製「世出世法，本立道生」新表，做為新年貢言。開示蓮友應當立住世出世法的道業根本，深信淨土法門乃橫超生死出苦捷徑，不讓「消業往生」別異見解所迷惑。全部講辭共有十九次，時間長達七個多月，期間曾因食用味精，四大微恙，停講三月有餘，病愈之後再續法緣。老人時壽九十有五，為法忘軀，殷切叮嚀，諄諄教誨，一片婆心，令人感慕。[3]

鄭勝陽，〈雪廬老人示寂前後〉：（雪公）前年因誤吃加防腐劑的食物中毒，胃腸失調，以致右足踝有點

---

1 據吳聰敏口述，林其賢記錄：〈吳聰敏口述紀錄〉，2024年4月18日，台中蓮社。
2 李炳南：〈新元講席貢言〉（講表），《大方廣佛華嚴經講述表解》，《全集》第1冊之2，頁357-360；講記收見：李炳南講，鍾清泉記：〈新元講席貢言——世出世法，本立道生〉，《脩學法要》，《全集》第9冊，頁387-562。
3 淨仁（鍾清泉）：〈「新元講席貢言」整理前言〉，《明倫》第257期（1995年9月）。

腫脹，但講經弘法依然未曾停歇。康復一年後，直到往生前倒是沒有任何疾病，只是體力日漸衰弱，全靠精神力量在支撐。[1]

【案】〈新元講席貢言〉自一九八四年二月至九月，各講俱另開講題。期間三月七日至六月十三日病假停講。

續講《華嚴》章句前說明，先宣講新製講表，一在於時間有限，因此須先將《華嚴》要旨表出；再則將淨宗要義標舉，如此則續講《華嚴》時即使未能逐句講解亦無妨；三則解明儒佛皆為內學，學之皆能有成就。理解此表，可免門戶之見。講表主題為「世出世法，本立道生」，下分三項：甲、志於道；乙、發菩提心；丙、帶業往生乘願再來。甲為世間法，乙、丙為出世間法；出世間法中乙為通行法，丙為特別法。首日解說講表之「甲、志於道」，以孔子之道為主，此雖為世間法，通於出世法。

〈新元講席貢言〉：《華嚴經》講了十三年了，《八十華嚴》講還不到一半，若一年講一本，也要十年之久，講經的人現在已經九十多歲了，不要說再活十年，十天也不敢保險。所以先不講經，先將《華嚴經》的用意總合起來簡單扼要地說。懂得這張表的用意，以

---

1 鄭勝陽口述，于凌波筆錄：〈雪廬老人示寂前後〉，《明倫》第164期（1986年4/5月合刊），雪公往生特刊。

後講經講得長，講得短，都沒關係，因為大家都已有所得了。這是講這張表的用意之一。

再者也是因緣所致。現在先介紹淨土宗的要義，以後講經就不必一句一句講，只要講個大意就可以了。這是講這張表的用意之二。

研究佛理，得詳細講，免得大家看經生出誤會。但是若只講解，不能證果，證果全在實行。若不實行，人的壽命不知何時就完了，那時修行若無成就即非常可惜了。道有內道、外道之分，「內」是指研究本性的。唯有佛經徹底研究本性，孔子亦研究本性，孔子之道與佛法之道一樣，學之皆能成就，今年起大家都要注重求成就。這是講這張表的用意之三。

本人來臺灣至今已三十多年，開始就是儒佛並重。當初一來就辦「國文補習班」講中國文化，同時也講佛經，三十年前如此，三十年後的今天也是如此，把今天這個表看明白，講得清楚，就不再會有門戶之見了。

釋題：世出世法　本立道生

　　表的題目是「世出世法，本立道生」世是世間法，出世是出世間法，三界以內謂之世間，三界以外謂之出世間，這兩種法門其實是一個法門。

表下分甲、乙、丙三項，甲項是世間法，乙、丙兩項是出世間法。原來世法出世法是不分的，但是為了講說明白，分成兩項，最後再合起來說。

甲、志於道　中文義

　　世間法當以孔子為主體，真正要提倡中國文化，就

離不開孔子。要找幾句簡要詳明的話來代表中國文化。「志於道，據於德，依於仁，游於藝。」這是孔子一生治學的要領，也是中國文化的綱領。

「志於道」，心安在一處，不向別處走叫「志」，心安在「道」上，道以外不安，「道」就是本性。現在與從前的科場提倡中國文化，都是在學作文章，學道者有幾人？光作些文章有什麼用，探究什麼叫「道」這才重要。

「據於德」德是本性中的一種能力，內心根據本性，不離開本性，就是據於德。

「依於仁」，仁是對大家都要愛護，依是倚靠，由此而起的意思。在外頭對待別人，往外用的時候，一切都要依仁而起，所作一切都要愛護人不傷害人。

「游於藝」，藝是一切技術才能，游是深潛其中，不一而足，多才多藝能為眾生謀福利。

這四句話，簡要不囉嗦。「志於道」、「據於德」是體，「依於仁」、「游於藝」是用，有體有用，清楚詳明。諸位或許會疑惑，我們是來學佛的，講中國文化幹什麼呢？其實中國文化和佛學原來是一個，不可分開，不懂中國文化而學佛的這些人，皆不像樣子。孔子表明自己以「道」為第一，佛學也是以「道」為根本。

甲一、誰能出不由戶

《論語》中孔子說：「誰能出不由戶？何莫由斯道也？」既然人人出入必經門戶，則人人應當學道，誰也離不開道，「道也者不可須臾離也」，一彈指的工夫也不能離開道。「可離非道也」要是離開道，就不是有道

之人了,這與佛家的「淨念相繼」有何不同?孔子自己就是「志於道,據於德,依於仁,游於藝」的人,孔門弟子觀察孔子就是如此。

《論語》中孔子述說自己的修學歷程:「吾十有五而志於學,三十而立,四十而不惑,五十而知天命,六十而耳順,七十而從心所欲不踰矩。」孔子的境界,不敢說已到佛的境界,可是已到等覺菩薩的境界了。現在講中國文化的人,怎能懂孔子這種境界。

　　甲二、格致誠正　修齊治平

　　格物、致知、誠意、正心、修身、齊家、治國、平天下,這八目是出自《禮記‧大學》篇,這八條分內外,有體有用。內是本體,外是作用,儒家世間法也是有體有用。佛法明心見性是內裡的功夫;廣度眾生,作種種善,是外邊的功德。這就是善根福德,正助雙修。

內裡格物、致知、誠意、正心,再向外起作用,第一步要「修身」,身三業不殺生、不偷盜、不邪淫。口四業,不妄語、不惡口、不綺語、不兩舌。凡是壞事一點都不許做,身修到這個樣子,才能「齊家」整齊家庭。齊了家再往外當國家的公務員,才能乾乾淨淨地拿出良心來給百姓辦事,才可以「治國」。修身、齊家、治國、平天下這是對外的功夫。

　　甲三、德配天地

　　內外都做到了,就是「誠」。《中庸》云:「誠者,天之道也,誠之者,人之道也。」誠就能知道自己的本性,所謂「至誠之道,可以先知」。先知道自己的

本性,第二步就能知道他人的性,既知人之性,也就能知道萬物的性了。能知天地人的性,就可以「德配天地」。

結語、眾生在世間　不離世間覺

　　學佛要度化眾生,上哪裡度化呢?度眾生要到世間來度,離開世間哪裡有眾生?所以世間法和出世間法是一樁事情啊!《六祖壇經》云:「佛法在世間,不離世間覺,離世覓菩提,猶如尋兔角。」離開世法不能度眾生。佛到人間成就,所以人是根本,故云:人身難得。我們在臺中先提倡念孔子書,在人道上走。天道比人享福,享福的人不能做事情,修道難,所謂「富貴學道難」,人道有苦有樂才能修行。我們學了幾天佛,世間的事故人情天理一概不懂,對社會有何利益呢?學佛要先求人道,人道站得住腳,學佛才可以成功。自古以來沒有壞人成佛的,所以請大家先得保存人格。

二月二十四日(五),周邦道來函,報告近日至臺中處理菩提仁愛之家會計江秀英遺產事宜。

　　周邦道,〈周邦道來函〉(1984年2月24日):雪公夫子大人鈞鑒:別來數日,尊恙想漸趨康復矣,至為系念。邦道與孔老師等定廿六日晨乘車來中。秀英餘款及保險金,核計為二百六十八萬六千四百八十三元,擬留送靈山寺、蓮社各若干萬元作永久紀念,另留若干萬元備繳遺產稅、(房產)增值稅,及每年祭祀之用,其餘遵慈旨捐作施醫所基金。項得正之師兄函,希望至

少捐十萬元作助印藏經之用,附請詧鑒。孔師依程偉女士(高專老師,秀英好友)言,現餘贈邦道紀念,鄙意則將分贈其師友親屬共同紀念也(珠寶首飾等物亦擬如是,不以蔣周二家為限)。肅此先報,容俟面稟。虔欬崇安　弟子周邦道百叩　七十三年二月廿四日午九時半[1]

【案】江秀英為周邦道義女,本職為臺中師範專科學校會計室主任,一九六六年周邦道接任菩提救濟院(後改名菩提仁愛之家)董事長後,協助周邦道處理救濟院會計事務。亦曾義務擔任「經注語譯會」會計工作(1974年4月2日)。其遺產捐出,經先生指示,購置蓮社鐘鼓。先生曾有〈示江秀英〉勉勵云:「慈悲喜捨、大公無私,存心也;己所不欲、勿施於人,守身也;老安、少懷、朋有信,處世也;蓮開上品、一生補處,歸宿也。為人如此,俛仰無愧矣。」[2]

二月二十五日(六),李俊龍來信,回復收得二月去函、照片及匯款。[3](《圖冊》,1984年圖5)

李俊龍,〈李俊龍來函〉(1984年2月25日):
父親大人膝下:敬稟者,男已於二月初接到父親的來信及照片兩張。於二月十五日接到匯寄來的美金五百元,儲蓄到銀行,做為生活的補助。今年過年,全家過的都

1　周邦道:〈周邦道來函〉(1984年2月24日),鄭如玲提供。
2　【數位典藏】手稿/其他著作/酬世小言/〈酬世小言第二頁〉。
3　李俊龍:〈李俊龍來函〉(1984年2月25日),台中蓮社收藏。

很愉快。母親身體也很健康,兩個孩子上學也很好。餘容再稟。即致　金安　　　男俊龍叩　84年2月25日

二月二十九日（三）,晚,抱病於慈光圖書館《華嚴》講座宣講「新元講席貢言——世出世法　本立道生」第二回。解說講表之「乙、發菩提心」,此為通途之解脫法門。

　　佛法要令眾生覺悟,六道眾生中,人道比較容易覺悟,佛說五乘法以人乘為本,注重人格。成佛也是在人道成就的,所以佛法在世間,不離世間覺,學佛者應當把人道修成,學佛才能成功。
世間法、出世間法,學佛者都要學。現在學世間法,是預備將來能離開三界輪迴。說過了世間法,接著來講出世間法。出世間法,可以分作大乘法和小乘法,今天專講大乘法門。
乙、發菩提心（梵語）
　　「發菩提心」與「志於道」是一個意思。佛法要求「明心見性」,真如本性不動,一動就叫心,志於道的人,心一動就定在道上。
不動心須要很大的功夫。孔子「四十而不惑」,不動心就不迷惑,這裡所說的是教大家動心。有人會疑惑,心叫它不動才好啊！你怎麼叫它動呢？事實上,不動很難,所以要叫它動。「發菩提心」的「發」當發動講,心動之先,我們要叫它動得有個目標,叫心上那裡去。不讓心支配我,而是我支配心。至於叫心發動上哪兒

呢？即是要發菩提心。

乙一、「業道之別」——業指福德，道指證果

大乘起信論上說，凡一動作就叫「業」。「道」就是志於道的道。
任何眾生皆有「道」，道也者不可須臾離也，可分離開就不算道了。業也是如此，眾生入胎、出胎都有動作，都是業，修行也是業，死了還是有業，無論做什麼事都有業，道與業永遠連帶著。成佛以後才沒有「業」，沒有「道」。

乙二、「九界三惑」三祇斷盡

九法界中的天、人、修羅、餓鬼、畜生、地獄是界內六道，聲聞、緣覺、菩薩是出了三界的界外眾生。九界都有不同的迷惑，有惑就有業。
學佛修行先斷見思惑，再斷塵沙惑，最後還要斷除根本無明惑。要斷這三惑，最少得三大阿僧祇劫，修十住、十行、十迴向這三階段要經過一大阿僧祇劫。從初地歡喜地到第七遠行地又要一大阿僧祇劫。第八地起，又要經過一大阿僧祇劫的修行，然後修到等覺菩薩，最後是妙覺，三惑俱斷，業盡情空，住在常寂光土，成就佛的境界。

乙三、「入重玄門」始斷根本無明

根本無明惑要如何斷呢？要到妙覺入重玄門修行到了圓滿才斷盡。由此可見，以普通法門要成就圓滿的佛果，真是不容易，幸好，還有成佛的特別法門。

是月,獲黃懷中之助,於復興廣播電臺及臺灣區漁業廣播電臺開播「明倫之聲」,全省聯播。此係繼「蓮友之聲」、「中華文化」後,新闢節目。

三月五日(一),孔德成先生至臺中慰訪,返臺北後來函勸請住院徹底檢查身體。同時指示奉祀官府同仁,致贈水果。[1](《圖冊》,1984年圖6)

  孔德成,〈孔德成來函〉(1984年3月5日):炳兄:今日訪候,尊體已漸康復,至慰。弟意,如須徹底瞭解病情,以進駐醫院(臺中榮總聞尚佳)檢查為宜。想兄當可俯采蒭見也。內子特屬致候。專頌
  痊安　　　　弟德成敬上　七三、三、五夜　臺北
  孔德成,〈孔德成便條〉(1984年3月5日):送李先生:綠蘋果廿個,梨廿個,香蕉十支,葡萄(美國的)兩斤。此致會、出、總先生　　成　七三、三、五

是日,周邦道來函,報告日前處理江秀英遺物事。[2]

  周邦道,〈周邦道來函〉(1984年3月5日)雪公夫子大人函丈:藥性過強,尊體受損,悵念無似。日來想漸趨康復矣。廿六日拜別後,與蔣二少奶洪夫人巫夫人等,至秀英住屋。門窗破壞、箱篋翻亂,稍好之物如電視機、銅佛等,均被竊奪,憾甚。各取與己有關之相

---

[1] 孔德成:〈孔德成來函〉(1984年3月5日);孔德成:〈孔德成便條〉(1984年3月5日),鄭如玲提供。
[2] 周邦道:〈周邦道來函〉(1984年3月5日),鄭如玲提供。

片、文件及若干紀念衣物。椅几廚具等件由鍾家母子搬用。日來出席國民大會，稍緩擬與孔、巫、蔣各方商理若干事項，如房屋、地基、款項之屬。先此肅稟，敬祝安康　　　受業周邦道頂禮百叩　七十三年三月五日仁愛之家章程只有財務組（職務為會計、預決算之編列）而無會計組。請彭輝瑛居士之聘函似須改為財務組長。

三月六日（二），下午二時起，蓮社蓮友於大殿念佛，至心迴向先生法體康健。（《蓮社日誌》）

三月七日（三），本週起至六月十三日，慈光圖書館《華嚴經》講座，先生因食物中毒致病未能宣講，由周家麟代理，宣講《徹悟祖師語錄》。
　　【案】本年度《華嚴經》講座於二月二十二日開講，講授〈新元講席貢言〉。宣講兩次後因病停講，自三月七日至六月十三日，計共十四週，約三個半月養痾時間。六月二十日恢復講授，至十月十日講畢，〈新元講席貢言〉共講授十九週次。[1]

三月十六日（五），發出通函，感謝各方慰問。（《圖冊》，1984年圖7）[2]

1　據：徐醒民、王志賢、吳碧霞、吳聰龍等：《華嚴經筆記》整理。
2　李炳南：〈謝各方慰病通函〉（1984年3月16日），代鈔手稿。陳雍澤提供。

敬啟者：學人因飲食中毒，發生腰腳之病，承蒙大德蓮友賜書垂問，或枉駕慰候，並贈珍品，暨種種藥餌，拜受隆情，銘感不盡。以現在尚未復元，不能一一踵叩，謹函申謝，尚祈鑒原，並請

道安　　　　　　　　學人李炳南　頂禮　三月十六日

三月十七日（六），即日起三日，台中蓮社舉行春季祭祖。
（《蓮社日誌》）

四月四日（三），清明節，有〈客中清明〉。（《雪廬詩集》，頁 716）

〈客中清明〉二首：

春衣微雨不能霑，農圃青郊萬畝鐮；時有騷人駐車問，前村酒好幾家帘。

清明無酒客天涯，短鬢鼃鼃簇柳花；似雨榆錢雖博施，買春持問向誰家。

四月十七日（二），孔德成先生來函，託請推薦祕書人才。[1]
（《圖冊》，1984 年圖 8）

孔德成，〈孔德成來函〉（1984 年 4 月 17 日）：
炳兄：以府事相擾，至感不安，叨在愛末，或不以罪也。昨留二牋，交鄭勝陽君轉呈，諒譽典籤。弟托〔託〕物色祕書一位，除面談之限制外，能文筆者最

---

[1] 孔德成：〈孔德成先生來函〉（1984 年 4 月 17 日），江逸子提供。

1984 年・民國 73 年 | 95 歲

好；以所司乃祕書之職（以現組織法上如此），非主祕也。其待遇不一定照陳壯飛君之原數，以此數送上級，恐難照准。如「無退休」、「無撫恤」，及可遂〔隨〕時解約等等諸端，務請與對方詳明說之，免有誤會。

尊體雖已康復，但仍多須休養，至盼至禱。同仁處，弟已囑每日趨府面謁。

江錦祥君，務請其熟讀人事法規等文件為要。匆此再陳，即頌　勛安　　　　弟德成敬上　七三、四、十七

【案】該案先生推薦郭基發於一九八四年七月入奉祀官府任職，接任原陳壯飛祕書職務。

四月二十四日（二），淨空法師與徐醒民同至正氣街寓所探望先生，於臥室合影。（《圖冊》，1984 年圖 9）

是日，中國醫藥學院董事長陳立夫來函感謝贈禮、慰問病情，並另寄韓國人蔘回禮。[1]（《圖冊》，1984 年圖 10）

　　陳立夫，〈陳立夫來函〉（1984 年 4 月 24 日）：
炳南先生：聞先生飲食中毒，想已用中藥解毒有效，恢復健康，至念。承賜毛筆及茶葉，病中猶以弟為念，感激不盡。茲另郵寄上韓蔘一匣，以之燉雞可助恢復也。專此申謝，並祝
痊安　　　　　　　弟陳立夫敬上　七三、四、廿四

1　陳立夫：〈陳立夫來函〉（1984 年 4 月 24 日），鄭如玲提供。

是月,養病期間,因腳踝腫疾,行動不便,猶然疊高被褥,權充桌几,讀書其上。愛惜人力物力,以禮待客,亦均維持一貫態度,學生來客頂禮,先生亦頂禮回禮。

　　黃潔怡,〈雪公生活點滴——人力也要愛惜〉:民國七十三年春,老人家腳踝因無名腫疾,行動不便,然精神依然矍鑠,養病時,每天在床笫間,猶疊高被褥,權充桌几,讀書於其上。蓮友前來問疾,總以:「這把歲數了,能這樣已經很不錯了,人不能不知足啊!」來寬解探望者之心。老人家深知三、四十年來,弟子們無時不依賴著他來厚培向道之心。故而雖染疾在身,亦不忘警醒眾生,娑婆無常,不能眷戀假合之身。

當年養痾之時,因疾在腳上,每天敷藥卸藥,總須躺於床側間處理,時日一久,床單不免沾上許多藥水,弟子每要換下床單,老人家總是一再推托:「等腳好了再換,明天上藥還是會沾上的。」

「沾上再換啊!」「你們不懂啊!人力也要愛惜。」

「老師!我們年輕有很多力氣!」「力不能使盡,要用在最利益眾生的事情上。」[1]

　　淨德,「陶來謝來平等恭敬」:某次,經指導老師引見,得以拜訪老人家。當時,雪公因食物中毒,法體欠安,站著尚須有人攙扶,當指導老師說:「向雪公老師頂禮請安!」大家伏身便拜,身邊只聞道:「不敢

---

[1] 弘安(黃潔怡):〈雪公生活點滴——人力也要愛惜〉,《明倫》第 169 期(1986 年 11 月)。

當，不敢當，請大家起來！」當大家起身時，卻驚見老人家也跪在地上回禮。又聆聽開示完畢，同學們向老人家辭退時，雪公雖舉步艱難，依然將學生們送至門口，全體向雪公問訊時，眾等手已齊眉，只見老人還在躬身回禮。唉！老人家是何等謙恭，真是陶來謝來平等恭敬，吾等學子，既非師父又非大賓，霎時間，令大家平服不少慢心，並體會到誠與恭敬是修學佛法的要旨。[1]

五月六日（日），下午一時，至中國醫藥學院附設醫院九樓辦公室，參加該校董事會第八屆第九次會議。[2]

五月八日（二），佛誕日，赴臺中太平鄉，為台中蓮社聯體機構淨業精舍落成啟鑰。

　　簡金武，〈淨業精舍簡介〉：精舍為我台中佛教蓮社聯體機構之一，座落於臺中縣太平鄉光隆村七星山上，饒山林之勝，無車馬之喧，清淨莊嚴，實為靜修之絕佳場所，負責人邱瑞興居士，亦是國聲電臺「蓮友之聲」主持人，空中弘法，十年如一日。約於三年前，得某大德慷慨獻地，再蒙同修隨喜樂助，鳩工興建，眾緣和合，遂於甲子年（民國七十三年）佛誕日落成，並恭請炳公老師啟鑰。自此之後，每逢星期天或國定假日，

---

[1] 淨德：「陶來謝來平等恭敬」，見：論語班：〈師訓集錦（一）〉，《明倫》第 173 期（1987 年 4 月）。

[2] 見：徐鳴亞編：《私立中國醫藥學院歷屆董事會議紀錄彙編》（臺中：1984 年 5 月）。

從全省各地,慕名來參加念佛勝會者,絡繹不絕,自早上八點,到晚上九點,同修大眾,精進修持,佛聲相續不斷!從此中部又添一殊勝之淨宗道場矣![1]

是日,江逸子建佛堂於澹寧齋三樓,自繪「西方三聖像」供養。先生為佛堂啟供,並囑大量流通。三聖像繪製歷時經年,先生於期間經常前往督畫。日後,經台中蓮社與明倫月刊社商請,印製千份供蓮友供養。先生親書對聯,以為完璧。[2](《圖冊》,1984年圖11)

編者,〈供養「西方三聖像」啟事〉:本刊作者江逸子居士,去年歲暮於其畫室「澹寧齋」設置佛堂,供養「西方三聖像」。該法像清淨莊嚴,係江居士潛心擘畫,歷時年餘,易稿數十次,至去年秋,始克定稿;隨即齋沐薰香,懇心禮拜,一志念佛,求佛加被,精心恭寫,又歷數月,乃竟大功。蓮友聞訊,爭往瞻禮,咸謂莊嚴殊勝,得未曾有;請以景印流通,分香供養。江居士謙恭再三,然難辭蓮友誠意,乃允印千份,並恭請其業師雪廬老人親書對聯,以為完璧,用結西方勝緣而已。

聖像原圖,每幅高四尺、寬二尺,今敬將三聖像縮印為每張各高二尺六寸、寬一尺八寸,上下聯高與像齊,寬

---

[1] 智果(簡金武):〈淨業精舍簡介〉,《明倫》第155期(1985年5月)。
[2] 江逸子口述,林其賢記錄:〈江逸子口述紀錄〉(2023年11月22日),臺中:澹寧齋。

各九寸,如合璧供養,寬度都約七尺。如有蓮友發心欲供養者,請斟酌場地,以免請之而束于高閣,則失「禮敬、供養」之意。[1]

是月中旬,遊蘆花峪,有〈旅臺遊蘆花峪憶齊州閔子墓〉、〈題蘆花峪攝影〉,前後又有〈世風〉、〈采石磯月〉、〈伏惑〉。(《雪廬詩集》,頁 716-718;見《圖冊》,1984 年圖 12)

〈旅臺遊蘆花峪憶齊州閔子墓〉:故園東郭外,閔子舊佳城;喬木他年淚,蘆花今日情。膠庠迂孝友,宇宙尚縱橫;莫決齊川水,遙涵海月明。(濟東門曰:齊川)

〈題蘆花峪攝影〉:蘆花如雪亦如綿,回首鄉關禮昔賢;憐我把看無限意,馳魂不獨入齊煙。

〈世風〉:祇園猶憶布黃金,疇昔風光不可尋;震旦未曾逢馬列,典謨先自混苔岑。四部除經多綺語,三天有道少聲聞;何人立志存匡正,一念綿綿貫古今。

〈采石磯月〉:采石磯上月,獨來照謫仙;屐裙倚岸賞,且莫登鯨船。精靈入滄海,返棹今杳然;夜闌各歸去,江濤湧中天。幸無賦詩者,皓魄依舊圓。

〈伏惑〉:塵劫荒悠久,心開似晚晴;密雲天一

---

1 李炳南:〈西方三聖像對聯〉,《雪廬老人題畫遺墨》,《全集》第 16 冊,頁 4;編者:〈供養「西方三聖像」啟事〉,《明倫》第 148 期(1984 年 9 月)。

幾,伏惑識還生。風色隨緣遣,蟾光印水平;如今淺不捨,復進問深行。

【案】先生〈題蘆花峪攝影〉有敘曰:「旅臺遊蘆花峪觸憶齊州閔子墓識感。時在民國七十三年歲次第二甲子清和月中浣。」[1] 先生於留影題詩,廣贈諸弟子。

是月,朱明信與慈光講座第九期學員,臺灣大學晨曦學社畢業校友林淑貞等來訪。先生自述食物中毒經過,並坦然言及生死之必然。

林淑貞,〈暫停——記老師與我之因緣〉:五月份,我與另二位婦道人家好友,也別夫別子到了臺中。接我們的朋友朱明信,與李老師有極深的因緣,突然問我:「想不想見老師?」他就驅車,我仍依稀記得路名戶號,(都十七年了!)腦中還在放映五十八年的幻燈片,人已在老師的玄關。片刻,見到未曾有瘦弱(幾乎皮包骨)的老師,當然他依舊不受禮拜供養,只是他老人家行動太不方便了,根本無法回拜。方坐定,老師幽幽然曰:「為什麼哭呢?年紀大了,總是要死的。」老師娓娓道來他如何幾次中毒的經過,好似別人家的事;目的是勸我們勿恃年輕有本錢就不擇飲食,尤要避免人工佐料。師曰:我需要的只是極少,極簡單的食物,連這樣都無法避免中毒。臨告別,硬是塞我們一人數罐茶

---

[1] 李炳南:〈題蘆花峪攝影〉,《雪廬老人題畫遺墨》(臺中:青蓮出版社,1996年9月28日),頁2。

葉。[1]

【案】朱明信為台中蓮社前社長朱炎煌公子。前引文作者原文稱此為一九八三年（七十二年）事，據是年八月引文，改繫於是年。見後八月「馬來西亞吳庭烈來訪」譜文。

六月五日（二），孔德成先生來信，感謝賀節禮物。[2]（《圖冊》，1984 年圖 13）

孔德成，〈孔德成來函〉（1984 年 6 月 5 日）：
炳兄：承賜節物，至謝。諸務叢脞，幸體力尚可支爾。府事尚希諸多費神。惟五衷至感不安也。尊體，勿〔務〕希珍攝為叩。專謝，即頌

節安　　　　　　　　　　弟德成敬上　七三、六、五
　　　　　　　　　　　　　內子附叩

新請之祕書，其條件仍如前函所述，至要！

六月九日（六），復函周邦道，感謝其對詩作之關注，餘稿正在整理。並對色身日衰視為當然，無需用藥，請勿擔心。[3]（《圖冊》，1984 年圖 14）

〈復周慶光居士書（五）〉：慶棣賜鑒：拙習承

1　林淑貞：〈暫停——記老師與我之因緣〉，《慧炬》第 264 期（1986 年 6 月 15 日），頁 27-29。
2　孔德成：〈孔德成來函〉（1984 年 6 月 5 日），台中蓮社收藏。
3　李炳南：〈復周慶光居士書（五）〉，《雪廬老人題畫遺墨》，《全集》第 16 冊，頁 298。

獎，至感至慚。餘稿正在偷閒整理中，如無新忙，或可年終付刊。賤軀日衰乃理之當然，不需藥物，務懇釋念。惟提筆忘字可笑耳。他盡如命。專肅謝謝，並祝

康強多福　　　　　　　　小兄李炳南謹啟　六月九日
　　　　　　　　　　　　再晚鄭勝陽附叩

　　【案】本件據落款僅知書於「六月九日」，年份未詳。據函文當是慰問病情，姑且繫於此。

六月十六日（六），錢地之來函，感謝贈禮，自述志願，並請先生教誨。[1]（《圖冊》，1984年圖15）

　　錢地之，〈錢地之來函〉（1984年6月16日）：
雪廬老鄉長尊鑒：囑榮輝同學贈賜高麗蔘奉收，地之愧不敢當。於年齡輩份言之，地晚輩，禮當孝敬長輩。如此禮反行矣，心有不安。地之承蒙愛護，感激莫能形狀。此有緣也，當圖報之。地之為弘揚孔聖之道，遑遑不可終日，非是不知度德量力者，實不得已耳。蓋讀聖賢之書，積數十年道德勇氣，心中不平如火山之待發，最後導之中道，弘揚於世，即使世人明其道也。程朱二子晦其道者。此旋轉乾坤非我所能及，深望不棄，多加教誨。肅祝　體安　　鄉後學錢地之頓首　六、十六
禮有之，晚輩上書者，可以不復。祈勿勞神。又及

六月二十日（三），休養十四週後，恢復講經，於慈光圖書

---

[1] 錢地之：〈錢地之來函〉（1984年6月16日），鄭如玲提供。

館《華嚴經》講座續講「新元講席貢言」第三回。解說講表之「丙、帶業往生　乘願再來」，此為出世法之特別法門。

丙、帶業往生　乘願再來

　　這張表頭一段專說世間法，第二段是說出世法，第三段是說淨土宗。那就單講第三段就好啦！何必還要講前面的呢？這三段有連帶關係。

學佛的人很多，但是一千個學佛的人也找不出一個成就的，都是因為退轉，而退轉的原因很多，所以大家必得學「本立道生」。講這張表，就是要大家修道，「道」容易修嗎？說容易有容易之法，說難就有難之法。

只要是眾生就有「性」，本性迷了，就是六道眾生，覺悟了就是佛。眾生是全部都迷；修道的人，有覺了一半的，有全部覺的，全部覺的卻很少。正因為眾生自己覺不了，所以才有第三個辦法，叫「二力」法門，自己出一半力量，加上佛的一半力量，兩個力量合起來：「二力法門」。這兩種力量，本性裡都有。

「道」好比種子下地。若只知道花香，果好，而土裡的樹根看不見，這叫「捨本務末」。不要根本，只喜歡花瓶插的花；瓶花雖然美麗，但是三兩天就枯萎了。這張講表，是幫助大家自根本上入手，先培養根，根深就能茂盛，開花結果。這張講表如果聽明白了，以後就可自己修，不會覺得力量不足。自己修道的力量不足，還有佛的力量可以幫你的忙。除了淨土宗，學其他宗派沒有幫忙的，全憑一己之力去修。

二力法門是特別的法門。佛教人的法門有普通和特別兩種法門：普通法門有五種——人乘、天乘、聲聞乘、緣覺乘、菩薩乘。修行五乘佛法都很麻煩，淨土法門是八萬四千普通法門以外的特別法門，特別簡單，特別容易成功。

養痾期間，懺雲法師常於晚課後為先生迴向。先生於病體稍癒即恢復講經，但腳力尚弱，須先落座後由弟子將座椅抬上講臺。

　　道證法師，〈傾聽恆河的歌唱——其六〉：末學因為參加了女生齋戒學會，很受到上懺下雲法師的感動，可以說從齋戒學會轉變了整個生命，那時聽到晚課後懺公師父為廣欽老和尚、李炳南老居士⋯⋯迴向，印象深刻，所以當在偶然的機緣有學長提起要去聽經時，又決定跟去聽，老師那時候，腳都腫起來，行動不便，是被用椅子抬著上講臺去說法的——何等要緊的佛法，何等偉大的弘法人——被抬著也要上去講！記得那一座經，末學從頭哭著聽到尾，甚至無法看清筆記上的字，至今也許記不清詳細內容，但是老師那種慈悲的力量卻強烈震撼末學腐朽的心，深深感動在那股為法忘軀的精神中。[1]

---

[1] 郭惠珍（道證法師），〈傾聽恆河的歌唱——其六〉，《明倫》第199期（1989年11月）。眾抱病身上臺講經事，參見1985年3月13日譜文。

六月二十七日（三），晚，於慈光圖書館週三《華嚴經》講座，宣講「新元講席貢言」第四回。續就講表之「丙、帶業往生　乘願再來」解說，修淨土法門，應知「四念住」法，以去除四顛倒，然後以念佛為善根、持戒為福德，正助雙修。

　　佛法的普通修學方法都要經過信、解、行、證四個階段。四眾之中，不論是修普通法門或是修特別法門，都有兩條，一是瞭解佛法，二是實行佛法。必得解，必得行。學普通法門不論哪一宗派都需解行並重，淨土念佛特別法門，解行很淺也能成功，若瞭解了卻不肯實行，那等於不知道。若肯照著佛講的話做，就等於知道了。

修淨土法門也得隨分解，凡夫學佛先要瞭解「三十七助道品」並如法實行，三十七道品分七類科，《阿彌陀經》說，其國有眾鳥演法，演暢五根、五力、七菩提分、八聖道分。為什麼沒有提到四念住、四正勤、四神足呢？這另有涵義，在往生極樂世界之前，必須先知道這三科，尤其是想要往生的學佛居士，最少得瞭解「四念住」，否則掛個居士的招牌，只得虛名有什麼用處？

《阿彌陀經》云：「是人終時，心不顛倒，即得往生阿彌陀佛極樂國土。」念佛念至一心不亂，臨命終時，見到阿彌陀佛來了，若「心不顛倒」，即得往生。這時，心若顛倒就去不了。若事先瞭解四念住就不會顛倒。

瞭解「四念住」以後，還得修行。學淨土法門必須修善根福德，《阿彌陀經》說：「不可以少善根福德因緣，得生彼國。」善根就是道的根本，道的根本即是心性，

修行就是要「明心見性」，普通法門要斷惑才能明心見性，極不容易，特別法門有佛的力量，就很容易。修淨土法門念「阿彌陀佛」，種的就是最大的善根種子。善根扎穩以後，若沒有五戒十善的助緣，等於沒有澆水一般，根也長不出枝幹花葉。

淨土宗用「信、願、行」特別的方法成就，別的宗派用「信、解、行、證」「四滿成佛」。

是日，錢地之來函稱，原訂六月至臺中請指正著書事，因書稿未完，延期。[1]

　　錢地之，〈錢地之來函〉（1984 年 6 月 27 日）：雪廬老鄉長尊鑒：邇來天氣炎熱，未知影響尊體不？甚念。前言六月親往臺中請聆教益之事，因寫序將延。一俟諸事畢，心情無掛，再往傾談。肅祝

福安　　　　　　　鄉後學錢地之頓首　六月廿七日
天氣熱，隨便動筆一身汗。祈勿煩回示。又及

是月起，指派李榮輝等多位蓮友至菩提仁愛之家服務，協助建立制度，並每週定期為安老所住民講解佛法。[2]

七月四日（三），晚，於慈光圖書館週三《華嚴經》講座，

---

1 錢地之：〈錢地之來函〉（1984 年 6 月 27 日），鄭如玲提供。
2 謝嘉峰：《雪公與菩提》（臺中：今成出版社，1998 年 1 月 4 日）。

宣講「新元講席貢言」第五回。解說講表之「丙、帶業往生　乘願再來」，淨土法門為出世法之特別法門，其特別在於：先離輪迴，而後證果；不經次第，橫超三界；不能自去，如來接引。

丙、別途──淨土法門三特別

　　佛教的八萬四千法門，皆是普通法門，必須按部就班地修證；淨土宗帶業往生卻是「別」，淨土宗怎麼特別呢？在此只歸納說「三別」，不能詳細講。

　　（一）先離輪迴　而後證果

　　「先離輪迴，而後證果」是淨土法門第一種特別。佛法修行證的果位有大有小，最小的是阿羅漢，最後最圓滿的就是佛果。只要證了果，就不再輪迴，不證果就非輪迴不可。淨土宗的特別處是先離輪迴而後才證果，這便宜不便宜，特別不特別？除了淨土宗，沒有一個法門可以不證果能離六道輪迴的。這個特別處，誰也不信，所以釋迦牟尼佛稱之為「難信之法」。

修淨土法門，臨終「往生」西方，沒說證果西方。既然是往生，有生就有滅，所以光是聽「往生」這兩個字，就知是帶著業。往生以後在蓮胞中斷惑，才證果，也就不再來六道輪迴了。

　　（二）不經次第　橫超三界

　　「不經次第，橫超三界」是淨土法門第二種特別。什麼叫「次第」？三界二十八層天，要想出離三界生死，必得一層一層，按著層次上去，這叫「次第」。好比一根竹竿，竹頭裡有一小蟲，要離開竹筒，必得一節

一節鑽到竿頂,才能鑽得出去,這叫「豎出」,這很麻煩。有一方法很簡單,橫著出去,不必經過二十八層天,好像竹中蟲在竹子根部鑽一個洞,只須穿過一層,就離開竹子了,這方法簡單易行。橫出必得修淨土法門,具備兩種力量,才能「不經次第,橫超三界」。

橫超的超有「升」和「出」兩種意思。超若未盡,叫超升,三界二十八層天,即使升到第二十七層,也沒超出三界。超若已盡叫「出」,「盡」是完畢的意思,出去三界,上面再也沒有障礙了,才叫超出。「超升」是豎出,有二十八層障礙,「超出」是橫出,只有一層障礙,出了一個障礙就行了。豎出必須按著次第修,不修淨土法門,修其他法門就要一層一層經過,直到離開最後一層天,所費時間難以計數。至於能橫超三界的,只有淨土法門,因為淨土法門是二力法門。誰念佛,佛就來接引,他就可以超出三界。淨土法門自他二力,若沒有阿彌陀佛就沒有這二種力量,橫超就很困難,必得有佛力在外面幫忙,才能橫超。

(三)不能自去　如來接引

「不能自去,如來接引」是淨土法門第三種特別。念佛人臨終往生,是如來「人天師」親自來家裡接我們,因為往生極樂「不能自去」,自己去不了,極樂世界在十萬億佛土外,咱認不得路,必得靠佛力來接引。證果的阿羅漢,以自力離開三界二十八層天,有了神通,就可以獨力去淨土。

佛說的八萬四千法門中,普通都是自力,唯有淨土念佛

法門是二力，所以稱作特別法門。在這裡去極樂世界，要靠二力，往生到極樂淨土的開花、聞法等一切，都是兩種力量。十方三世佛，除了西方極樂世界阿彌陀佛，沒有第二個法子能橫超生死。

七月五日（四），周邦道來函，陳閱朱斐收藏先生〈佛七開示講表〉總目，及周邦道所擬發行序文。[1]

周邦道，〈周邦道來函〉（1984年7月5日）：夫子大人函丈：重登講壇，諒康豫，為慰。上月，時英兄屬為函丈佛七開示講表作序，因請查示所藏總目。頃得覆凡二百四十種。如此璠璵，不勝歡躍。經草一稿，先傳喜訊，敬乞教誨，以便依據重寫，為禱無量。耑此肅稟，虔敏　鈞安　　　　　　弟子周邦道頂禮拜上

七十三年七月五日下午六時

七月九日（一），去函周邦道，說明所陳講表為講演底稿，不宜刊佈，請即付火，以免引發教界諍疑。[2]（《圖冊》，1984年圖16）

〈去函周邦道〉（1984年7月9日）：慶棣席前：遙託鴻福，勉能講經，遵時為止，至感。茲奉手書，不勝駭異。前途以兄三十年前講演底稿，檢選若干，謬稱「開示」，竟欲發刊，雖出錯愛，但有大禍存焉。在家

1　周邦道：〈周邦道來函〉（1984年7月5日），鄭如玲提供。
2　李炳南：〈去函周邦道〉（1984年7月9日），鄭如玲提供。

白衣,分寸之惑未斷,僭稱開示,隱顯兩途,俱招惡果。且草稿一物,未經討論、修飾、潤色層次,率爾出版,自古未之有也。古云:知足不辱,知止不殆。兄亦自匿久矣,近年佛界人事,以「愛」及「消業往生」兩場鬥諍,已經天下大亂。眾生顛倒,無間罪報,正待異熟,曷堪再掀起三次鬥諍!兄命在呼吸,不敢任此罪魁,乞勸前途,立將草稿火焚,免遺禍種,佛教、眾生幸甚。臨筆涕泣,震悚無似。並頌

法祺　　　　　　　　　　　小兄李炳南謹啟　七月九日
　　　　　　　　　　　　　　　　家麟、勝陽俱叩

兩副序文敬附,亦希察焚

七月十一日(三),晚,於慈光圖書館週三《華嚴經》講座,宣講「新元講席貢言」第六回。就講表「丙」之「帶業往生」釋題,解說「(一)業之釋義」。

「帶業往生」釋題

　　我學佛年歲不多,也不過九十年,一直沒脫節,到這麼老,快死了,才懂得「帶業往生」這四個字,「帶業往生」少一個字都不行,要是少一字,就不是大乘法門。淨土宗為什麼叫大乘法門?必得說出個道理。

(一)業之釋義

　　「業」千變萬化,佛教有佛教的講法,佛教以外又有別的意義,「業」在佛教的大乘法、小乘法中各有不同的涵義。先說「業」的定義。

「身口意三動作」,身體、嘴巴、意識一動作就叫

「業」。如上學叫修業，修業完成叫畢業，農工商法醫等職業，叫做行業，你只要一動作，不論做什麼，都叫「業」。一動作就有因果。學佛除了學特別的淨土法門之外，普通學佛都是先學小乘，後學大乘，小乘是根柢。學小乘，身口不造業就不結果，學大乘，雖然口不說、身不動，只要意識打主意就造業種因，就會結果。第六識出了主意，雖然口沒有說，身子沒有動，可是心裡出了主意，就是落下一個種子，叫做「內法塵」。不論是好種子、壞種子，經過第七識的執著，就成了生死種子，送到第八識去收藏，所以第八識叫做「含藏識」。第八識收藏一切業力種子，它是眾生輪迴的主人翁。

七月十二日（四），周邦道來函，擬慎重其事，將其他各種講表綱要，與諸師兄商量後分次景印，俾與《聽經隨筆》作聯珠合璧之觀。[1]（《圖冊》，1984年圖17）

  周邦道，〈周邦道來函〉（1984年7月12日）：
夫子大人函丈：拜讀九日諭章，字裡行間，筆力充沛，康彊日勝，歡喜無量。開示二字已成佛門普通慣用名詞，函丈謙尊，恪守法華義蘊，毋任欽崇。已告時英兄焚棄弗印。彼所保存函丈多年親筆手稿，都凡二十卷，二百四十二種，璚瓚璠璵，自極珍貴。區區之意，甚欲將其他各種講表綱要，商量分次景印，藉與《聽經隨

---

1 周邦道：〈周邦道來函〉（1984年7月12日），鄭如玲提供。

筆》[1]作聯珠合璧之觀。未諳尊旨以為何如？謹將佛七講表及所鈔目錄奉乞賜閱，備明梗概。耑肅肅稟，虔敬

鈞安　　　　　　　　　　　受業周邦道頂禮叩上

七十三年七月十二日下午六時半

目錄已另寄烱如、家麟、醒民、勝陽諸師兄，俾可與《聽經隨筆》對觀

七月十三日（五），孔德成先生來函，囑咐先生親自回應其他機關查詢奉祀官府之建置事宜。[2]

　　孔德成，〈孔德成來函〉（1984年7月13日）：

（一）七月十一日上午，總統府（對方自稱總統府，以語氣推之，似不誤）有電話，詢本府組織及來歷。當告以：「民國二十四年，行政院院會通過。嗣以隨政府遷重慶，環境有異，又由行政院會議通過組織規章。現行之組織，自重慶、南京、臺灣，皆照章編列預算，每年皆列入內政部，并經立法院內政委員會、預算委員會通過。一切情形，可向內政部民政司查詢。」

（二）七月十二日上午，又有自稱總統府人員之電話，問及「人員多少」，弟答以「十三人」，伊云：「不是十五人嗎？」弟云：「本府機構在臺中，我一時記憶不清，可向內政部查詢。」

1　《聽經隨筆》，應即《聽經筆錄》。編入《全集》時，定名為《講經表解》，見《全集》第2冊、第3冊。

2　孔德成：〈孔德成來函〉（1984年7月13日），鄭如玲提供。

此事請兄注意,如有臺北任何機關,有電話至臺中本府時,務囑所有人員,不可逕自答復,請對方向兄接洽,至要。此事諒或無他,但不可不作準備。兄可先將「對內」、「對外」人員支薪數,囑會計、人事兩員,核對清楚,面報吾兄,以免出差子也。瑣煩,至感不安。再弟與兄兩人所說,總要對的起來。

兩渾[1]　七三、七、十三

七月十四日(六),講授:《禮記・禮運》之「大道之行也,天下為公。……眾以為殃,是謂小康。」[2]

七月十五日(日),上午八時半,至蓮社講堂參加第三期國學啟蒙班結訓典禮,並開示。[3] 該班於七月七日開訓。

七月十八日(三),晚,於慈光圖書館週三《華嚴經》講座,宣講「新元講席貢言」第七回。就講表「丙」之「帶業往生」釋題,解說「(二)業之三際」。

　　(二)業之三際

　　　　淨土宗是特別法門,特別之處在哪裡?淨土法門不僅是遵循佛的道理修,還可以藉助佛的力量,是「二力

1　「兩渾」為前昔書信用密語,意為「你知我知,祕不顯露」意。
2　【數位典藏】錄音/儒學研究/禮記/〈大同小康〉;僅標注時間,未知講授對象、地點。
3　〈71-73 年國學啟蒙班第一期至第三期〉,台中蓮社檔案。

法門」。「帶業往生」是淨土宗另一個特別處，這是別宗沒有的。

還有一樁事情特別重要，自開始學佛一步一步到最後成佛，都用得著，那就是「諸惡莫作，眾善奉行」，學佛不論是修哪一宗哪一派，這兩句話最要緊。真正信、真正想往生極樂世界的人，更必得做這兩句話。這兩句話怎麼做呢？那就是必須換心理。

「臨終助念」也只有淨土宗有，別宗沒有的。念佛人要「心不顛倒」才能往生，所以「臨終助念」是必須的，這也算是靠自他二力。大家不能忘記助念這回事，若在這裡不幹一點好事，臨命終時有人給你助念，當中也會生障礙，所以修淨土宗念佛的人必得「諸惡莫作，眾善奉行」。

「帶業往生」的業可以分三際，三際是過去、現在、未來三個時候。咱們隨時都在這三際上打轉。

業過去是迷惑顛倒的「惑」。過去起了惑，現在的動作，叫「造業」。造了業將來就是結果，結果就是受報應。

業的過去叫「惑」，業的現在叫「業」，業的未來叫「苦」。惑業苦叫做「三障」，是三種障礙，譬如眼有障礙就看不見了。惑業苦三種障礙會障礙什麼呢？障礙之事太多了，簡單說兩條障礙，一是所知障，二是涅槃障。

七月二十日（五），香港李相楷來函，答復先生關懷其來臺

學習事。短期難以成行,日後機緣成熟,即來求教。[1]

　　李相楷,〈致鄭勝陽函〉(1984 年 7 月 20 日):勝陽吾兄大鑒:接奉手書,只以瑣務稍多,故復信遲遲,其諒之。炳公老師之意極是,惜弟來臺之因緣暫未全具。短期難以成行。祈轉稟老師。弟日內當先辦理入臺證,一俟機緣成,即便來臺就教。來臺之前,自會先行通知師兄也。有勞之處,謹此致謝。專復並頌

　　淨祺　　　　　　　　　　弟李相楷拜啟　七月二十日

七月二十一日(六),去函周邦道,以「五不可」再次強調說明所陳講表為講演底稿,不宜刊佈。同時發佈「重要啟事」,聲明堅決辭謝刊印流通。[2]

　　〈李炳南重要啟事〉:本人數十年前,應酬講演,事先必擬簡表,以免遺忘。語多眼前風光,毫無境界;過時全成廢話。不意為友人誤會,視為佛七開示,而欲刊印流通。此乃天下大錯,遺誤來學。已經本人堅決辭謝。事關因果,萬無默認理。謹預聲明。

七月二十三日(一),周邦道來函,述明原擬刊印講表之心意,今得先生指示「五不可」,即時停止籌備等事宜。[3]

1　李相楷(蓮階):〈致鄭勝陽函〉(1984 年 7 月 20 日),鄭如玲提供。李相楷為第一屆慈光講座學員。
2　李炳南:〈去函周邦道〉(1984 年 7 月 21 日,代鈔稿)、〈重要啟事〉,鄭如玲提供。
3　周邦道:〈周邦道來函〉(1984 年 7 月 23 日),鄭如玲提供。

周邦道，〈周邦道來函〉（1984年7月23日）：
雪公夫子大人函丈：七月廿一日諭章，奉悉，惶惶無似。謹述明事實，伏乞垂鑒。前依九日尊示，佛七講表，宜焚毀勿印，免鬥諍惹禍；經即婉轉簡告前途，訖無回音，諒已有所省悟矣。邦道往年聞前途對函丈講經手卷，有祕藏居奇之意；乃趁屬弁言機會，請以所藏目錄見告。比得覆，都凡二十卷二百四十二種之多，大喜過望，立即馳報函丈，請除佛七講表，而分別選印其他表解，藉與《聽經隨筆》，作聯珠合璧之觀。同時以此喜訊，緘達蓮社諸友，期商量進行，成就此一大事。愚魯之心，坦蕩率真，白紙一張，滿懷好意，絕未料想爾他。且此係邦道一時高興，未與任何人商談，亦無任何人知此幼稚戇直之心之所由來也。拜讀覆諭，五大不可，問題孔多，始恍然憬然，深慙孟浪。好在函丈存有親筆原稿，向所未諳，將來裒編整理，自可盡美盡善，流布無疆矣。耑肅拜呈，懇釋慈念，並曲宥其無心之過，不勝屏營之至。虔敬
崇安萬福　　　　　　　　　　受業周邦道頂禮百叩
　　　　　　　　　　　　　　民國七十三年七月二十三日

七月二十五日（三），晚，於慈光圖書館週三《華嚴經》講座，宣講「新元講席貢言」第八回。就講表「丙」之「帶業往生」釋題，接續解說「（二）業之三際」：業為現在、業之過去為惑、業之未來為苦報。

　　業有過去、現在、未來三際，惑是過去的業，那

「惑」是從哪裡發生的呢？怎麼會迷惑顛倒呢？惑是從心識發生的。心識與本性同是一個東西，迷惑顛倒就在第八識，這是惑的來源。

起惑造業就得受報應，遭受的一切報應都是苦，所有享受都是苦。阿賴耶識是受報體，隨著造的業死了生，生了死，流轉不停地受苦！一切業都藏到第八識。往生是第八識往生，並不是肉體往生，既然是第八識往生，那不是連著業也帶去往生嗎？

七月三十日（一），於台中蓮社講授以三十七道品闡釋孔子十五、三十、四十、五十、六十、七十各年境界。[1]

孔子說：「吾十又五」，我打十五歲「而志於學」。志什麼呢？志於道，心在道上。十五志於學，就在求學上。道有「生而知之者」，有「學而知之者」，《論語》開頭有「學而時習之」，就是教人學啊！好學什麼都成功，不好學什麼也不成功。

求學不是一求學就得道，過十五年，三十歲而立。這立不必講得很深，立是安住了不搖動了。立住四念住、四正斷、四神足。

又十年，到了四十呢？不惑，斷了見惑、思惑了，五根，扎住根了。

到了五十歲才知道天命，這是明心見性了，明心見性就

---

1 李炳南講述，詹曙華、鍾清泉整理：〈三十七道品〉（1984年7月30日），未刊本，《錄音檔案》，台中蓮社檔案。

是五力了,不可屈服了。天命與明心見性什麼關係呢?《中庸》說:「天命之謂性,率性之謂道」,性哪裡來的啊?天命,是天然就有這個性。順著這個性不違背,就是道。這個五力就是不可屈服,這叫八風吹不動,說什麼也不變樣了,力量扎住了。

「六十而耳順」,「耳順」,作好事孔子也不會歡喜的跳起來,你作壞事孔子也不怎麼樣,耳順就是圓融無礙。《法華經》叫「性具」,性裡頭善事也有,惡事也有,這叫「性具」。性裡要是沒有惡,這個性就包不住一切了。性惡到了圓融無礙,這個惡便成善的。《華嚴經》講「性起」,性如如不動,一動他就隨緣了,但「隨緣不變」,所以耳順是圓融無礙。

「七十從心所欲不踰矩」,到了七十歲,比耳順又進一步了,不光聽人家的,自己起念頭或不起念頭,他還控制不控制?參禪講究參念頭的功夫,起念頭就是罪,念頭一起不管他,起念就隨緣,《法華經》說:隨緣而不變。「隨緣不變、不變隨緣」,怎麼講呢?從心所欲,隨緣了,不踰矩就是不變。雖然是隨緣,沒改變本來面貌。

孔子這一套跟佛這一套什麼兩樣呢?知道孔子的,除了顏回,再一個是曾子。顏回不必說,曾子就在那個「省」上,「吾日三省吾身」,在內心省察自己,咱們大家省察省察:現在是站住了哪一條?

我講到這算講完了,這個只可讓你們知道,儒佛貫通沒有門戶之見。

是日,周邦道來函,確認原擬刊印講表事,已然止息。[1]

周邦道,〈周邦道來函〉(1984年7月30日):
雪公夫子大人函丈:廿六日覆諭宥恕,至感。警策生西,慈音急棒,如救頭然。謹當念茲在茲,罔敢放逸也。印講表事,前途于出國之日來信作罷,惟藏稿紀念云。謹此奉稟,敬叩

崇安　　　　受業周邦道頂禮拜上　七十三年七月卅日
前考選部長李震東壽雍先生病癌六七載,日昨作古,正為辦後事。順報

七月三十一日(二),孔德成先生來箋指示調整待遇原則,先生轉請人事、會計遵辦。[2](《圖冊》,1984年圖18)

孔德成,〈致李炳南函〉(1984年7月31日):
頃與江、趙、王、鄭諸君商,加支準則,仍照上次標準為據。據江君四位意見,可以「薦十二」為準加。弟以不出三項為原則:(一)經費節餘多少,(二)公平,(三)以何為準。此商結果,不悉兄意如何?如有尊見,可飭人、會再議也。

炳兄　　　　　　　　　　弟成　七三、七、卅一。
〈示人事處、會計處〉(1984年8月1日):昨奉長官手諭。調整待遇之件,開出三種原則。自當遵擬編

---

1 周邦道:〈周邦道來函〉(1984年7月30日),鄭如玲提供。
2 孔德成:〈致李炳南函〉(1984年7月31日);〈示人事處、會計處〉(1984年8月1日),江逸子提供。

數列表。先行呈報主官審核批示,然後再依照向上級機關填報,庶不致悞。　　　炳轉原件附　八月一日
此上
人事處　會計處

八月一日（三）,晚,於慈光圖書館週三《華嚴經》講座,宣講「新元講席貢言」第九回。就講表「丙」之「帶業往生」釋題,說明惑有三種:見思、塵沙、無明。菩薩往生極樂是帶無明「一惑往生」,聲聞緣覺帶無明、塵沙「二惑往生」,凡夫則是帶「三惑往生」。並指出《阿彌陀經》中最重要經句為「一心不亂」。斷惑為「真一心」,伏惑則為「假一心」;不論真假,但能「心不顛倒」,就可往生。

　　（三）惑類三種

　　　淨土宗有三部重要的經典──《無量壽經》、《觀無量壽經》、《阿彌陀經》,三部經三種修法,文理也不一樣,這三經最難懂的是哪一部呢?是《阿彌陀經》。《無量壽經》、《觀無量壽經》比起《阿彌陀經》還不難講,《無量壽經》、《觀無量壽經》的「無量壽」一聽就懂,《阿彌陀經》的「阿彌陀」就難懂了。阿彌陀是祕密咒語,又含多義,念阿彌陀就能生長善法,所以不譯成中文。

《阿彌陀經》中最重要的一句經文,就是「一心不亂」。念佛只要能念到一心不亂,臨命終時就能往生。修淨土宗的人必得要知道「一心不亂」的意思,否則就

是違背經旨了。

《阿彌陀經》云：「若一日、若二日、若三日、若四日、若五日、若六日、若七日，一心不亂，其人臨命終時，阿彌陀佛與諸聖眾，現在其前，是人終時，心不顛倒，即得往生阿彌陀佛極樂國土。」在經文中沒有說要斷惑才可往生，或消業才可往生，只說「一心不亂」即可往生。一心也有真一心、假一心。不論平常念佛是哪一種一心，臨終時必須要「心不顛倒」，就可往生。

斷了惑就是「真一心」，「假一心」叫伏惑。當念頭一動時，心田就生了一顆種子，若不察覺，種子就往外現行生長。若一動念頭，就能察覺，一路跟著它，追到念頭種子不動，念頭就伏下不起現行了。在念頭起了惑業而未現行時，就把它壓伏住，這叫伏惑。

修淨土宗不強調斷惑證果，而是要「帶業往生」。修淨土宗不怕念起，就怕覺遲，只要煩惱惑業一動，就以佛號壓伏住，這叫「淨念相繼」，淨土三經都是這個辦法。普通法門修行要「斷惑證果」，但在淨土三經並沒有要人「斷惑證果」，這就是淨土法門的特別處。淨土宗帶業往生不必斷惑證果，當生便可成就了生脫死的大事。

凡夫是見思、塵沙、無明，這三種惑都有的。菩薩往生極樂是「一惑往生」，帶著根本無明惑往生。聲聞緣覺是「二惑往生」，帶著塵沙、無明二惑往生。凡夫是「三惑往生」，帶著見思、塵沙、無明三種惑往生。十地菩薩還帶著業往生，何況是一品惑未斷的凡夫，怎麼不是帶業往生呢？

八月七日（二），立秋，有〈客中立秋日詠梧桐〉，前後又有〈答人問李杜優劣〉、〈題贈佛儒月刊〉、〈國際交歡〉、〈過黃君故墅有懷〉。（《雪廬詩集》，頁718-721）

〈客中立秋日詠梧桐〉：數間茅屋倚修桐，可向南天遮祝融；莫道葉疏搖落早，初彫一片是秋風。

〈答人問李杜優劣〉：兩儀太極自渾圓，無可分爭後與前；牛耳騷壇惟有杜，蓬萊誰敢敵飛仙。

〈題贈佛儒月刊〉：竹林多為翰林知，風雨往來非一時；偏是鴻儒解禪定，高僧寧有不工詩。

八月八日（三），晚，於慈光圖書館週三《華嚴經》講座，宣講「新元講席貢言」第十回。就講表「丙」之「帶業往生」釋題，繼續解說「（三）惑類三種」，指明惑未了即業未了，帶惑往生即是帶業往生。

學佛人都知道成佛要三大阿僧祇劫（一阿僧祇，等於一千萬萬萬萬萬萬萬兆年），為什麼要這麼長的時間呢？為了斷惑。為什麼不能早斷呢？因為不認識惑，見思惑是什麼東西都不曉得，要怎麼斷？

三種惑若天天斷，也不是一生就可以斷除的，所以才需要三大阿僧祇劫。實際上，大家都辦不到，這才有淨土法門。因為淨土法門不必斷惑，只要一心不亂，就可帶業往生，不必斷惑往生，若要斷惑才能往生，就用不著淨土法門了。阿彌陀佛發願建造了極樂世界，就是為著大家不能斷惑，要你帶著惑上極樂世界，不是「證果」了生死，是「往生」，往生還沒有了生死，還有變易生

死，只不過不再六道輪迴了。

有人說：「只有帶惑往生，沒有帶業往生。」這句話是糊塗到萬分了！為什麼呢？因為惑、業、苦這三個字是連著的，有惑就有業，若斷了惑還造什麼業呢？「帶苦往生」、「帶業往生」、「帶惑往生」這三種是同一樣的啊！

又極樂世界有四個位次：一是凡聖同居淨土，二是方便有餘淨土，三是實報莊嚴淨土，四是常寂光淨土，另外還有邊地。凡夫帶著三業往生到凡聖同居淨土，九界眾生都能往生到這一土。聲聞、緣覺斷了見思惑，帶著塵沙、無明惑生到方便同居淨土。菩薩帶著無明一惑往生，在極樂四土安養。

八月十日（五），奉祀官孔德成先生應總統蔣經國禮聘，出任考試院長，於八月十七日就任。[1] 先生親擬奉祀官府同仁及蓮社聯體機構之賀函稿兩份。[2]（《圖冊》，1984年圖19）

　〈蓮社文教機構致賀函（稿）〉（1984年8月10日）：考試院長鈞鑒：久欽教恩，深銘五內。此次榮膺考院首揆，已兆文運中興、國步行健。仰維尼山生雲西來普

---

[1] 汪士淳：《儒者行：孔德成先生傳》（臺北：聯經出版，2013年10月），頁278。

[2] 李炳南：〈蓮社文教機構致賀函（稿）〉（1984年8月10日）、〈奉祀官府職事人員致賀長官函（稿）〉（1984年8月10日），陳雍澤提供。

敷鯤島,洙水翰澤所至助澄明潭,恢我漢京,講信修睦,由小康而進大同,或即基於此也。肅此申賀,恭請
誨安

〈奉祀官府職事人員致賀長官函(稿)〉(1984年8月10日):奉祀官鈞鑒:恭聞榮膺考試院長,曷勝忻欣,仰維木鐸重振,將化導於五洲;杏壇流芬,當啟蒙於萬類。建國以來,天開文運,展望前程,行看禮樂復興,兆民有慶。謹申賀忱,肅請
鈞安

【案】孔先生復函見是月二十三日。

八月十五日(三),晚,於慈光圖書館週三《華嚴經》講座,宣講「新元講席貢言」第十一回。講解講表「丙」之「帶業往生附說」,指出:既然淨土有凡聖同居土,即是肯認「帶業往生」。

「帶業往生」釋題表後,有三條「附說」。

第一條:「下等動物,不能皆知事理一心,必然帶業,否則不曰三根普被。」
畜生道雖然不懂,但是也能往生,淨土宗叫做「九界往生」。佛法把凡聖有情眾生分成十個法界:佛、菩薩、緣覺、聲聞、天、人、阿修羅、畜生、餓鬼、地獄,十法界除佛不必往生之外,其他九界眾生皆可往生。

第二條:「若不帶業往生,何有凡聖同居土?」
極樂世界分作四土,眾生因念佛功夫深淺不同,分別往生到四土,四土以外還有一個邊地。邊地不是化生,而

是胎生,經過十二大劫(五百歲),蓮花開後見佛才悟無生。凡聖同居土是專為肯信願念佛,而一品惑業未斷的眾生,帶著惑業來往生此土,如果往生不是帶業,那阿彌陀佛何必要設一個凡聖同居土呢?

第三條:「各家注經,不離本宗,然各有方便,殊途同歸。」

佛經有兩部大經,一是《華嚴經》,一是《法華經》,這兩部經對「本性」各有主張,其他經說的都是方便法,唯有這兩部說得徹底。惑業苦的苦是從哪裡來的呢?從業而起。業又從何而生?業從惑起。惑的根源究竟在哪裡?「惑起於性」:惑在本性裡出來。一切的事情都在「性」裡發生的,若明心覺悟,見了本性,則「覺後空空無大千」。因為「凡所有相,皆是虛妄」,但本性一迷就成了「識」,識就會虛妄分別,變現一切萬法。所以說「萬法靈明之體曰性」,而咱們在迷裡所見到的一切事情,卻皆是迷惑顛倒。

八月二十二日(三),晚,於慈光圖書館週三《華嚴經》講座,宣講「新元講席貢言」第十二回。繼續講解講表「丙」之「帶業往生附說」。

性本自有,性中具有一切,所謂「性具善惡」,本性裡有善也有惡。孔子在《論語》說:「性相近,習相遠。」孔聖人沒說性是善的,所以《三字經》:「人之初,性本善。」這句話不算對!世間聖人孔子說的「性相近,習相遠」和出世間聖人佛說的「性具」,相當一

致。佛在《法華經》就主張「性具」,「具」是全有,有善也有惡,若只有善沒有惡,就不算具全。

本性中具有什麼?具有十法界,這十法界都是從心裡造出來。四聖是善,六凡是惡,所以性具有善有惡,這是事實。性具善惡的道理是「天台發之」,「荊溪、四明皆述」。「《華嚴》亦有此說」。

不信佛、不信因果的人,他的本性雖然有善,但不瞭解善惡,若引導他往善走,他雖不知是善,卻能被善熏染而行善。熏染要經過長時間的熏習,以善熏習久了就能心安理得,安安穩穩地行善。成佛以後,性雖有惡,但是佛能通達,遇見惡境,一見即能明白,不會作惡,雖然隨緣度眾,但是惡事染不上佛,惡發生不起來。

八月二十三日(四),孔德成先生復函,為先生日前去函祝賀致謝,並惜不得先生襄助院務。[1](《圖冊》,1984年圖20)

孔德成,〈孔德成來函〉(1984年8月23日):炳兄:承賜賀,至感且謝。無才無學,膺此重命,惶恐之餘,只有惕勵黽勉,以報國恩。惜不得兄為助,此亦無可奈何者。本擬趨教,以遂〔隨〕時有事,無法分身,電話又多不便,稍遲,定當一謝也。專此先復,即頌

時安　　　　　　　　　　弟德成敬上　八、廿三
府事只好偏勞矣。百拜以謝

1　孔德成:〈孔德成來函〉(1984年8月23日),台中蓮社收藏。

八月二十六日（日），為啟蒙班師資訓練開示〈志道據德依仁游藝〉。

〈志道據德依仁游藝〉：啟蒙這個事情的重要性，在於各國有各國的風俗，一省有一省的風俗，這個風俗是自古以來不能改。歷史的書不能不看，歷史是我們的家譜啊！文化是一國的教育。中國的風俗是什麼呢？《四書》上有很重要的一句話，中國文化都有，現在我們推動就是按照這四個字走。

頭一個是「道」，志於道，心理訂上「道」這標準，標準以外莫論，咱訂的就是一個道字。

講第二個字「德」，據於德，道與德也有連帶關係。德是什麼東西啊？只要不變動、不改變就叫德。不懂得道，懂得德就行。德比較容易點。

第三個字「仁」，有了道德，站得住，仁是从人从二，一個人字，有你、有他。拿出真心來，真犧牲自己，替大家謀幸福。佛家叫慈悲，孔子叫仁。辦啟蒙班，辦出來誰給你錢啊？辦得好，誰給你封一個官？沒有。咱們圖的什麼？為的就是個人的子弟往好處走，為大家謀利益。這天下就求個平安，求個公安啊！有了這個「仁」字很好了，但是有這個仁字，怎麼個辦法呢？

第四個是「藝」，藝就是藝術，種種工業都是藝術，吃的、穿的、用的，這些物品，都是利益大家的。

這幾年，為什麼要有啟蒙班呢？「蒙」，人下生以後，還沒開智慧，傳染性很大，教他學什麼，他就學什麼。本性原來有善惡，蒙是開蒙的時候，就熏染善的。啟蒙

教學以道德為第一，有了道，往外推展這個仁，絕對不害對方，有益於對方，這才好。種種的工業都是對大家有利益的，與大家沒利益的一概不造，這是中國的文化。[1]

八月二十九日（三），晚，於慈光圖書館週三《華嚴經》講座，宣講「新元講席貢言」第十三回。講解講表「丙、帶業往生　乘願再來」項下「丙一、隨眠無明」。先解說佛典中「愚人」非指凡夫，而是指羅漢以及「地前」菩薩。

　　　　丙一、「隨眠無明」謂無明煩惱眠伏第八識中
　　　帶業往生的道理甚深，首先要知道「隨眠無明」的道理。
前面講過《法華經》的「性具」和《華嚴經》的「性起」，性具是本性具足善惡，性起是本性一動，連善加惡一同起來。請問，性具，是在哪裡具有，在哪裡收藏？性起，是在哪裡發動？學佛要斷的三種惑——見思、塵沙、根本無明，根本無明惑就是在第八識中。第八識是「去後來先作主公」。發願念佛往生的人，臨終時，這一切東西都收藏在第八識裡，第八識帶著收藏的東西，沒有加以洗乾淨，就帶到西方極樂世界，投到蓮

---

[1] 李炳南講述，詹曙華、鍾清泉整理：〈志道據德依仁游藝——七十三年八月廿六日啟蒙班師資訓練開示（上、中、下），《明倫》第525、527、528期（2022年6、9、10月）。

胞,這叫「帶業往生」。

第八識帶業往生,第八識中仍有「隨眠無明」,「無明」指根本無明惑,無明就愚癡,愚癡便造業。「隨眠」的眠是睡大覺,比喻這些無明煩惱眠伏在第八識中,往生西方淨土的眾生都帶有這些隨眠無明,初地菩薩往生淨土也還帶有無明愚癡,何況是一品惑未斷的凡夫,怎麼不是帶業往生?

八月,慈光講座早期學員、臺大晨曦學社前社長吳庭烈自新加坡來臺中,與社友多人前來請安。

林淑貞,〈暫停——記老師與我之因緣〉:八月間,上師夏瑪仁波切至臺中,四眾弟子也抵達臺中,其中晨曦老社長,新加坡來的吳學長也隨後趕到,他已有多年未見老師,一行人又去向老師請安。學長自有學長疑情,不表。我則如抱到佛腳,將滿腹疑問,一一求教。

問一:未用心時,煩惱來煩惱去,吃飯睡覺,安然無事;已用心後,為何煩惱一升起,便騷動不已,無法拂平,倍受干擾?師曰:妳會下棋吧,開始讓你十六子,往後愈戰愈辛苦,壁壘分明,寸步難移,你明白嗎?

問二:瞋心如何對治?師曰:不同階段有不同方法。開始下手以空,再來假、再來中。一步一步,也是愈來愈艱難。

那一答在往後乃至於今日都成為道上行路的指引。明白這下棋的艱苦,也就格外當心,遇魔遇障時,不致驚慌

失措、痛心疾首,反而,在行過一險後,心更生警惕。
吾師,弟子向您頂禮。[1]

【案】據〈臺大晨曦校友居士林中部道場參訪記〉:「八月曾隨噶舉瑕瑪法王到臺中傳法,與馬來西亞趕回的吳庭烈夫婦,同謁見李雪公老師」,[2] 知前引文「新加坡來的吳學長」係吳庭烈。吳庭烈為馬來西亞華僑,自一九六五年至一九六七年,參加四期慈光講座;一九六七年五月,擔任臺灣大學晨曦學社第十任社長。

八月,至蓮社參觀明倫美術班學生習作展。(《圖冊》,1984年圖21)[3]

九月五日(三),晚,於慈光圖書館週三《華嚴經》講座,宣講「新元講席貢言」第十四回。講解講表「丙、帶業往生 乘願再來」項下「丙二、立相住心,丙三、以果為因,丙四、蓮胎斷惑,丙五、二力橫超」。

丙二、立相住心

這張講表可以說是佛家的全部教理,為什麼呢?《華

---

[1] 林淑貞:〈暫停——記老師與我之因緣〉,《慧炬》第264期(1986年6月15日),頁27-29。

[2] 林埶爭(林淑貞):〈臺大晨曦校友居士林中部道場參訪記〉,《慧炬》第246期(1984年12月15日),頁35-38。

[3] 資料室:〈空谷傳響清音歷歷〉,《明倫》第193期(1989年4月),雪公往生三周年特刊。

嚴經》講到十迴向，再來就是登地了，三賢位要一大阿僧祇劫的時間來修行，這很不容易。懂了不著相解脫的難處，才能聽淨土這一套，要不懂這個，任何人都不懂。逼到這裡，沒法子，才知道淨土法門之所以特別。

別的宗都說要不著相，凡所有相，皆是虛妄，原來沒有相的啊！淨土宗特別了，偏偏找個相來安立在這裡，安在這裡幹什麼呢？淨土宗設立這個相叫你著相！著是執著，執著這個相，怕你不著相。安上這個相，叫你的心著相，全副的念頭都在相上，不往別處跑。念頭哪裡也不去，就安住在這一個相上，這是淨土宗的特別法子。所以淨土宗立的這些相並不是「凡所有相，皆是虛妄」，是給你安上個真相！眾生執著的都是假相，淨土宗卻叫你著真相！心安住在阿彌陀佛，一切都甩開，心就在阿彌陀佛上，著阿彌陀佛這個相，就是「心即是佛，佛即是心」，佛是真的，心也是真的；佛是清淨的，心也是清淨的。

一動了念頭就造業，造業就是現行動作，察覺念頭現行動作了，便用阿彌陀佛的名號壓住他，不叫他起現行，叫伏惑。淨土三經沒教你斷惑上西方，一心就行了！所謂「一心」，心只有一個念頭，沒第二個念頭，沒有第二個念頭，就是「立相住心」。心都在阿彌陀佛身上，就成功了。

丙三、以果為因

「以果為因」伏惑往生，是淨土宗另一個特別。佛經很深但不離因果，因就是一個事的原因，一個開頭，

有個開頭就有個結果。淨土宗立相住心，伏惑往生，雖然得到往生淨土的果，但是並非斷惑證果，往生後仍要繼續在因地修行，斷除含藏在八識心中的無明等惑業。伏惑是因，往生是果，往生淨土後，又是另一番修學佛法的因，所以淨土宗的伏惑往生是：「以果為因」。

丙四、蓮胎斷惑

「蓮胎斷惑」當生成就登彼岸，這是淨土宗的另一個特別處，特別之處在哪裡？眾生往生前都不是斷惑，普通九界往生，如螞蟻、蒼蠅、蚊子、小鳥，牠要往生，難道牠們都成了等覺菩薩嗎？豈有此理。到十地菩薩才分著斷惑。凡是學佛，必得斷了惑，才稱證果。「蓮胎斷惑」——凡是九界往生，往生後都入蓮胞去斷惑，會念佛的眾生，在淨土七寶池裡就長出一枝蓮花來，念得成熟就入蓮胞來，到了蓮胞裡頭，有幾天就開的，也有經過多少年、多少大劫才開的。在蓮胎裡頭，沒有勾引你的境界，就可以斷惑。往生到蓮胞裡是帶著惑去的，有惑就有業，這不就是「帶業往生」？

丙五、二力橫超

「二力橫超」也是淨土宗的特別處，別的法門是獨力法門，僅靠個人的力量，唯有淨土宗是二力法門！有阿彌陀佛的力量，和自己的力量！阿彌陀佛什麼力量？他老人家發的四十八願，在西方極樂世界的一切境界，都是阿彌陀佛的力量製造的，所謂「皆是阿彌陀佛之所變化」，這是佛的力量。自力是信、願、行，這三者是要往生到淨土路上的資糧。這三資糧對了脫生死而言，

不是因也不是果，了生脫死的因是戒定慧。修淨土的，光懂信願行，沒種因，當然不結果，但在往生這個路上有資糧吃。

九月十二日（三），晚，於慈光圖書館週三《華嚴經》講座，宣講「新元講席貢言」第十五回。講解講表「丙、帶業往生 乘願再來」項「乘願再來」釋題。解說：「乘願再來」即證成「帶業往生」，若無惑業「潤生」，則無再來之可能。

「乘願再來」釋題

淨土宗有兩大宗旨，第一是「帶業往生」，第二是「乘願再來」。但是這兩大宗旨，經文上不是這樣說，為什麼呢？因為經是「依義不依語」——看過《法華經》的都懂得。看經須懂經文的文理，文理裡頭藏著有意義，光講本文聽不懂，必得講裡面的道理，才聽明白。這本經的道理跟另一本經文的意思一樣，言語卻不一樣。

「乘願再來」沒有反對的意見，可是，不帶業往生，怎麼乘願再來？再來是帶著惑業才能來，惑業沒了，就不能來了。而所謂「潤生」是什麼？就是煩惱種子還存在著，滋潤它，叫它起現行，這才能再轉生。不帶著業，不但是不能往生，也不能回來。

乘願再來和潤生有什麼關係？這是學理的問題。生是生滅法，有生就有死，有生就有滅，永遠停不住。一切煩惱迷惑，皆是生死種子。種子必得滋潤，方能生長。生死種子，有「惑」的滋潤，才能生到六道裡來。若無

「惑」的滋潤，生死種子變成乾巴巴，就離開了六道。菩薩因為能觀受是苦，才乘願再來。菩薩乘願再來有五種受生方式：

第一、「息苦生」。第二、「隨類生」。第三、「大勢生」。第四、「增上生」。第五、「最後生」。

這五種受生，每一種都是「生」，有生就是生滅法，就不是證「無生法忍」。所以乘願再來的菩薩道都還要留惑「潤生」，還沒有業盡情空。要是證了果位，不問證的是大果小果，都是現在生前得果位，生前不得果位就完了，所以說：「證果全在生前」，並非死了才證果。往生並沒證果，若說證了果位才往生西方，那叫多事。在這裡往生，生還有生滅，到那裡再修，才沒了生滅，到那裡還要再修，這不是帶業往生嘛？

是日，蓮社成立國樂團，每週三於蓮社弘道樓分組練習，免費指導學生。由廖富樂指導琵琶、林俊斌指導笛子、張清泉指導南胡。廖富樂於八月與諸位同學拜訪先生，請示籌組國樂團事宜，旋於是日成立。日後，先生命名為「樂育」。

廖富樂，〈無盡的追思——含悲忍痛奏哀樂〉：自從參加了明倫講座後，知道恩師除在詩教有其功力外，儒佛學養更是淵博，而恩師亦擅武術及音律，尤其對樂教功能極為重視，然對靡靡之音，深惡痛絕，以其腐蝕人心，傷風敗俗。早期蓮社亦設有天樂班等，讓青年陶養性情，並配合宣揚佛法。炳公曾言：「中國詩書禮樂

之『樂』一般人不懂。樂完全是心理情意的表現動作。人之七情必須有一定之節制，樂可以調和七情，佛家有雁聞梵唄誦讀之音而盤旋不去的故事，可見音律感人之深。而藝術必須志於道。要利益社會人心。」因而在每年中秋節蓮社蓮友賞月的晚會中，同學們總設法在詩歌詠哦中，加上國樂助興，學人每受邀演出後，恩師總特別賜見並勗勉有加。

諸學長們深諳師意，因而催促籌組國樂團，只因學人身在娑婆，世俗雜務，心手力拙，實深惶恐，因而遲遲未付實現。惟時時以國樂配合吟詩，或參加蓮社推展國民禮儀等社教工作。迨至近年，蓮社成立社教研習班，有固定學生為班底，學人曾於七十三年八月二十三日與諸學長會同拜謁恩師請示組樂團之事宜。九月十二日國樂組即順利誕生，先以少部分樂器開始組訓。學人忝列琵琶指導老師，並延聘林俊斌老師及張清泉老師分別指導笛子與南胡，每週三於蓮社弘道樓分組練習，免費指導學生。絲竹之聲，此起彼落，由生澀而漸入幽揚。臺諺：「一笛二吹萬世絃。」內地亦云：「千日琵琶百日簫，二胡墜子拉斷腰。」不可否認的，笛子組成績最佳，南胡組學生變動略有青黃不接之勢。樂社尚屬草創之初，已曾由清泉兄指揮參與蓮社數次聚會，並於七十四年經恩師命名為樂育國樂社。[1]

---

1 廖富樂：〈無盡的追思——含悲忍痛奏哀樂〉，《明倫》第 165 期（1986 年 6 月）。

九月十九日（三），晚，於慈光圖書館週三《華嚴經》講座，宣講「新元講席貢言」第十六回。講解講表「丙、帶業往生　乘願再來」項下「附語——淨土宗為難信之法（三忍）」。

附語——淨土宗為難信之法（三忍）

　　凡是學淨土的都曉得「難信之法」！別的法門，聽了還相信，唯有這個淨土法門，信的很少，為什麼不信淨土法門？因為大家都不懂，以為哪有這種便宜事情，不相信，所以叫「難信之法」。

「淨宗為難信之法，惟佛為『世間解』獨知其義。」佛有十個名號，「世間解」是佛的名號之一，「世間」有器世間、有情世間、覺悟世間。這些東西誰能都曉得呢？唯有佛能瞭解，所以佛才稱「世間解」，即使到了十地菩薩，也不能稱世間解。淨土宗為難信之法，唯獨佛「世間解」才能徹底知曉其中道理。

《仁王護國經》上有兩句話說：「三賢十聖忍中行，唯佛一人能盡原。」三賢是指十住、十行、十迴向的菩薩，登地菩薩叫十聖。三賢人和十聖人的地位，要緊的是離不開「忍」這一個字。「忍」有若干種，其中「生忍」和「法忍」最要緊！

「生忍」是在人群中跟眾生相處，忍受眾生的侵犯。不問眾生待你如何，你都得忍受下來，不能加害於眾生，不但不加害牠，也不能反抗牠，不能為了你的利益而消滅牠。譬如去除蟑螂、拿老鼠，為著牠與人有害處，這是站在人的私心立場上，若站在老鼠的立場，人就是牠

的害物,要是沒人,老鼠活得很自由,所以究竟要以誰為主呢?修行人明白這個道理,必得忍受,這叫「生忍」。

「法忍」是修行人在修法上的忍,修行得有修行的法門,不論什麼法門,都是要心不往外跑,能收起來,安到一個地處,安住不動!修行人用功時要忍耐,心不離開這個,這叫「法忍」。不僅佛家如此,只要真正修道,就是如此,孔子本人是不必說了,他的三千弟子,最好的顏回是「非禮勿視、非禮勿聽、非禮勿言、非禮勿動」,就是走這一個「忍」字。孔子不如此,孔子是「志於道、據於德、依於仁、游於藝」,一切聽之自然,「六十而耳順,七十而從心所欲,不踰矩」。一切隨意自如,沒有忍,忍字用不到了。孔子與顏回不一樣,顏回離不開「忍」字,還有勉強,不自然!孔子是「忍」字都沒了,完全歸於自然!

《仁王經》上說的「三賢十聖忍中行」,三賢十聖為什麼要忍呢?因為他沒斷惑,有惑就造業,有造業就有痛苦。有忍就叫伏惑,有忍就不是斷惑,一直到十地菩薩都有惑。登地以後一地一地斷,漸漸地斷,還未歸於自然,所以是「忍中行」。

「忍」就是一副藥,病好了,就用不著它。忍的意思,一、忍耐。事情麻煩很為難,不好辦,得忍耐,忍耐著無論如何也得辦。二、安忍。心安住一處,不再搖動。所以有忍就是還不到家,還沒有歸於自然,可是功夫不到,就得用忍,要是沒病了,就不必吃藥。懂得中道實

相，能柔和順從，然後證得「無生法忍」。證得無生法才懂得真正的不生不滅。無生法雖加一個「忍」字，表示還是有點勉強，可是到此境界就不得了。

九月二十日（四），錢地之來函，為贈禮致謝，自述所學尊孔孟、反程朱。同時慰問先生足傷。[1]（《圖冊》，1984年圖22）

  錢地之，〈錢地之來函〉（1984年9月20日）：雪廬老鄉長尊鑒：承宏謀同學帶至老鄉長惠賜紅蔘及長生果乙袋，地之奉收，終身不敢忘恩。地之與老鄉長之遇，生平只有三人，即方公先覺將軍，楊公（臨沂）楊國大代表也。此種相遇為求之不可得者，實最珍貴。腦病初愈，始敢用筆。地之年來境況，儒學日近而痛苦日深。拙作成時，希望還在人間，是唯一之心願。地之為學尊孔孟、反程朱。彼等於四書注中詆毀周公孔子，安前聖往賢俱置其下。論其學不及漢儒，更難望孔門諸大弟子也。然觀孔門漢儒為學尚謙而不專私，程朱專私而不尚謙。乃如子程子曰之類，漢儒對其師未敢有此稱也。

  地之愚見，四書為孔門之書，作注書之序或為書作注，均不敢與聖門竝，何以有子程子曰之句，顯然有篡先儒之志，亦有不臣周孔之心。地之有先在明倫雜誌批

---

[1] 錢地之：〈錢地之來函〉（1984年9月20日），台中蓮社收藏。信封郵戳為「73.9.20」。

露者,或已目覩之矣。聞宏謀言,近來老鄉長傷足,愈否?念念。所陳不一一。肅祝

　　道祺　　　　　　　　愚鄉晚錢地之再叩拜　九月廿日
祈雪公勿拘小節,此晚輩信,不必勞神復也。又及

　　【案】錢地之文:〈義與利二位一體〉、〈大學作者之學術思想探討〉等多篇,刊見《明倫》第一三三期(1983 年 5 月)至第一四九期(1984 年 10 月)。

九月二十四日(一),指示新進至聖奉祀官府服務之郭基發,參加九月二十八日舉行之聖誕典禮。[1](《圖冊》,1984 年圖 23)

　　〈示基發、逸子〉(1984 年 9 月 24 日):基發、逸子二位賢棣:臺中舉行聖誕典禮,應與市府索取入場券,本府同仁一律制服參加行禮(或觀禮)為妥也。並頌

　　台祺　　　　　　　　　小兄李炳南拜啟　廿四日

九月二十五日(二),慈光講座第一期學員蔡榮華自馬來西亞來函,報告擬於十一月返臺中學法,並感謝先生度其母安詳往生。

　　蔡榮華,〈蔡榮華來函〉(1984 年 9 月 25 日):
李老恩師雪公尊鑒:敬啟者,久疏問候,抱歉殊深,但自同窗處,敬悉尊體安康,精神矍鑠,老當益壯,

1　李炳南:〈示基發、逸子〉(1984 年 9 月 24 日),郭基發提供。
　案:郭基發於 1984 年 7 月進至聖奉祀官府服務。

始終以忍以和主辦大人事業,復以慈悲喜捨弘揚大覺正法,廣度眾生。受業障深業重,唯老恩師能度弟子,遂決定今年陽曆十一月十六日至十二月十日專程赴寶島懇請開示,於此廿天中,乞求大宣出要法門暨弘揚佛法事業,並拜謁叩謝老恩師度先母安詳往生,此事尊前詳敘。至於屆時與蓮社、明倫諸大德面敘請益,必有一番法喜充滿,若藉此小遊寶島山川名勝,更加錦上添花矣。

受業曾於柔佛州峇株觀音亭講解《佛法常識》將近三年,今年五月起改在郭府先辦「佛法講座」,後宣講《佛說阿彌陀經》。此經十八年前講過,迄今才第二次講解,足證講經必具六種成就,委實不易,每月只講兩回。又為郭府特設佛堂共修淨土法門,除供奉西方三聖外,又供奉印光祖師,而且選三個同修者,專念〈大勢至菩薩念佛圓通章〉,此章十八年前亦曾講過,今專修,目的乃不忘記祖師開示特別法門。末法時期眾生不宜談玄說妙,唯有老實念佛,信願行具足,才是唯一得度,否則無藥可救,然而「幾人長夜醒」?又有誰肯「不負轉輪心」呢?老恩師所贈墨寶亦是法寶,受業廿餘年始終學佛說法如一日,乃拜老恩師諄諄教誨之所賜。惟一惋惜者,乃無緣常常親近老恩師,許多習氣難改,影響道業,誠是一大憾事。

有勞老恩師慈悲安排宿食,此行乃一個人而已,但求有一枝棲身,則感激不盡矣。其實大恩不言謝。今念千里迢迢,雲天懷想,雖萬里煙波,人未至而心已到。專此

1984年・民國 73 年 | 95 歲

肅具，敬請

尊安　　受業蔡榮華頂禮　一九八四年九月廿五日燈下於馬來西亞柔佛州峇株巴轄華仁中學伏龍山教師宿舍[1]

【案】蔡榮華於一九八四年十一月十五日抵達臺中，十二月十日離臺返馬。先生有三次特別教學。

九月二十六日（三），晚，於慈光圖書館週三《華嚴經》講座，宣講「新元講席貢言」第十七回。講解講表「丙、帶業往生　乘願再來」項下「附語——淨土宗為難信之法（六即佛）」，解說理即佛、名字即佛。

附語——淨土宗為難信之法（六即佛）

　　淨土宗是難信之法，今再以天台宗所說的「六即佛」來證明淨土宗殊勝難信之處。

吾人學佛，是學佛的什麼事情？天台宗說「六即佛」，吾人學的是哪一「佛」呢？

「六」是個數目，「即」當「這就算是」講。

第一、「理即佛」。「唯具佛性者」，有佛性，知道「心、佛、眾生，三無差別」，懂得這麼一句話，雖沒修行，就算是有佛性了！若連這個理也不懂得，這種人就不是「理即佛」。

第二、「名字即」。「唯解佛性之名者」，知道佛這個名字，能覺悟確實有佛，這就是了，比「理即佛」更進一步，他相信有佛，至於佛是怎麼回事情，他弄不清

---

[1] 香光編輯委員會：《李炳南老居士復蔡榮華居士書函輯》，頁 51。

楚，但知道佛有好處。

「理即佛」和「名字即佛」叫外凡，是佛門的凡夫，雖然知道在理上有佛性，也知道有佛的名字，還是純粹的凡夫，雖是門外漢可就不得了。在廟裡拜拜的善男信女，他們不知佛是什麼，也沒有看過佛經，就承認有佛，到廟裡也燒燒香，拜拜佛，知道燒香拜佛有好處，這是「理即佛」或「名字即佛」。外凡雖是佛法的門外漢，卻不反對佛法，已種了善根，有機會可往前用功。

是日，孔德成先生來函，感謝贈禮，並交代帳單處理。[1]

孔德成，〈孔德成來函〉（1984年9月26日）：炳兄，承賜節物，拜領敬謝。府事諸勞清雅，思之難安，奈何。只有遙拜百頓耳。茲寄上帳單共「伍」紙，乞賜照付（飭取籤據回）。孔孟學會會費「參佰元」，弟已墊付，乞飭還弟。專懇，即頌

公綏　　　　　　　　弟德成敬上　七三、九、廿三

【案】來函信封背面有先生注記：「廿七日雙號諭，奉讀，已交會處統支，分別還外索據，及支出復入矣。謹復」

是日，周邦道來函，致贈教師節禮物。[2]

周邦道，〈周邦道來函〉（1984年9月26日）：

1　孔德成：〈孔德成來函〉（1984年9月26日），鄭如玲提供。
2　周邦道：〈周邦道來函〉（1984年9月26日），台中蓮社收藏。

雪公夫子大人函丈：近來人事周章，久疎稟候為歉。拜讀蘆花詩什並瞻依尊影，康彊悅豫，慼慶莫名。茲值聖誕與教師佳節，緬念隆恩，無以為敬。謹奉呈花菰一盒，聊申微意。虔頌崇祺萬福。

    弟子周邦道頂禮叩上 七十三年九月廿六日

九月三十日（日），陳立夫來函，本屆中國醫藥學院董事會屆滿，提案擬聘本屆董事續任。[1]

  陳立夫，〈陳立夫來函〉（1984年9月30日）：本董事會董事十五人，在任期中均克盡職責，貢獻良多，且能精誠團結，為院務盡力籌謀。擬以原有之十五人為下屆候選人，不另推薦其他人員。是否有當，敬請公決。   董事長陳立夫 提 七三、九、卅

十月一日（一），錢地之自臺北來臺中探望先生足疾。（《蓮社日誌》）

十月二日（二），上午錢地之返臺北。

 晚，論語班第二屆第三學年第一學期開學。是班延長學習一年，先生因足疾，暫不能上課，由徐醒民先行上課。（《蓮社日誌》）

---

1 陳立夫：〈陳立夫來函〉（1984年9月30日），台中蓮社收藏。

是日，靳鶴聲來信，擬於近日赴臺中探望先生。[1]

靳鶴聲，〈靳鶴聲來信〉（1984年10月2日）：炳老吾兄：原來說大會三月閉幕，即赴臺中探望吾兄。不料弟連病了數月，雖不重，但中西醫都不見大效。最初是喉部舌部發炎，服西藥無效，改服中藥，皆無大效。後來還是喫雲南白藥好的。止服了一個月。以致赴歐考察（七月八日動身）也未能參加。接著牙痛、皮膚敏感，又鬧一月。最近算是都好了。所以在最近幾日內，要到臺中拜候。特先函達。并祝

健康　　　　　　　　　　　弟靳鶴聲拜上　十月二日

【案】靳鶴聲（1898-1998），山東省國大代表，早年留學日本，一九二七年南京臨時政府成立，靳氏受命主持南京黨務並兼組織部長。先生稱「自重慶、南京至臺灣，無不與偕，朝夕二十年，論道相契而樂之。」（〈淨土三經合刊序〉）自台中蓮社創社，即邀聘為名譽社董；先生捨報，則擔任治喪委員。（小傳見1947年10月）

十月三日（三），晚，於慈光圖書館週三《華嚴經》講座，宣講「新元講席貢言」第十八回。講解講表「丙、帶業往生　乘願再來」項下「附語——淨土宗為難信之法（六即佛）」，以五品弟子位解說觀行即佛。

---

[1] 靳鶴聲：〈靳鶴聲來信〉（1984年10月2日），台中蓮社收藏。信封郵戳為「73.10.　」（年月可見，日不明）。

第三、「觀行即」。佛法有止觀法,「止」是把亂七八糟的心停住,「觀」是作一種觀想,想一種境界,譬如《十六觀經》就是觀一種境界。隋朝智者大師是天台宗的祖師,修《法華經》,也兼修淨土。臨涅槃時,弟子問他:「您這一生得的個什麼境界?」智者大師說:「我得了五品弟子位,為著我在這裡度眾生,終日忙,不能再進步了,只到了這五種境界。」五品弟子位就是觀行即佛。

這五種境界出自《法華經》,得了這五種境界,往生西方就不平常!要不往生西方就平常了。五品弟子位的地位是「外凡」,不是內裡的功夫,還是外皮,沒到實相,仍是凡夫。但這個凡夫是外凡,我們是門外的門外凡夫,智者大師也還是門外的凡夫。修到五品弟子位,若不修淨土往生西方極樂,還得在六道輪迴投胎,下一生再修行。若生到極樂淨土,則皆是阿鞞跋致,永不退轉。

觀行即還未明見本心,是外品功夫,卻是伏惑了,和我們這門外凡夫不同。智者大師的修行證悟這麼高,還只得五品弟子位,幸虧有兼修淨土宗,要不修淨土,那得再修幾千年。這五條,不能全部做到,若做到一條有一條的好處,都做到、有都做到的好處。

是日,夏曆重陽節,有〈天末重陽憶故國佛山賞菊〉,前後又有〈甲子九月之初〉、〈野居秋興〉、〈遼東華僑歲除還鄉祭祖聞而誌之〉、〈憶金陵〉、〈秋思西

望〉。(《雪廬詩集》,頁720-723)

〈天末重陽憶故國佛山賞菊〉二首:
佛古千尊靜,遮山菊正芳;名流慣拾級,佳節況重陽。陵谷列雞黍,推敲探錦囊;洞天通竹院,老衲白眉長。
斜日過林迥,環山酒罄瓶;峰巒人去瘦,松柏靄同青。虛壁增文藻,征途半醉醒;鄉關愁北望,只恐地無靈。(遊客多采菊折楓而歸,乃頷聯實際。)

〈甲子九月之初(民國狩臺改重陽為敬老節)〉:
又說重陽近,老安榮典新;乾坤非宿昔,糕酒普蒸民。舊物餘氈笠,荒城闢里鄰;催租捨風雨,不獨惠詩人。

〈遼東華僑歲除還鄉祭祖聞而誌之〉:孤旅歸天末,星霜念在家;殘更割新韭,深幕護唐花。繞屋鄉音入,出牆喬木斜;年年如候鳥,徒羨彼頑槎。

〈憶金陵〉:春秋天氣日多佳,朱雀橋邊稅有齋;記得月明隨畫舫,曾徵簫鼓醉秦淮。

〈秋思西望〉:弦月涼天蟋蟀秋,清光含露浸西樓;湖山故國如還在,悵望何方狐首丘。

十月五日(三),函復錢地之,感謝念佛迴向,並寄贈宋進士王日休之《龍舒淨土文》,請其詳讀以契儒佛真道。

(《圖冊》,1984年圖24)

〈錢地之之一〉(去函):地之賢棣尊鑒:奉讀手書,藉悉來日正值嵩辰榮慶,即於午夜恭誦阿彌陀佛聖號千聲為賤恙祈禱。奇哉!奇哉!諒為尊駕平生第一次之念佛,然亦深種德本、功高須彌矣!可賀之至。謹贈

宋進士王龍舒文，乞詳讀之。文雖淺而義實深，能繼續不斷，儒佛真道自得之不遠。兄早立宏願，造次顛沛概不少移；「無生」二字乃永生不滅之哲理，非千言能以說明，乞勿誤解。「書另寄」。敬請

道安　　　　　　　　　　　　小兄李炳南百拜　十月五日[1]

十月六日（四），戈本捷、周法安夫婦來函致謝教示。先生日前收到其寄贈龍眼乾，去函致謝，若等因此再度來函。[2]

十月十日（三），晚，於慈光圖書館週三《華嚴經》講座，宣講「新元講席貢言」第十九回，圓滿。講解講表「丙、帶業往生　乘願再來」項下「附語——淨土宗為難信之法（六即佛）」，解說相似即佛、分真即佛。

　　六即佛分三種，理即和名字即，完全是凡夫，是門外的凡人。觀行即和相似即，是半內半外，是門內的凡夫。所謂「相似」就不是真正的理，雖是相似法，也是不錯。「相似即」是十信菩薩位，十信並不在菩薩四十一階位中。為什麼有十信位呢？學佛從初住——「發心住」開始學，這是聖因，發心住對於佛法的中道瞭解一些，發菩提心要修菩薩道了，這是第一步。若第一步發心住，心還安不住在菩提道上，就要用一個方便

1　【數位典藏】書信／在家居士／錢地之／〈錢地之之一〉。
2　周法安：〈周法安來函〉（1984年10月6日），鄭如玲提供。

法，十信位就是方便法。把初信到十信修成了，發心住的「住」字就不搖動，就可以往聖果上走，所以十信位是發心住的一個助緣。

十信位是六根清淨位，修十信，要使六根清淨。六根清淨要緊的是管好第六識，叫「防意如城」，拿意識當作城一樣，關好城門，不許裡頭的識往外走，也不許外頭的六塵進來，用城牆把它倆隔開，意識就清淨了。

修淨土就得「淨念相繼」乾淨念頭相續不斷，什麼也不想。這很難，淨土宗就換上一句佛號，心念只有這句佛號，佛號就是佛種子，心、佛、眾生三無差別，佛就是心，心就是佛，這個佛字一直不斷，就成功了！「淨念相繼」要成功，須有一段時間，才上來必須出聲念，叫「口念耳聽」，口念得清清楚楚，口就沒閒功夫說別的話，耳朵再聽得清清楚楚，口耳連成一塊，心就不往外頭跑了。第二步是「心念心聽」，六根清淨，就不必用嘴念，可以「心念心聽」，在這裡坐著喝茶搧扇子，可是心在念佛。我說一句妄誕的話，不是自誇，我現在也學著「心念心聽」。到了第三步叫「神念神聽」，連心都不想，等於孔子的「六十而耳順，七十而從心所欲不踰矩」。

相似即的十信位，是十住的助位，「『住』為菩提初」，十住位是成聖道的一個原因，必得安住才得聖的果位。「無『十信』功難以安住」，沒有十信的功夫，心難以安住不動，不得六根清淨位就安不住心。十信的功夫修滿成了功，才可以進入第一發心住。最後第十住

叫「灌頂住」，在印度，學佛修行的功夫到了，就給行灌頂禮，灌頂跟登記似的，指明某年某月你該成功。灌頂登記了，就跟證果一樣，所以十住是「分真即」，是聖果之因，叫「小白花位」。

淨土宗九品往生，在《無量壽經》、《十六觀經》都有，在《阿彌陀經》上也有，找得到嗎？《阿彌陀經》上清清楚楚，我看著有。十住、十行、十迴向、十地，這三賢十聖，《阿彌陀經》上也有，找得到嗎？《阿彌陀經》說的四色蓮花——青色青光、黃色黃光、赤色赤光、白色白光，白色白光是最初級，最低的，往生最初最下的蓮花就是白色白光的蓮花，一往生就不是普通人天了，因為受了灌頂記，就得了果位，就是白色白光的小白花位。修淨土宗以九品蓮花為父母，懂了「六即」的教理，才知淨土宗的便宜。

十月十一日（四），錢地之來函，自述以大禮初會先生，以及為先生念佛千次，皆離家四十年來所未有。幼時雖與佛法有緣，但更由於敬佩先生之道與德。感謝得遇先生，當是其完成著述一大助力。[1]

　　錢地之，〈錢地之來函〉（1984年10月11日）：
炳南老鄉長前尊鑒：地之曾以大禮初會老鄉長，亦離開家鄉四十餘年所未有也，旨在敬佩老鄉長之道與德。愚見以為，老鄉長具有佛儒兩教之道心和人所不及之篤行

1　錢地之：〈錢地之來函〉（1984年10月11日），鄭如玲提供。

踐德,故廼念阿彌陀佛千次,祈禱病早愈也。地之於拙作中亦贊佛與評論韓昌黎諫迎佛骨之事不當。地之十五歲幼年時曾長素放生,僅數月耳。又,先嚴請來佛祖像一尊,崇拜之。此為幼年之事也。地之此番在臺得遇老鄉長,實奇妙可悟,想必早悟及之。地之對佛祖感其救世之苦心而欲效其苦心以救現世。地之對儒祖孔子,崇敬其道與德而景仰之,並持其道以教世俗,使人皆為善止惡。有生之年,如此而已,不計成敗。此三套書成,僅是學業基礎暫告段落。此後之歲月,在篤行仁義之道,致力世界和平。吾等之相遇,或是應得老鄉長之助力,使地之排除萬難,以底於成功也。設不成功,儒道有人繼矣。儒道有人繼,中國可千載萬世而不朽。故天之降大任於吾等,吾等亦運用智仁勇之德性,負起天命而克厥功。地之再祈禱老鄉長足疾早愈,續為蒼生講道。腦初愈不敢多陳,肅頌

道安　　　　　　　愚鄉晚錢地之再叩啟　十月十一日

十月十七日(三),晚,於慈光圖書館週三《華嚴經》講座,接續宣講〈十迴向品第二十五〉「九、無著無縛解脫迴向」,解說第二十三表:總知一切盡無餘微細智。[1]

　　【案】「總知一切盡無餘微細智」為第二十三表,據此則《大方廣佛華嚴經講述表解》頁三五五之「表

---

[1] 李炳南:〈第二十三表:總知一切盡無餘微細智〉,《大方廣佛華嚴經講述表解》,《全集》第1冊之2,頁361。

二十」應改為「表二十一」,以免與頁三五四「第二十表」重號。頁三五六之「表二十一」則應改為「表二十二」。

十月二十四日(三),晚,於慈光圖書館週三《華嚴經》講座,宣講〈十迴向品第二十五〉「九、無著無縛解脫迴向」。

十月二十五日(四),錢地之來函,感謝先生隆情厚誼,至於學術事,則彼此尊重,不必儘同。於先生推介閱讀之宋進士王龍舒著述,不甚認同。[1]

> 錢地之,〈錢地之來函〉(1984年10月25日):
> 炳南老鄉長尊鑒:捧讀大教,敬悉足疾稍愈,為慰。又,老鄉長重新鼓舞講道之志,噍類有望矣。後學與老鄉長相識二載多,承隆情厚誼,感激無涯,地將永銘五中。至於學術事,宜彼此尊重可也,不必儘同。大致而言,地與老鄉長同道而行者,惟老鄉長為人拘謹,地之有些灑脫狂放之真情。失禮之處,望能海涵。君子能恕人之過,老鄉長之謂歟。前宋進士王舒龍〔龍舒〕之文,地之狂放故意,以晚輩之身對長輩失禮以示坦誠耳。地對愛我者,嘗以坦誠之心報之,至於禮數則不必計,此是親長之情。地之甚愛漢以前學人,不喜宋以後學人,如是而已。地之對老鄉長毫無所求,只是禱望及

---

1 錢地之:〈錢地之來函〉(1984年10月25日),鄭如玲提供。

長命壽考耳。敬頌

道祺　　　　　　　　鄉後學地之叩上　十月廿五日

十月二十九日（一），錢地之來函，附陳學術文化精神文稿三篇，提供《明倫》月刊。[1]

　　錢地之，〈錢地之來函〉（1984 年 10 月 29 日）：
炳南老鄉長尊鑒：謹聞老鄉長疾愈，內心喜甚。深盼福體完全復健後再用精神，病初愈，不可也。所寄學術文化精神三稿，是為中國千年萬世著想，腦痛不敢多寫，一些意見而已。倘閱後認為有內容，則刊之；無內容，不刊，退稿可也。觀近期《明倫》寫稿人，很多黨政思想亦加入。肅祝

安祺　　　　　　　　鄉後學錢地之叩啟　十月廿九日

十月三十日（二），錢地之來函，獲讀印光大師評王龍舒，自許與印光大師相合。稱許印光大師與先生成就，皆是自幼於儒學有深厚根基。[2]

　　錢地之，〈錢地之來函〉（1984 年 10 月 30 日）：
炳南老鄉長尊鑒：頃獲《印光大師畫傳》，讀之心暢然而悅，深知其學得乎儒佛二教之精粹。其弟子袁慧淵作〈顯正辨訛〉文，深得尊師印光道要，所謂一辨教內之訛，如正龍舒三輩九品之誤。二辨教外之訛，如辨祕傳

1　錢地之：〈錢地之來函〉（1984 年 10 月 29 日），鄭如玲提供。
2　錢地之：〈錢地之來函〉（1984 年 10 月 30 日），鄭如玲提供。

之誤、煉丹運氣之誤。三辨儒教之誤,如辨理學拘墟之見等是也。由是觀之,地之前批龍舒文實與印光大師合也,評理學亦合,惜未見大師評理學之全文為憾。老鄉長見地之批龍舒文恐(不)以為然,或有不悅。地之除前向老鄉長道歉外,乃證知與尊師印光大師合也,無有不妥之處。祈再三觀之,不亦宜乎?道者,大體言之,印光大師援儒入佛,得其正道焉。綜觀老鄉長與尊師,自幼皆立儒學之根基,顯然後來有如此之成就。又見老鄉長事親至孝之信甚感動人也,足徵根基固也。肅祝

道祺　　　　　　　　　鄉後學地之再拜　十月卅日

十月三十一日(三),晚,於慈光圖書館週三《華嚴經》講座,宣講〈十迴向品第二十五〉「九、無著無縛解脫迴向」。

十一月一日(四),上午,蓮社董事長立法委員董正之至蓮社拜望先生。(《蓮社日誌》)

十一月五日(一),往廬山溫泉浴療身。鄭勝陽及賴武義、黃潔怡伉儷陪侍同行。[1] 有詩:〈養痾〉、〈廬山早梅〉。
(《雪廬詩集》,頁 721-722)

〈養痾〉:休宴塵緣少,渾同昔掛冠;燈明秋夜靜,雲去草堂寬。偏執南冥徙,遲消北斗寒;神州軒帝闕,

---

[1] 林其賢記錄:「黃潔怡口述」,2024 年 1 月 8 日。

未許一甌殘。

〈廬山早梅〉：曉月隴頭梅始春，瓣香天地盡超塵；不知孤客題詩去，誰是後來居上人。

十一月七日（三），晚，於慈光圖書館週三《華嚴經》講座，宣講〈十迴向品第二十五〉「九、無著無縛解脫迴向」，解說第二十四表：迴向實際。[1]

十一月十一日（日），上午九時半，臺灣大學晨曦學社畢業社友組成之晨曦居士林，鄭振煌、林淑貞、陳昭義等一行五十餘人，至台中蓮社參訪，禮請先生開示法要。先生簡述食物中毒事，並指點：學佛人須斷煩惱，此應先發菩提心。發菩提心後，若有受辱委屈正好以無私修行。（《圖冊》，1984年圖25）

鄭振煌，〈來得自在‧去得無礙〉：七十三年十一月十二日，是我最後一次叩見恩師。臺大晨曦校友居士林一行五十餘人，以朝拜聖地的心情來到台中蓮社，恭請恩師開示。我們三位年紀比較大的林友，先到恩師家請安，恩師看見我，又是那一句：「老弟啊，頭髮又白了！」我應聲答曰：「學生是虛白，願如恩師實白。」我髮白而業未白，有恩師之髮白，而無恩師之業白，邯

---

[1] 李炳南：《大方廣佛華嚴經講述表解》，《全集》第1冊之2，頁362。

鄞學步，豈可相提並論耶？[1]

陳昭義，〈晨曦三八散記〉：利用七十三年十一月十日下午起的唯一兩天半假期（當時週六上半天班），包遊覽車參訪霧峰萬佛寺、太平清涼寺、華雨精舍、台中佛教蓮社、埔里護國寺、密宗蓮華精舍、水里蓮因寺等，也拜訪張泰隆學長的藥廠並接受招待，陳元暉、戴慧洋等很熱心地幫忙聯繫，讓我們此行親見印順法師、李炳南老師及懺雲法師三位大師，並蒙開示，大家都法喜充滿，到現在還有多位學長津津樂道。[2]

林淑貞：〈臺大晨曦校友居士林中部道場參訪記〉：十一月十一日，九點半，眾人在蓮社臺階上排隊恭迎，諸大學長前往正氣街迎請老師，台中蓮社早備有一人一份牛奶點心及一人袋精裝兩冊祖師語錄結緣。

稍頃師至，小女子趨前恭問玉安，老師說：「行動不便，扶牆亦可走。」乃往過去。師開示近四十分鐘，約簡如下：

吾非大病，以三次中毒故。中毒由於老友應酬。身體並無大礙，但右腿稍不便。

---

1 蓮真（鄭振煌）：〈來得自在・去得無礙〉，《慧炬》第264期（1986年6月15日），頁23-26。【案】鄭文記此為11月12日，然據其他參加者當時日記行程，晨曦居士林謁見先生當為11月11日。見後譜文。

2 陳昭義：〈晨曦三八散記〉，《臺大晨曦學社50週年社慶專刊》，頁139-141。臺大晨曦學社50週年社慶專屬網站：https://ntusunrise.org/semicent/50index.htm

老友相見，若彼無宗教信仰，則欠缺談話內容；又彼雖信仰，但宗教不同，亦言語困難。人皆具煩惱，煩惱起於三苦、八苦；學佛人必須斷除，先發菩提心。發菩提心後，若受辱委屈正好，但當作到「大公無私」；否則「小公無私」亦可。

講畢下座，小女子以新生疑惑無解，心灰意懶，正欲求教於師，仍箭步尾隨至廊上，師回頭一笑，女問：「善巧方便不會，如之何？」時鄭居士等以恐老師勞累，扶師前行，微笑答女：「開智慧便是！」小女子駑鈍，疑情未開，仍不肯離去。師折回停步言：「吾欲答其所問，試言之。同學啊，善巧方便是佛的事，咱們凡人不會，但隨緣就是，這『世間解』……」語未畢而身漸遠，小女子退回車上，茅塞頓開，放下數日困擾，住短暫安樂。[1]

　　林淑貞，〈暫停——記老師與我之因緣〉：十一月，隨居士林南下拜見老師，在老師開示下座後，再尾隨老師，合十囁嚅曰：「善巧方便不會，怎麼辦？」老師臨去又回頭，以沉靜的眼光與口氣回答：「同學啊，這善巧方便是佛菩薩的事，咱們凡人，咱們不會，咱們只是隨緣盡份。」這麼幾句話，千斤肩頭重擔已放下。是了，我只是戲份中一介三流配角，六波羅蜜是我的戲

1　林埶爭（林淑貞）：〈臺大晨曦校友居士林中部道場參訪記〉，《慧炬》第246期（1984年12月15日），頁35-38。

份，且盡力演，諸佛菩薩才是千變萬化的主角。[1]

十一月十二日（一），上午，赴鹿港佈教所指導弘法，提示大眾：學佛目的在與眾生一起了生死，「淨土法門」為令眾生當生成就之特別法門。期許大眾，放下貪瞋癡之屠刀，仰仗二力修行，當生成就。[2]（《圖冊》，1984年圖26）

　　黃潔怡，〈苦口婆心話「放下」〉：民國七十三年十一月十二日，筆者在鹿港正信念佛班，恭聞到雪公老師，為當地蓮友開示的一段佛法，心中法喜，難以言喻。尤其老師以九六高齡，不辭辛勞，風塵僕僕，駕臨鹿港，為著告訴鹿港人「了生脫死之道」。這份菩薩化眾的精神，實在令人感動。難怪當地護法王銀基老居士說：「我們鹿港人福報實在很大，才能感召雪公老師慈駕鹿港開示佛法。老師講時，大家要靜靜的，仔細的聽，把老師說的每一句話都記在心上，然後依之而行，能夠這樣，老師就會很高興了。」

那一天，雪公老師很懇切地告訴鹿港人說：大家要明白，學佛是為了什麼？小乘佛法只是為個人了生死。大乘佛法，光自己了生死還不行，必得叫大家一同了生

---

[1] 林淑貞：〈暫停——記老師與我之因緣〉，《慧炬》第264期（1986年6月15日），頁27-29。

[2]【數位典藏】照片／弘法照／念佛班／鹿港佈教所／〈鹿港佈教所〉；【數位典藏】錄影／佛學講授／講話／鹿港佈教所／〈鹿港佈教所之一〉。

死,這叫自利利他。鹿港這個道場創辦之初,也是以了生死為主。而了生死有「真了生死」與「假了生死」。果能真正了生死的,只有佛一人。大家學佛,學了生死,必得經三大阿僧祇劫,才能有所成就。因此佛陀另以方便橫超的方法來教導眾生,令眾生當生就能夠成就,這就是「淨土法門」。

淨土法門是靠著二種力量的修行法門,經二力合修,當生就能成就。懂此法門後,不論你活七八十歲,或百餘歲,乃至只活一個月,只要肯修,一個月也就能了生脫死。法門是這樣好,但要徹底明白,卻很難。真要懂此法門,必得將三藏十二部全部看完才明白。再說,其他法門是必須得人身才能修行,淨土法門連小螞蟻也能成就。當然你當生不成就,也會入輪迴,也有隔陰之迷,將來再遇法門的機會就很渺茫了。

修淨土法門,必得專心於阿彌陀佛上。禪宗講「一念不起」,哪個人能一念不起,就是真正放下。如果辦不到,就必須專念阿彌陀佛,靠著二力修行,往生才會成功,了生死才有希望。[1]

先生於是年病癒後,以鹿港為首站,而後走訪全臺佈教所或念佛會進行巡迴演講,增上蓮友念佛信心。可視為

---

[1] 編者(黃潔怡):〈苦口婆心話「放下」〉,《明倫》第 148 期(1984 年 12 月);收見:李炳南:《脩學法要》,《全集》第 9 冊,頁 143-146。

先生往生前極重要之修行提點,[1] 亦可視為先生向蓮友辭行。

> 鄭勝陽,〈雪廬老人示寂前後〉:前年十二月七日到豐原佈教所,去年四月十八日到東勢佈教所,八月四日到淨業精舍,十月十九日到太平佈教所,十一月十二日到鹿港佈教所,幾個佈教所在一年間全巡行一週。這是往年所沒有的事。今年元旦慎齋堂師父請他講演時又說:「明年換人講。」老師每到一個地方開示,就諄諄勸大家「一心念佛」。現在回想起來,老師說的都是向蓮友辭行的話了。[2]

十一月十四日(三),晚,於慈光圖書館週三《華嚴經》講座,宣講〈十迴向品第二十五〉「九、無著無縛解脫迴向」。

十一月十五日(四),下午,馬來西亞蓮友蔡榮華返抵蓮社,拜見先生。蔡榮華為一九六四年寒暑期慈光講座第一期學員,此次返社學習二十餘日,十二月十日返馬。(《蓮社日誌》)慈光講座第一期時,先生安排其進住慈光圖書館導師寮房;此行則安排其進住蓮社導師寮房。

---

1 吳毓純編撰,鍾清泉審訂:〈豐原佈教所講話‧摘要〉,【數位典藏】錄影/佛學講授/講話/〈豐原佈教所〉。
2 鄭勝陽:〈雪廬老人示寂前後〉,《明倫》第 164 期(1986 年 4/5 月合刊)。

十一月十八日（日），中午十二時，至中國醫藥學院附設醫院九樓會議室，參加該校董事會第九屆第一次會議。[1]

十一月十九日（一），為馬來西亞蓮友蔡榮華第一次講授，開示念佛、憶佛，此即是定，三資糧之願亦是定。

〈雪公為蔡師兄榮華講開示〉（1984年11月19日）：蔡同學自遠處來，吾人當開歡迎會。然其已先申明此行目的在求道，故不設歡迎會，著重談道。（此須注意，「博文約禮」、「禮後乎」，禮為最低限度，道德仁義講不通故講禮，禮不行，不必談其他。）今就修行要點談，以不愧其遠來此行。

戒定慧是真正的道，離戒定慧，當生不成。又說「二力」，二力如電，一根電線不來電，必得念佛。佛何處？心即是佛，佛即是心──《觀經》上本無念，汝止住一切，別起他念，念起則淨念、無雜念之謂也。一舉念即佛，尚有何不一之處？〈大勢至圓通章〉：「念佛憶佛，現前當來，必定見佛。」何謂念佛？何謂憶佛？念佛也者，起念也；憶佛者，默而識之。一切事儘管幹，不離佛──一切皆阿彌陀佛之所變化，不起分別，什麼都是佛，一起分別，皆妄，不分別、無分別智，便是了。

諸宗以禪為第一，禪乃一念不起，還要能照，此中之味，只可參會。參者，放下一切、提起正念也。昔之禪

---

[1] 見：徐鳴亞編：《私立中國醫藥學院歷屆董事會議紀錄彙編》（臺中：1984年5月）。

觀心，今之禪參話頭。吾人之法，「什麼皆是佛」之憶念法即是——什麼都是「定」。任何宗不離此，三資中之「願」便是，誓願便是志。

問：定與願，如何是一？曰：定乃通法，止也、觀也，先忍、後定。儒云：「知止而後有定……」，安乃輕安，慮乃思，而後能得。然此難，故發誓，人不敢或忘，志向即定，志於道也。書，多念；修，專修。吾人念佛實是唱佛。念也者如昔人為虎所迫而念佛，一念至誠，誠者天之道也，便有大力用。能沉著穩重「呆若木雞」，則不待鬥已勝矣。[1]

十一月二十一日（三），晚，於慈光圖書館週三《華嚴經》講座，宣講〈十迴向品第二十五〉「九、無著無縛解脫迴向」。

十一月二十四日（六），下五三時，為蔡榮華第二次講授，開示淨宗特重聖言量，並指點念佛工夫。（《蓮社日誌》）

〈雪公為蔡師兄榮華講開示〉（1984年11月24日）：吾無暇，能談時須諦聽。

佛法有教理、有實行。理無二致，故言一乘法；行多方便，故法門無量。且佛弟子多不知佛，佛有十名號，學一即學多，全在舉一反三。

---

[1] 李炳南：〈雪公為蔡師兄榮華講開示〉（1984年11月19日），吳碧霞筆記，未刊本。

近幾年,《華嚴》說到九向,之後,以有人妄談消業,乃特別談此,於今二年矣。淨土云「往生」,有生即有滅,生滅法不究竟,然諸宗皆生滅法,唯常寂光不生滅。淨云往生,他日證果。果有大小。往生乘願力、業力,往生即是業力。佛在常寂光,故無業力,稱「願力」。

淨土於三量中只有聖言量,乃難信之法。而信為三資糧、為道源,為一切之根本——「功德母」,有根,才發生長芽。有了三資糧,修離不開戒定慧,為息貪瞋癡,阿彌陀六字是種子。汝一人在南洋,欲度人,度得了嗎?必先開正知正見才能度他。然存度他,便是妄想矣,如之何?〈圓通章〉中念佛憶佛,又云「淨念相繼」,一念不繼,摻雜矣。

汝欲淨念相繼,才上來念佛時,口念耳聽,必須口念得清清楚楚,耳亦聽得清清楚楚——念佛不必求多念,但念百八心不亂;其中若有一念差,掉轉珠頭都不算。此第一步。

第二步:憶佛——默而識之。心中念,亦相繼,心念心聽。

第三步:神念神聽。寂:無念,而念;如有其事,照。此八地菩薩以上也。

歸去後,不必理人如何,自修去。安安靜靜,犯而不校。少說話,「少說一句話,多念一聲佛;打得念頭死,許汝法身活。」[1]

---

[1] 李炳南:〈雪公為蔡師兄榮華講開示〉(1984年11月24日),吳碧霞筆記,未刊本。

1984 年・民國 73 年 | 95 歲

十一月二十五日（日），孔德成先生來訪，並於翌日來函接續討論府務人事。[1]

  孔德成，〈孔德成來函〉（1984 年 11 月 26 日）：
炳兄，昨午趨訪，覩近況佳勝，至為欣慰。弟近以瑣事較多，實無法經常北、中往返，諸多偏勞，至感不安，惟以無可奈何者，務乞鑒宥。
昨兄談及王瑋中「孺子可教」，此固由兄知人善任，然弟亦早察此君，甚為穩妥可靠也。王君既有此章功，似以應予獎勵。不悉取公開式或私下方式？何者為宜，均應有所表示也。乞　酌裁為幸。兄昨欲談之事，以有人在座，弟未便再詢。晤時，尚希見告更好。
天氣漸寒，起居更乞珍衛。專此，即頌
  時安　　　　　　　　　弟德成拜上　七三、十一、廿六

十一月二十八日（三），晚，於慈光圖書館週三《華嚴經》講座，宣講〈十迴向品第二十五〉「九、無著無縛解脫迴向」，解說第二十五表。[2]。

十一月二十九日（四），下午四時，為蔡榮華第三次講授，回答如何修定、如何加強信心之提問。（《蓮社日誌》）
  〈雪公為蔡師兄榮華講開示〉（1984 年 11 月 29

1　孔德成：〈孔德成先生來函〉（1984 年 11 月 26 日），台中蓮社收藏。
2　李炳南：《大方廣佛華嚴經講述表解》，《全集》第 1 冊之 2，頁 363-364。

日)：(師請榮華師兄提問。)

問：如何使心定？信沒問題，所難在定。

答：工夫唯戒定慧，無定不成功；一心不亂便是定。學淨最低限度一心不亂。然此非一朝可至，此工夫問題。

心安不到一地處，如何一之令安在一地處？修淨者，安心於佛——念佛。念佛時，任何事不管，自念、自聽，聽之功大矣。心中無它，口念耳聽，清清楚楚便是一心；不亂也者，人打擾，汝心不與之俱行，是謂不亂。

又有憶佛，口不念，默而識之。心中想一切為阿彌陀佛之所變化，心何行耶？此中，憶比念容易，憶，唯有佛便可，做任何事皆佛，不礙辦事，念佛則須環境，憶佛淨念相繼。

問：如何加強信？

答：得用勉強之力。解理曰深信，不解曰迷信。能迷信就好，不然到八地才不退信，謂阿鞞跋致。故淨宗信願行為資糧，無則不能學。然信何者？曰：三量中之聖言量。

信願行三資糧，尚非道。日本本願寺所修：無行，但有願便往生，且非四十八願，唯崇第十八願。如此則三資糧尚不全，況言其他。

問：作早晚課，唯念佛或須多其他？

答：必念本師釋迦牟尼佛，知道阿彌陀佛從本師來之

故。[1]

十一月三十日（五），至蓮社，為念佛班會開示。[2]

是月前後，有詩〈冬日幽居遣興〉、〈讀吳孚威傳〉、〈憶岱〉、〈靜坐〉、〈十月〉。（《雪廬詩集》，頁719-722）

〈憶岱〉：艮山超海入東齊，湧出岱宗餘拱西；平野先昏遲曉夢，高峰侵曙唱天雞。丹霞盪漾重霄近，青藹微茫萬象低；日觀不知多少丈，卻疑堪作太清梯。

〈靜坐〉：是水是山俱不知，焚香坐到日高時；客來隨分陪甌茗，客去常留一首詩。

十二月五日（三），晚，於慈光圖書館週三《華嚴經》講座，宣講〈十迴向品第二十五〉「九、無著無縛解脫迴向」。

十二月七日（五），至豐原佈教所指導弘法，以「憶佛念佛」為題提示大眾：學佛重視聞思修；聞後信聖言量，努力修行；修行要旨在以憶佛念佛淨化念頭、不起妄想。

黃潔怡，〈諄諄誨我「憶佛念佛」〉：民國七十三年十二月六日，豐原建醮設壇大殺生靈，禽血成河，堆肉如山，地方人士希望藉此祈福納安。雪公老師悲憫豐

---

1 李炳南：〈雪公為蔡師兄榮華講開示〉（1984年11月29日），吳碧霞筆記，未刊本。

2 【數位典藏】錄影／佛學講授／講話／〈念佛班會〉。

原被宰生靈，於華嚴道場為之大眾迴向。並於七日晚間前往豐原佈教所，為當地蓮友開示佛法，勸勉同修，力行念佛法門，並曉以憶佛念佛之方法。[1]

〈憶佛念佛〉：學佛有三個字，缺一不可。就是「聞思修」。聞是聽聞，「佛法難聞，今已聞。」能夠聽聞佛法，甚為不易。但是聞後，沒有進一步思惟，也是枉然。再說淨土是難信之法，果要通達，必得深入三藏經典才能明白。由此可知淨土光研究還不行，必須實修。不能實行，就是廢話。要知多聞不如多思，多思不如多行，三者缺一不可。

淨土宗之「淨」字很重要，凡夫常不淨。因為凡夫整天打妄想，一彈指，好幾百個妄想，一個妄想就是一番生死，太可怕了。整天妄想，是出不了六道輪迴的。有人問「有不打妄想，不起念頭的嗎？」只要懂法子，就辦得到。什麼法子，就是「憶佛念佛」。

念佛，就是起心動念，都是阿彌陀佛，這當然都是淨念。但是這樣什麼職業也都不必幹了。另有方法，就是憶佛，也就是心裡想佛，忘不了佛。念佛是念茲在茲，憶佛是明記不忘、默而識之。舉例：人人都忘不了錢，也忘不了吃飯，如此將想錢與想吃飯的心，變成想佛，什麼也是阿彌陀佛之所變化。這樣默而識之，不說而心裡有印象，就是憶佛。大家必須將憶佛念佛這二句弄明

---

[1] 淨毅（黃潔怡）：〈諄諄誨我「憶佛念佛」〉，《明倫》第152期（1985年1/2月合刊）。

1984 年・民國 73 年 | 95 歲

白，就能得到莫大的利益。[1]

十二月九日（日），晚七時，至蓮社參加餞別蔡榮華茶話會，有多位弟子參與聚餐。翌日，蔡榮華搭機返回馬來西亞，由蓮友林欽勇、楊振川、涂貞光等，代表送行至桃園機場。[2]

十二月十二日（三），晚，於慈光圖書館週三《華嚴經》講座，宣講〈十迴向品第二十五〉「九、無著無縛解脫迴向」。

十二月十九日（三），晚，於慈光圖書館週三《華嚴經》講座，宣講〈十迴向品第二十五〉「九、無著無縛解脫迴向」，解說第二十六表：總結多門無著無縛解脫迴向。[3]

十二月二十一日（五），劉汝浩擬捐款明倫雜誌社，致函侍者鄭勝陽婉陳先生。[4]

　　劉汝浩，〈劉汝浩來函〉（1984 年 12 月 21 日）：

---

[1] 李炳南講，黃潔怡記：〈憶佛念佛〉，《脩學法要》，《全集》第 9 冊，頁 139-142。
[2] 【數位典藏】錄影／師生聚會／聯誼會／〈蓮友歸國設宴〉；《蓮社日誌》。
[3] 李炳南：《大方廣佛華嚴經講述表解》，《全集》第 1 冊之 2，頁 365。
[4] 劉汝浩：〈劉汝浩來函〉（1984 年 12 月 21 日），鄭如玲提供。

3467

> 勝陽師弟：我有一件事情拜託你。我想向明倫雜誌社捐獻兩萬臺幣，不知是呈獻給老師分派好，還是直接送給明倫社。明倫社印行以來，總未見有收人捐款的廣告，我若冒昧捐送，恐怕遭人責斥拒絕。
> 老師經畫明倫全部開銷，原不在此戔戔，不過對老師及明社諸同修略表微意而已。謹此拜懇吾弟向師婉陳，賜與鑒納為幸。最近因事，不克親謁，並希諒宥，肅此，敬頌
> 淨安　　　　師兄劉汝浩頂禮　七三、十二、廿一

十二月二十六日（三），晚，於慈光圖書館週三《華嚴經》講座，宣講〈十迴向品第二十五〉「九、無著無縛解脫迴向」。

十二月二十九日（六），參加黃懷中夫人告別式。[1]

是年病癒後，講經弘法未停歇。然恐淨手頻繁，講經授課當日即以禁斷飲食方式控制，體力由是更加虛弱。

〈淨土安心法門〉（1985年10月2日）：我還有喝茶的嗜好，但是現在九十六歲了，為了星期三晚上的講經，怕控制不住，從早到晚一杯水也不敢喝。

鄭勝陽口述，于凌波筆錄，〈雪廬老人示寂前後〉：老師在九十歲的時候，尚步履輕健，不亞於年輕

---

[1]【數位典藏】錄影／其他／蓮友告別式／〈先生參加黃懷中夫人告別式〉。

1984年・民國73年 | 95歲

人,講經或演說時,中氣充沛,聲音發自丹田,但近兩年來(九十五歲以後),漸漸看出了老態。

前年(1984年)因誤吃加防腐劑的食物中毒,胃腸失調,以致右足踝有點腫脹,但講經弘法依然未曾停歇。康復一年後,直到往生前倒是沒有任何疾病,只是體力日漸衰弱,全靠精神力量在支撐。老人家平時食量本來就小,到最後一兩年,吃得更少,這其中還有一個外人不知道的原因,是老師近兩年來膀胱無力(這是老年人的通病)——小便次數頻繁。老師為了講經授課不受影響,每當講經授課之日,就以「不吃不喝」的方法來控制,以免登座後不方便。如此常年下來,體力就更加虛弱了。這幾個月,弟子們看老師衰弱得厲害,勸他把經和課停了,老師說:「我留這個身子在世間,就是為了講經說法,大家要聽,我怎能不講?……」弟子們又勸他多進點飲食,老師說「我吃精神」。勸進補品,就說:「我吃菩提子就夠了。」[1]

是年,錄舊作〈懷恩〉書贈黃潔怡。[2](《圖冊》,1984年圖27)
　　老去逢春怯,檐前樹又高;多恩報不盡,萬事欲何勞。秉燭檢青史,臨風看寶刀;省身餘愧怍,未肯隱蓬蒿。
　　潔怡賢具壽正　　　　　　　　　　九五雪叟李炳南

---

1 鄭勝陽口述,于凌波筆錄:〈雪廬老人示寂前後〉,《明倫》第164期(1986年4/5月合刊)。
2 李炳南:〈懷恩〉,收見《雪廬老人題畫遺墨》,《全集》第16冊,頁70。詩見:《雪廬詩集》,《全集》第14冊之2,頁652。

是年，日常法師、果清法師、悟道法師及簡豐文，至正氣街寓所拜訪，相談甚契，皆以「學皈依」為終生學習。

> 日常法師，《菩提道次第廣論手抄稿》：還記得幾年以前，那時候我到臺中去拜訪李炳老，談起來後，我給他說老實話說：我學了這麼十多年哪，到現在為止，發現還在學皈依。欸，他老人家聽到很來勁！啊，他也說，他學了一輩子也學這個！[1]

【案】一九八八年九月，日常法師應廣化法師邀請受聘為南普陀佛學院副院長兼教務長，並於該學院開講《菩提道次第廣論》。前述「幾年以前」，應是一九八八年往前推三、五年。另據悟道法師所述：「我出家那年他九十五歲。我出家十幾天，日常法師、果清律師，還有簡豐文居士跟我，我們四個人到臺中去看他老人家，他住的正氣街那個房子小小的。」[2] 悟道法師一九八四年出家，所述應為同一事，因繫於是。另請參見一九八五年一月七日果清法師來函。

---

1 釋日常：《菩提道次第廣論手抄稿南普陀版第3冊》，臺北：福智佛教基金會，2016年7月第3版第1刷，頁218。
2 釋悟道主講：〈論語講要（第一集）〉（2018年11月14日），臺灣華藏淨宗學會，檔名：WD20-036-0001，頁11。https://www.hwadzan.com/education/play?menuidparent=WD20&menuidchild=36&voice=&mp4=1&numbers=5029

1985年・民國74年・甲子－乙丑

96歲

【國內外大事】
- 八月，聖嚴法師創辦「中華佛學研究所」。
- 九月，心平法師接掌佛光山第二代住持。
  煮雲法師籌建臺中護國清涼寺舉行動土典禮。
  妙蓮法師於南投埔里創建靈巖山寺。

【譜主大事】
- 一月，元旦應慎齋堂邀請，開示「不斷煩惱得涅槃」。
- 二月，夏曆正月初一，依例參加台中蓮社新春團拜，主持新置鐘、鼓啟叩之儀。
- 三月，出席國學啟蒙班國學背誦觀摩會，講述啟蒙教育理念與原則。
  乙丑年《華嚴經》講座，因足疾不良於行，由陪侍者奉抱登上講臺。
  召集台中蓮社暨聯體機構幹部，囑咐精進道業，並要約一年之期。
- 四月，至東勢念佛會開示淨土法要。
  參加「明倫廣播節目供應社」同仁聯誼會，先生開示，不依賴時下教育、政治，從文化上自助自救。
- 五月，高雄中山大學暨中部佛學社團幹部在台中蓮社舉行講習活動，應邀開示「淨念相繼」。

與國學啟蒙班任課老師暢遊杉林溪。
- 六月，《華嚴經》宣講至第十迴向「安住梵行」，據善導大師《觀無量壽經四帖疏》講述「淨土安心法門」十九週次。

 六月起召集多次「內學質疑組」聚會，為弟子開示修行法要，並解答研學內典相關的疑問。

 第二期論語講習班結業，期勉學員：學習自立、實行做事、感化他人。

 參加明倫美術班結業典禮暨成果展，勉勵學員：學無止境，永不畢業。
- 七月，參加國學啟蒙班開訓典禮、結訓典禮，致詞訓勉：「禮貌」是啟蒙第一步。

 明倫社舉辦「大專佛學講座」，開示青年學子「如何修學淨土法門」。
- 八月，至臺中太平淨業精舍，以「契道之法」為主題開示蓮友。
- 十月，夏曆八月二十七日，出席第三期論語講習班舉行拜師暨開學典禮。

 至蓮社參加社教科開學典禮。

 至太平佈教所，以「乘三資糧發願・憶念」為主題開示。

 至臺中醫院為老友朱鏡宙開頂助念。
- 十一月，蒞蓮社主持「六吉樓」動土奠基大典。將做為國學啟蒙班、明倫廣播社及社教科辦公及上課之用。

 至鹿港佈教所，開示：「學佛求成佛，成佛仗彌陀」。

 臺北劉汝浩往生，於蓮社親領大眾念佛迴向。荼毘後遺骨

送至寶覺寺晉塔，先生亦親往送行。
- 十二月，夏曆十一月初四，為印光祖師生西四十五週年，先生蒞台中蓮社禮拜祖師。

　　上書孔德成先生，堅辭奉祀官府職務。

　　靈山寺佛七，為先生最後一次佛七開示。

一月一日（二），元旦假期，下午二時半，循例於慎齋堂開示。主題為「人間八苦輪迴，不斷煩惱得涅槃」。[1]（《圖冊》，1985年圖1）晚七時，聽講同學於蓮社講堂舉行複講。

〈不斷煩惱得涅槃〉：今天講，比較困難一點。有的人是今天來的，對佛法不甚瞭解。多數人是常到臺中來的，他們聽得很多。這樣說話就困難了，可以用兩種講法，第一先講淺的，大家可以得利益，以後自己再研習就算入門了。第二步講比較深的。

（甲）人間八苦輪迴

第一句（甲）「人間八苦」。一個人能聽到佛法，很萬幸了，有的人聽不到佛法。聽到佛法有什麼好處呢？這八種苦你現在可以解決，現在就可以消災免難，這是大好處。糊塗人在八苦裡頭，不知道修行。今天念了佛，明天可以消災免難，你要懂得了，可以免去六道輪迴，往好地方去。

注意「輪迴」這兩個字，輪就是車輪子，車輪子不住地來回轉，轉過去又轉回來。這是比方在六道裡頭，地獄的業受滿了能變人，也能生天；天上的上帝，一死了也可以變畜生，這是苦處。

（乙）不斷煩惱得涅槃

為什麼在六道裡頭轉呢？就是沒成佛，沒成佛就在

---

[1] 李炳南講，直靜整理：〈不斷煩惱得涅槃——民國七十四年元旦雪公慎齋堂開示〉，《明倫》第463期（2016年4月）；本文《全集》未見收。【數位典藏】錄音／佛學講授／開示／慎齋堂元旦開示／〈慎齋堂元旦開示之九〉。

這裡。成了佛,就不在這裡轉了,不成佛就變不了。

不管天台,或密宗《大日如來經》,其他三藏經典,都注重三種惑,第一見思惑,第二塵沙惑,第三是根本無明。我們斷了根本無明,這才生到常寂光淨土。沒有斷根本無明,沒辦法生到常寂光淨土。

天台、華嚴、淨土宗都講成佛的經,都主張「不斷煩惱得涅槃」。

「不斷」,煩惱不用斷,可是不能斷那就沒用處啊!

「得涅槃」,沒人說證涅槃。沒斷惑就得了涅槃,涅槃就是不生不死。天台宗這樣主張,真言宗這樣主張,淨土宗更不用說。得涅槃,不是證的而是得到了,得涅槃就能不生不滅了。《彌陀經》說:「眾生生者,皆是阿鞞跋致」,咱們這些人往生西方極樂世界,一到那裡就是八地境界。涅槃就是不生不滅的果位了,這什麼緣故呢?下的是阿彌陀佛種子修淨土,所以是得涅槃。

「不斷煩惱得涅槃」,這一句很重要,這個話講得很清楚了。鐘點可以了,諸位用功的人,你們回去討論討論。

一月二日(三),晚,於慈光圖書館週三《華嚴經》講座,宣講〈十迴向品第二十五〉「九、無著無縛解脫迴向」。

一月五日(六),下午二時,於臺中靈山寺甲子年冬季佛七開示:「快刀斬亂絲」。

〈快刀斬亂絲〉:人生於世,自古均免不了一死。可是「死不得啊!」因為死後必在六道中輪迴,而六道

中「人天」難得，墮落三途就苦不堪言了。

我們淨土道場，講究是「淨」字。修行人不是到道場中求熱鬧，而是求功德與求善根。一句阿彌陀佛就是最大的善根，只要你念到心淨了，就是居於淨土。若心中不淨、亂七八糟，就是前面說的亂絲無頭。如此心裡一時是這，一時又是那，必不能得到真實利益。

所以參加打佛七是求一心不亂，必須念念在佛號上，這樣才能往生。反之成天念這經念那經的，毫無修法次第，就是「亂絲無頭」了。大家果真正信了，「六字洪名，就能證果位。」不信，把喉嚨念破也是枉然。

求一心不亂是佛金口宣說的聖言量，淨土宗重要處，就是能夠帶業往生。業是業力，你造的業，還在身上帶著就是煩惱，只要將煩惱伏住就可往生，斷了生死才叫涅槃。

以下講一首偈作為結束：

六字以外皆非一，難與彌陀感應時；聖量是佛親口說，願汝快刀斬亂絲。

六字是「南無阿彌陀佛」，心不在六字上，就不能與佛感應。一團亂絲，了無頭緒，幾時才能抽完呢？馬上一刀兩斷，就一心了，就不亂了。既信淨土宗，須知最要緊全在這六字上，同修們！趕快求一心，快刀斬亂絲，佛語不虛啊！[1]

---

[1] 李炳南講，黃潔怡記：〈快刀斬亂絲〉，《脩學法要》，《全集》第9冊，頁257-261；【數位典藏】錄音/佛學講授/開示/靈山寺佛七開示/〈靈山寺佛七開示之十二〉：74年靈山寺佛七開示。

1985 年・民國 74 年 | 96 歲

一月七日（一）果清法師因北上參加淨七，無法出席週三「華嚴講座」，特來函告假。（《圖冊》，1985 年圖 2）[1]

　　果清法師，〈來函〉（1985 年 1 月 7 日）：恩師慈鑒：時序嚴冬，天寒地凍，伏乞珍攝法體，為頌為禱。肅稟者，生近來居山，每週一、四、五、六、日，晝間仍研戒律（依弘公律師所示次第），週二、三讀誦《華嚴》並閱《疏鈔》（除預習週三師所講範圍外，並重〔從〕頭研閱〈懸談〉），早晚則念佛靜坐，俾能解行相應，免墮說食數寶之誚。又稟者，最近家師將回香港，生陪侍北上送行。拜別後，擬止華藏講堂參加淨七（前回生陪上日下常法師曾向吾師所請示者，為兌現前約，故有此舉），並請益淨公暨常公二老。因此，週三華嚴講座，特向慈座告假數次，以免懸念。生居華藏時間大約一月，期滿回山，將過望尊座，請示一切也。肅此奉稟，恭請慈安，並虔賀年禧，伏乞代候勝陽、惠文大學長，並慰佩其侍師之勞。敬謝。又，家師囑候慈座清安

　　　　方外生果清（子成）和南敬啟　元月七日

一月九日（三），晚，於慈光圖書館週三《華嚴經》講座，宣講〈十迴向品第二十五之九〉，卷三十一圓滿。

一月十六日（三），晚，於慈光圖書館週三《華嚴經》講座，開始宣講卷三十二，〈十迴向品第二十五〉「十、等法

1　釋果清：〈來函〉，1985 年 1 月 7 日，台中蓮社收存。

3477

界無量迴向」，第二十七表。[1]。

一月十八日（五），香港李相楷來臺求法十日，二十八日返回香港。（《蓮社日誌》）

　　【案】李相楷（1942-），法名蓮階。澳門人，師範大學國文系畢業，為一九六四年二月第一期慈光講座四位學員之一，後又參加一九六五年二月第三期慈光講座。書法工整，先生講課之板書常見其手筆。

一月二十一日（一），周邦道來函，邀請列席指導菩提仁愛之家董事會，光臨祝壽餐會。並請教菩提仁愛之家、慈光圖書館等多項人事處理。[2]

　　周邦道，〈周邦道來函〉（1985年1月21日）：雪公夫子大人鈞鑒：前書計達函丈，茲有數事，奉稟如次：

一、菩提仁愛之家董事會，定於本月廿七日午開會，敬請訓誨，並請賁臨壽筵，同祝嵩嶽維峻，黃耉無疆。

二、仁愛之家主任，出缺已久，敬請提薦人選，以便報會（廿六日下午候面示）。

三、慈光圖書館第九屆董事會，任期屆滿，請提薦下屆人選，交榮輝、金武二董事，商印候選名單。邦道連任兩屆董事長，年衰路遠，媿無獻替，敢乞另易賢能。

---

[1] 李炳南：《大方廣佛華嚴經講述表解》，《全集》第1冊之2，頁366。

[2] 周邦道：〈周邦道來函〉（1985年1月21日），台中蓮社收藏。

1985年・民國74年 | 96歲

四、江秀英義女生前與童李榮華夫人合購之房屋，童夫人以私人與財團法人共同管理，諸多不便，請求承購以一事權。擬提董事會議決議，予以同意。推董事二人洽辦，將所得價款，由繼承人小孫周啟廬名義，捐獻本家。（附提案）

五、巫光亞教授（其夫人彭輝瑛女士為秀英之義姐）與中國醫藥學院郭院長，久已商洽，為秀英設置「獎助學金」，茲擬就辦法（附影印本）。孔憲岐老師與其至好同學袁胡美賢夫人，提議為秀英設置永久紀念祭祀基金，蔣徐蕙芳夫人姻婭，去年亦有此意。敢乞賜示尊旨。陰曆年後，擬依函丈去年二月廿五日「遺產應由親友公議公決」之諭示，召開親友會議。

謹此肅陳，伏維霽照，虔敬

崇安　　　受業周邦道頂禮叩上　七十四年元月廿一日

勝陽師兄順候

一月二十三日（三），晚，於慈光圖書館週三《華嚴經》講座，宣講〈十迴向品第二十五〉「十、等法界無量迴向」，解說第二十八表：法界無量迴向——依位起行。[1]。

1　李炳南：《大方廣佛華嚴經講述表解》，《全集》第1冊之2，頁367；《大方廣佛華嚴經》第32卷。

一月二十六日（六），夏曆臘月初六，蓮社董事長董正之及菩提仁愛之家董事長周邦道蒞蓮社，向先生拜壽。（《蓮社日誌》）戈本捷夫人周騰，亦有〈李炳南老師九秩晉六華誕頌〉祝壽。

　　董正之，〈永懷雪公恩師（下）〉：每年臘八，釋迦教主成道日，雪公壽誕，適為臘七。弟子循例設齋祝嘏。三十年來，公必躬與。惟近兩年，健康稍遜，亦必即席稍坐，然後離去。[1]

　　戈周法安，〈李炳南老師九秩晉六華誕頌〉：
炳公夫子德無疆，苦口婆心設道場；儒匡至聖傳六順，釋導佛子生西方。立德立言昭萬世，大智大悲作慈航；薄海歡騰齊歌唱，普天同慶福壽長。[2]

一月二十八日（一），撰〈臺中鍼灸學會十五周年感言〉[3]，對近日鍼灸之受歐美重視再進一言，不能以此沾沾自喜自滿，當由此局部之術，擴及思想之周而取中。

　　〈臺中鍼灸學會十五周年感言〉：中國之學，由來周而取中；西國之學，著相而偏唯物，習俗已成，無事而不如是矣。醫藥尤甚，兩者幾同水火。風氣所及，中

---

[1] 董正之：〈永懷雪公恩師（下）〉，《明倫》第169期（1986年11月）。

[2] 戈周法安（周騰）：〈李炳南老師九秩晉六華誕頌〉，《菩提樹》第386期（1985年1月8日），頁39。

[3] 李炳南：〈臺中鍼灸學會十五周年感言〉，《雪廬寓臺文存》，《全集》第14冊之2，頁167-168。

國醫藥，遭擯時髦，僅在鄉村。而鍼灸不過中醫局部，未是全體，一刺起疴，事實不謬，忽驚西人，來學實繁有徒。影響轉俗，中醫忽又抬頭，由村入都，由都出洋矣。西人沾沾自喜曰：我知鍼灸矣。國人亦自慰曰：我道西行矣。予哂之曰：見卵而已，求時尚早也。前不云乎？鍼灸僅中醫局部，其局部之學，談何易也。若少求其梗概，亦必明天之風日陰晴，朔望弦晦；時之四季八正，五運六氣；地之南北緯陰陽向背，東西經晝夜互異。此言病者之環周，而有運用關鍵。若夫病人本體，復有其密，九鍼酌施，繆刺應變，診脉不如觀色，俞穴要在使神，智不及此，病不瘳也。一鍼之刺，局部之微，彼西人不讀經書萬卷，豈足言知我鍼灸也？然仁心仁術，本不欲其自隱，彼以誠來，則與其進。所望同仁，乘機振奮，啟我寶藏，不獨自享其益，推愛教彼歐美。俾其各蘇其生，實現我大同之公，視彼著相唯物之偏，為如何耶？倘彼真得我術矣，其思想亦必由偏歸中，世間殺機，或亦因之少戢歟？豈止鍼灸愈疾而已哉？

【案】臺中鍼灸學會創立於一九七〇年一月二十八日。

一月三十日（三），晚，於慈光圖書館週三《華嚴經》講座，宣講〈十迴向品第二十五〉「十、等法界無量迴向」。甲子年講經圓滿。

一月三十一日（四），李相楷返回香港後來函致謝。[1]

李相楷，〈李相楷來函〉（1985年1月31日）：雪公恩師慈鑒：臺中叩別，瞬又數天。敬維法體康泰，為頌無量。在蓮社時蒙吾師不顧辛勞，天天枉駕開示，發聾震瞶，啟導愚頑，五中銘感，難以言宣。而今而後，定當依教奉行，冀報吾師深恩於萬一也。蓮階嘗參觀蓮社錄音室、圖書室、明倫雜誌社、慈光育幼院、慈德幼稚園、菩提仁愛之家，並曾在蓮社豐原佈教所、員林佈教所、香光修學會聽講。各處負責人等表現甚佳，不負吾師教誨之苦心。吾師亦可告慰矣。蓮階此次赴臺，如入寶山。既得默而識之之修行至寶，亦請得經書及念佛錄音帶，乃至獲贈名香、手提包、食品等等，誠可謂滿載而歸矣。謹此敬申謝忱。所囑轉贈顏君寶兄禮物，日內即當辦妥，順此稟聞。天氣仍寒，伏乞珍攝。肅此，敬請
慈安　　　　　　　　　弟子蓮階頂禮　一月三十一日

是年，先生積極為《明倫》月刊籌措三年所需之編印費用。

黃潔怡，〈雪公與明倫〉：雪公在民國七十五年四月十三日往生，往生前一年，便不斷地為《明倫》籌措印刷費用。一年當中，五萬、十萬的送到《明倫》帳下。當籌到一百五十萬元新臺幣時，便說：「這筆錢夠《明倫》三年花用，我把往生後三年的費用，為你們籌妥，三年後就看你們的造化了。」

---

[1] 李相楷：〈李相楷來函〉（1985年1月31日），鄭如玲提供。

老人家在世,不斷鼓勵《明倫》同仁,好好發心,真心實意地幹,有關經費來源,不用擔心,都由他老人家負責。在學生的心目中,他像永遠不會倒的大樹一樣,福蔭著無數的眾生。而臨往生了,唯恐《明倫》斷炊,還要為《明倫》籌措三年的費用。長者的心量和悲願,是這麼的深廣,凡是在《明倫》工作過的學長,無不深深被感動,並期許自己盡形壽護持《明倫》。[1]

二月十六日(六),夏曆甲子臘月二十七日,中午十二時,至蓮社,參加蓮社暨聯體機構同仁,於講堂舉行之歲末圍爐。當日席開二十八桌。(《蓮社日誌》)

二月二十日(三),夏曆乙丑年春正月初一。晨十時,蓮社依例舉行新春團拜,由先生主持新置鐘、鼓啟叩之儀。先生鳴鐘六響,林鳳一擊鼓三分鐘,之後先生主持拈香。是年參加團拜蓮友約有七百位。(《蓮社日誌》)

二月二十三日(六),上午八時半,三代同堂聯誼會於蓮社舉行,先生於講堂開示。(《蓮社日誌》)

二月二十五日(一),李相楷寄來匯票港幣一千五百元,說明新臺幣四千元蓮社慈善用,四千元奉先生日常之用。

---

[1] 弘安(黃潔怡):〈雪公與明倫〉,《明倫》第 300 期(1999 年 12 月)。

先生指示全撥入忠恕基金會做為基金,並指示希常將研究心得投《明倫》,與眾結緣。[1]

三月三日(六),出席國學啟蒙班國學背誦觀摩會,並致詞講述啟蒙教育的理念與原則。[2]

〈「國學背誦觀摩會」頒獎大會講話〉:「啟蒙,觀摩」這兩條,是六十年前的事情。

蒙者,好比一個花種子,埋到土裡頭蓋著藏著,這叫「蒙」。它在裡頭,到了春天有陽氣,從地上往上升,天氣往下降,他倆一結合,這種子就在土裡冒出來了。冒出芽子來,這叫啟蒙,一天一天往上長。啟是冒出芽子來了,冒出芽子來,還要做什麼事情?冒芽、長葉、長根、開花、結果,那才算成就。啟蒙是開始來了,重要不重要?小孩子都會說話,說話是天然的能力,啟蒙就要教孩子曉得如何說話。

在中國的歷史上,講究「易子而教」,我的孩子交給你管理,你的孩子請老師教。老師教學生當成自己的子女,拿出良心來當老師,沒這個良心不能當老師。

今天才開頭,這個很好,大家這麼辦。往後功課多少變動變動,變個辦法,譬如說今天吟詩,吟詩就是唱歌,學唱歌有什麼好處?喜歡了就唱歌,不高興也唱歌,唱

---

[1] 李相楷:〈致鄭勝陽函〉(1985年2月25日),鄭如玲提供。
[2] 【數位典藏】錄影/典禮致辭/啟蒙班/〈國學背誦觀摩會頒獎大會〉。

歌得合轍押韻。你念《百家姓》、《三字經》、《千字文》這一些東西，得合轍押韻，這就是唱的歌。

《百家姓》，現在都夠用的了。《三字經》都押韻，《千字文》還押韻，如《千字文》：「天地玄黃，宇宙洪荒」，黃和荒這兩個音就是押韻。日月盈昃，辰宿列「張」，不是押韻嗎？以後就學這個唱歌，念《三字經》、《百家姓》、《千字文》、《千家詩》都是唱歌，都合轍押韻。

詩都有韻調，因為光說話不行，學生不感覺興趣。你們念《千家詩》，我跟你們念的不一樣了，我念的有聲調。現在學生在學校，學的聲調不合規矩，亂七八糟一套。凡事要有規矩，有次第。人一下生先唱歌，一上學又唱歌，無一而不是唱歌。

背書，是把念的記住了，學的都記住了。若記不住，等辦事情時，說我查書去，查書才能辦事，不查書不能辦事。念的記住了，念到肚子裡，一辦事時，這個事情，古人是怎麼樣？今人怎麼樣？我都知道，這要明白。

這件事，家長跟各位老師、負責人必得合作，才能有成效。《三字經》說：「教之道，貴以專」，必得專門，講話就不能喝茶，喝茶就不能用麥克風講話，不專就辦不到，這個大家得明白。

諸位老師仔細練習，請諸位家長幫忙。咱們辦這件事，也不叫人知道，暗暗地做，這叫陰德。陽德是在社會上出了名，陰德是人家不知道。今日之下，地下工作不必

叫人知道，這個力量更大。[1]

三月九日（六），應埔里蓮友盛邀，前往鯉魚潭小遊。當地鄉民對先生禮遇有加，歸後感而賦詩〈鯉魚潭泛舟誌感〉。前後又有〈采茶〉。（《雪廬詩集》，頁724；見《圖冊》，1985年圖3）

〈采茶〉：江村少女半田間，炊黍煙消晝掩關；攜伴采茶迎曉日，踏歌隨鳥囀春山。

〈鯉魚潭泛舟誌感〉：知交今昔兩相參，茶鼎鑪香列草庵；移席牽舟爭作主，鯉潭深許幾桃潭。

【案】李白〈贈汪倫〉：李白乘舟將欲行，忽聞岸上踏歌聲；桃花潭水深千尺，不及汪倫送我情。

楊齊賢曰：「白游涇縣桃花潭，村人汪倫常醞美酒，以待白。倫之裔孫至今寶其詩。」

三月十三日（三），乙丑年講經開始，晚，於慈光圖書館週三《華嚴經》講座，宣講〈十迴向品第二十五〉「十、等法界無量迴向」。因足疾不良於行，由陪侍者奉抱登上講臺。

林淨本，〈身教〉：乙丑仲春，恩師嘗示範現足疾而不良於行，然仍於每週三，由鄭居士奉抱師身登上講臺，以宣說《華嚴》而未輟，斯情斯景，能不令見聞者

---

[1] 李炳南講述，詹曙華、鍾清泉整理：〈「國學背誦觀摩會」頒獎大會講話〉，《明倫》第519期（2021年11月）。

動容?猶有進者,師於此期間,輒自經筵伊始,即結跏趺坐,以迄於終,其意云何?愚謂除加功用行外,或兼以麻木其足而忘卻疼痛乎?此種為法忘軀,救度蒼生之菩薩襟懷,豈非「不惜自焚身之殘燭」與「不閒寸陰之時計鐘」之最佳寫照?[1]

三月十六日(六),孔德成先生來函,請辦理友人弔慰事。經辦後,來信致謝。[2](《圖冊》,1985年圖4)

  孔德成,〈孔德成來函〉(1985年3月16日):炳兄:頃得趙明德兄家赴告其令尊仙逝。如何應酬,乞酌辦。   弟德成 七四、三、十六

  孔德成,〈孔德成來函〉(1985年3月18日):炳兄:手示,并電話均悉。趙事尊處甚妥,特此致謝。即頌 勳安   弟德成敬上 七四、三、十八

三月二十日(三),晚,於慈光圖書館週三《華嚴經》講座,宣講〈十迴向品第二十五〉「十、等法界無量迴向」。

三月二十二日(五),晚七時,於蓮社錄音室召集蓮社暨聯體機構辦事人員,囑咐精進道業,要約一年之期。

  〈為辦事人員開示〉(1985年3月22日):汝跟

---

1 林淨本:〈身教〉,《明倫》第173期(1987年4月)。
2 孔德成:〈孔德成來函〉(1985年3月16日)、〈孔德成來函〉(1985年3月18日),鄭如玲提供。

我尚有幾天,請覺悟覺悟。我說的話,請深信不疑,我語錄音帶也,依經而言也。但願汝發心——我與汝訂上一句話,從正月算起,以一年為期,我做得下來做不下來不敢說,佛言人命呼吸間,一年下來,諸位發心,我繼續幹;一年後,我退休,自備前程。我在一天,諸位聽我辦法,一天一天有增上緣,縱不出六道,也是人天小果。若此果不得,就了不得了。汝真聽,豈止小果,必可出六道。一年為期,諸位求成。我在,汝無退轉之機會,我不在,退轉之機會多矣,還是我在時加緊。淨土信滿,可得二力成就。一年之中,汝好好幹,各盡其道,能勸二人修,便是精進。且放警覺力,汝一動心,自忖「我錯了」,這就是覺悟,謂之慧。智尚須有決斷,當時省察、立時就改。隨時懺悔、隨時結緣、隨時迴向。同修,現在學佛,消災免難,重報轉輕,以後超出生死。要緊!要緊![1]

王烔如,〈清夜書懷〉:民國七十四年三月二十二日,難忘的這一天——您跟大家訂約的這個日子!冷酷的事實是:一年到期,您捨棄了我們,匆匆地走了!原因是:我們沒好好幹!是我們逼走了您!!每想到此,心痛如絞,無以自處![2]

陳雍澤,《雪廬老人儒佛會通思想研究》:先生甚

---

[1] 李炳南:〈雪公為辦事人員開示〉(1985年3月22日),吳碧霞筆記,未刊本。

[2] 王烔如:〈清夜書懷〉,《明倫》第173期(1987年4月)。

至在往生前一年，對各機構負責人交代遺言似地說道：
「你們好好幹，我給你們一年時間。」[1]

三月二十七日（三），晚，於慈光圖書館週三《華嚴經》講座，宣講〈十迴向品第二十五〉「十、等法界無量迴向」，解說第二十九表：略表戒義、至誠、深心、迴向。[2]

四月三日（三），晚，於慈光圖書館週三《華嚴經》講座，宣講〈十迴向品第二十五〉「十、等法界無量迴向」。

四月八日（一），上午八時，臺中佛教界舉行佛誕節遊行。先生於綠川橋畔向蓮友與工作人員揮手致意。[3]

四月十日（三），晚，於慈光圖書館週三《華嚴經》講座，宣講〈十迴向品第二十五〉「十、等法界無量迴向」。

四月十三日（六），是日起三日，台中蓮社舉行春季祭祖。晨八時念佛、午二時念佛、晚七時念佛，先生蒞臨拈香

---

[1] 陳雍澤：《雪廬老人儒佛融會思想研究》（臺中：青蓮出版社，2006 年 3 月），頁 104-105。

[2] 李炳南：《大方廣佛華嚴經講述表解》，《全集》第 1 冊之 2，頁 368-372。

[3] 【數位典藏】照片／道場活動／佛誕節／〈與蓮友打招呼之二〉、〈與工作人員打招呼〉。

灑淨。上二樓大殿禮佛時,由江逸子陪同上樓,指示精進上進,並預示一年後往生。

　　江逸子,〈懷念我的恩師李炳南教授〉:每年到清明節,他一定到蓮社主持清明祭祖。在他往生前一年,學人印象非常深,下著濛濛的細雨,我們撐著雨傘,在蓮社門口等老師來蓮社。老師車子緩緩地駛到門口,他要下車前,跟學人招手,學人趕快過去。因為他祭祖都要上二樓大殿先去禮佛,之後才下來祭祖。他要學人攙扶著他,因為年齡大,老人家腿不聽使喚,乏力,尤其上樓梯,不是說你可以扶著他就可以走。學人個子稍微高一點,能稍微把他撐高一點,從他腋下慢慢地扶著,可以減輕腳的負擔。他講了一句話,他說:「人老了不中用,不行啦,年齡到了,時間到了,該死了。」我聽這一句話,非常地震驚,因為老師教我們不是這樣的。譬如說我們作一篇文章或是寫一首詩,他最忌諱你在文章內容或者在語氣上有一些哀傷氣,或者有些暮氣,他看到這樣他就是指責:「不應該這麼做,尤其年齡輕輕的,怎麼可以這樣說話呢?」講話舉止幹什麼,他就是很開朗,他說:「我這把年齡了,我從來不說衰喪話。」但是這一年祭祖為什麼老師好像蒼老了很多,他講了這麼一句哀傷話。學人就跟老師說:「老師啊,你要多休息啊,等身體稍微養好一下,調養得好一下,再出來講經,再出來活動嘛。」老人家回過頭,把我一看,「傻孩子,到這個年齡,還能指望身體一天比一天好嗎?不開竅,不覺悟。」他說:「我現在充其量在修

補這個法器，」他把身子當為是法器，「能夠敲醒一個人算一個人。」我被他這麼一說，不知該怎麼回答，他回過來，他說：「孩子，你們好好幹，你們只要往好的地方去做，佛菩薩會加被你的！會護持你的！你們好好立志，好好去做，我啊，頂多再陪你們一年。」被他說這一句話，學人不由得眼淚奪眶而出，不知道該怎麼應，不知道該怎麼安慰他老人家。這是他在往生前一年的，整整到第二年，就是陪我們一年，他老人家離開我們。這可以說他是預知時至，他很清楚的。[1]

四月十四日（日），至東勢念佛會開示淨土法要。

〈隨師聞法記〉：道場是求道的地處，大家來道場，若不求道，只圖熱鬧一場，這樣什麼好處也得不到。

「道」是什麼？「道」人人皆有，而人人皆不曉得，所以必須求道。現在有現在之道，將來有將來之道，這麼說，是二個道嗎？不是，「道」只有一個沒有二個。以爬階梯為喻，上一級階是上了道，上十級階也是上道，道只有深淺，並沒有兩個。如要到樓上，爬階只上了二級或五級在一半就不走了，這叫不得道，沒有究竟，必須走到樓上，才叫得了道。所以大家學東西，必須學徹底，如果半途而廢，上不上，下不下，在當中叮噹叮

---

[1] 江逸子（江錦祥）：〈懷念我的恩師李炳南教授〉，https://www.youtube.com/watch?v=tquo4qoAov0

嚷,是沒有用處的,要知「求道」,必須「得道」這是很重要的。

學佛要徹底,必須斷惑證真。最先要斷的是見思惑,見思惑有一百六十多品,很難明白,要斷它就更困難了。但是,有特別法門就是淨土法門。法門這般便宜,但卻難信。這淨土法門是三根普被利鈍全收,而且是千經萬論,處處指歸。我個人修了很多方法沒了門,只有靠這特別法門。得了淨土法門,有什麼好處呢?學了佛得了道,就可免去輪迴之苦,叫它不生也不滅。而這箇淨土法門,就是給你脫離輪迴最好辦法。

學佛與佛學不同,學佛是我們依佛的教化去做。佛學則是明瞭佛學經典,雖然明瞭,但沒有去學。今日之下,研究佛學的很多,學佛的則不多,這樣是沒有用處。好比說食數寶一點用處都沒有。所以懂了佛學,必須去學、去修。那淨土法門要怎樣學?怎樣修呢?

淨土法門最簡易的,就是持名念「阿彌陀佛」。這一句雖然簡單容易,但內容道理卻非常深妙。所以世尊說此法門是難信之法。諸位可常看印祖《嘉言錄》,自然就相信了。因為時間關係,不能多講,但願這席話可幫助大家深信淨土,從此將心定住,一心念阿彌陀佛,將來脫離輪迴往生極樂世界。[1]

---

[1] 李炳南講,黃潔怡記:〈隨師聞法記〉,《脩學法要》,《全集》第9冊,頁134-139。

1985 年・民國 74 年 | 96 歲

四月十七日（三），晚，於慈光圖書館週三《華嚴經》講座，宣講〈十迴向品第二十五〉「十、等法界無量迴向」。

四月二十一日（日），上午九時，至台中蓮社錄音室參加「明倫廣播節目供應社」七十四年度工作同仁聯誼會，聯誼會由該社社長黃懷中主持，先生列席指導。該社為「明倫社」附屬機構，從事廣播弘化十二年，目前有一百五十九個頻道播出。先生開示，不要依賴時下教育、政治，也無需國家之鼓勵，從自身以及所處小團體做起，從文化上自助自救。

〈明倫廣播供應社工作人員聯誼會紀錄〉（1985 年 4 月 21 日）[1]：

一、主席報告（社長黃懷中）

廣播弘化自六十一年迄今已十二年，剛開始一個節目，兩個頻道，而今十個單元，一百五十九個頻道，連大陸、東南亞、東北亞也聽得到，這是各位數年來，辛苦工作所得，也是無量功德。兄弟隨著各位在此宏揚中華文化，是人生最高的意義，特別在此向諸位致最崇高的敬意。老師對廣播事業說，如果有困難，他來想辦法，我們更要努力，不要讓老師操心。

二、炳公恩師開示

無論辦什麼事，諸位要知道，什麼事情皆以「本

---

1 〈明倫廣播供應社工作人員聯誼會紀錄〉（1985 年 4 月 21 日），《台中蓮社會議紀錄》，台中蓮社檔案。

性」為宗旨。本性是什麼？很難懂。不論什麼宗教，「道」是一樣的，這話怎麼說？如天，亞洲這一帶，亞洲的天是小範圍，五大洲的天都一樣，其空氣皆一樣，沒兩樣，這好懂。比喻「性」就比較容易，「性」雖然常在講，不論哪一教，開頭就是為求「道」、證「道」。道是什麼？大家都說不出來，為著說不出來，世間法、出世間法也沒兩樣，出世間是道，世間也是道，皆有「性」。說「道」在中國容易，諸位無論如何，現在國家提倡中華文化，把孔子搬出來，孔子自秦始皇以後，經過多少變動，仍然尊崇孔子。可是到了近代遭受破壞，對於孔子是什麼，一般人都不知了。比如孔子《論語》，為何叫《論語》，語就是不是為自己說，也不是孔子自己拿筆寫的，是弟子們記的。孟子所說就和孔子不一樣，其他人就更不用說了。《大學》、《中庸》都是孔子曾經說過的，孔子只說：「天命之謂性。」性是什麼？天是自然而然的，無論什麼東西皆有性，本性不變就是道！「率性之謂道」，道是什麼？也說不上來，這才講教育——「修道之謂教」，把本性不變樣，就是教育。國家興亡匹夫有責。咱們管不了別人，自己管自己，我們這個團體，不在自私自利上，處處為大家。我們自己幹，不必國家鼓勵，我們默默培陰德，受了報酬，德就完了。這是個人經驗，述說述說所知道的貢獻給大家。

三、主委（王烱如）致詞及介紹工作同仁

「廣播社」為明倫社附設機構，三個機構之一。明

倫社附設「廣播社」，下設：推廣部、節目部、編審部、資料檔案部、總務、錄音室機器保養轉錄。

節目部為第一線，設四個單位：

（一）國聲電臺「蓮友之聲」：自六十二年開播已有十三年歷史。

（二）民營九個電臺播出「中華文化」：臺北民本、基隆益世、桃園先聲、苗栗天聲、臺中中聲、彰化國聲、高雄鳳鳴、屏東民立、花蓮燕聲等電臺自六十六年開播。現有論語、教育漫談、中國寓言故事三個單元，自六十六年開播，已有八年。

（三）復興電臺「明倫之聲」：共有教育漫談、論語淺說、人生漫談、中國歷史故事等四單元六節目，一週六天播出。

（四）漁業電臺「明倫之聲」：一週六天，有佛學常識、因果故事二單元，各播三天。

四月二十四日（三），晚，於慈光圖書館週三《華嚴經》講座，宣講〈十迴向品第二十五〉「十、等法界無量迴向」。

是年春，曾遊賞谷關，有〈乙丑歲復遊谷關今昔相距歷二十年之久一草一石鬼斧天工俱含詩意並嗟建設之奇才〉、〈前遊谷關諸友云雙瀑之源在後高峰邀往探奇不果〉。（《雪廬詩集》，頁724-726）

〈乙丑歲復遊谷關今昔相距歷二十年之久一草一石

鬼斧天工俱含詩意並嗟建設之奇才〉五首：

記得潭鋪練，未遮山萬重；舊遊天地改，全被畫詩封。
摩詰莊能仿，公輸斧似逢；迷塗多欲問，高下覓芳蹤。
（嗟新建設奇才）

方丈誰曾見，三臺可互邀；交瀧懸峻嶺，飛雨灑晴霄。
梵洞竹原紫，田家鐮不樵；盤桓歸語默，萬物共逍遙。
（雙瀑灑雨懸崖梵洞）

華清偶西望，一念起嫌猜；秋夕驪山殿，客星嚴子臺。
源泉隨處湧，駐境自心裁；余志欣山水，非專為浴來。
（遙憶華清）

峰疊難飛去，泉溫有冷時；陋居逢暖慰，久客荷青垂。
濁世尊經少，胡天悔禍遲；聞仙碧巖上，猶著半殘棋。
（八仙巖棋）

聯袂貪幽賞，悠然日色傾；雲穿花徑去，風逐激湍鳴。
靈壁藻華瘦，新烟春服成；歸途且高詠，不必有人賡。
（歸途高詠）

【案】先生四度出遊谷關，日期為：1. 一九六〇年秋冬間；2. 一九六九年八月九日；3. 一九七九年十月；4. 一九八五年春。詳見各項譜文。

五月一日（三），晚，於慈光圖書館週三《華嚴經》講座，宣講〈十迴向品第二十五〉「十、等法界無量迴向」。

五月五日（日），上午八時起至下午五時，台中蓮社為高雄中山大學暨中部佛學社團幹部舉行講習會。先生於九時

1985年・民國74年｜96歲

蒞社為同學及青蓮念佛會、西勢念佛會，開示「淨念相繼」。

〈淨念相繼〉：凡講話，講究契機，根機時機正合。儒家孔子「聖之時者也」也是得契機、契事。說話聽話，得有點益處，這才能以說，沒益處就是說廢話。這是第一段，說完了。

再說第二段。今天要緊是什麼事情？諸位到這裏來，是為學佛。學佛、佛學是兩樁事情。佛學是佛教裏頭的學問，那就麻煩了，三藏十二部哪一部也講不完。說到學佛，很簡單，學佛就跟佛一樣。大家信佛吧！信佛是佛幹什麼，你就幹什麼，內外如一。諸位來到蓮社這裡，說一句痛快話，你們諸位走學佛的路子，有了閒工夫再佛學，為什麼呢？佛學很多，不是一句話就能以講完的。學佛呢？不必，講究專心致意，淨念相繼。修淨土宗的知道一念不起很難，叫你有「念」，有什麼念呢？南無阿彌陀佛六個字，這是念頭，還得「淨念相繼」，一念不起、淨念相繼。這就是修在廣博，學得多，可以學。實行，作呢？作就是單單一門。腳站兩隻船，你就掉下去。這是第二段。

既然這樣，那麼淨念相繼，什麼事都不幹啊？你要一念不起，學禪家，那什麼事都不用做了，那多難啊！這個淨念相繼容易。阿彌陀佛世界，一切皆是阿彌陀佛之所變化，叫六塵演法，這把扇子也是阿彌陀佛變化的，你在拿扇子就是念阿彌陀佛，我這茶，也是阿彌陀佛之所變化，一切皆是阿彌陀佛之所變化，這個多麼方便呢！

〈大勢至菩薩圓通章〉有「念佛、憶佛」，念佛跟憶佛不一樣。念佛，「念茲在茲」，念佛心在佛上，這叫念佛。憶佛呢，隨時變化，你看見什麼也是阿彌陀佛，「默而識之」，孔子就講默而識之！這是第三段。

請諸位同學記住今天這個，我們專門修，實行作功課，那麼先不研究經典。不研究經典不行，但若是沒工夫，那就是憶佛的這個辦法，看見什麼都是佛，這個辦法管保你成功。這個心靜不下，只要你淨念相繼，心不亂跑，心不動了，不動就是性啊，明心見性見了本性了，就成功。[1]

五月八日（三），晚，於慈光圖書館週三《華嚴經》講座，宣講〈十迴向品第二十五〉「十、等法界無量迴向」。

五月十五日（三），晚，於慈光圖書館週三《華嚴經》講座，宣講〈十迴向品第二十五〉「十、等法界無量迴向」。

五月十九日（日），國學啟蒙班慰勞教師，舉辦杉林溪郊遊，禮請先生與大眾共同出遊。（《圖冊》，1985年圖5）

　　淨持，〈無盡的追思——杉溪雲蹤〉：去年（1985年）的五月十九日，是我們永生難忘的日子，因為這是雪公恩師最後一次，這麼愉快地和我們一起暢遊的日子。這天的活動原是為了慰勞啟蒙班的輔導老師而舉辦的。

---

[1] 李炳南：〈淨念相繼〉（1985年5月5日），台中蓮社檔案。

本來，大家也不敢奢望，當時九六高齡的老恩師，能帶領著我們登上海拔一千六百公尺高的杉林溪，但是我們仍存著萬一的希望敬邀恩師參加。結果，卻出乎意料地老恩師竟欣然應允了！消息散佈開來真是讓我們喜出望外，興奮無比，因而也做了相當的準備。大家抬輪椅的抬輪椅，搬轎子的搬轎子，真是七手八腳，不亦樂乎。待到恩師上船遊溪，我們也已聚集到清溪之旁，準備「行吟澤畔」了。

說起「行吟澤畔」，倒不是如屈靈均那般形容憔悴地，這原是我們做弟子的，為了悅樂恩師，所設計的一項活動，是需要溪上、岸上做一番呼應的。所以，有人輕打雙槳載著奏樂的師兄在溪上揚起了管弦，有人在岸邊，以恩師所授的腔調，齊聲吟哦！一時琴聲詩韻相映喧騰，「桃花潭水深千尺，不及汪倫送我情！」啊！恩師！真的是不及啊！而您老人家，似乎也感受到弟子這分孝心，竟爾優哉地掬起溪中水草，頻頻向岸上人示意！

溪遊方罷，已是近午時分，杉林溪的雲霧，開始從群山之間湧到——啊！平日裡，您老人家總是做我們雲霧中的眼目，今日且讓我們乘著雲霧，以輪椅、藤轎代您雙足，送您到石井磯吧！

平地裡，用輪椅，一入羊腸小道，便須用轎了——這頂轎也是早先預備著的，以兩根竹竿，紮在高背藤椅兩旁，再做一個腳墊子，既輕便又牢固，輪班抬轎的人，正是眾師兄弟——有事弟子服其勞啊！有抬的，有護的，要避免顛簸，要注意安全，要……，我們能設想得

到的,可謂都盡量設想了!而您——恩師笑吟吟地接受我們的心意,卻又帶著一絲捨不得的神情,也正如父母對子女的愛哪!

這一路來,我們的行吟是不斷的,靈山秀水,豈能少了詩人的歌頌?我們不會作詩,且吟那張子壽(九齡)的「湖口望廬山瀑布」吧!恩師一時興起,也為我們開示了「出交天下士,入讀古人書」的道理,而幽雅的南胡,奏起了「空山鳥語」,正為這一片氤氳的空水,著上一片愉快的生機,師生盡歡,此樂何極!

恩師此日的心情,看得出特別愉快,近百歲的人,即便是坐在轎上,也難免顛簸,然而,口中卻不止一次地說:「大家高興就好!大家高興就好!」真不知是我們悅樂恩師;還是恩師悅樂我們——這就是恆順眾生吧![1]

先生作有〈近秋〉、〈觀杉林溪青龍飛瀑二處〉、〈看竹〉。(《雪廬詩集》,頁 727-728)

〈近秋〉:百歲駒光速,孤帆厭久遊;馳魂依北渚,殘月掛新秋。亭柳青還在,峰雲暑未收;朽骸慚暴虎,刀尺或堪籌。

〈觀杉林溪青龍飛瀑二處〉:大海湧群島,連峰銜玉瀧;漫天渾作水,絕塞本無窗。晝夜逝何所,蛟龍居是邦;忘懷偶從眾,未到片心降。

---

[1] 淨持:〈無盡的追思——杉溪雲蹤〉,《明倫》第 165 期(1986 年 6 月)。

〈看竹〉：修竹數竿窗外斜，看時不必問誰家；清風吹過傾然笑，無礙種梅鋤月華。

五月二十一日（二），下午五時正，賴道慧與美籍韓升修，於蓮社大殿舉行佛化結婚典禮。禮請先生福證開示，並致贈喜儀。男方家長親友，亦由美蒞臨蓮社參加典禮。（《蓮社日誌》；見《圖冊》，1985 年圖 6）

五月二十二日（三），晚，於慈光圖書館週三《華嚴經》講座，宣講〈十迴向品第二十五〉「十、等法界無量迴向」。

五月二十五日（六），晨六時正，臺中靈山寺佛像開光典禮，恭請先生主持。（《蓮社日誌》）

五月二十九日（三），晚，於慈光圖書館週三《華嚴經》講座，宣講〈十迴向品第二十五〉「十、等法界無量迴向」。

是月，有〈鳳凰樹〉、〈重遊中興佛社有感彼處之山獨平百里〉，後刊於《明倫》月刊六月號。[1]（《圖冊》，1985 年圖 7；《雪廬詩集》，頁 726-727）

---

1 〈重遊中興佛社有感彼處之山獨平百里〉詩稿見：【數位典藏】／手稿／詩文創作／雪窗習餘／〈雪窗習餘未定稿二第十二頁〉。

〈鳳凰樹〉氣候以臺中為度北枯南榮：鳳凰花入鳳凰臺，疑是金陵展轉來；島布澄潭汪氏主，詩成倚梓謫仙才。丹霞半向中天落，翠羽深遮負郭栽；村市帘非萬家釀，看誰反手棄醲杯。

〈重遊中興佛社有感彼處之山獨平百里〉：飛塵厚積數層樓，昔日嘗從舊雨遊；詩禮敦醇居宴適，煙嵐平遠俟晴秋。無常聚散誰能主，想像林泉反惹愁；搔首欲歸歸不去，終教靈鷲住心頭。

六月五日（三），晚，於慈光圖書館週三《華嚴經》講座，宣講〈十迴向品第二十五〉「十、等法界無量迴向」。

六月十二日（三），晚，於慈光圖書館週三《華嚴經》講座，〈十迴向品〉宣講至第十迴向「安住梵行」，根據善導大師《觀無量壽經四帖疏》，講述「淨土安心法門」，勸請淨業蓮友，將心安住在「至誠心、深心、迴向發願心」。[1]

鍾清泉，〈淨土安心法門・前言〉：民國七十四年六月十二日的《華嚴經》講座，雪公老恩師講到第十迴向的安住梵行，老恩師根據善導大師的《觀無量壽經四帖疏》，講述淨土宗的安心法門，勸所有淨業蓮友，一

---

[1] 李炳南：〈至誠心、深心、迴向發願心〉，《大方廣佛華嚴經講述表解》，《全集》第 1 冊之 2，頁 370-371；講記見：李炳南講，鍾清泉記：〈淨土安心法門」，《脩學法要》，《全集》第 9 冊，頁 563-699。

起把心安住在「至誠心、深心、迴向發願心」。這是雪公老恩師往生前一年所做的一篇完整開示,可以視為是他老人家一期教化的最後囑咐。[1]

〈淨土安心法門・緣起〉:《華嚴經》講到第十迴向「安住梵行」暫且停住,先講「安心」這個表。為什麼先講這個安心呢?因為在佛家不論哪一宗哪一派,第一步就是先要把心安住。

我們為什麼多劫以來在三界輪迴,生生死死不斷呢?為著本性迷了,起了惑,迷惑顛倒了!迷惑顛倒就盡走錯路子。所以佛家修行的法子跟別的教不一樣,別的教修行也解脫不出這個輪迴,惟有佛家有無漏法,在因上叫不漏,後來結果就叫不生不滅,研究如何得不生不滅結果的學問就叫無漏學。淨土宗,要緊處就在能早得無漏,別的宗要三大阿僧祇劫這麼長才得了無漏。淨土宗當生就能得無漏,正因為說得這麼容易,所以是難信之法。

淨土宗安心法門

淨土三經的《十六觀經》,有十六個觀法,而講往生西方則有三種安心的法門,一是至誠心、二是深心、三是迴向心,有這三種心,心就不再亂跑了。欣厭心、至誠心、深心、迴向心——前一是總安心,後頭三條是別安心,淨土宗就有這四種安心。

---

1 編者(鍾清泉):〈淨土安心法門・前言〉,《明倫》第 237 期(1993 年 9 月)。

總安心

　　總安心分「欣厭」，欣厭在禪家當然反對！禪宗講究不著相，而欣厭是著相，怎麼著相呢？「欣」是對事情希望，心裡喜歡這個事情，專門喜歡這一條，凡是極樂世界的事情沒有一條不好的，羨慕到這個樣子。「厭」呢？除了極樂世界，外頭這一些都討厭，都不愛它。

別安心

　　甲一、至誠心

至誠就是真心，實在心。至誠心分兩項：辨真偽和明兩利。先看辨真偽：

　　乙一、辨真偽

　　丙一、三業修善「清淨心」作

「辨真偽」下頭云：三業修善「清淨心」作。這很簡單，一提都會講，都知道，重要在做得到。三業修善，「身」不幹殺盜淫，「口」不惡口、不兩舌、不綺語、不妄語，「意」，意不貪瞋癡。這身口意三業，儘做善的，「淨」是乾淨，乾乾淨淨的，三業不幹壞事，就是清淨心。

　　丁（一）不善三業必須真實心中捨：人多生多劫以來的生死輪迴，到了現在還頭出頭沒，還沒出去。要想死而能了，全在一個「捨」字，這是俗話的「放下」，放得下就空了，放不下就不行！所以「了」字全在你放下。不善的三業，真實心中捨，若不真實也不是清淨心，一下子就放下，這是慈悲喜捨四無量心的「捨」字。

　　丁（二）若起三業必須真實心中作：此三業是善業

而不是惡業,身口意要幹好事,必須真實心中作,心裡真心幹這個。曾子云:「吾日三省吾身」——自己考察自己。「為人謀而不忠乎」替別人辦事是真心辦還是假心辦?「與朋友交而不信乎」與朋友來往,說話辦事有沒有真心辦?守信用不守信用?這些都是求真心!

丁(三)不簡內外明闇皆須真實:第三條「不簡內外明闇皆須真實」。簡——挑選。在內在外,乃至明顯或暗處,幹一切事情皆須真實,真心誠意絕不欺騙人。如此三條後,下頭兩句乃總結「心既無染,即感真如」——染是不乾淨,有了見思惑就是不乾淨。「即感真如」——凡事由真心實意顯出來,就能明心見性見了真如。

【案】講表見《大方廣佛華嚴經講述表解》,[1]本講自一九八五年六月十二日至同年十月十六日,計歷十九週次。次週十月二十三日,接講《疏鈔》卷四十,十迴向品第二十五,十等法界無量迴向。[2]以下各講次,不再錄列出處。

六月十五日(六),下午三時,至中國醫藥學院附設醫院九

---

1 李炳南:《大方廣佛華嚴經講述表解》,《全集》第1冊之2,頁370-373。
2 李炳南講,鍾清泉記:〈淨土安心法門〉,原刊《明倫》第237期至第250期(1993年9月－1994年12月);今收見《脩學法要》,《全集》第9冊,頁563-699。

樓會議室，參加該校董事會第九屆第三次會議。[1]

六月十九日（三），晚，於慈光圖書館週三《華嚴經》講座，宣講「淨土安心法門」（二），指出塵點劫以來，我們都在六道輪迴，頭出頭沒，受無窮苦；愈是公侯將相，作惡愈多，墮落愈深。

　　丙二、夾雜惡性名「雜毒善」

　　善性夾雜惡性名雜毒善，在《譬喻經》有一個比喻，真牛奶中摻了驢奶，這奶就雜了。善性夾雜惡性，這種善就有毒，叫做雜毒善。我們過去造的惡業，摻入現在所作的善，就好比把驢奶摻入牛奶，名為雜毒善，雖然是作善但不純粹。雜毒善下面列有三條，只講事不講理。

　　丁（一）外現賢善精進之相：看到好人，就把那些壞事都藏起來，可見他還有羞恥之心。除了掩其惡之外，還揚其善，把自己不好的掩蓋起來，將自己做的幾條好事拿出來自吹自擂。但是沒一點用處，現在自己欺騙自己，將來輪迴，變驢變馬。

　　丁（二）內懷虛假貪瞋邪偽：內是指心起動了，內心專做假事情。貪瞋邪偽，起貪瞋癡，迷信邪教，假的裝成真的。

　　丁（三）奸詐百端惡性不改：奸是不忠誠，詐就是

---

[1] 見：徐鳴亞編：《私立中國醫藥學院歷屆董事會議紀錄彙編》（臺中：1984年5月）。

不幹一點真事,百端是指什麼事情都是奸詐,不只一條。惡性不改,明明知道是壞事,偏不改。不改惡,是不得了的呀。

今天講的要點,是要諸位知道塵點劫以來,我們都在六道輪迴,頭出頭沒,受無窮的苦,愈是公侯將相,做的惡愈多,愈墮落得厲害。下一次接著講「明兩利」。

六月二十一日(五),晚七時半,至蓮社講堂參加論語講習班第二期結業典禮,開示期勉學員「學習自立、實行做事、感化他人」。(《圖冊》,1985年圖8)

〈保住人格來學佛〉:今天是台中蓮社第二期論語講習班的結業,我們辦的可是社會教育,蓮社一開始就是辦社會教育,絕不是辦宗教。從前在內地的規矩,凡是讀書人都有「文昌會」,這是照例,而非宗教。來到臺灣即沒有這個例,一般人對於宗教與教育分不清楚,就硬指我們是宗教。

過去的我們不必管它,現在單問我們實在辦什麼事?辦的事,若對於國家社會有利益,是對大家、公眾有利益,並非對自己有利益,果真如此,我們就去辦。為了這個規則,什麼名字我們也不要!

諸位同學!過了今天各各要獨立,怎麼獨立法?就是把你所學去實行,本身去做。實行,對於一般人是閒話,我們除了自己做以外,再感化他人,我們做的就是祕密工作。人家都有名利,你辦的這一套什麼名利也沒有,求的名利若是害社會、害國家,就是私人名利,自私自

利只會危害社會!

我們辦「論語講習班」也不宣傳,也不要錢,就是希望各位同學各各獨立,各各辦,並不是對我辦的,也不是對大家辦的,實實在在是為自己辦的,為自己辦什麼呢?保存個人的人格!自己人格保存住,才能跟孔子一樣,才能學佛。除了這個原則以外,那都是講空話。

我並不是給諸位同學說開示,請諸位通通當我的老師,看著我哪裡說的話與做的事不一樣,你當面說,我無不接受。無論什麼事,全在誠心誠意做真的,假的事情我們不幹,實實在在對國家、對社會、對現在、對將來,才有公共利益。[1]

【案】論語講習班第二期自一九八二年九月二十八日開學,原訂兩年課程,延後一年結業。先生於該期講授《下論》至一九八三年十二月二十三日第二學年上學期結束,此後因足疾病休,第二期授課三學期。連同第一期授課兩年四學期,總計於論語班授課三年全七學期,講授《論語》至〈陽貨第十七〉篇第二十「宰我問三年之喪」章。〈陽貨〉篇最後五章及後續三篇未講授。論語講習班第三期亦未任教。

六月二十六日(三),晚,於慈光圖書館週三《華嚴經》講

---

[1] 李炳南講,鍾清泉記:〈甲子年(七十三年)論語班結業講話——保住人格來學佛〉,《脩學法要續編》,《全集》第 10 冊之 1,頁 262-263。【案】是篇標題注記時間為甲子年(民七十三年),據《蓮社日誌》,應為乙丑年(民七十四年),1985 年。

座,宣講「淨土安心法門」(三):以「誠心淨意、想同菩薩」來制捨諸惡。

乙二、明兩利

淨土宗的三種別安心,上兩次說至誠心,至誠心又分兩項:辨真偽和明兩利。辨真偽上次說過了,今天講「明兩利」。

辨真偽是誰修行誰得好處,自己得利益。兩利是自己得了好處,還使大家都得好處。自己利益自己是聲聞;一半利益自己、一半利益別人是緣覺;菩薩是把自己得的好處,全部給別人。想利他,自己必先要明白,利他自然就是利己,這叫兩利,這是大乘菩薩法門。

明兩利下面分四條,先看第一條:

丙一、制捨自他諸惡

制是制住心,心原來四處亂跑,沒次序,控制住它不讓他到處跑,叫制。捨是捨開不要了。制捨就是控制住心,然後捨棄。捨棄什麼?「諸惡」。不論大惡小惡,一切惡的事情,一律控制住它,不叫心起惡。一感覺有惡,立刻就不要它。

丁(一)真實心中制捨諸惡:這制捨一切惡不是說說就完了,必須要真實心。心不真,談不上控制,凡一切惡事控制住不使它動,並且一下捨開它。如果不照這樣辦,你說我學佛了,你學的是什麼佛?學佛須誠心,誠心淨意的制捨諸惡。

丁(二)行住坐臥想同菩薩:想是心裡起一種思想。要想成自己就是菩薩,要教化人,自己要先做好樣

子，想同菩薩，也把在場的人觀想成菩薩，不論他是哪一國人，不論是胎生、卵生、濕生、化生，都看作是菩薩，主敬存誠恭敬他，這樣日久天長就變心了，這才叫「至誠心」。

六月二十八日（五），召集內典班弟子、聯體機構職事等二十八人，成立「內學質疑組」，為弟子開示修行法要，並解答研學內典相關疑問，以堅定道心。此後陸續集會，共二十七次。

　　陳雍澤，〈雪廬老人平生事蹟與著作〉：是年（1985年）六月下旬，又成立「內學質疑組」，以二十次的集會講話，答覆疑難，又詳闡《阿彌陀經》要義；並安排各機構負責的人事，殷切期勉弟子眾志成城。先生說：「我在世之時，講經、辦事，樣樣少不了我。一旦我謝世了，你們各有專長，雖不是大才，但都具有溫厚的特質，只要大家合起來，就等於我的整體一樣，仍然可以辦得好。各機構不必求大發展，能維持現狀就不錯了。要在各人的道業，必求當生成就，往生極樂乘願再來；今生若不成就，則解脫機會渺茫了。」[1]

　　洪錦淳，《臺灣當代居士佛教團體台中蓮社之研究》：炳南先生九十六歲，身體愈發孱弱，關心弟子修行還未能自立，急切要弟子就個人所學提出問題，陸續主持

---

[1] 陳雍澤：〈雪廬老人平生事蹟與著作〉，《雪廬老人儒佛融會思想研究》，頁 105-106。

十三次「內學質疑會」，為親近弟子開示法要，並解答內典的疑惑，期望透過面對面的指導，穩固弟子的淨土修行。「內學質疑組」為非公開的提要式、問題討論式講座，與會者通常經過篩選，是以當時在聯體機構任職的學生為主，即是以「內典班」為班底，又有早期弟子，其針對淨土修行的目的性極其明顯。「內學質疑組」其性質、對象與「論語講座」既有差異，又相輔相成。以時空背景究實而言，「內學質疑組」課程的需求，是先生特地為已經在聯體機構任職，或任董監事的弟子們，做最後一里的指導，以為傳承之意，其殷重託付之情不言而喻。[1]

【案】洪錦淳所云「主持十三次」應係據連淑美筆記之《內學質疑組開示之一》（未刊本）。該筆記為「之一」，錄記十三次開示內容，後續應仍有「之二」。今據陳雍澤、吳碧霞提供筆記，內學質疑組共舉辦二十七次。

首次集會，說明組織緣由，並開示與佛法相符印之重要。[2]

1　洪錦淳：《臺灣當代居士佛教團體台中蓮社之研究》（中興大學中國文學系博士論文，2009年7月），頁191。
2　李炳南講，連淑美記：《內學質疑組開示之一》，1985年6月28日起，於台中蓮社錄音室或建成路鄭勝陽新居。以下至1985年10月21日，內學質疑組第十三次開示內容均據此；除另有引據別加注明，否則不另注出處。

李炳南居士講,連淑美筆記,〈為內學質疑組開示〉:此班定名「內學質疑組」,汝等修行有疑問,吾一週或二週說一次。吾若有二、三年之壽,而說二、三年,再多是汝之好處。組織亦有好處,可互相交換知識,無非為道。

李炳南居士講,吳碧霞記,《內學質疑組開示筆記》:自古以來,說法講究個「符」。古有「竊符救趙」事,符之要如此。其後不說「符」,說「印」,佛亦有印。佛經中有「手印」,人謂之「密」,我則不知有密。佛教本來不分顯密,《金剛經》云:以三十二相觀如來,「是人行邪道,不得見如來。」心經亦有咒,任何一宗皆有咒,早課有十小咒、楞嚴咒,不可說:「我學淨土,不要那些。」

而「印」須二者相合。佛心、汝心,心心相印,心不離佛;離,則不相干矣。今我授汝佛印,汝之心今天見佛印,心便管住了,望汝成天與佛心合。心不亂跑,心安住不動即「性」,動即「心」。不動,便成功,印與文合為一;文即咒,吾夢地藏菩薩加被。又四月八日有人送卍字章來,字即印,咒即印文,發與汝等。咒要口傳。(板書:嗡阿彌達巴 赫 梭哈)[1]

六月二十九日(六),至蓮社參加明倫美術班結業典禮暨成

---

[1] 李炳南講,吳碧霞記:《內學質疑組開示筆記》,1985年6月28日至1986年3月17日,未刊本。

果展,勉勵學員:學無止境,永不畢業。[1](《圖冊》,1985年圖9)

　　司晨,「一天不死一天幹」:雪公太老師在七十四年明倫美術班結業典禮的時候,告訴結業的同學們說:「學習是沒有畢業的,永遠不畢業,活到老,幹到老,一天不死,一天幹。沒有休息的。」雪公太老師就是這樣用各種的語氣,來做為學生強而有力的精神支柱,學如逆水行舟,不進則退。如果心中有了歇止的念頭,學問、道業都將停滯不前,而有所退轉。[2]

七月三日(三),晚,於慈光圖書館週三《華嚴經》講座,宣講「淨土安心法門」(四):勤修自他凡聖等善,遠離欲惡不隨喜。如此則是心不夾雜,名至誠心。

　　丙二、勤修自他凡聖等善

　　眾生皆有佛性,既然有佛性,還要修什麼?修的不是本性,性沒法修,修的是蓋在本性上的迷惑顛倒,去掉那些煩惱就是修。修是整理過錯,《詩經》說的切磋琢磨就是修。表上說「勤修凡聖等善」,善,凡聖都有,表下列有三條:

　　丁(一)饒益有情不惱眾生:胎卵溼化,一切眾生都叫有情。不惱眾生,一概不惹他煩惱。無論如何就是別害眾生,這叫饒益有情不惱眾生。

1　【數位典藏】錄影/典禮致辭/社教科/〈美術班結訓〉。
2　見:致和等:〈師訓集錦〉,《明倫》第193期(1989年4月)。

丁（二）德為福聚自得清淨：《阿彌陀經》說：往生西方極樂世界不可以少善根福德因緣。善根與福德不同，善根是一棵樹扎了根，就能生長。福德是樹上開的花，結的果。福德由善根來，善根是根本，真正的因。福德是花報，開花好看，做了功德就有福。德為福聚，若沒作功德，那來的福，有了德就能將福聚起來，這是根據《增一阿含經》而講的。德為福聚，自得清淨，自得清淨是完全能解脫別人的生死，他清淨享福了，你也得清淨了。

丁（三）惡緣不生取淨果報：萬法因緣生，凡是發生的因緣於眾生有害的，都堵住它，沒緣就不會結果。

丙三、見三善業必讚——可離汙染報　可感清淨果

在這世界上，都是身口意在造業。他做了好事，你加以讚歎，他的功德你就得了一半。你讚歎他好，別人都來學，這就是隨喜，好比拿著火炬來引火，你也來引火，他也來引火，一百人來引火，這個火一點都不減少，別人來隨喜功德，本人並沒損失。這樣，那不好的事情，就沾染不到身上，你的功德就愈感愈多。

丙四、欲惡不隨喜——敬而遠之　亦不隨喜

欲是五欲六塵。惡是身口意十惡業。別人造了五欲十惡的業，你勸他不要幹了，勸不了也不用幫他的忙。譬如作賊的，他爬不上牆，向你借梯子，你把梯子借給他；或釣魚的人，魚釣不上來，你幫他拉，這都叫隨喜惡。五欲十惡一概不隨喜，而且敬而遠之，對這種人，表面要恭敬他，離他遠遠的。

以上就是至誠心，這心不夾雜。下一次講深心，深心中有很重要的話。

七月八日（一），至蓮社參加第四期國學啟蒙班開訓典禮，並致詞訓勉：「禮貌」是啟蒙第一步。[1]

〈「禮貌」是啟蒙第一步〉：必也正名乎！名字用的不對，事情沒有不亂的。「啟蒙班」這個名字怎麼講呢？「啟」，開也，敲開、開啟。啟開裡頭的「蒙」，長芽子來了。啟蒙，是從哪裡來的啊？是古來聖人說的。啟蒙，長芽了，這兩個字這麼重要啊！大家聽明白了吧！諸位家長，聽明白，這種子芽一出來，芽很要緊，你得澆水，上肥料。什麼時候澆水？什麼時候上肥料？一長出來，若往裡倒鹽水，它還活不活啊？不能活了！這就是不會領導。不但不能活，還要死。

再說啟蒙，求什麼學問呢？現在我們是求學「國學」，受中國文化的教育，也不是學日本、美國。

今天「國學啟蒙」這幾個字，要名正言順。記住這個啊！對你也不壞。這個「國學啟蒙班」也不跟你要錢，只要我們肯學，把好好的自己都上了正道，這是我們的責任。請諸位家長，注重注重這段話，「必也正名，名不正則言不順，言不順則事不成。」這個道理，名不正，那不成，亂了，亂天下。

我們辦了不只一年，過去皆有很好的成績，好到哪裡

1　【數位典藏】錄影／典禮致辭／啟蒙班／〈啟蒙班開訓〉。

呢？好到家長合作。都是家長自己願意辦。家長若不願意辦，在這裡給你講了好話，回家看了電影，奸惡邪淫，看了那個還有什麼辦法？他不願意合作。

能繼續照以前的規矩辦，先從禮貌開始。禮貌是你的表面，訂出一定的規矩。譬如：今天喝水，喝水也有禮啊！我講的這個，也許同學聽不懂。我給諸位家長談這個話，諸位家長都聽明白了，先學禮貌。再來，我們訂的《常禮舉要》，這是往後的功課，這一門必得要學。沒有禮貌，那是禽獸教育！[1]

七月十日（三），晚，於慈光圖書館週三《華嚴經》講座，宣講「淨土安心法門」（五），深心以信心為尺度，信自身為曠劫不能出離之凡夫，信彌陀大願攝眾往生。

甲二、深心

心的深淺，是以信的深淺來表現的。信，有的深，有的淺。若是決信就是志求往生，不幹第二條了。心中不決信，只是表面作樣子。

這張表是根據善導大師作的《觀無量壽經四帖疏》編的，這比《觀無量壽經疏妙宗鈔》簡單好懂。《四帖疏》單講往生極樂的原因，《妙宗鈔》把什麼因，什麼緣，什麼果，生到西方極樂世界，什麼時候生哪一品，

---

[1] 李炳南講，直靜（詹曙華）、洗心（鍾清泉）整理：〈「禮貌」是啟蒙第一步──七十四年七月八日國學啟蒙班開訓〉，《明倫》第520期（2021年12月）。

配得清清楚楚。通通都講,那就太複雜了。程度到了再看,遇到會講的,你再請教。

乙一、自身罪惡纏縛凡夫

罪惡纏縛,身子是五蘊聚合起來的,五蘊這些東西都在造罪業。凡夫沒有不造業的。既然凡夫沒人肯放下,那怎麼辦呢?佛家有淨土法門的辦法,當生可以消災免難,死了可以永超輪迴。所以懂得淨土法門,再不修淨土法門這是傻到所以然處。

乙二、曠劫輪迴不能出離

輪迴就是這裡死了,那裡生,那裡死了,這裡生,來回的生生死死。曠劫表示數目都不能計算的長遠時間,眾生在曠劫前就輪迴的。可是有這一生記得前生的人,在中國歷史上有記載,不只一處。記得前生的人,大有人在,所以要深信曠劫輪迴不能出離。

乙三、彌陀大願攝眾往生

彌陀是西方極樂世界的阿彌陀佛,凡是佛都有度化眾生的願力,但是都沒有極樂世界阿彌陀佛這麼大的願力。阿彌陀佛的願力誰曉得?是釋迦牟尼佛說的。即使有發四百願的也沒有阿彌陀佛這一願——帶業往生。不斷見思惑就能往生極樂世界,這個誰信?所以世尊說這是難信之法。

釋迦牟尼佛是娑婆世界眾生的老師,一些人不懂,認為念阿彌陀佛是放著娑婆世界的釋迦牟尼佛不學,反而到外頭去找乾爸爸阿彌陀佛,說這是糊塗話,這是老師吩咐的,跟著老師的話走,有什麼不對?

我們深信彌陀有發大願攝眾往生。下次繼續再研究深心的第四項。

七月十四日（日），下午二時半，第四期國學啟蒙班舉行結訓典禮。先生於三時半蒞蓮社。同學各年級依序吟誦唐詩一首。於四時半圓滿結束。本期國學啟蒙班有八個年段，並在后里、東勢分別開班，共有四百多位學童、五十位教師、多位大專社團同學共襄盛會。[1]（《圖冊》，1985年圖10）

黃潔怡，〈成長中的台中蓮社國學啟蒙班〉：台中蓮社國學啟蒙班承蓮友的支持和師長們的發心，終於在七月上旬，圓滿舉辦了第四期的國學啟蒙活動。本期活動除在台中蓮社與慈光育幼院兩個場地，開八個年段的國學課程外（國小一、二、三、四、五、六、及國一、國二），並在后里及東勢分別開班，令當地蓮友子弟接受國學熏習。今年總共有四百位學童踏進了國學的殿堂。

啟蒙班懇請了四、五十位學有專長的師長，每位都戰戰兢兢，傾筐倒篋，盡其所知的為學童解惑。活動期間，每年都感召了一群大專佛學社團同學，他們犧牲假期，為啟蒙班搬課桌椅、盛飯、提點心，也幫忙學童複習課業、背誦國學、改筆記。大家秉著「不希報賜」的至

---

[1]【數位典藏】錄影／典禮致辭／啟蒙班／〈啟蒙班結訓〉；《蓮社日誌》。

誠，諒必年輕人這無漏的發心，能夠化作一盞盞昏途的明燈。[1]

七月十五日（一），於台中蓮社錄音室為蓮社聯體機構辦事人員「內學質疑組」第二次開示：心為本，水一可印月，心一可印佛。

　　李炳南居士講，連淑美筆記，〈為內學質疑組開示〉：吾等此組織，乃在要汝各各獨立，別有依賴心。汝等依賴吾，吾今年多大年紀，汝知之乎？
汝修淨土，要者三經。淨宗為徑中徑又徑，自今起，吾每次為汝說《彌陀經》要緊處。不到時候，機緣不到，種福德耳，不得善根，為花報，非果報。佛經中有一個、沒二個，有開合。開是分開，「分齊」，分音「奮」，一份一份之份；齊，一律平等、彼此平等，無分別心；既不比較，有何分別。汝之根本為何？心是本，外所印是末，如千江有水千江月，汝等心是根本，一張張往外印是末。心中無水印不行，必有心水，無水印無月；「心無二用」，一分心，即只有水而無月矣。日久天長，行住，皆不可忘，忘印心無水矣。

七月十七日（三），晚，於慈光圖書館週三《華嚴經》講座，宣講「淨土安心法門」（六），再次詳說「彌陀大願攝

1　弘安（黃潔怡）：〈成長中的台中蓮社國學啟蒙班〉，《明倫》第157期（1985年7/8月合刊）。

3519

眾往生」，指點憶佛、念佛工夫。
彌陀大願攝眾往生
　　阿彌陀佛的願是大願，四十八願。四十八願裡頭要緊的是「攝眾」。眾生指我們這種博地凡夫，直到十地菩薩，都叫眾生。

諸位只要按著聖言量走，當生就成就。佛說的就是聖言量，哪部經不是佛說的？《佛說阿彌陀經》，明明指出《阿彌陀經》是佛說的，既是佛說《阿彌陀經》，哪一句皆是佛說的。《金剛經》、《般若波羅密多心經》，為什麼不加上佛說兩個字？這部《佛說阿彌陀經》從開頭到結束，皆是釋迦牟尼佛說的，沒有別人說的話。既然都是佛說的，你遵照哪一句都能成功，可惜，哪一句我們也不聽。祖師說：《阿彌陀經》是千經萬論，處處指歸。要懂得《阿彌陀經》，必得把全藏經典都看完了，才能懂得。不懂得，你就照辦，這就是依聖言量。

《彌陀經》，你聽懂了，你就聽。聽不懂，慢慢地靜修也可以悟到其中的道理。諸位最低限度必得念這部經。念一段，只要心裡不要亂跑，念一段，這一段就有多少聖言量。

《楞嚴經・大勢至菩薩念佛圓通章》說，憶佛念佛，現前當來必定見佛。什麼叫念佛？什麼叫憶佛？念佛是念茲在茲。那憶佛是如何呢？我就是用這一句憶佛的工夫，西方極樂世界，一切皆是阿彌陀佛變化所作。我每天早晨做功課是念佛，怎麼念呢？口念耳聽，這個很要緊，聽你自己念的佛號，聽不清楚就是亂了心。憶佛是

功課做完了，看見什麼都是阿彌陀佛之所變化，與念佛的念茲在茲不一樣。

憶佛就是變境界，你個人會變了境界，好比你們讀書人臉上就有書卷氣，並不是臉變成書本子，而是氣質變化了，你們現在多少有變樣了，臉上就有道氣，我看得清清楚楚。你們記住憶佛就成功了。

七月二十一日（日），即日起至三十日（二），明倫社為大專佛學社團幹部舉辦「暑期大專佛學講座」，參加人數男學員五十人，女學員六十五人。[1]（《圖冊》，1985年圖11）

七月二十二日（一），晚七時，至「大專佛學講座」，開示青年學子「如何修學淨土法門」。教導念佛先學「口念耳聽」，純熟後再練「心念心聽」；並教導宜學謙和態度。

  編者，〈前言〉：前一年的七月中下旬，正值台中蓮社舉辦為期十天的「暑期大專明倫講座」，雪公沒有像往年在講座排課任教，但是老人家依然繫念青年佛子的學佛慧命。七月二十二日晚上七點，在大專同學殷殷期盼中，雪公抱著微弱的身軀，登上講臺，站半個鐘頭，為同學開演淨土法門，音聲宏亮，語無衰虧，長者

---

1 【數位典藏】照片／教育研習／大專佛學講座／〈74年明倫講座〉。

德風，滿座動容。這是雪公最後一次對講座青年的叮嚀，寄望學子如法謙和，延續佛燈明。

〈大專生如何修學淨土法門〉：大家修淨土法門，就談談念佛的方法。

佛法總則宜先說，再說變化。諸位是才剛剛開始學佛念佛，先要瞭解念佛的法度，念佛若不合法即使念了一百年也無用處，要是念的合「法」，當前就有成就。修學要合「法」，這是學佛第一步！

念佛第一步，學「口念耳聽」，自己念自己聽，一個字一個字念得清清楚楚，聽得也清清楚楚，這個樣子漸漸才能一心，如口念耳不聽，或耳聽口不念，這樣也不能一心。

從今天起，你們想修淨土法門，若不做早晚二課是不行的，做功課要念《阿彌陀經》，念和聽若合不起來，就是不會念《彌陀經》，要念得清清楚楚，才能換境界、換心理，如此可到一心。至於一心不亂的「不亂」，我們還辦不到，一受境界打擾就亂了。念佛工夫，你先學「口念耳聽」，念與聽合一。

古人有一句話說：「念佛不必求多念，但念百八聲不亂，其中若有一念差，掉轉珠頭皆不算。」念佛不必求多念，你要是無心之念，念一萬二萬聲皆無用處。但念百八聲不亂，就念一百零八聲，這一百零八聲一個字也不許亂，此不容易，大家試試！「其中若有一念差」，一百零八聲中有一念打妄想，則「掉轉珠頭皆不算」，有一念打失謂之白念。這是古德說的偈子。諸位開始回

去念佛,試試「百八聲」,看亂還是不亂?這一步做到才可講第二步。

第二步「心念心聽」,嘴裡不念,耳朵不聽,要心裡念、心裡聽。心裡也有嘴,也有耳朵!或許有人會怪我說:「你為何這些年來不說這些?」其實,第一步尚不行,還談什麼第二步?說了等於白說。〈大勢至菩薩念佛圓通章〉說的就是「心念心聽」,你們不能怪我沒說,是你自己不懂。

念佛之外還要憶佛,什麼叫念佛?什麼叫憶佛?今天你回去口念耳聽,最起碼一年,一年不算長,這件事我九十多年還做不到,我不是故意自謙,我實在是不夠格。你若覺得不夠格,就對自己有好處,你要覺得夠得上是塊材料了,就開始倒楣。

今天就憑著一位九十七、八歲的老人,在講臺站著,說半點鐘話,這是難辦的事,你活到八十歲你就明白了,你活到九十歲那就更清楚了,大家要珍重、要實行,回去就學「但念百八心不亂」、念《阿彌陀經》,明天就得換心理的境界。

回去照辦以前,千言萬語要自己省察,哪一個人都比你高,時時心存「我不如任何人!」的謙和。從前我念書時很狂,作的文章自己覺得不錯,家中的書很多,要我找個字,我不用想就可告訴你第幾本第幾篇第幾行,這已經是不容易了,但是我們念的書都比不上佛經,再說佛經以外的其他書,我們都看過了嗎?《二十四史》讀過了嗎?《四書》讀過了嗎?《周易》「謙」之一卦六

爻皆吉,所以古人說:「謙受益,滿招損」,人一狂傲,學問就不會往上走,只會往下掉。我講經,沒有我的一句話,古人就說過了。[1]

是年夏,有弟子陪侍先生,記錄先生夏日起居:以讀書為休息,讀書時,全神專注。

　　戒光,〈雪公生活點滴——以讀書為休息〉:雪公老恩師,平日心神都放在弘法度眾,自利利他上,極少有休閒的時候。平素在家,除念佛外,總是手不釋卷,埋首於書中。弟子不忍,常勸老人家多休息,他則說:「我這就是休息。」

雪公老恩師府中之客廳,藏書有數千冊,哪一本書放在哪裡,老人家都記得清清楚楚,一點也不糊塗。看書也不用戴眼鏡,難得的是,老人家讀書的精神,很少人可以做得到。

在去年夏天的某日,下午三點,老人家午睡剛起,喝杯茶,洗過手後,即開始看書。三點半後,下了一場大雨,雷電交加,直到五點多雷雨才歇。這時,只見老人家依然端坐於藤椅上,全神在書本中。就這樣,一直看到晚上九點多才放下書本,老人家晚上是不吃的,而五、六個鐘頭的時間,老人家居然不曾伸伸腰或搖搖脖

---

[1] 李炳南講,顏彩雲記:〈乙丑年(七十四年)暑假明倫講座講話——大專生如何修學淨土法門〉,《脩學法要續編》,《全集》第 10 冊,頁 264-268。

1985年・民國 74 年 | 96 歲

子,站起來後,也沒聽說腰痠脖子痛,那天老人家走到屋後,看見庭院濕濕的,說道:「哦!還下雨啊!」老人家這才知道下雨。

其實,豈止是下雨,還有很亮的閃電,很響的雷聲,但是老人家竟然都不知道,一卷在手,心就定在書本上,這種讀書精神,多麼令人敬佩啊![1]

王烱如,〈紀念雪公恩師往生八週年——學習雪公精神〉:每次到雪公寓所請益時,十有八次都看見老人家在看書。他告訴學生:「書櫃裡的書,不是擺著好看的,每一本我都精讀過,不相信可隨便抽一本考考我。」有一次入了「讀書三昧」,看書連續達五個小時,連外面下雨打雷都不知道。他常勉勵學生求學問的重要,不但是做一切事業的基礎,也是弘法利生者所必需,因為一事不知,即是塵沙惑,辦事度眾必生障礙。因此老人每天也必須閱報,好知道天下事、社會百態、新知珍聞等,什麼「愛死病」、「踢斯可」老人都曉得。老人手訂的師訓:「四為三不」,把「為求學問」訂為四為之首。他實在是好學不倦,活到老、學到老的典範。[2]

---

1 戒光(涂貞光):〈雪公生活點滴——以讀書為休息〉,《明倫》第 166 期(1986 年 7 月)。
2 王烱如:〈紀念雪公恩師往生八週年——學習雪公精神〉,于凌波等:《李炳南老居士與台灣佛教》(臺中:李炳南居士紀念文教基金會,1995 年 10 月),頁 121-126。

七月二十四日（三），晚，於慈光圖書館週三《華嚴經》講座，宣講「淨土安心法門」（七），再說「彌陀大願攝眾往生」。

彌陀大願攝眾往生

淨土宗說帶業往生，帶業這兩個字不容易講，把三藏十二部都看完了，才能清楚帶業往生的道理。往生為何還帶業呢？除了佛才不帶業，菩薩以下往生都是帶業的。往生只有淨土宗有主張，別的宗派並無往生這回事。念佛的人，往生極樂得發三種心——至誠心、深心、迴向發願心。現在談到深心。

阿彌陀佛成了佛，具足無量神通，特別製造一個世界，接引眾生往生，叫我們死後到那個世界去用功，到那裡再去破三惑，去了這三種惑就能成佛。

佛雖然造了極樂世界，但是我們自己去不了，念佛的人臨終必得阿彌陀佛來接引。畫西方三聖像，除了極樂世界圖中阿彌陀佛是坐著的外，在我們這個世界所繪的西方三聖，都是站姿，若塑成坐的就是錯的，站著就是阿彌陀佛接引眾生往生的表相。

彌陀的大願全都是為攝受眾生往生極樂，所以我們念佛全為了往生。既只為往生，所以淨土法門稱不迴向法門，我們念佛用不著迴向，因為我們念佛不作別用，專在往生。

對淨土法門的信心，要「甚至諸佛再來，決不改此心」，有這種精神，叫「深心」，有這個心，那就無事不辦。對往生有深心決信，心就安住不動搖了。

七月二十九日（一），蓮社弘法班資深蓮友張慶祝夫婿羅立富於臺中自宅往生，多位蓮友前往助念，先生亦親臨加持。火化後獲舍利數十顆。

　　淨毅，〈往生見聞——羅公舍利彰勝緣〉：羅公立富居士，苗栗縣銅鑼人士，台中蓮社董事張慶祝居士之先夫。民國七十四年七月二十九日，於臺中自宅內，蓮友助念聲中往生，享世壽八十一。火化後獲舍利，白、黃、綠、灰等數十顆，瞻者莫不法喜充滿，歎為不可思議。羅公一生謙和勤儉，謹厚不占人便宜，心地純正。外加夫人為其廣結善緣，祈求臨終無障礙，因而十二小時中，蓮友聞者，均自動前來，助念不斷。且蒙雪公老師親臨加持，真謂善緣殊勝。其舍利不惟由己平日修持所致，更為助念蓮友真切心所增上。「淨土實有，佛言不虛。」羅居士可為徵信。[1]

七月三十一日（三），晚，於慈光圖書館週三《華嚴經》講座，宣講「淨土安心法門」（八）：深心——釋尊說教絕無虛言。

　　往生西方極樂世界，有特別的方法，不是隨隨便便能去的，懂得淨土安心法門可以辦得到，不懂這個方法，念上一百年也不生效。《觀經》說發三種心，即便往生。這三心是至誠心、深心、迴向發願心。上次講到

1　淨毅（黃潔怡）：〈往生見聞——羅公舍利彰勝緣〉，《明倫》第157期（1985年7/8月合刊）。

深心的第三條「彌陀大願，攝眾往生」現在來講第四條。

乙四、釋尊說教絕無虛言

通途法門，斷了見思惑、塵沙惑、無明惑才能成佛，淨土法門不必斷這三種惑就可成就，這道理不懂，就很難對淨土法門起信。不信怎麼辦呢？要找證人。外行不能證明，外行開口就是外行話，必得找內行懂局的人來證明，什麼人才是內行的？佛佛道同，成佛就懂佛的果位，才能出來當佛的證人。

深心的第四條是「釋尊說教，絕無虛言」，佛有無量無邊，為什麼這裡只提釋迦牟尼佛？因為釋迦牟尼佛是我們娑婆世界的老師，我們修行淨土往生都是根據釋迦牟尼佛說的。

是月，先生與蓮友至鳳凰谷放生郊遊。[1]（《圖冊》，1985年圖12）

是月，至建德街參加瑞光托兒所畢業典禮。[2]

八月四日（日），至臺中太平淨業精舍，以「契道之法」為主題開示蓮友：學佛即修道，修道當修德。修德主要在

---

[1] 【數位典藏】錄影／師生聚會／郊遊／〈鳳凰谷〉。
[2] 許炎墩口述，許漱瑩記錄：《許氏家族略史》（臺中：瑞光基金會，2009年7月），頁101。

深信因果、多修陰德。佛法法門無量，有普通法、特別法。特別法以一句佛號當生成就，要訣在「口念耳聽」，正念分明。

〈契道之法〉：有緣與大家見面談話，很是高興，由於時間短少，只能擇要而談。

深信因果、多修陰德

時下之人，最大毛病在於「不信因果報應」，然而不論世間法，出世間法，皆不離因果。因果之事，錯綜複雜；因果之理，深奧難懂；類歸之，有善、惡、無記、有漏、無漏等等差別；造作之時，或由善轉惡，或由惡變善，種種不一，解之難盡，故僅提出與因果有密切關係，又較易瞭解之「道德」談談。

何謂道？能利益大眾，與人慈惠者便是道。何謂德？行而得其應得之益者便是德。德又分陽德、陰德；陽德顯明，屬於有漏，為善欲人知之，待得好名或得陽報，福隨之盡。陰德隱匿，屬於無漏，為善不欲人知，雖不為名、不為利，而陽報陰報兼而有之。反之，惡亦有陽惡、陰惡、陽惡昭彰，人皆知之；陰惡心懷惡毒害人，未來報在三塗，最是當戒。由上得知因果報應，絕對不虛。吾人到佛堂來，佛堂是道場，沒有德性，所修何道？故宜不造惡，修陰德，既修陰德，陰陽二報俱在其中。

依聖言量、修特別法

其次再談學佛。佛法八萬四千法門，祖師歸為十宗，再約之為普通法門與特別法門。普通法門，解脫生死，修成佛果，須歷三大阿僧祇劫。特別法門，「當

生」出三界，脫輪迴，謂之「當生成就」。除此大利之外，又復三根普被；解得，須徹悟三藏十二部精義；不解，雖至愚之人亦可修。云何修？但執持一句「阿彌陀佛」便是。此一句阿彌陀佛，一教便會，何等容易！一心持去，即得蒙佛接引，了脫生死，遽登極樂，何等直捷！此特別法門，即是──淨土法門。其理，唯佛與佛，乃能究盡，等覺以下，談論無分。

淨土法門，既然唯佛究盡，吾人但依聖言量，便不致有誤，我界導師釋迦牟尼佛教我執持阿彌陀佛名號──我便持佛名號，真正佛子，須如是信聖言量。

口念耳聽、百八不亂

既信聖言量，持彌陀名號，然執持之功，亦有淺深，譬如今之學制。有小學、中學、大學，程度各各不同；念佛第一層次「口念耳聽」猶之小學，其次「心念心聽」猶之中學，最終「神念神聽」則猶如大學；然吾等程度，小學耳，能夠口中念得清清楚楚，耳中聽得清清楚楚。功夫純熟處，一心只有佛，不為外境所亂，此即《彌陀經》上所說「一心不亂」──吾人且捫心自問，誰念到「一心不亂」？至於念佛念到「心念心聽」，是大勢至菩薩所謂「都攝六根，淨念相繼」之境界，吾人更談不上。而「神念神聽」是實相念佛，已至「念而無念，無念而念」「照而常寂，寂而常照。」根本無人懂得。

諸位且別小看這「口念耳聽」，口中念清楚，耳中聽清楚，便是正念分明，可得一心，諸位不妨從此處下手，

練習一個月不斷,就能得大利益。

以上所說,是念佛方法,至於數量多少,引古德一偈作參考:「念佛不必求多念,但念百八心不亂,其中若有一念差,掉轉珠頭皆不算。」

莫嫌百八太少,一心念佛,百八就等於三十六萬億一十一萬九千五百聲(按:請參閱龍舒淨土文卷四修持法門第六),我之所說,一依於經典祖師之語,諸位但勤練習念佛一心去。　敬祝光壽無量。[1]

八月五日(一),於台中蓮社錄音室為蓮社聯體機構辦事人員「內學質疑組」第三次開示:學觀想,積陰功。

李炳南居士講,連淑美筆記,〈為內學質疑組開示〉:吾先報告一事,出人意外。張慶祝居士、王鶯居士,皆臺中之老人。張居士之先生並無大工夫,然沾張居士光,汝等為之助念,燒出舍利,有許多粒,有綠色、白色。其中白色,在臺中頭一次見,非僅白,乃裡外透亮,難得。此番功德,人人有份,可見此事不假。

再談吾等之事,修淨。「佛說阿彌陀經」,何經非佛說?經中有不問自說,此非僅不問自說,此經乃完全是佛說,無一句他人之言。釋迦佛說外,十方佛出來說,皆佛說。《彌陀接蒙》乃因吾師梅大士之師兄弟狂,以為《彌陀經》連文字亦不通,吾欲提問,梅老師阻之。

---

[1] 李炳南講,吳碧霞記:〈契道之法〉,《明倫》第157期(1985年7/8月合刊);收見:《脩學法要》,《全集》第9冊,頁71-75。

出四川，吾年輕，牢騷，故作此書。淨土法門既是聖言量，《彌陀經》哪一句皆是佛說。他經有菩薩說，唯《彌陀經》唯佛說。任何人提出一句，即是阿彌陀佛之錄音帶。然則用錄音帶助念可乎？錄音帶是死的，不感應，全在感應，如千江有水千江月，水月皆未動，皆在感應。觀想不易，然入定皆不離觀想。如早上吾念《彌陀經》時即是釋迦佛，念十方佛時即是十方佛，非造罪也。汝又不能觀想、又不懂方法，念百年亦無用，以不感應故。

三經中《十六觀經》有「三心」說。《十六觀經》，不能離觀想。汝後來必學觀想，觀想才能得一心，不亂尚談不到。一心了，有別的來參雜，仍不亂。《彌陀經》云：念至一心不亂，若臨終心不顛倒，方能往生。不亂了，即不受擾亂。法門須得利益，否則但種福報耳。欲福報種福報可也，善事大家亦不會作，皆是有漏，但花報耳，開花即了，決無永久性。欲永久性，須積陰功。陰功是做出之好事，不教人知道，有陰功必有陽報，對出世法亦有好處。學佛不作善不行，若心藏陰惡，心壞了，外表不論辦何事皆一片假，所謂「誠其意，毋自欺也。」

李炳南居士講，吳碧霞筆記：《內學質疑組開示筆記》（1985年8月5日）：不論何經，皆有顯有密，合著的，沒拆開的，不著相的。如《心經》末即密咒，《金剛經》有金剛咒，《藥師經》也有。汝學（彌陀）心咒，必須觀想四合音，此須口傳，不能外傳。作功課，念《彌陀經》畢，念往生咒，後接念心咒二十一

遍。能觀想則觀想，不能，光念亦可。吾念咒、經，先觀觀想，後念。無量無邊大千世界遍滿。這一套易心亂，觀想後，口念耳聽便不亂。我可以百八不亂。念完，必須懺悔；懺悔更得觀想，亦為六道眾生共懺，非一日之功。[1]

八月七日（三），晚，於慈光圖書館週三《華嚴經》講座，宣講「淨土安心法門」（九）：深心——聲聞、菩薩皆無法完全明了往生之理，然此有十方諸佛證勸，但須依教奉行，莫聽異說。

乙五、十方諸佛證勸苦心

諸佛是十方三世一切佛，證明淨土法門七天就可以往生西方極樂世界，勸眾生念佛求生西方極樂世界，勸眾生信受奉行淨土法門。為何要十方佛證勸呢？為著這個法門是難信之法，大家不信，所以諸佛出來作證明，這是諸佛的苦心。

乙六、依教奉行絕不會錯

學佛的人判斷事情有三量：現量、比量、聖言量。對於現在前境，擺在眼前的事情，用現量判斷，便知真假。至於不在眼前的境界，要認知是什麼東西，可以用比量判斷。如果現量、比量都不會用，就依聖言量判斷，經上的話叫聖言，聖人能說欺騙人的話嗎？照著經

---

[1] 李炳南講，吳碧霞記：《內學質疑組開示筆記》，1985年6月28日至1986年3月17日，未刊本。

上佛說的話去做，絕不會錯。

乙七、菩薩智不及佛說法

菩薩有三賢十聖，十住、十行、十迴向是賢人，登地菩薩就是聖人了。初地不懂二地的境界，到了五地、六地也不懂佛境界，上頭還要修很長的時間才可以成佛，所以說，菩薩的智慧還夠不上出來當證明，非得佛才能夠出來證明帶業往生。

乙八、聲緣不明往生之理

《仁王護國經》云：「三賢十聖住果報，唯佛一人居淨土。」唯佛一人是斷盡惑的，才到常寂光淨土，除佛以外都還沒有斷盡惑。在《彌陀經》也有說：「不可以少善根福德因緣得生彼國。」執持名號念阿彌陀佛，到了臨終時，阿彌陀佛來接引，這時念佛人要心不顛倒，才能往生，心裡要是顛倒了，就不能去。斷了惑才可以心不顛倒，可見往生的人都是未斷惑，帶業往生的。雖沒有斷惑，但是伏住惑了。在娑婆很難斷惑，三賢十聖住果報，到了登地還有「三細」未斷。今天我們只要抓住聖言量信願念佛就能成功，抓不住聖言量，那就得費三大阿僧祇劫的時間來斷惑。

乙九、異佛見解皆是魔說

要明心見性必得瞭解「惑業苦」，惑業苦在第八識是分不開的，叫「三細」。三細是同時具足的，沒有時間前後，與第八識不分隔的。往生的道理，菩薩多少相信一點，知道淨土宗可以不斷惑而不墮惡道，並不反對，但是智慧還不及佛，還不能夠徹底瞭解淨土法門，

所以釋迦牟尼佛說淨土法門是「難信之法」。

淨土宗發的願是「帶業往生，乘願再來」乘願再來幹什麼？來度眾生。乘願再來的菩薩怎麼個度眾生呢？當高貴的人物，做長官，做總統，不但不墮惡道，連壞地處都不去，一生下來就是高貴的。若生到壞處，經過一番努力而發達的，就不是乘願再來的。下次再繼續講淨土安心法門「深心」其他項目。

八月十二日（一），於台中蓮社錄音室為蓮社聯體機構辦事人員「內學質疑組」第四次開示：「一了百了」，「一不了百不了」。

　　李炳南居士講，連淑美筆記，〈為內學質疑組開示〉：我執、法執，是大障礙。此二大毛病即是「不了之局」。羅漢尚不了，除佛一人，無一能「了」，故須成佛。然吾等能成佛乎？「歸元無二路，方便有多門」，要緊即在此方便上。方便是真是假？有三種人，糊裡糊塗人亦有辦法。一點也不懂，但依聖言量。半聰明之人，須起疑心，什麼也不信，不信才起疑，漸破疑惑即是悟了。第三種是現量，眼前沒有他不幹。此三，汝等自問，走何路？走現量，抑走疑惑比量，或走聖言量。走一路即成功。

吾提一問，下次汝答之。《彌陀經》，首列比丘，次列文殊、彌勒菩薩。比丘是常隨眾，文殊、彌勒非常隨眾，何以列之？何以不列觀音、勢至菩薩？

八月十四日（三），晚，於慈光圖書館週三《華嚴經》講座，宣講「淨土安心法門」（十）：深心——決定一心依佛所教奉行，縱使千萬人有異說，亦不改變。

現在繼續講淨土三種安心的第二種「深心」。

丙一、一心依佛所教

《彌陀經》上說往生要「一心不亂」，一心歸一心，不亂歸不亂，一心不亂是兩回事。一心還有亂的時候，一心也有不亂的時候。怎樣叫不亂的時候？一心以後怎麼樣打擾都不搖動，這叫不亂。如果一打擾，你的心就隨著搖動，這就是亂啊！臨死時，阿彌陀佛與諸聖眾來了，心裡不顛倒、不亂了，就能往生，心要是顛倒了就不能往生。

丙二、決定奉行不變

決是判決，定是定在這個辦法上。還沒修的，就決定用這個法門去修；已經修的就一步一步往前走，永不休息。時時隨喜一切功德，人家幹了好事，心中隨喜讚歎，我們就得一半功德。其次是時時懺悔，造了惡業，就隨時懺悔。三是時時迴向，將一切修行功德，迴向眾生。決定就這樣修行，奉行不改變。

丙三、縱使引他經論

就算是別的修行人拿出別的經典，說修淨土不好，你仍按照淨土微妙之法，不與他們一樣。人心不同，說法就要契機，例如禪宗最不贊成「欣厭」二字，可是「欣厭」卻是淨土宗全宗的重點，離開欣厭不能往生，所以一個法門一個辦法。

丙四、千萬云不生者

修淨土宗臨終是帶業往生，往生以後就得以不退轉，不在生死中輪迴，不用三大阿僧祇劫，就可以脫開輪迴、成佛，這是難信之法，誰也不信。一般佛經都是講信、解、行、證，淨土宗沒這一套，單講信、願、行，多了一個「願」，別的經都沒提出。淨土宗就是注重願力，所以阿彌陀佛發四十八願，佛有願，你有願，願與願相對照，才合得起來。沒有願，念上千萬年也是白念，可以證別的果，但與往生無關。後來證果的祖師，把淨土宗的信、願、行，比喻成伊字三點，不論修哪一個字都包括另外兩個字，都可以成功。

千萬人說沒有往生的道理，他說的也有根據，因為各經典說法是應機說法。他不信即使勉強也不行。

八月十八日（日），於台中蓮社錄音室為蓮社聯體機構辦事人員「內學質疑組」第五次開示：練伏惑工夫，學放下私心。

李炳南居士講，連淑美筆記，〈為內學質疑組開示〉：智者大師方五品弟子位，吾等在五品外。汝等先求自己準能往生。汝自己不能解脫，而能解脫別人，無此理也。吾此次至太平所說，[1] 即了不得，汝等若能做到，即能生邊界，而不在六道。各人吃飯各人飽，各人

---

1 【案】「太平所說」指是年 8 月 4 日，至臺中太平淨業精舍，以「契道之法」開示蓮友之內容。

生死各人了。汝等看輕，吾亦沒辦法。汝等須記住，太平所說能做到，即萬幸到所以然處。

汝等莫說不得法門，得法門而工夫不到亦不行，全在工夫。汝等莫只求長學問，工夫是做到哪裡有成績，有成績即是有工夫。成績簡說，非斷惑，乃伏惑，吾今之工夫即在太平所說者。淨土法門，只要信聖言量，不分別，即行。

汝學大乘，首修六度。布施何以為和？施是我給他，非他給我，給他捨得捨不得？給他時心還戀戀否？放得下放不下？今汝先學「放下」，放不下，物捨心未捨，如此有何用處？如吾等此團體，吾即是放不下，吾盡吾之力，汝懂不懂？吾不管，又在吾心裡。《華嚴經》度生而心不著，《金剛經》度生而不著相，吾等何有此工夫！汝等「放下私心」，不怕著菩薩相，「不為物累，不為世累」，一切隨喜、懺悔、迴向，此三事時時做，先學「放下私心」。放下，凡事隨喜，劉備毋以善小而不為，毋以惡小而為之，此是今天要緊之話。汝等若能結此團體而不散，眾生不胡亂學，即汝之功德。

何以令汝一心不亂？今無非是伏惑，八地菩薩尚伏惑。伏住惑，到時候，不搖動，即保險。至於心咒，全在印象如何。吾比汝等多觀想。汝等未做觀想，吾一做功課，先觀想，觀身滿大千，眾生與吾一也，為大眾做功課。心真如此，一點不假。塵點劫來，六道眾生皆然。吾做功課，特別有觀想，功課做完，再有利益其他眾生之事，再另做，同時不能做二條。

汝等亦可研教理，可不受人欺騙。有人講能知正誤。「消業往生」簡直講不通，業盡情空，還什麼往生。《彌陀經》句句皆念佛之要義，文字般若甚重要。

八月二十一日（三），晚，於慈光圖書館週三《華嚴經》講座，宣講「淨土安心法門」（十一）：深心——甚至諸佛再來，亦不改此心。

　　丙五、唯增往生信心

　　有千萬人說沒有往生這回事，他們愈說，愈增加我們修淨土的信心。此時全看我們有沒有願力，有願一切就不要緊了，沒有願力就會隨著走。

　　丙六、甚至諸佛再來

　　這句是假說，並不是實在有如此的事，「甚至諸佛再來」，就是十方諸佛都來說：沒有往生的道理。

　　丙七、我絕不改此心

　　「我絕不改此心」，謝謝他們，我發的願就是這個樣子，你說你的，我不聽，我要是一改就是失去了願力。周利槃陀伽是《彌陀經》列的十六尊者之一，他什麼都不懂，佛教他念「苕箒」，他念了苕忘了箒，念了箒忘了苕，笨到這個樣子，但是他就是相信佛的話，照著佛當初的教誨，一直念苕箒，後來也憑這個證果了。

　　下次講淨土安心法門的第三種「迴向發願心」。

八月二十四日（六），應臺中文化中心之邀，抱病前往參加江逸子〈峽谷無垠圖〉、〈峽谷雄風圖〉、〈江山無盡

圖〉、〈黃海聖山圖〉等巨幅展,翌日並題贈五絕一首。[1](《圖冊》,1985年圖13)

〈逸子老棣紀念〉:道子人何往,風光在眼前;筆涵經史久,四壁擁雲煙。

江逸子,〈病中題贈〉:終於以四年時光,整理大峽谷寫生作品,而繪成〈峽谷無垠圖〉長卷,於一九八五年夏初,應臺中文化中心之邀於文英館做發表並展出。由館方出函邀請,造成一時轟動。由於斯時雪公老師微恙初愈,猶然虛弱,不敢貿然呈柬敬邀,於情於禮不免躊佇猶豫。不意老師突然責問:「小子汝有何事瞞我?」令我惶惶以告,但乞勿須蒞臨。師欣然應允並祝圓滿。

展覽次日一早,於觀眾群中,老師依然由侍者鄭勝陽師兄攙扶蒞場,令我驚惶伏地,老師卻幽默說:「我乃應文化中心邀約,然對汝並沒爽約。」於是陪同老人家逐幅賞酌一番。待賞至二百餘尺主軸長卷時,躊躇酣然約莫一個多小時,我屢催休息而不肯作罷。

翌日由鄭師兄專程送來便箋一紙,乃雪詩〔師〕題贈五絕一首,曾經斟酌塗改十分凌亂,可見老人之用心。詩云:「道子人何往,風光在眼前;筆涵經史久,四壁擁雲煙。」此乃經修飾而成。此也是老人家為我最後之題

---

[1] 李炳南:〈逸子老棣紀念〉,澹寧齋監製:《雪廬老人題畫遺墨輯》,頁37。

咏。如今對此,有著無限愴傷與懷思。[1]

八月二十六日(一),於台中蓮社錄音室為蓮社聯體機構辦事人員「內學質疑組」第六次開示:淨宗以「立相住心」建立信心。

　　李炳南居士講,連淑美筆記,〈為內學質疑組開示〉:吾等之團體,非為現在,乃為將來。此事原是希望將來能維持現狀,完全注重鞏固根本,不讓壞事邪說雜入,莫想往外發展。非消極,汝有二問題,一是自己成功,再方是行菩薩道。行菩薩道吾等今皆不夠程度。行菩薩道之條件多,吾等能往生即是到頂。

淨宗之方便,「帶業往生」。唯佛無業,等覺尚有業,尚不了生死。彼尚頭出頭沒,汝已離此,非便宜乎!淨宗去「解」字,此唯佛能講,加「願」字,注重願。佛亦有願,願願相應,以心立心。今有言「迷信」,若正信是真信。「信」之一字,不論真信、迷信,有信即好,一般人連信亦無,為不信。信中摻有疑惑,有疑心方上邊地。吾等大眾半信半疑,吾是迷信,對佛理不了解即是迷信。迷信即了不得。淨宗「立相住心」要緊,連立相住心尚住不住,況無相。此皆善巧方便。

何以《彌陀經》中無觀音、勢至菩薩?

此段為釋尊在娑婆世界祇園精舍說,舉出契機之人為師

---

[1] 江逸子(江錦祥):〈病中題贈〉,澹寧齋監製:《雪廬老人題畫遺墨輯》,頁37。日期據〈江逸子先生年表〉。

範,所舉皆是模範,尚要彌陀當模範乎。

八月二十八日(三),夏曆七月十三日,大勢至菩薩聖誕,上午九時,至蓮社上香。

晚,於慈光圖書館週三《華嚴經》講座,宣講「淨土安心法門」(十二),先開示念佛得一心不亂之三種工夫層次,再開講「迴向發願心」。

淨土法門是「立相住心」,原來沒有相,安上一個相,為了「住心」,叫你的心不往別處跑,心安住在此相上,這是淨土宗的特別方法,別的宗辦不到。心不在相上,名叫「失念」,原來是正念分明,沒有正念叫失念。

如何把心安住在淨土法門上,有總安心,有別安心二種方法。別安心就是現在所講的至誠心、深心、迴向發願心,總安心是欣、厭二門。別的經典談信、解、行、證四階段,唯有淨土宗沒有「解」字,為什麼沒有「解」?大家不懂得,所以要注意這「願」,有願即成,淨土宗全靠願力,阿彌陀佛有願,我們也有願,願願感應就成功。

甲三、迴向發願心

「迴」是把做的種種善事收回來,「向」是找一個對象贈給對方,這叫做「迴向」。發願不就是迴向嗎?有人發願發財,有人發願升官,這不叫迴向,這光是迴,沒有向。所謂的發願,都是與他,利他的。

淨土安心法門的至誠心、深心、迴向發願心，這三種心，是要你打從內心發出來，若不在心中發出不中用。念佛要求一心不亂，發願也要求一心，發願時真真實實，不作假，不摻假，不冒充，這就是真心發願。發願後心就安住在這個願上，沒有第二個心，若有第二個心就不能安住不動，變成遊魂了。

迴向再加上發願心，即迴向你所發的願，這裡的願是指發往生西方的願。發願是修淨土法門很重要的一點。別的宗要經歷信解行證，淨土宗只要信願行，淨土法門的發願迴向，特別稱做「不迴向法門」不必迴向，不做別的用途，不做二用，專為接引往生西方之用。

乙一、過現三業所修世出世善根

迴向時，過現三業所修世出世善根都要迴向，現在的要迴向，過去的也要迴向，甚至未來的也要迴向。

「所修世出世善根」我們道場裡的人修的多是出世法，為往生淨土，那修世間法幹什麼？大家又不出家，出家光坐著吃也不行，也得幹事啊，世間事也得幹，出世間事也得幹。《阿彌陀經》云：「不可以少善根福德因緣。」善根是從本性栽培的善根，福德是做世間的好事，善根與福德如鳥之雙翼，有這兩樣，就可以去極樂世界。

九月二日（一），於台中蓮社錄音室為蓮社聯體機構辦事人員「內學質疑組」第七次開示：先學「誠」做好人。

李炳南居士講，連淑美筆記，〈為內學質疑組開

示〉：今之時局，報紙須看。不論好壞，皆說今事。好壞皆現在，為現量，時時皆現量。自始學佛，彼時說現在，當時說現在，未來亦現在。現在正等著你，不知前、不知後，且顧眼前，將當時維持好，即是扎根。根是當時扎。

吾等組此團體，乃為此時；吾等之能力，只能保守現在。說保守現在，是現在的話，現在的時局，只有保守，否則汝等何人能擴充？保守是維持現況，發展是推動，須有領袖才幹，不易也。

自今起，先學一字：「誠」。吾等無此，誠不夠。「誠者天之道也」，孔子所說，孔子之道，人天二道。今念孔子書者，亦不懂天道，說之，彼以為迷信。自然而然之誠心是天道，知誠用處大，要學誠才是人。如何誠？「志於道、據於德、依於仁、游於藝」。

九月四日（三），晚，於慈光圖書館週三《華嚴經》講座，宣講「淨土安心法門」（十三）：迴向發願心——自他一切善根皆隨喜迴向，願生彼國。

乙二、隨喜他一切三業世出世善根

學佛若求的是福報，福享完了就沒了，若學佛求的是道，則是永遠存在，因為道是本性，沒有完了。要想得道，就得學無漏法，道可不是福報，道與福不可兼得。有人會問，光求道，現在一點福也不享，求了道不是倒楣嗎？要是懂無漏法，你就會求果報，求果報之前當然先開花，所以未結果之前，你一定有福可享，不求

自來。凡是做大事者,自古以來受罪的很少,大善知識是沒有受苦的。

今生乃至往昔多生所造的罪業,怎麼辦呢?古人云:時時隨喜,時時迴向,時時懺悔。這個懺悔很要緊。淨土宗是立相住心,心起了造罪的念頭時就念佛,心安在佛號上罪就亡,這也是真懺悔,這個方法真便宜。

丙一、真實深信

真,是一點不假;實,是不打妄語。說的話,做的事,實實在在,一切都是真實的。相信往生西方極樂世界了生死成佛,一點都不假。

丙二、願生彼國

自己所作的善,隨喜他人所作的善,一切功德,不作他用,專為往生西方。假使不往生西方,作這些功德就成了有漏法,這種人念佛就是知見不正。念佛人還求長壽,求沒災病,求發財,這些都是有漏法,享受完功德就沒有了。淨土法門教你念佛生到彼國,是無漏法,唯有得了無漏法,證了漏盡通,才能了生死。下次再講迴向發願心的第三段。

九月九日（一）,於台中蓮社錄音室為蓮社聯體機構辦事人員「內學質疑組」第八次開示:培養善根福德為往生助緣。

李炳南居士講,連淑美筆記,〈為內學質疑組開示〉:淨土是難信之法,惑也。何能不惑?一是善根,一是福德、花報。吾等自塵點劫來至現在,塵點劫後仍

是現在,然不敢保,今得人身、聞佛法、且能修徑中徑,機會太難得。佛法說了生死,淨土法門了生死乎?在此了不了生死。若能了生死,要淨土法門何用?欲了生死,必去惑,不去則不能沒生死。惑是生死根本。不學佛不懂此,以此為其本身:「學道之人不識真,只為從前認識神;無量劫來生死本,癡人喚作本來人。」往生亦非易事,《彌陀經》云「不可以少善根福德因緣得生彼國」,注重「少」字,少了不行,即去不了。汝等善根、福德都做得不錯嗎?此須自淨其意,非易也。在蓮華中斷惑,惑不斷,不開華見佛。

九月十一日(三),晚,於慈光圖書館週三《華嚴經》講座,宣講「淨土安心法門」(十四):迴向發願心——心若金剛、願生極樂,不為異見異學別解別行所動亂破壞。

乙三、不為一切異見、異學、別解、別行人等動亂破壞

淨土宗是難信之法,為什麼是難信呢?難信的原因是什麼呢?學佛的人總認為開悟才能了生死,沒開悟能了生死,誰信?其實,淨土宗也要開悟,要開悟就得斷惑,但是淨土宗不在此地斷惑開悟,要在這裡開悟,我們辦不到。所以往生西方是帶業往生,帶著迷惑往生的,現在有人提倡消業往生,這就是異見,擾亂修行人,破壞念佛人的信心。

佛法講「正知正見」。所謂異見就是與佛不同的見解。異學則是學佛偏不學佛,卻學些別的東西。別解是他有

另一種解法，如以禪宗的方便法作淨土的方便法，拿來摻在一起，亂七八糟，非禪非淨，雜菜湯一般。別行是學佛不為成佛，卻求長壽，為了多活幾年，為了得好兒孫，為了升官、發財，這都是別行。這些都是見惑，增加分別，增加煩惱。所以說異見、異學、別解、別行會造成動亂破壞，難以一心不亂。

丙一、心若金剛

丙二、願生極樂

金剛最堅固，能破壞一切，別的東西破壞不了它，俗諺說：真金不怕火煉，火也變不了真金的本質。發願往生的誓願也如金剛一般，不被一切異見、異學、別解、別行所動亂破壞。須知淨土法門必得專修，必得有信有願，所修的一切功德不做別用，是專為往生極樂之用的。

九月十六日（一），於台中蓮社錄音室為蓮社聯體機構辦事人員「內學質疑組」第九次開示：實有阿彌陀佛，實有西方極樂世界。

李炳南居士講，連淑美筆記，〈為內學質疑組開示〉：千言萬言，總得求開悟：「但得見彌陀，何愁不開悟！」淨宗亦須開悟，此是在彼，若在此，會聽即可開悟；不會聽，不開悟。非只悟一次，乃大悟多少次、小悟多少次。所悟者何？惑有見惑、思惑，開悟是去見惑。

汝等少說「萬法唯心，自性彌陀。」自性彌陀，自己本

性是阿彌陀佛，然則無阿彌陀佛乎？唯心淨土，然則即無西方極樂世界乎？彌陀、極樂，皆汝心造，西方皆無乎？

吾等一步步說。孔子是世間法，開頭說誠，誠是一句假話亦不說。「誠者天之道」，吾等搆不上；「誠之者，人之道」，學誠。顏子不二過，曾子三省，曾即較顏差一點，汝等須先學真誠，如一聽以為懂，即強不知以為知。誠在何處？淨土宗句句聖言量，依一句走即不迷惑，起分別即是起惑，壞在分別上。吾等何人無分別？亦有特別辦法，即是「佛以一音演說法，眾生隨類各得解」，各人所聽不一樣。釋尊不騙人，確有阿彌陀佛，真有西方極樂世界，一點不假。果報之地，往彼處去受報，有漏報，斷見惑。

經史子集，未有談舍利者。以昔除出家人火葬外，在家人未有火葬者。出家人亦不為在家人說。來臺，火葬者多，舍利有若干種。周慶光老居士之夫人，吾親見有燈花舍利落下，即知道時候了。舍利不定要火燒。吾所見者，最好的是澄清醫院院長夫人張寬心居士舍利，大如黃豆，白色不放光。

問：《彌陀經》中有云：「是諸眾鳥，皆是阿彌陀佛欲令法音宣流，變化所作。」經上餘處是彌陀所變化，何處可看出來？

答：類推可知。即所謂五塵說法。才上來眾鳥說法，次風樹演法，根據上頭之文理，一直到底，皆是阿彌陀佛之所變化。汝等修淨土，須研此經。吾念與汝不同，

「皆悉」之悉，念得重。吾以前不懂，今方懂。第二段「自然」念得重。「皆悉」是才知道，「自然」是成功了。八地以上方自在。此是吾之念法。

九月十八日（三），晚，於慈光圖書館週三《華嚴經》講座，宣講「淨土安心法門」（十五）：迴向發願心——生彼國已回入娑婆教化眾生，同時斷塵沙惑。

　　乙四、生彼國已回入娑婆教化眾生

　　《華嚴經》講了十六年，全套《華嚴經》共有十六本，現在才講到第七冊。目前《華嚴經》講到第十迴向的安住梵行，這和淨土法門的三種安心有關，故特別來研究《觀無量壽經》善導大師所注解的淨土安心法門。今天講迴向發願心的第四條：生彼國已回入娑婆教化眾生。

　　往生極樂彼國是帶著業去往生的。有人認為經上沒有「帶業往生」這四個字啊，殊不知《阿彌陀經》上句句皆是說帶業往生，文字或許不同，只是換個說法而已。只有業盡情空的佛不造業，才夠得上說是業已消，業消成佛了，還需要往生嗎？

　　「生彼國已，乘願再來」，乘願再來是乘著個人的願力再回來，回來幹什麼呢？回來度眾生以便斷塵沙惑。對佛法的道理不清楚就是塵沙惑，光是在極樂世界享受，塵沙惑斷不了。往生的人在極樂世界就斷除了見思惑，見思惑斷了就得他心通、宿命通等六種神通，進一步要斷塵沙惑，要斷塵沙惑必得上娑婆世界這壞地處來，因

為在極樂世界所見所聞都是好事，壞事不懂得，壞事不懂如何度眾生，而眾生做的事十之八九又都是壞事。

九月二十三日（一），於台中蓮社錄音室為蓮社聯體機構辦事人員「內學質疑組」第十次開示：佛法度生，分攝折二門；淨宗為攝法。

李炳南居士講，連淑美筆記，〈為內學質疑組開示〉：先談一私事，若公事不會忘，私事恐忘。中秋已至，大家不要吃月餅，何必中毒。

人根分上中下，往生在蓮胎斷惑，華開斷惑，與斷生死同時。往生無中陰身，大惡亦無中陰身，知此，大家要警覺。整個佛法為度生，分攝折二門。攝乃說些好話，要他能來。折是你要不來，要受什麼苦，即是降伏你。淨宗既是無有眾苦、但受諸樂，即指明此法門是用攝法。若禪宗多半是用折法。完全用攝法，用心苦，不起煩惱，若折法，起煩惱。

《彌陀經》中聖言量，捉住一句，依之做即成功。其中任何一句，都夠講的。吾提一疑：眾鳥演法，方皆悉念三寶。然則在此念得一心不亂，難道不曉得？依文，可見不曉得。再「自然」，心無其他，歸了一了，八地方歸自然，觀自在菩薩方不分別，只有照。問舍利弗，何故號阿彌陀？再說阿彌陀佛光明無量，照十方國；又說成佛以來，於今十劫。此句如何講？成了佛到現在十劫了。在哪裡成佛十劫？十方三世，在哪裡十劫？汝等諸位，今在娑婆世界，「今」指阿彌陀佛在此娑婆世界度

化眾生十劫。

不論如何，汝等爾後須學觀想。修與否在汝，汝心發展不開不行。

九月二十五日（三），晚，於慈光圖書館週三《華嚴經》講座，宣講「淨土安心法門」（十六）：迴向發願心——憶持不忘無分時節常作此願，教導大勢至菩薩「憶佛」方法。

乙五、憶持不忘無分時節常作此願

學佛修淨土的人，無分時節，憶念不忘迴入娑婆教化眾生的大願。

上次講「生彼國已迴入娑婆教化眾生」。你在這兒往生西方極樂世界，生到那裡去，不能算完了，生彼國已還得迴入娑婆。因為還沒有往生時曾發願，心中有願力，往生得到好處後這才乘願再來。生到西方極樂世界與諸上善人俱會一處，往生者能得到極樂世界的智慧，其他世界的智慧不清楚。若每天供養他方十萬億佛，即得十萬億佛的智慧，並且每一尊佛那裡還有許多菩薩善知識，如此一來你得到的智慧有多少？

從娑婆世界欲往生極樂世界，「不可以少善根福德因緣得生彼國」。善根就是道，在此世界修的道很少很薄弱，福德善事也做很少，這就是「不可」。少善根福德，就辦不到，雖然嘴裡念佛，西方也去不了。自己的善根福德做了多少，自己問自己，不必問別人。

而怎樣叫憶持呢？平時若有做早晚課，各一點鐘，那其

他的時間念什麼？普通人不念佛時多是失念，失念是煩惱之一，失了正念就起惑造業，造業就得受報。西方三聖大勢至菩薩教人不失念的方法，所謂：「憶佛念佛，現前當來，必定見佛。」念佛要念茲在茲，念佛時心不能往別處跑，心一離開佛號就是失念。憶佛則不須如此，只要忘不了它就行了，忘不了並不難。一句佛號，不重也不輕，忘不了就行了。我現在正在學這個「憶」，《阿彌陀經》云：「皆是阿彌陀佛變化所作。」我的心裡，看見什麼也是阿彌陀佛之所變化。大家可以練習這個方法，這個方法可以「不用三祇修福慧，但憑六字出乾坤」很便宜。

九月二十九日（日），中秋節，與群弟子聚於正氣街寓所前賞月，有〈乙丑中秋夜賞月〉，前後又有〈海無行雁誌感〉、〈讀李太白集感時〉、〈余生黃居士造地藏聖像贈供日適蓮友攝私影囑題感而賦之〉。（《雪廬詩集》，頁728-729）

〈乙丑中秋夜賞月〉：此夕臨飛鏡，秋蓬斷客魂；大荒何處照，短袖欲長捫。疇昔詩如海，庭除酒滿樽；木犀香未隱，嗟悼舊乾坤。

〈讀李太白集感時〉：人間謫有期，天路恨歸遲；水逝月還照，文光神在茲。長鯨濤上待，白苧夢中思；休道亡風雅，猩鸚正唱詩。

〈余生黃居士造地藏聖像贈供日適蓮友攝私影囑題感而賦之〉：法界九華叢，蓮邦八水功；超塵何有我，

緣影似真空。太白標恆悃，陽明塵幾榥；謝君離色相，願本具西東。[1]

是日，召請江逸子至正氣街寓所小談。臨辭，交付手稿一封，有〈李氏祠堂頌〉、〈蓮社重建稿〉、〈台中蓮社成績稿〉等。日後江逸子選刊於《雪廬老人題畫遺墨輯》。

  江逸子，〈木鐸春風三十年　永懷恩師〉：猶憶乙丑年九月廿九日，夫子召學人於正氣街齋舍聽侍，夫子喟然曰：世間失道，亂象叢生，期汝佛供深心，護持聖府，以儒為治用。遠離是非，不設道場。虔心自省，不聚信眾。以法佈施，手不過錢。安於寂寞，享受孤獨，師友聖哲，不設文言，不惹是非，端藝弘道，自有大用也。臨辭交付一封手稿並說：你懂，留著紀念吧！回舍啟視，皆是夫子寓遷臺之初所撰文稿二十餘卷，區區何德承此隆錫，不勝惶恐，遂將裝池妥為供養。[2]

九月三十日（一），於台中蓮社錄音室為蓮社聯體機構辦事人員「內學質疑組」第十一次開示：辨析心、性、生死根本。

  李炳南居士講，連淑美筆記，〈為內學質疑組開

---

1 詩題據先生〈雪窗習餘──其七〉，《明倫》第159期（1985年10月）。
2 江逸子（江錦祥）：〈木鐸春風三十年　永懷恩師〉，澹寧齋監製：《雪廬老人題畫遺墨輯》，頁12-13。

示〉：聖人云：唯上智與下愚不移。彼云：下愚之人教不來。吾非如此說。下愚乃全在朋友，觀友而知其人。壞人亦能轉好。淨土乃九界往生，華未開，在其中斷見思惑，開此班為此。

學淨土法門好處太多了，但也有不好處：必須當生成就，這一輩就成功，以人身難得，不知哪一生做了好事變了人，就算再得人身，不定能再聽到佛法。大家要明白，生死的根本是什麼？學佛為了生死，往生亦是往極樂去了生死。什麼往生？神識也。今學佛者皆拿緣影當自己，「無量劫來生死本，癡人喚作本來人。」是什麼往生？如吾要喝茶，汝所喝是碗抑茶？須知道哪個對，往正路上走。

佛家說明心見性，什麼是心？什麼是性？若是一，何必說明心、見性。《華嚴》說隨緣不變，什麼是緣？不變隨緣，不變是什麼？不變是本性不變。隨緣是心，性是靜、心是動。只云動心，未聞動性。此是《華嚴》，性不變而心隨緣，彼知好壞而隨汝。《法華》說性具，具是什麼都有，全在性中，故說性惡性善皆具。《華嚴》不說性惡。此二是成佛之大經。

學佛最低須學《百法明門論》。佛法有八萬四千，綜為三千，再綜為百法。學佛最低須學百法。若再嫌多，亦能再減，但卻不懂了。多了好懂，少了就不好懂。五法、三自性、人法二無我，懂多才懂少。

十月二日（三），晚，於慈光圖書館週三《華嚴經》講座，

1985年・民國74年 | 96歲

宣講「淨土安心法門」（十七）：安住梵行。

《華嚴經》講到梵行，梵行有二十條，安住梵行是第十六條，大家若能安住梵行，就到一心不亂了。念佛能念到一心不亂就行了。要一心不亂須先伏惑，一起貪瞋癡就壓住，學伏住惑再學斷惑。心要不亂才即得往生，臨終心若顛倒，就沒有希望往生了。所以淨土宗有助念，幫助你提醒正念，不是請大家來替你念。

安住梵行的梵行，最要緊的是「淫欲」，淫是生死的由來，有淫就不清淨就非梵行。欲是嗜好貪戀五欲六塵，我還有喝茶的嗜好，但是現在九十六歲了，為了星期三晚上的講經，怕控制不住，從早到晚一杯水也不敢喝。淫和欲很不容易斷，佛法為了要人覺得容易，另外有「慈悲喜捨」四個辦法，這四個字含著戒，若能安住慈悲喜捨就行了。千言萬語就在安住上，《彌陀經》云：「生者皆是阿鞞跋致」，阿鞞跋致是不退轉，就是安住了，要真正的安住必得往生以後才做得到。

十月五日（六），即日起三日，台中蓮社舉行秋季祭祖，整日念佛。首日晚，先生親臨上香灑淨。次日下午舉行皈依儀式大典，禮請會性法師主持，皈依眾七百餘人。

（《蓮社日誌》）

十月九日（三），晚，於慈光圖書館週三《華嚴經》講座，

3555

宣講「淨土安心法門」（十八）：具三心者。[1]

十月十日（四），上午，先生至蓮社與董事長董正之晤談，董事長於昨日返社。下午三時許，董事長離社回臺北。
（《蓮社日誌》）

十月十一日（五），夏曆八月二十七日，第三期論語講習班舉行拜師暨開學典禮，先生親臨開示：先學世間法，人格成，才能說出世間法。（《圖冊》，1985年圖14）

〈學《論語》鋪底子〉：論語講習班，按照規矩，有兩種教學，其一為世間法，即儒家修身、齊家、治國、平天下之道。世間法以孔子為主，孔子乃生而知之者之聖人，是真正之聖人。孔子所云雖是世間法，但大家若能體會幾句，則其中世間法、出世間法皆包含其中。凡事皆有次第，若先學世間法，把人格做成了，才能說出世間法。

出世間法是什麼呢？就是「了生死」。大家學過佛，「佛」是出世間法。以出世間法而論，世界上多少的宗教，所講的也是頭出頭沒，卻不能了生死。大家以為升了天就算是了生死，其實升天還在六道輪迴，還是個凡夫，如何能解脫生死？所以我們在此學習，有儒家的底子，就容易懂得佛學。要學孔子之道，若只念孔子的文

---

[1] 李炳南：「具三心者」，《大方廣佛華嚴經講述表解》，《全集》第1冊之2，頁372。

章是不行的,光念這些「之乎者也」,一點用處也沒有,那叫書呆子。我們自今以後,在短短的人生之中,要體會「人身難得」,得到人身,先把人格成了,爾後再成佛,能夠永久的解脫。

論語班非一朝一夕了,希望同學們,提起精神來,往前進步。好好修行,早證無生。請諸位精進,請求各位老師「斆學半」,自學而教人,本人也就心滿意足了。[1]

十月十三日(日),至蓮社參加社教科開學典禮,應邀講話。[2]

十月十四日(一),於台中蓮社錄音室為蓮社聯體機構辦事人員「內學質疑組」第十二次開示:解說《阿彌陀經》序分。

　　李炳南居士講,連淑美筆記,〈為內學質疑組開示〉:先談他事,再談正事。以後週一、週三無特別事,不可找我。以若是普通話,不必在此說。吾活一天,即用全副精神幹此事。

自今起,說《彌陀經》大意,說其重點。先說通序之大意。開頭是常隨眾,長老舍利弗等。此段合掌,乃祖師所定,以依之為師故。念至無量諸天大眾聚,尚合掌。

---

[1] 李炳南:〈學《論語》鋪底子〉,《明倫》第 398 期(2009 年 10 月)。

[2] 【數位典藏】錄影 / 典禮致辭 / 社教科 /〈社教科開學〉。

大眾，眾是眾生，大是全，即指胎卵濕化、牛蛇神鬼皆在其中，皆是恭敬。此段簡單不簡單，做到與否？

十月十六日（三），晚，於慈光圖書館週三《華嚴經》講座，宣講「淨土安心法門」（十九）：具三心者，必生彼國——至誠心、深心、迴向發願心，實即信願行，三者為一，舉一則三者皆備。

甲四、具三心者

淨土三種安心法門，前面是分段講，現在要將三種心合起來說，故表云：具三心。具三心有二句「真心決信，願行既成。」

乙一、真心決信

真心就是第一段的至誠心，心無一點摻雜，叫真心；心不至誠，就不是真心；念佛念到一心不亂，就是真心。把佛號當目標，全心集中在佛號上，沒有兩個，不摻別的雜念，這就算真心了。決信是深心的注解，除了決信淨土法門，其他的法門我不幹。例如有人要你念「消災延壽藥師佛」，《藥師經》也是佛經啊，但這部經沒有要你往生彼國。憑良心話，我們之中哪一位已經純純粹粹決信淨土法門，不雜修的？

乙二、願行既成

願就是發願迴向。早晚課完，天天都念「願以此功德，莊嚴佛淨土，上報四重恩，下濟三途苦……」，嘴裡念，有口無心，絕不是迴向。淨土法門是不迴向法門，念佛專為了帶業往生。迴向除了發願往生之外，還

要發願再來,再來做什麼?帶業往生斷了見思惑,還得發願再來,將所學的法門度化眾生,就可以斷我們的塵沙惑。

佛法有開有合,佛法開出去是方便有多門,合起來則是歸元無二路,信願行開出來是三項,合起來是一個。好比香爐的三個腳,放在哪裡都豎得起來。信願行三個到底哪一個作主,哪一個不作主,真心決信就有願有行。

既成的成是「成就」,往生的條件就是信、願、行,三者既成,信願行果真具足,必生彼國。發願要往生極樂,就得走這座橋,要是亂走,就無法往生。我們絕對不能反對佛法其他的法門,哪一種法門有哪一個方便法。信願行是淨土的方便法;自性彌陀,唯心淨土,是別宗的講法,淨土宗不如此講,若提倡這種講法,就走錯路了。別宗許可講,但淨土宗不採取這個方式,淨土宗就是主張外界「有」個阿彌陀佛正在等著你;淨土之中格外「有」個極樂世界,不是你心裡造的唯心淨土;命終往生「有」個阿彌陀佛來接引,若說是自性彌陀,難道是自己接引自己嗎?

至誠心、深心、迴向發願心,其實就是信願行,三者是一個,能深信必能切願,深信切願必能執持名號,故舉一則三者皆備。若沒有閒工夫念佛,就用〈大勢至菩薩念佛圓通章〉所教的憶佛,默而識之。見一切都是阿彌陀佛之所變化,以這種心理來變境界就能淨念相繼,命終一定往生極樂國。

十月十九日（六），至太平佈教所，以「乘三資糧發願‧憶念」為主題開示，淨土法門在信願行，願著重在「願意帶業往生、乘願再來」；行著重在「念茲在茲、一心不亂」，而要訣在「憶佛：默而識之」。

〈乘三資糧發願‧憶念——在太平佈教所講〉：佛法原不分宗派，有宗派皆是方便法，方便法就是巧妙地運用權智，行權法，教大家隨著機緣，領略進去，今天，我們大家正是走著這極方便的淨土路子。

淨土法門，古德們說是「千經萬論，處處指歸。」也就是說淨土法門，包括了千經萬論，然而，他卻是「難信之法」，因為這千經萬論的辦法都是信解行證，而淨土宗則不然，他有他特別的地方：先是「信」三藏十二部經典，既信了，不必經過解的階段，就可以實「行」，也沒說證果，正因為這特別之處，才令人難信，這才在「信」與「行」之間，再添上個「願」字，願是淨土宗特別之處，這願字出自《華嚴經》。《華嚴經》到最後歸結於〈普賢行願品〉，各位須知，普賢菩薩是大願王，連他都勸大家發願往生哪！再者，每尊佛都有願，惟獨阿彌陀佛的願最大最多，今後，希望諸位把這個「願」字多注重注重，沒有願是不能成就的。

假如我們肯發願——「願意帶業往生」到極樂世界去，我們的分段生死（也就是見思惑所招感的生死）便可以斷了。再者，我們從娑婆到極樂，叫「往生」，生到極樂世界的環境才適合斷惑修行，到那裡去，是去上學的，學成後就得再回到母校娑婆世界來度化眾生，這也算是報恩。

所以,「願」的另一個意義是「乘願再來」,若只想自己去享福,那就連去也去不成了。總之,要有「往生」的條件,還要有「發願」的條件,迴向文中,讓我們「同生極樂國」,要我們「上報四重恩,下濟三途苦」——正是此意。所以,我奉勸諸位,必得如是發「願」。

其次,再談「行」,欲往生極樂世界,我們還得有修的方法,光說理,沒說方法不行,這方法,關鍵只在「一心不亂」上,這四個字,在目前這樣的世間上,修上十年也辦不到,那怎麼辦呢?〈大勢至菩薩念佛圓通章〉中有「憶佛念佛,現前當來,必定見佛」句,「念」是今心,動心起了念頭,「念茲在茲」,念佛則心在佛上,念阿彌陀佛即心在阿彌陀佛上!

此外,還有容易的,就是「憶佛」,憶佛可不是想佛,乃是「默而識之」,默是在心裡頭,識(音誌)是記住在心裡頭忘不了——比如大家總有忘不了的事,士農工商,從事各行各業,為的是賺錢吃飯,這吃飯,只要鐘點到了,不管肚子餓了沒餓,就是忘不下。現在,若把這吃飯的心轉變為憶佛,把心理境界變一下,想著「一切皆阿彌陀佛變化的」,就不會把他忘記。若能如此憶佛念佛,則淨念相繼,相續不斷,終達到「一心不亂」。這是平常功夫,到了臨命終時,還得「心不顛倒」,心顛倒則不能往生,不顛倒才得往生,這是很重要的一句話。

然而,怎還會有顛倒呢?那是因為惑。功夫下得深,是斷惑,下得淺,就只伏惑。所謂「一心不亂」,伏惑也

一心不亂,斷惑也一心不亂,斷惑保了險,不會顛倒了,伏惑就不保險了,所以,臨終須有助念的,助念乃幫助你念,你平日裡自己念,到臨終時有人助念,那惑雖未斷,也伏而不起,心不顛倒了,即得往生極樂國土,所以這助念,別的宗幫不上忙,唯有淨土宗可以有人幫助。

今天的話,說到這裡為止,這佈教所所以能有如此發展,還靠各位正知正見——亦即「志同道合」,本人不能常常來,還靠各位竭力發心護持。如有需要幫忙,各聯體機構理當互助,可以不必客氣![1]

十月二十一日(一),於台中蓮社錄音室為蓮社聯體機構辦事人員「內學質疑組」第十三次開示:勸熟讀《阿彌陀經》。

李炳南居士講,連淑美筆記,〈為內學質疑組開示〉:人人有生死,人人有八苦,人人皆經過,人人皆不信。汝尚未死,四鄰有死。凡不好之事,彼有吾無,即是不覺悟。汝莫以為距死尚早,莫以為吾九十六、汝年輕,此即是糊塗。生死無老少,今死者皆較吾年輕。吾來臺一年用百包光明砂。實命在呼吸之間。

汝等修淨,當生成就,非一成就,實萬成就。第一步,皈依三寶。尚有實於此者乎?寶貴在何處?佛難講,根

---

[1] 李炳南居士講,吳碧霞記:〈乘三資糧發願・憶念——在太平佈教所講〉,《脩學法要》,《全集》第9冊,頁151-159。

本無影無形，說有現象者易曉，故說法。汝等自今起，淨土五經，須先念熟《彌陀經》。近日吾才知祖師，最後才懂《彌陀經》，以前皆不懂。吾對《彌陀經》更特別注意，吾才知自己所知雞毛蒜皮，不夠料。祖師所說之難處，吾思之，確然。汝等自今起，《彌陀經》天天溫，經是根本，汝覺困難時，即進步之時。汝真明白《彌陀經》，什麼都不必念了，學問就可以了。千經萬論，處處指歸，千經會歸《彌陀經》。然如何懂《彌陀經》？吾說一方便之方便。汝等入道最難之一字，信字最難。吾等未有一真信者，吾等是迷信，對之不懂，非迷信乎？吾為汝說二字，汝先入門。六度、十度之首為布施，布為普遍，施，拿出去。經上未說放下，但說布施，布施即是放下，捨不得即非放下。汝現在先學布施，心才無罣礙，心才無有恐怖。非經不靈，乃汝看不明白。

放下者應辦之事皆須辦，辦過去即無相，無為即是大有為。此境界高，先放下。各行業照做，辦過別在心中戀著。不好之事，亦既往不咎，否則帶業往生六道去也。

十月二十二日（二），重陽節，有〈乙丑重陽憶佛山菊會〉、〈重陽遙憶〉、〈天絲〉、〈臺省為產茶之區嗜者集焉江叟以蜀之仙掌茶惠贈此昔人以之贈李太白者余感訓謝〉、〈羈客三世逢節誌感〉。（《雪廬詩集》，頁 729-731）

〈乙丑重陽憶佛山菊會〉：故國時回首，今愁復盪胸；西傾舜田日，返照霧臺松。病棄千觴酒，慚餘百歲

容；秋高菊萬蟄，或恐陷狼烽。

〈重陽遙憶〉：高空昨夜度輕霜，孤館看山旭日涼；遙憶故園三徑菊，同秋同瘦不同鄉。

〈羈客三世逢節誌感〉：異鄉春夏秋冬節，闕里東西南北人。孤雁長征渾似我，斯文高閣半由民。遙天流照秦淮月，海客飛揚胡塞塵。起弔時危繩祖武，影形交外更無鄰。

十月二十三日（三），晚，於慈光圖書館週三《華嚴經》講座，宣講〈十迴向品第二十五〉「十、等法界無量迴向」，解說第三十表：四無量心。[1]

經文「無比梵行，無動梵行，無亂梵行，無恚梵行」，這四句即是四無量心。佛法有小乘中乘大乘，有通有別。通是普通法，別是特別法，有顯有密，這一些總而言之，都離不開四無量心。沒有無量心，就是沒有扎住根，後來怎麼成就？楞伽經「字、語、法、身」名四等。「字」是梵文，音字皆不一樣，翻譯好不容易。「語」就很難，譬如念阿彌陀佛，「阿」怎麼講，「彌」怎麼講？不但不會講，念的音也不對。一般人念「ㄨㄛ」彌陀佛，這可不行。這「阿」字，從喉嚨出，梵文第一字是阿字。阿字是喉嚨音，念「ㄚ」彌陀佛。嗡嘛呢叭咪吽，有人「吽」錯念「牛」，心誠也就算

---

[1] 李炳南：《大方廣佛華嚴經講述表解》，《全集》第 1 冊之 2，頁 373。

1985 年・民國 74 年 | 96 歲

了,那有什麼辦法?語很難。[1]

是日,員林賴謝妙老居士五彩舍利,送到蓮社供蓮友瞻仰,並送數顆供養。先生讚歎此為其來臺三十多年,僧俗中極難得殊勝之舍利也。(《蓮社日誌》)

【案】賴謝妙(1906-1985),彰化員林人。老居士信佛以來,每天一早就穿好海青,打開大門迎接佛菩薩,日日切實念佛,為人慈悲少閑言語。念佛念到自知時至,她請蓮友為她助念,蓮友說夏天助念辛苦,她說:往生會選個涼快天氣!最後,大家為她助念,她不能出聲,但手輕敲床緣和著大家念佛聲,正念分明,安詳西歸。火化後燒出如此殊勝的五彩舍利子。心臟地方的舍利,形成一朵白色蓮花、外邊有透明薄膜包著,裡面有不同顏色舍利甚多。身體其他各部位也有很多舍利,共千餘顆。[2]

十月二十五日(五),至臺中醫院為朱鏡宙開頂助念。先生與朱居士結識於重慶,與蔡運辰念生居士同被稱為「臺

---

1 李炳南講述,張素真整理:〈華嚴經法界無量回向講錄(一)〉,《明倫》第 454 期(2015 年 5 月)。

2 參見:黃泳:〈賴謝妙居士 往生瑞應〉;https://www.youtube.com/watch?v=dyc2dUOqmMw;郭惠珍:〈傾聽恆河的歌唱(七)〉,《明倫》第 200 期(1989 年 12 月);鑑因法師:〈賴謝妙不識字老太婆預知時至、留舍利千餘顆〉,《花開見佛菁華錄》(臺北:一心圓,1993 年)。

中佛教三老」。(《圖冊》，1985年圖15)

　　董正之，〈永懷雪公恩師（下）〉：客冬朱鐸民老居士，亦公交篤道友，長師一歲。住臺中省立醫院，臨往生前，亦請雪公開頂，時師法體違和，但為數十載道誼，毅然前往作最後一面，以滿鐸老心願。大德風範，道誼相親，迥非常情可比。[1]

　　徐醒民，〈朱公鐸民老居士傳〉：公晚年隱居臺中正覺寺，日持念珠，不離聖號。有事服勞，唯一道友陳滌寰居士而已。時往問安者，公之子孫外，義女姚碧珠居士，宗晚朱堯生居士，以及弟子醒民，其餘知其居所者蓋鮮矣。後預知時至，示疾拒醫，於民國七十四年十月二十五日，夏曆乙丑年九月十二日暮，靜待雪公相別，並得臺中蓮友助念，安詳歸西。距生清光緒十五年十二月二十三日，世壽九十有七。哲嗣振威在臺，賢孫、賢曾孫，多人，或在臺，或在美，咸具福慧。醒民蒙昧，昔在臺北，仰公多方誘導，或以書翰，或以面命，引入佛門，又錫以臺灣印經處各種經書，提示研讀，以是得窺修學門徑。後至臺中，從雪公學淨業，幸能循階而進者，賴公導之於前也。公西去，時讀公之遺著或手札，尋思公住世間，秉春秋筆，現達官身，由禪而淨，無非為眾生說法而然。畢生事跡，詳《夢痕記》中。[2]

1　董正之：〈永懷雪公恩師（下）〉，《明倫》第169期（1986年11月）

2　徐醒民：〈朱公鐸民老居士傳〉，《明倫》第203期（1990年4月）。朱鏡宙小傳及與先生論交事，見1940年夏譜文。

十月二十八日（一），於台中蓮社錄音室為蓮社聯體機構辦事人員「內學質疑組」第十四次開示。

　　在此所說，與諸位之功夫，有密切關係。若以為普通談話，錯矣。吾年歲無多，不說廢話，說一句是一句。吾今所說，早說過，皆有據。「歸元無二路」，元者，本性也，人無二性也。性者，與心原一，然性是一，心有若干。何以然耶？歸元無二，然方便有多門。性不用修，無修性者；然心卻須修。修之難在心，心千變萬化。心如何修？汝心汝自知，他人不知，故唯自修，連佛也幫不上忙。各人吃飯各人飽，各人生死各人了。「心汝自知」，知之即修。心不在焉，便不往矣。「方便有多門」，淨土宗與他宗，是一樁事，非二樁事，都是歸元。心在這上，就有解脫的希望。

或問，淨土修者多，何以成就者少？淨土退轉者多，一退轉即麻煩。要不退轉，欲往生，在此處當伏惑。伏惑是假一心，斷惑是真一心。在此念佛，到彼才「皆悉念佛念法念僧」。「悉」，了解義，到那才了解念佛的道理。懂理還不行，無生法懂了，忍則是定住，故下段「自然」念佛法僧，八地之境，才懂得「忍」。

佛法三無漏學，不管哪宗，不離戒定慧。淨土信願行，仍不離戒定慧之總體，沒定，心不安，往外跑。無禪難明淨土，無淨亦無禪。如密，無定，焉能三密相應。「教之道，貴以專」，學可以多參考；修，只能按一門。這門成功，其他皆通。反之，一門不通，皆不通。

禪宗要訣：「內心無喘，外離諸緣。」風，喻心動。喘

者，慢慢微微地動，這也不行。必得到什麼也感覺不出，歸自然了。「心如牆壁」、「防意如城」。這是入道之門，上道，戒定慧，離不了。

聽了這，省察自己，這些毛病都有。念佛還想其他嗎？學曾子三省。

問：當今眾生業障如是深重，佛弟子當如何修持？

答：無他。念佛是第一大方便之法，念佛不行，三藏十二部都沒法。然念佛必得淨念相續，一斷便是失念。念佛難，憶佛易，吾心、眼皆在佛上。

問：如何才能感動大善知識常住世間，指點迷津？

答：萬法無常，來回變，叫他常住世間，辦不到。[1]

是日，錢地之來函問候，自述著作《朱子四書集註評述》為多年苦學心得，並以得識先生為人生之美事。[2]

錢地之，〈錢地之來函〉（1985年10月28日）：雪廬老鄉長道鑒：久違教範，曷勝思念。近聞蔡君言，鄉長道體安泰，履居吉祥，仰慕之餘，慰甚慰甚。地年來日以繼夜欲完成《朱子四書集註評述》一書。此書為地遊江南四十餘年苦讀儒學之心得。晉宋中原文物南遷，孔子聖教正義喪失。地以駑鈍之才，欲使聖經真義回歸原本。此事之難如登青天，又非駑鈍之才所能為，

---

1 李炳南講，吳碧霞記：《內學質疑組開示筆記》（1985年6月28日至1986年3月17日，未刊本）。

2 錢地之：〈錢地之來函〉（1985年10月28日），鄭如玲提供。

1985 年・民國 74 年 | 96 歲

困勉從事耳。拙作完成，必先將呈上過目。地此次與鄉長相識之際，適遇知音者方公子珊過世，悲痛之餘，復慶識鄉長耶！自此視鄉長為恩人、為師友，自以為彼此無間，人生途中之美事耳。想吾鄉長亦同然耶！肅頌

道祺　　　　　　　　鄉後學錢地之拜啟　十月廿八日

復承賜蔘茶乙盒，愧不敢當，敬謝不一。又及

十月二十九日（二），孔德成先生行將赴美國紐約，參加美國第四屆祭孔大典。行前託付奉祀官府公務。[1]（《圖冊》，1985 年圖 16）

十月三十日（三），晚，於慈光圖書館週三《華嚴經》講座，宣講〈十迴向品第二十五〉「十、等法界無量迴向」，解說：四安樂行。[2]

十一月一日（五），夏曆九月十九日，觀世音菩薩出家紀念日，至蓮社旁建地主持社教大樓動土奠基大典。新建大樓取《易經》「謙卦」意，命名為「六吉樓」，落成後做為國學啟蒙班、明倫廣播社及社教科辦公及教學之

---

[1] 參見汪士淳：〈孔德成大事記〉，《儒者行：孔德成先生傳》，頁 383-391。

[2] 李炳南：《大方廣佛華嚴經講述表解》，《全集》第 1 冊之 2，頁 374-375。另參見：李炳南講述，張素真整理：〈華嚴經法界無量回向講錄（二）〉，《明倫》第 455 期（2015 年 6 月）。

用。[1]（《圖冊》，1985 年圖 17）

王烱如，〈紀念雪公恩師往生八週年——學習雪公精神〉：老人學貫世法出世法，佛學、儒學、史學、法學、文學、醫學（中醫）、書法，無不通達，可以說是滿腹經綸，飽學之士，但是他卻自號，「不通」，對人常說，「只懂得一點點皮毛而已。」而老人家最厭惡的一句話便是「值得驕傲！」這句話。為了提醒學子求學要謙虛，把負有社教功能的大樓定名為「六吉樓」，即取自《易經》六爻皆吉的「謙」卦之意，教學生每當進入大樓時，勿忘「謙」這個字。「滿招損，謙受益」，只要時時懷著謙虛的態度求學，學問才能長進，做人才能成功；豐穰的稻穗，必然垂得愈低，愈有學問的人，頭愈低下，親近過雪公的人必定會感受到這種謙沖的風度。[2]

張式銘，《張慶祝師姑九十回顧》：老師在世時花四百三十萬元買土地，周（榮富）大德花四百七十萬蓋房子，內部設備八十二萬元都由黃靜花出資。[3]

---

1 【數位典藏】照片／道場活動／落成紀念／〈六吉樓奠基典禮之一〉、〈六吉樓奠基典禮之二〉。

2 王烱如：〈紀念雪公恩師往生八週年——學習雪公精神〉，于凌波等：《李炳南老居士與台灣佛教》，頁 121-126。

3 張式銘：《張慶祝師姑九十回顧》（臺中：自印本，2006 年），頁 70。案：張慶祝所述即「六吉樓」事。又，據黃潔怡口述（2023 年 11 月 2 日 17 時）：籌建時，另有蓮友翁吉輝特別賣金條捐款相助。先生因此特別說明，命名「六吉樓」除取義於《易經》，還內含「周」榮富、翁「吉」輝，兩位主要捐助者姓名中之「吉」字。

1985年・民國74年 | 96歲

淨音，〈吃虧即是佔便宜〉：聽過吳老師談到雪公恩師行誼時，謂其曾於出國旅遊時，買一軟墊子回來送予恩師，不意恩師竟要她先拿到佛前上供——原來不管是吃的，用的，恩師必先供佛！可見其誠敬之心！這不是他老人家常教我們「佛法實益，在恭敬中求」的身教嗎？

在六吉樓動土奠基典禮中，末學未能參與親見恩師動土，但在最近的六吉樓落成時，曾看放映恩師動土奠基之錄影帶，當我看到恩師以顫抖之手，捧著欲奠基之木樁供佛那一幕，眼淚突然奪眶而出！原來吳老師之言，確實不虛！恩師竟然連奠基之木樁也要先捧供佛一下——眼見在恩師旁之侍者，不明恩師欲先供佛之意，幾次欲幫其將木樁直釘下土，而恩師卻吃力地以顫抖之雙手勉強將木樁橫捧高舉額頭以供佛，實在叫人感動不已！此時我的淚水，不聽使喚地簌簌流出！恩師啊！恩師！您真是一位偉大的身教重於言教的「人師」啊！[1]

十一月三日（日），下午一時，至臺北市愛國西路自由之家，參加中國醫藥學院董事會第九屆第四次會議。[2]

---

[1] 淨音（吳天主）：〈吃虧即是佔便宜〉，《明倫》第176期（1987年7月）；另參見：弘文（林淑美）：〈無盡的追思——一鏟土〉，《明倫》第165期（1986年6月）。

[2] 見：徐鳴亞編：《私立中國醫藥學院歷屆董事會議紀錄彙編》（臺中：1984年5月）。

十一月四日（一），於台中蓮社錄音室為蓮社聯體機構辦事人員「內學質疑組」第十五次開示。

> 汝問吾答，然吾所答，汝如何懂？我所說不離經典。吾之學問，千說萬說，亦不離古人。往往以為心得，一查，前人說過。何以人說過我不知？汝所讀書太少，斗大的字，認識兩籮筐而已。大家今天起，得看經。這些經，如何看？總是諸位辦得到的。淨土三經，後又加〈普賢行願品〉、〈大勢至菩薩念佛圓通章〉，稱五經。不說五經，三經不同處何在？我說出，令汝心有標準。
>
> 《無量壽經》等於淨土之家譜，說淨土如何來，是總帳，如示家中何處有地有房……。然僅此仍不得利，得說方法。方法在《十六觀經》，欲汝自己修觀。而《阿彌陀經》主意何在？《無量壽經》如現量，《觀經》如比量，《阿彌陀經》是聖言量。不知阿彌陀佛何來何去？一句一句聖言量。今天回去，先看《阿彌陀經》。諸位看經去，學老實念佛，聽聖言量。汝欲聞何句，我為汝說，圖個會講也就不錯。會講就會觀想了。如「白毫宛轉五須彌」，阿彌陀佛有多大？有印象，是影子，這影子就發生關係。[1]

十一月六日（三），晚，於慈光圖書館週三《華嚴經》講座，

---

[1] 李炳南講，吳碧霞記：《內學質疑組開示筆記》（1985 年 6 月 28 日至 1986 年 3 月 17 日，未刊本）。

宣講〈十迴向品第二十五〉「十、等法界無量迴向」。

經文:「佛子!菩薩摩訶薩,若能為己修行,如是清淨梵行,則能普為一切眾生。」若是為了自己,按著佛說的法子去做,做得很清淨,一切都合規矩,做到這樣。「則能普為一切眾生」。這一段是總開頭語。下頭說十二條,怎麼修梵行的十二條。六條,說為度化眾生的關係,後面六條,說明內在的。[1]

十一月十一日(一),於台中蓮社錄音室為蓮社聯體機構辦事人員「內學質疑組」第十六次開示。

上次所言,或有疑,可先問之。

問:為何往生人,聞眾鳥法音,才「皆悉念佛念法念僧」?此是何種果位?

答:「諸佛海會悉遙聞」之悉,普遍義;「皆悉念佛念法念僧」之悉,明白義,生西後才明白念三寶之義。

悉,明白了,並非證了。若言果位,念佛法僧者,言其明白其義則可,若言其果位則無。如於此修為小乘之「入流」(須陀洹)第一步,則生西於蓮花內亦為入流。若出了蓮花,斷惑了,則「皆是阿鞞跋致」,等於八地菩薩。

證為果,而「自然皆生念佛念法念僧之心」則與上者不同。自然乃不勉強了,塵沙惑去不少了,何果

---

1 李炳南講述,張素真整理:〈華嚴經法界無量迴向講錄(三)〉,《明倫》第456期(2015年7-8月)。

位？等於第八地菩薩，然非就是八地菩薩也。

學佛要語，什麼宗派都不離戒定慧。既不之離，則三字至要。《華嚴》云：「慈悲喜捨」，自小乘至大乘，皆有此四字。《華嚴》在百真如、微細智後才說此四。再提問了：有了慈悲喜捨，成功不成功？才云四無量心故不可少。然有此即成功乎？自初至終，不離此四。但只有此四還不中用，為何？下次答覆。此如禪家之參禪，不准說，參明白了，才是自己的。諸位聞之且莫以為平常，何時答出來，以為不平常，這才是你的。

我問的問題，汝若答得上來，於念佛用功，大有幫助。至今吾對「不成就」多少有點恐懼，知道不成就是不行的。然今之學人，成不成皆無妨，這就大糟糕。[1]

十一月十二日（二），至鹿港佈教所，開示：學佛求成佛 成佛仗彌陀。

〈學佛求成佛　成佛仗彌陀——乙丑年在鹿港佈教所講〉：本人年已九十八，做事總是有心無力，今日

---

[1] 是次開示至 1986 年 3 月 17 日，內學質疑組最後一次開示，皆依據：李炳南講，吳碧霞記：《內學質疑組開示筆記》（1985 年 6 月 28 日至 1986 年 3 月 17 日，未刊本），及李炳南講，陳雍澤記：《內學質疑組開示筆記》（1985 年 11 月 11 日至 1986 年 3 月 10 日，未刊本），以下各項除另有依據須說明外，其餘皆不另注出處。

難得見面,談話就只揀重要的來談,談過之後,最要緊的,還是在於大家的實行。

我們為什麼學佛呢?「學佛」,就是大家都得求「成佛」——要是不能成佛,學佛做什麼呢?然而,要成佛,卻須照著佛的行為做,照著做,有何好處呢?

大家須明白,一般人都在六道輪迴當中流轉不息。學佛的人這輩子沒能跳出六道輪迴,投胎後,有了隔陰之迷,必然忘了前生所修的道,卻又因前生修道的關係,必享來生的福,可是富貴人學道難,既享富貴,又復做官,造業的機會更大,出離生死,成就佛道的希望就很渺茫了。成佛是很難!但是,佛以慈悲為本,在萬難之中,卻又開了一種特別的法門,讓大家得以速速得到真正解脫。

然而,只因為太特別了,一萬人中,找不出一位真信不疑的,所以淨土法門是難信之法。一般人只因為信得不真,總是嘴裡念佛,心思往外攀緣,「口念彌陀心散亂」,這樣念六百萬劫也是不能成就的,充其量,憑著念佛口善,來生投胎做個人罷了!真正信,肯老實念佛,求生到西方,到了西方,在好學校繼續求學,畢了業就得自由,就真正解脫了。

淨土法門,千經萬論,處處指歸,「信為道源功德母」,當然,真正要信得不動搖,得到第八地菩薩,但是我們可以勉強信,佛是聖人,絕不打妄語,信聖言量,縱是不解理,也能成功。大家果能不疑惑,依教奉

行，畢竟能夠往生西方，必定能夠成佛得真正解脫！[1]

十一月十三日（三），晚，於慈光圖書館週三《華嚴經》講座，宣講〈十迴向品第二十五〉「十、等法界無量迴向」。[2]

十一月十八日（一），於台中蓮社錄音室為蓮社聯體機構辦事人員「內學質疑組」第十七次開示。

　　本班大主意勿忘了：一必保不退轉，擴充談不到。二、求大家當生成就。至於後日道場可保住否，非吾可料，萬法無常故。祇園精舍黃金鋪地，今何在？今生不成就，來生不保險。

今談一問題：《阿彌陀經》句句皆難言，皆聖言量。咱又非上智下愚，乃中根者，至麻煩也。既如此，《阿彌陀經》謂：念到一心不亂，阿彌陀佛與諸聖眾現前。心不顛倒才往生，顛倒則不往生。請問：什麼是顛倒？什麼是不顛倒？平時知之，臨終才能預備。

成佛必三大阿僧祇劫。第二大劫以前皆迷惑顛倒。「常樂我淨」，凡夫執之為四倒，臨終此四字現，起隔陰之

---

[1] 李炳南講，吳碧霞記：〈學佛求成佛　成佛仗彌陀——乙丑年在鹿港佈教所講〉，《脩學法要》，《全集》第 9 冊，頁 146-150；日期據：鄭勝陽口述，于凌波筆錄：〈雪廬老人示寂前後〉，《明倫》第 164 期（1986 年 4/5 月合刊）。

[2] 李炳南講述，張素真整理：〈華嚴經法界無量回向講錄（四）〉，《明倫》第 457 期（2015 年 9 月）。

迷。有此四字則糟，無此四字又是顛倒。何以？在因地，有此四字為顛倒；緣地，此四字不相應，或進或退故；果地，此四字全有了，而云無常樂我淨，則又成了顛倒。必成佛才可真得常樂我淨。

十一月二十日（三），晚，於慈光圖書館週三《華嚴經》講座，宣講〈十迴向品第二十五〉「十、等法界無量迴向」。

　　經文：「自於梵行而有放捨，不能令他恒不放捨；自於梵行而有散動，不能令他心不散動。何以故？菩薩摩訶薩住無倒行，說無倒法，所言誠實，如說修行，淨身、口、意，離諸雜染，住無礙行，滅一切障。」自咱講《華嚴經》，到現在講了十七年，才講六本，現在第七本，沒講完。《華嚴經》一共十六本，講六本還有十本，也得講十年，怕講不出來。[1]

十一月二十一日（四），晚七時起，於蓮社大殿領眾念佛，迴向劉汝浩老師生西，乘願再來。劉汝浩於二十日下午三時許在臺北自宅生西，往生前交代不要驚動先生。先生聞訊後，即命弟子帶光明咒砂及陀羅尼經被前往協助後事。十二月二十日舉行告別式，特派王炯如社長率蓮友前往參加。

---

[1] 李炳南講述，張素真整理：〈華嚴經法界無量回向講錄（五）〉，《明倫》第 458 期（2015 年 10 月）。

黃泳，《蓮池海會——念佛往生見聞記1~10不負學佛》：劉霜橋老師，是我們雪公老恩師一個非常要好的朋友，雪公老恩師早年禮請他來這裡講國學，劉老居士非常負責任，每次上課，全部錄音，回去後反覆聽，看有沒有講錯，以便下次更正。由於他是國大代表，臺北宿舍蓋好後，他就搬離臺中到臺北去，以後還是非常用功念佛，常看我們蓮社的雜誌《明倫》月刊和蓮社出的書，他對念佛往生的事情很清楚。活到九十幾歲，往生的當天，還到醫院做一次健康檢查，回來後向他老伴說：「哎，我活到九十幾歲，從來沒有像今天這樣地舒服過。」還向老伴講：「我假如往生了，你要照蓮社李老師講的做法去做，不要動，不要哭，要幫我念佛。」因為他家裡只有老伴和一個管家，他老伴問：「要不要通知李老師？」他說：「我歲數這麼大，你們幫我助念就可以，等我往生後再通知，省得李老師他老人家那麼遠還要趕過來。」講完後，睡了一覺就往生了。活到九十幾歲，沒有像他往生那天那麼舒服。他就在這樣舒服的日子裡往生了。

往生後消息傳到臺中，雪公老師隔天一大早聽到消息就要趕去臺北助念。蓮友馬上跟劉老師家裡聯絡，那邊說：「昨天往生了，已經助念過了，都處理好了。」老師才沒有去，託我們幾個學生帶著「陀羅尼經被」，還有「光明咒砂」，去和劉老師結緣。我們到臺北來，把冷藏櫃打開，看到劉老師整個臉部像是活生生的人一樣，臉色好得不得了。已經走掉一天的人了，還這樣面貌如

生,沒有一絲毫的死相。火化後又燒出一堆舍利,我們雪公老師也有瞻仰到。雪公老師就一邊瞻仰一邊讚歎說:「劉某某,您這個好友,您真是不辜負學佛一場,今天得了這樣的成就。真是太好!太好了。」有蓮友問雪公老師說:「老師,他有沒有往生?」當然,他往生的情形老師沒有看到,雪公老師就以瞻仰劉老師的舍利講出來。修其他法門,有戒定慧的功夫,有舍利,這是一個成就,未必往生。反過來,像劉老師這樣,修念佛法門,燒出這樣多的舍利,這就是往生的一個證明。
劉老師這樣謙虛,自己預知時至,還交代家裡人不要讓雪公老師為他的事情分心。可是他這一念雪公老師知道了,雪公老師一聽說劉老師要往生,就要去助念。助念過了,雪公老師也特別利用時間主持念佛,並親自幫劉老師做了一場念佛功德的迴向。[1]

【案】劉汝浩(1894-1985),字霜橋。山東省郯城縣人,歷任山東省政府委員、國大代表。(有小傳見 1952 年 4 月 22 日譜文)魯籍人士旅臺中者有炳南先生、李漱生、劉汝浩、劉步瀛,人因戲稱為「岱嶽四皓」。歷任蓮社附設補習班教師、教務主任、慈光圖書館大專內典講座主講、慈光育幼院董事、菩提安老院院長等職二十餘載,皆為義務職。一九七〇年前後遷臺北。往生後遺骨晉塔於臺中寶覺寺時,炳南先生

---

1 黃泳:《蓮池海會——念佛往生見聞記 1~10 不負學佛》,https://www.youtube.com/swatch?v=bgEgD8XmXNQ

特前去祝禱。

十一月二十五日（一），於台中蓮社錄音室為蓮社聯體機構辦事人員「內學質疑組」第十八次開示。

問：心不顛倒方能往生。然八地以前皆不免顛倒，則應如何用功方得不顛倒？

答：顛倒也不懂，不顛倒也不懂，如何防備？心一覺，一變心，就行了。顛倒時，必得用它，不用反而是顛倒。預備了，不問會不會講顛倒，也可以，「一心不亂」念到底的也不多。一心有理一心、事一心。理一心是開悟了，理明白幾分。不明白，自知是顛倒，伏了它，便是伏惑。事一心，伏而已。知壓不住，故第二步有助念，家裡接受的，福大。此臺中團體做得到，還得佛化家庭，不然障礙重重。再者如老太婆之辦法，深信切願、一絲不疑。切者一刀兩斷，事事分明，工夫亦不小。懂「伏惑」，自心之力；「助念」，全在環境，看認得的是善知識或惡知識。不明道理的是惡知識。「切願」，心一切放下，懂顛倒，好預備。昔有人一根煤油燈芯即掛懷，如何得脫！

十一月二十七日（三），晚，於慈光圖書館週三《華嚴經》講座，宣講〈十迴向品第二十五〉「十、等法界無量迴

向」,解說「(攝)將迴向、(善根)迴向」。[1]

十一月二十八日(四),西屯區發生火災,住民陳明珠及其二子女喪生,先生命蓮社人員前往探視及撥款一萬救濟。(《蓮社日誌》)

是月,作有〈賞梅誌慨〉、〈人相感〉、〈西嶽月觀峰詠月〉,刊於《明倫》月刊。[2]前後又有:〈夏霜〉、〈關山〉、〈今古塵〉、〈梵剎答友人問〉、〈蓮薰〉、〈難離〉、〈未熟〉、〈隱居〉諸詩。(《雪廬詩集》,頁731-734)

〈賞梅誌慨〉:野梅依舊好,開遍隴頭春;分靄花如月,簇香詩有鄰。楚呼雞是鳳,天止雁書人;萬法原清淨,危心悉染塵。

〈關山〉:百年身世獨飄零,天下峰巒次第經;萬象隨時歸老眼,山容纔識故關青。

〈未熟〉:未熟黃糧四十年,衣冠禽獸兩茫然;從君欲問將來事,依舊風光如是傳。

〈隱居〉:人如霜菊屋漁舟,矯首天涯貧不憂;邸報西來思養晦,癯容莫傍鏡前遊。

---

1 李炳南:《大方廣佛華嚴經講述表解》,《全集》第1冊之2,頁376。參見:李炳南講述,張素真整理:〈華嚴經法界無量回向講錄(六)〉,《明倫》第459期(2015年11月)。

2 李炳南:〈雪窗習餘——其九〉,《明倫》第161期(1985年12月)。

十二月二日（一），於台中蓮社錄音室為蓮社聯體機構辦事人員「內學質疑組」第十九次開示。

  近日曾明聰居士念佛，舍利百顆以上，甚悅。

淨宗往生，要緊在「一心念佛」，「心」者何？佛，比方相宗；心，比方性宗。相雖難明，卻有相可尋；禪則一念不起，無相可尋，故難。有《寶王三昧念佛直指》可參考。汝居上根下根之中間，閱此才自知是門外漢，知昔日之非，連緣影與真心都找不到，如何成就？

淨宗要人起信，禪宗則要人起疑，此二非大不同乎？非也，皆一樣，以不起疑則不開悟，不開悟則不相信。若學下根，一依聖言量，也行。故不起疑學下根即成。

孔子自言：博之以文，約之以禮。學不妨廣博，行之在於禮，今在禮上學。

十二月四日（三），晚，於慈光圖書館週三《華嚴經》講座，宣講〈十迴向品第二十五〉「十、等法界無量迴向」。

  經文：「為欲令一切眾生立勝志願，出生無礙、無謬失辯⋯⋯。」說法有兩種，一種是折，一種是攝。大家對於這法門很恭敬，心裡想學又害怕，怕就不敢學，也不敢說了。攝，就是說不難，你來學很容易就成就，這是「攝」。[1]

---

[1] 李炳南講述，張素真整理：〈華嚴經法界無量回向講錄（七）〉，《明倫》第460期（2015年12月）。

十二月九日（一），於台中蓮社錄音室為蓮社聯體機構辦事人員「內學質疑組」第二十次開示。

　　在此講，無祕密。佛法分顯說與不顯說，不顯說者怕傳出去會出誤會。

吾志向令汝等當生成就，否則有隔陰之迷。

凡佛經皆有三資糧：人身難得、佛法難聞、中國難生。此為通途三資糧。人身難得，人身為學佛基本，有此方能聞佛法。佛法難聞，有此才能斷見思惑，得解脫。然斷見思只能自利，不能利他；不成佛，無常樂我淨，故還得生中國。中國指五方之中、繁華之處，參加進去，才解人心，化他之同時，自己長學問，可斷塵沙惑。知此三，千言萬語，知淨土特別，千萬勿忘當生成就，此三根普被之法。

十二月十一日（三），晚，於慈光圖書館週三《華嚴經》講座，宣講〈十迴向品第二十五〉「十、等法界無量迴向」。

　　經文：「作是念言：我當普於一切世界，為諸眾生精勤修習，得遍法界無量自在身，得遍法界無量廣大心。」這地處是道場，不管是世間的道、出世間的道，皆是正道，深淺勿論。咱們這圖書館講幾十年的經，可以像道場，至少沒教人做壞事，沒講錯經。不是我講得好，我講的皆是依祖師的註子。[1]

1　李炳南講述，張素真整理：〈華嚴經法界無量回向講錄（八）〉，《明倫》第 461 期（2016 年 1 月）。

十二月十五日（日），印光大師往生西方四十五週年紀念日，上午九時，至蓮社主持禮祖法會。（《蓮社日誌》）

十二月十六日（一），於台中蓮社錄音室為蓮社聯體機構辦事人員「內學質疑組」第二十一次開示。

咱道場為學佛。另有佛學，一學即高深者。吾初遇梅大士教吾《金剛經宗通》，宗通者，通教通宗旨，固不易。看教理是文字，不識文字而起信，也很難。

今天起，講《阿彌陀經》，叫汝認識認識出世法。「詳訓詁，明句讀」，先把文字懂了，外行來，開口便錯，便能認得，不致受騙。

「如是我聞……無量諸天大眾俱。」全經分幾段？此段有幾句、幾半句？一段又分幾段？

本經與他經之不同，特別處在「不問自說」。明此，心即可變樣。

第一段，雖無問自說，亦必有司儀，介紹者也。初為普通序，介紹之話，次為特別序，十六尊者也。今稱演講主題，即介紹話也。

別序：「爾時，佛告長老舍利弗……今現在說法」，此還非佛說。下文「舍利弗，彼土何故名為極樂」，從以下才是佛說。爾後出來說話者皆是佛，故「佛說」千真萬確，他人不敢贊一詞，全體佛說，文才通達。

吾做功課，十方佛皆圍著我。問曰：「何以佛不圍我？」你不要佛，故十方佛不來圍汝。下次教汝觀想，才上來可觀想，經念熟了，則可不必觀想，一坐即等於

吾當代表了。

十二月十八日（三），晚，於慈光圖書館週三《華嚴經》講座，宣講〈十迴向品第二十五〉「十、等法界無量迴向」。[1]

十二月十九日（二），周邦道來函，請另派任仁愛之家董事長人選。[2]

  周邦道，〈周邦道來函〉（1985年12月19日）：
雪公夫子大人函丈：小恙纏綿，近始痊可。久未稟候，歉疚莫名。霜橋先生之喪，蓮友多人北來祭奠並迎護骨灰，友好咸為讚歎函丈慈悲功德。霜兄靈爽不昧，定有榮感，安隱西歸矣。仁愛之家年會下月舉行，謹當謁叩崇階。數年來，未能實際從事工作，惶悚萬分。此次改選，敬乞函丈物色年富力強，居處中市蓮友充任。不勝仰企感禱之至。耑此肅陳，伏維鑒許。虔欽
鈞安　受業周邦道頂禮拜上　七十四年十二月十九日晚
勝陽師兄順候

十二月二十二日（日），上書奉祀官，是月起不再領薪，僅

---

1 李炳南講述，張素真整理：〈華嚴經法界無量回向講錄（九）〉，《明倫》第462期（2016年2-3月）。
2 周邦道：〈周邦道來函〉（1985年12月19日），鄭如玲提供。

支交通費及配給，餘款請另聘祕書一員。[1]（《圖冊》，1985年圖18）孔先生唯恐其以任務完盡而辭世，於是再次婉留，然而先生跪辭堅拒，孔先生亦跪，兩位相差三十歲之老人跪地抱頭痛哭。

〈函孔德成〉（冬至節）：恩公座下，敬稟如後
（1）已屢稟明，從本月起，職僅領配給一份，交通費月壹萬元正，其餘款另聘祕書一員。
（2）本月份，會計出納仍照舊數發，職未敢接受。請諭彼收回。
（3）我輩四十餘年關係，自當履行諾言，萬萬不敢更改，有負庭訊〔訓〕及莊師之教。千懇萬懇。肅請
鈞安　　　　　　　　顧問李炳南上叩　冬至節

郭基發，〈郭基發訪談紀錄〉：雪公恩師自七十四年十二月起，不再領薪。但出納王瑋中照樣送薪水至師住處。故有此函。新任主祕尤先生自七十五年二月到職，按原職敍薪。實質上言，雪公恩師至七十四年十一月底離職。老師七十四年十月底尚有處理孔先生交辦稅務事一件。最後就是冬至節那一封信。隔年二月就換新的主祕到任。[2]

王瑋中，「恩師寫給孔奉祀官的信」：其中——
（乙）炳之志願，但求聖府穩固，待優正常，不負辭親

---

[1] 李炳南：〈函孔德成〉（冬至節），郭基發提供。
[2] 林其賢：「郭基發訪談紀錄」，Line通訊軟體，2021年7月29日。郭基發時任奉祀官府祕書。

扈侍。不損曹邱之明、不虧平生言行，心安理得，勝封萬戶侯也。天實鑒之，不敢欺言。[1]

汪士淳，《儒者行：孔德成先生傳》：到了一九七九年，李炳南九十歲，自覺這回真的應該退休了，於是寫了報告向孔德成請辭。然而孔德成不批辭呈，還是不斷地慰留。李炳南終究還是沒辭成，所以常自嘲是中華民國最老的公務員。

又過了幾年，李炳南辭意甚堅，說哪有九十幾歲還當公務員的？當面向奉祀官再辭，並且是跪辭。當時在場的江逸子回憶，孔上公眼見雪公跪下來，也跟著跪，然後兩位相差三十歲的老先生跪著抱頭痛哭。他自己看到如此感人的一幕，不禁也眼淚直流，跟著哭。

江逸子說，上公依然不捨，找了個理由說是找不到適當人選，李老師隨後就說請江逸子暫代主祕一職，「在送孔上公去搭車的路上，上公突然問我，江先生，你會不會覺得我不近人情？其實我的思考是，如果他老人家真的辭的話，恐怕他會覺得任務已了，就要『走』了。」不過孔德成也做了安排，江逸子暫代主祕後，由尤宗周出任此職。[2]

【案】先生於一九七九年九月二十八日上簽，以「年屆九旬，心力俱衰」辭奉祀官府主任祕書職。然

1　王瑋中：《王瑋中國畫集》（臺中：自印本，2008年6月），頁7。

2　汪士淳：《儒者行：孔德成先生傳》，頁282-284。

孔先生並未同意，雖改以「顧問」稱，然實際仍支原薪；先生於一九八三年三月設立之「孔學獎金會」當即此後薪津及孔先生所贈「退休金」（見 1982 年 1 月 18 日、1982 年 12 月 3 日、1983 年 3 月 7 日譜文）為基礎。一九八五年十一月底再度聲明不再領薪，但十二月仍收到同樣薪資，故於冬至日（1985 年 12 月 22 日）函陳奉祀官。經此確認，函報內政部，於一九八六年二月改派尤宗周續任。

十二月二十三日（一），靈山寺乙丑年佛七，禮請先生開示，以「務去慢障、切求一心」為主題指導淨宗法要。此為三十五年來最後一次佛七講話。（《圖冊》，1985 年圖 19）

各位老師、各位同修：今天來到這裡，首先聲明一件事：本人並非來講「開示」──這兩個字本人擔當不起，本人只是將自己的經驗拿來談談，彼此作參考而已。其次再聲明一句：這一席談話當中，一切俗套，皆可以免，只講究「一心不亂」，講的、聽的，都要以「一心不亂」為目標，不然一分心，便與打佛七不相應，請諸位收起心來，心無二用地聽！

談到「一心」，這是個老道場，諸位必定懂得，既懂得，要請問一句：「諸位有成就沒成就呢？」三十多年來，哪位念到一心不亂了？要是年年打佛七，年年心亂，這打佛七豈不成了裝模作樣？

我不曉得諸位做到了沒有？倒是可以先問我自己。我的

一心不亂,是有一定時間的,只在短短時間內得個一心不亂──說這話,已多少有些貢高我慢,自吹自擂了。貢高我慢,便是煩惱。我們的不成就處,就在這貢高我慢上,別的不論,光是這條,便令人往後退轉,哪還談得上一心不亂?

經上說:「若此惡業有體相者,盡虛空界不能容受。」這麼多的業,不要說佛念不好,就是念得好,是否即能消了塵點劫以來的惡業了?俗話說:「冰凍三尺,非一日之寒。」單單靠自己的力量,怎麼得「心空」?怎麼消罪業?如此說來,是一定得找幫忙的了,這就是二力──第二種力量!

二,不是指兩個,是表示「許多」。《阿彌陀經》上,十方佛都說:「汝等眾生當信是稱讚不可思議功德,一切諸佛所護念經。」佛說與菩薩,菩薩再加以宣說,如此輾轉推廣,重重無盡,畢竟沒有終結,諸位想想看,到底多不多?所以惡業的力量固然大,十方佛的力量也很大啊!由十方佛來助我消業,哪怕不成就呢?《阿彌陀經》上說:「若有善男子善女人,聞是經受持者,及聞諸佛名者,是諸善男子善女人,皆為一切諸佛之所護念。」佛的心中有你,既有你,你若有事,他就來相助,這就是「護」。這麼說,我們就坐待佛來幫忙了嗎?日本佛教有一宗叫真宗的,專講阿彌陀佛四十八願中的第十八願,以為只要信,佛就來接引往生,其實哪有這麼方便的,求佛來接引,得具備信願行,有感應才行啊!

什麼是感應呢?就像你在這裡念佛(並不是唱佛),

「念」是你的「心」，你心起念在佛，佛護念你，兩相和合，這就是感應。然而念的什麼佛？「念的是阿彌陀佛。」若一會兒念阿彌陀佛，一會兒又念藥師佛，自己以為「反正都是念佛」那又錯了，那就不感應了，諸位且看，我這雙掌互擊出聲，是一種聲，以手拍桌，又是另一種聲，兩種並不一樣，所以釋迦牟尼佛教你念阿彌陀佛，你便念阿彌陀佛，謹遵聖言量，才能得利益哪！
以下再將祖師所教念佛的方法提出來供養諸位，果能如法而行，便可伏惑，得個假一心（一心有二，理一心是真理，事一心是表面相狀，是方便，所以稱作假一心），以後必得往生。
念佛不必求多念，但念百八心不亂，其中若有一念差，掉轉珠頭皆不算。
以上聽明白了，就毋勞多說，回去照辦即是，下面以一首偈子作這次談話的總攝：
萬法精華六字包，聖言真量拔心茅，持名容易難除慢，無價寶珠從此拋。[1]

十二月二十五日（三），晚，於慈光圖書館週三《華嚴經》講座，宣講〈十迴向品第二十五〉「十、等法界無量迴

---

[1] 李炳南居士講，吳碧霞記：〈乙丑靈山寺佛七開示——務去慢障切求一心〉，《脩學法要》，《全集》第9冊，頁261-270；【數位典藏】錄音/佛學講授/開示/靈山寺佛七開示/〈靈山寺佛七開示之八〉。

1985 年・民國 74 年 | 96 歲

向」。[1]

十二月二十八日（六），夏曆十一月十七日，阿彌陀佛聖誕，上午，至蓮社禮佛。（《蓮社日誌》）

午前，出發往廬山溫泉浴療身。鄭勝陽及賴武義、黃潔怡伉儷陪侍同行。有詩：〈廬山攜友賞梅有感〉三首、〈供梅〉五首、〈贈梅誌感〉、〈還梅〉。為先生最後詩作。癸亥年以來詩作，編為《雪窗習餘》，為《雪廬詩集》最後一集。（《雪廬詩集》，頁 734-737；《圖冊》，1985 年圖 20）

〈廬山攜友賞梅有感〉三首：
疑雪似雲皑遠天，時人漫與話林泉；香中遙憶羅蘭粉，不識唐家孟浩然。
歲暮逢春憶稷門，海隅多契慰琴樽；周遊欲訪林和靖，雪滿深山認屐痕。
尋香待月踏蒼苔，除卻詩家不種梅；何日能移千萬樹，舟車回到歷山栽。

〈供梅〉五首：
几插缾梅早，有朋來雒陽；攸然偶面壁，疑是鏡中香。
鄧尉山如在，青陽幾樹新；高標遠有韻，不染四方塵。
嶺表歸人少，春來雪有無；遙天詩盡怨，窗月未曾孤。

---

[1] 李炳南講述，張素真整理：〈華嚴經法界無量迴向講錄（十）〉，《明倫》第 465 期（2016 年 7 月）。

巴峽逢除歲，暗香凝客窗；鯤臺每緣影，思蜀是家邦。
厭亂天心轉，五洲春欲穌；南枝如有信，先報雪僧廬。

〈贈梅誌感〉有人贈梅與公務人員千餘株，偶閱明人《蔗山筆麈》有感，茲錄其原文於後：
元伯顏〈南征還〉詩云「擔頭不帶江南物，只插梅花一兩枝。」其節操何愧曹武惠。行李蕭然也，但惜江南梅花攜之塞北耳。使江南將相有伯顏者，此梅花或可留得。
綻紅梅逐早春肥，一半清癯作雪飛；宦海將枯留不住，供君退插數枝歸。

〈還梅〉：玉笛聲前見落花，春來春去等無差；寒空心與根盤鐵，只待新除再駐車。

黃潔怡，「筆記」：74年12月28日廬山行，夏曆11月16日農曆月當頭，天氣暖和。
10:20 從建成路出發，忘了茶，折回正氣街帶茶水。比往常出發得遲些，沿途一路超車。過草屯，馬路正在修補，顛簸。
11:30 過國姓北山村，觀音一號二號隧道。
11:40 抵埔里。雪公說：夜裡喝茶好，從不失眠。臺灣茶葉要的價錢太高了。又，山東梅花要等杏花開了再開。
雪公每過寺廟必合掌，過土地公廟亦然。沿途梅花盛開，仁愛橋前山勢可觀。
12:30 到霧社。雪公說：到大陸，孔林不可不看。三千弟子每人栽一棵自己家鄉的樹。
12:50 抵廬山溫泉。1:30 午餐。3:00 洗溫泉。3:40 午休；勝陽兄帶回兩大桶溫泉水，預備供老師療癒。

4:20 返回。滿山紅葉,連聲叫好。[1]

十二月三十日(一),於台中蓮社錄音室為蓮社聯體機構辦事人員「內學質疑組」第二十二次開示。

（板書：六和敬）

念佛有理一心、事一心。不知何為事一心、理一心,即是囫圇吞棗。囫圇吞棗,亦可成就。下根下器者,不疑,直信聖言量即可成就。但咱這些人卻夠不上,故千萬人修,所成但一、二人耳。上等人生而知之,亦萬中罕得一,故云普度辦不到也。而佛法「歸元無二、方便多門」,可令辦不到者亦能辦到。此在於汝之信不信也。故講經至難。印祖閱藏三年,卻不談玄說妙,所言所寫,但平鋪直敘。有一要語:「佛法從恭敬中求。」敬是萬法之要。

咱之團體,旨令當生成就。此非我說,中國之開經偈、讚,皆祖師所寫,即教訓也,有「盡此一報身,同生極樂國」。淨土宗非不令悟也,祖云:「但得見彌陀,何愁不開悟!」還是求開悟,不悟則仍在蓮胞也,悟則花開。

萬法因緣生,因緣者何?和合也。佛法僧俗二眾,不問何人,必守和合二字。和合有六種因緣,有此六但如果缺敬,亦不成。印祖不云玄妙高深,但云一敬字,咱求佛法,必從此入也。

---

[1] 黃潔怡:「筆記」(1985年12月28日)、「口述」(2024年1月8日)。

今汝等必從六和合上走,無六則無因緣,即不成。無敬,亦不成。敬必有包容人之忍耐容量,無忍耐則不能包容人,因怨親平等故。

必有點覺悟,吾云《阿彌陀經》要點,才明白。上云序分四段。虛字或上或下,意即變了。如懺悔偈,以前吾以為不行,擬重改之。半天亦作不出一句,才服了。如「往昔」何解?不問,以為可以了,學然後知不足,下次答之。

是年,周榮富夫婦自臺北遷居臺中親近學習,先生安排入住善果林靈巖書樓。入住時,先生陪同巡視環境。(見《圖冊》,1970年圖15、1971年圖12)

治喪委員會,〈富海仁山——福慧雙修的周大德〉:民國六十三年,周大德退休後,開始整理家業,並於每週三,偕夫人由臺北到臺中,聽李老師宣講《華嚴經》。平時除聽經、念佛之外,於布施擁護道場,更是不遺餘力。聽經之餘,也經常向李老師私下請益,或緊隨李老師及諸位師長蓮友四處弘法。李老師曾向周大德說:「你我均已耄耋之年,你要學佛,必須跟隨在我身邊。」民國七十四年,周大德毅然決然將臺北陽明山別墅全數變賣,偕同夫人在李老師的安排下,住進臺中縣菩提仁愛之家裡面的靈巖書樓樓下,深居簡出,過著處士生活。[1]

---

[1] 治喪委員會:〈富海仁山——福慧雙修的周大德〉,《明倫》第329期(2002年11月)。

1985 年・民國 74 年 | 96 歲

是年，涂貞光經鄭勝陽推薦，至正氣街寓所幫忙隨侍。兩人輪流住宿寓所客廳。

涂貞光，〈夫子之恩昊天罔極——追思雪公老夫子生西二十週年〉：老夫子往生前，年事甚高，需要有人隨侍在側。鄭（勝陽）師雖奉侍老夫子近二、三十年，當時因替老夫子辦事，弘法在外，無法常在老夫子身邊。幾經斟酌，經鄭師推薦，忝為入室弟子，奉侍起居，非常感激。此後受老夫子教誨，於道業、做人處事各方面，均有更深一層之體悟。[1]

雪公老師往生前一年，（鄭勝陽）老師與涂貞光老師就輪流住在雪公老恩師寓所的客廳。[2]

是年十二月二十二辭職後，孔先生指示江逸子每日至先生處定省並回報。期間，先生曾開示江逸子以藝弘道。

江逸子，〈江逸子訪錄〉（2023 年 11 月 23 日）：一九八五年，雪公堅辭主祕之職。令予「看守」代理其職。孔上公央我逐日榻前「定省」，以報告上公。

某日，老人突召我榻前告之曰：「望汝今後佛供深心，不設道場、不聚徒眾、手不過錢，莊嚴深心道場，多護持聖府，多作明道敦倫之作，不復更言將有大用也。將

---

1 涂貞光：〈夫子之恩昊天罔極——追思雪公老夫子生西二十週年〉，《回首前塵二十春——雪廬老人示寂廿週年紀念專輯》（臺中：雪心文教基金會，2009 年 3 月），頁 133。
2 編者：〈護燈——寫本社指導老師〉，《智燈社三十週年特刊》（臺中：中興大學智燈學社，2007 年），頁 29-59。

3595

來祖國將請回孔聖,重振我華夏道統。汝以藝弘道,必起匡正世道人心,天將不負汝也。」[1]

近年,每日清晨早課、早齋畢,常至郊外行走。每選擇寺院、廟堂,有佛之處。

黃潔怡,〈到有佛的地方〉:近年來雪公老師每天清晨,早課、早齋完畢,均由勝陽兄載往郊外走走。每每路過寺院或廟堂,老人家一定合掌念佛,恭敬祝禱。霧峰北溝本淨寺,於山門附近,設有一亭,供奉阿彌陀佛,方便過往民眾參拜。老人家每過此地,必定下車頂禮膜拜。偶爾勝陽師兄詢問雪公老師:「今天想要到哪裡走走?」老人家必定回答:「到有佛的地方。」此即指北溝供阿彌陀佛處。由此可見老人家,起心動念無不淨念相繼,與道妙合。

末法眾生,生不逢佛,但是,如果遇見佛像三寶,能誠心恭敬,乃至禮拜供養,即如同見佛,也就如同佛陀住世。故「到有佛的地方」,乃為修行之人,清淨意念,莊嚴行跡之最佳妙方。[2]

---

1 林其賢:「江逸子訪談紀錄」,2023 年 11 月 23 日。
2 芹生(黃潔怡):〈到有佛的地方〉,《明倫》第 173 期(1987 年 4 月)。

1986年・民國75年・乙丑－丙寅

97 歲

【國內外大事】
- 二月,廣欽老和尚往生。
- 八月,鳳山佛教蓮社煮雲法師往生。
- 九月,楊白衣居士往生。

【譜主大事】
- 一月,應慎齋堂邀請,元旦開示「極樂真詮」。講後預告:明年換人講。
- 二月四日,臘月二十六日,參加台中蓮社及聯體機構舉辦之年終圍爐。

  九日,夏曆正月初一,於蓮社主持最後一次蓮友新春團拜。

  二十二日,為陳雍政、李碧桃佛化婚禮福證,為先生最後一次主持婚禮福證。

  台中蓮社舉辦明倫大專佛學講座,為期四天,原排定講授「三十七道品」,先生開示大意後,由弟子續講。先生於結業式以「志於道,據於德,依於仁,游於藝」為題,期勉大專學子。

  美僑林政彥伉儷發心印贈《明倫》月刊海外版,先生囑以「遍撒菩提種子於美洲」,並另親題「明倫」為海外版刊首,此為先生最後之墨寶。
- 三月十九日,於週三《華嚴》經筵上,以「少說一句話,

多念一句佛；打得念頭死，許汝法身活」，切囑大眾精進修行。為最後一次上臺講經。

三月二十三日（夏曆二月十四日），赴霧峰本淨寺，主持放生。

孔德成院長南來探視，力勸就醫。

- 四月六日，預告「要走了！」

四月十一日，赴霧峰本淨寺，禮拜寺前阿彌陀佛像。

四月十二日，下午，以「一心不亂」囑在側諸弟子。

四月十三日，夏曆三月初五，清晨五時四十五分，吉祥右臥，持珠念佛，於眾弟子念佛聲中，往生於臺中正氣街寓所。即起助念四十八小時。

下午，孔德成先生南下主持治喪委員會，決定程序。

- 六月一日，荼毘。

六月二日，撿取靈骨，有各色舍利珠千餘顆。

六月八日，公祭。治喪委員會由孔德成先生領銜，有輓聯「道倡倫常道，心為菩提心」。

- 九月，成立「李炳南老居士全集編輯委員會」。

1986 年・民國 75 年 | 97 歲

一月一日（三），循例應邀於慎齋堂元旦開示，講〈極樂真詮〉，一再強調：曉得、信得南無阿彌陀佛六字洪名，當生就可以了生死，就可以不生不滅。以深信、切願、力行三資糧，即可無眾苦、受諸樂，且能當生成就。講後提出預告：明年換人講。（《圖冊》，1986 年圖 1）

〈極樂真詮〉：

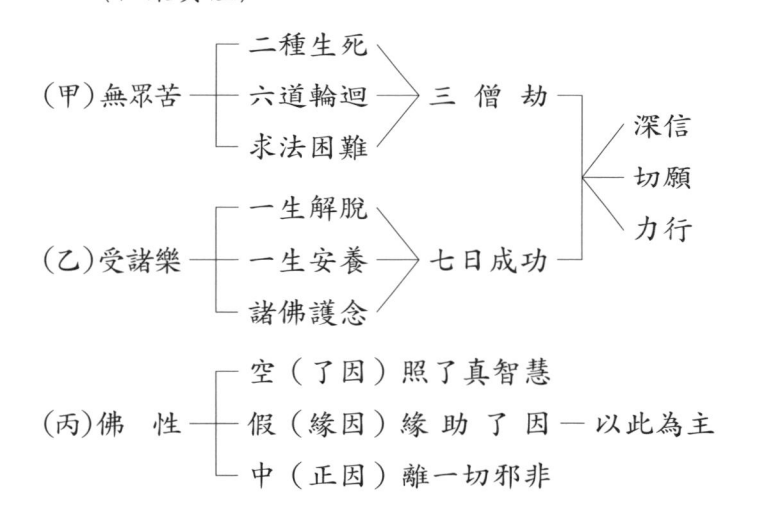

```
            ┌─ 二種生死
(甲)無眾苦 ─┼─ 六道輪迴 ─→ 三 僧 劫 ┐
            └─ 求法困難              │  ┌─ 深信
                                     ├─┼─ 切願
            ┌─ 一生解脫              │  └─ 力行
(乙)受諸樂 ─┼─ 一生安養 ─→ 七日成功 ┘
            └─ 諸佛護念

            ┌─ 空（了因）照了真智慧
(丙)佛 性 ─┼─ 假（緣因）緣 助 了 因 ─ 以此為主
            └─ 中（正因）離一切邪非
```

　　諸位老師，諸位同修：
　　這次因時間很短，所以只能選擇經上二句、三句，按著經文，把佛法的重要點，給大家說一說。
首先先問：諸位到這裡來聽這個，是幹什麼用？其次，再問諸位，我們是不是人人有生？一旦下生，早晚怎麼樣呢？再交代一句：諸位要想了生死，全球上什麼樣的學問也沒用處，唯有學佛才能辦到。既是這樣，那麼今天兩點鐘，怎麼個說法？了生死的方法，要解釋一句就

得一年,而且還得天天說,要麻煩,就是這麼樣。而我們今天不叫他麻煩,一萬句話收攝為一句話說完。

「說一句就行,能說給我們聽嗎?」能!說了你信不信,懂不懂,這才是問題。不過,不懂不要緊,不信就沒辦法了。「那要怎麼辦呢?」很容易,只要肯信,念這六字,就得不生不滅,要是不念這六字,努力修三大阿僧祇劫才能不生不滅。這六個字就是「南無阿彌陀佛」。「這一句,誰不曉得?」誰也不曉得;要曉得就了生死。「你曉得嗎?」曉得一半。「能了生死嗎?」在佛前不打妄語,我可以了生死。我今學了一半,生死了了一半,還有一半。待整個懂,就整個了。

今天的講表就是這六字的注解。我這就是講的阿彌陀佛。我這就是講「阿彌陀佛」的注解。

現在看表,(甲)無眾苦。到了西方極樂世界就「無眾苦」,統統沒有苦了,真便宜。還另有便宜,第二是受諸樂。《阿彌陀經》上解釋極樂世界為什麼叫作極樂時,說:「無有眾苦,但受諸樂。」什麼樂處呢?

看第二段,(乙)表:這個世界上的苦處,要是不修淨土,修別的法門,都能解脫,但是要經過三大阿僧祇劫才把罪業都消盡了。修淨土呢?頭一行「一生解脫」,就是當輩子解脫,這是一種大樂處。第二:造善業去享福,造惡業得受報應。各種各報。沒有善惡抵消的講法。所以「一生安養」是說到了西方極樂世界,所造的罪業,帶著!(不是消業往生,消業、成了佛,佛往生到哪裡去啊!)帶業往生,帶著造的罪業,還沒斷惑,

上了西方極樂世界，在蓮花裡頭住著，再修行，在那裡修養，斷了惑花才開。偈云：「花開見佛」花開才見佛，花不開見不到。「安養」在蓮花裡頭安安穩穩的在享受。然後呢？再看第三條「諸佛護念」。

在娑婆世界念佛，伏住惑，是臨時的一心不亂。在西方極樂世界，有諸佛護念，十方三世一切佛加護不忘記你，離不開佛，所以不退轉，才能成就。那麼多少時間呢？七天。這麼便宜?!經上：若一日、若二日，一直到若七日，七天是最長的時間，有一天解脫，有二天解脫，也有是七日成功的。以上是（乙）表，講完了。

再合起來看下頭三句：深信、切願、力行。這是甲、乙兩段合起來的總說話。

下頭三句叫上西方極樂的路，要預備的三資糧，資是路費，糧是糧食，先預備資糧，而後就上道了。三資糧，第一種深信，第二種切願，誓願是不能改的，叫做切。第三種力行，有多麼大的力量都用上，至死不退，叫力行。以上三條預備上，就算上了道，就像月亮似的，初二、三放了光明了，就不愁不到十五月圓。

（丙）三因佛性，萬事有因有果，是和合法，此處說眾生無不具此三種佛因。[1]

---

[1] 李炳南講，吳碧霞記：〈極樂真詮〉，《明倫》第 183 期（1988 年 4 月），收見：《脩學法要》，《全集》第 9 冊，頁 159-176；【數位典藏】錄音 / 佛學講授 / 開示 / 慎齋堂元旦開示 /〈慎齋堂元旦開示之六〉。

是日晚，於慈光圖書館週三《華嚴經》講座，宣講〈十迴向品第二十五〉「十、等法界無量迴向」，解說：善根迴向（願行稱法界）。[1]

經文：「佛子！菩薩摩訶薩復以善根如是迴向，所謂：如法界無量，善根迴向亦復如是，所得智慧終無有量。」講這套跟淨土法門有什麼關係？你去極樂世界，怎麼走法？不知道，不知道就是障礙，就去不了。去不了怎麼辦？所以必得阿彌陀佛領著聖眾來接你。聖眾接你，如坐飛機，我也不認得路就到了。《彌陀經》說，阿彌陀佛來接你時，你要心不顛倒，才上西方極樂世界，心迷惑顛倒怎麼去？心一顛倒，彌陀來接你，你也去不了。比如在這裡往臺北去，走錯路你也去不了。阿彌陀佛來接你時，你不戀棧這裡，就可以去了。[2]

一月二日（四），上午，蓮社為遠道聽眾舉行法要講座，討論先生元旦於慎齋堂開示法要。（《蓮社日誌》）

一月六日（一），於寄漚軒附近鄭勝陽新居為蓮社聯體機構辦事人員「內學質疑組」第二十三次開示。

以後若天氣無大變故，仍在原處。事前定者，勿妄改動，忌朝令夕改。

---

[1] 李炳南：《大方廣佛華嚴經講述表解》，《全集》第 1 冊之 2，頁 377。

[2] 李炳南講述，張素真整理：〈華嚴經法界無量迴向講錄（十一）〉，《明倫》第 466 期（2016 年 8 月）。

今為大家說《阿彌陀經》之章法。

「如是我聞……無量諸天大眾俱」為通序，通於他經故，如今之總介紹。誰介紹？阿難介紹的。第一節又分通中通、通中別。通中別，十六尊者以之為師。

第二節，別序。「爾時」，開會皆簽到以後之時也，開會以前不是「爾時」。佛，釋迦佛，找當機者說話。舍利弗，十六尊者亦為首位。何不找他人？以身子智慧第一，為契機者。文殊大士亦智慧第一，故《阿彌陀經》一開頭即不得了。「爾時佛告長老舍利弗」亦阿難說的，「從是西方」以下則為釋迦佛之語。從是，即在這裡。是指何處？此字少不了，極重要，是，專指祇樹給孤獨園。過，經過。此裡面之人有走過到過西方者，未到者則不能云「經過」。過十萬億佛土。

「今現在說法」：今，指釋迦佛在娑婆祇園之時；現在，指西方極樂世界。

上一段介紹其路程。「舍利弗」，另一段起頭。「彼土何故名為極樂？」原來萬法皆空，何今起名為極樂？又樂極則生怨，今何云極樂？「無有眾苦，但受諸樂」，故定名極樂。其國「眾生」，十法界之「無量諸天大眾俱」等皆上此去，則何云「消業往生」？

下另一段「又舍利弗」。《阿彌陀經》乃釋迦佛自己注解自己的。「極樂國土，七重欄楯……」，說極樂國土整個的莊嚴。環境好壞，隨各眾生之業力。有園林行樹必有水，無水是乾地。「又舍利弗，極樂國土有七寶池八功德水」，承前啟後，前有四寶，此有七寶；前之地

有水、此有池水,水中又有蓮花。八功德水最要在能「增長善根」。「七重欄楯」以前還在蓮花內,如人在胎內,尚未斷惑也。至此則已出蓮胎,出蓮花,斷惑了,才可入寶池中沐浴,否則在蓮花內如何洗澡。

是日,孔德成先生來函,同意先生自二月份起離職,續由尤宗周接任奉祀官府主任祕書。[1](《圖冊》,1986年圖2)

孔德成,〈孔德成來函〉(1986年1月6日):炳兄道台:去歲十二月卅一日尊示敬悉。頃悉已承召見尤宗周君,并已蒙旁達同意,當遵屬「公佈」。以後,務希隨時向同仁協調,是所百懇。新佈名單,隨函呈閱。近弟庶務叢脞,恐不能來中。南望雲天,諸維珍重。詳此佈復,不盡欲言。敬頌

道安　　　　　　弟德成敬復啟　七五、元、六日新辦法,自本年二月份起。本月薪餉,請照舊收。至懇!又及。

外附四件影本,乞　閱!
一、派尤宗周為本府主任祕書,自民國七十五年二月份起。　　　　　　　　　德成　七五、元、六
二、李顧問炳南,自七十五年二月份起,每月致送車馬費新臺幣壹萬伍仟元正　德成　七五、元、六
三、宗周:頃接瑞周電,知悉一切。請即於七十五年二月一日蒞職。外附條,希詧閱,可即公佈。附條,

---

[1] 孔德成:〈孔德成來函〉(1986年1月6日),台中蓮社收藏。

寄炳老一份。去歲十二月卅一日,炳老致我之函,今日復炳老該函,副本附閱。我輩交誼,不再作許多客套話矣。先謝!專此,即候公綏,并賀

年釐　　　　孔德成手啟　七五、元、六　臺北

一月八日(三),晚,於慈光圖書館週三《華嚴經》講座,宣講〈十迴向品第二十五〉「十、等法界無量迴向」,解說:十四行願。[1]

  經文:「善根迴向亦復如是,詣諸佛剎無有齊限……。」不管修哪一宗哪一派都是修心,有容易、不容易的分別。別的宗派,若不覺悟,一點辦法也沒有,永遠不解脫。淨土宗,不覺悟也能解脫,這是特別處。到了西方極樂世界,眾鳥演法,演說五根五力,才皆「悉」明白。五根五力不算淺,根本在「四念處、四正勤、四神足」,《彌陀經》中這三個跑哪去了?[2]

一月九日(四),台中蓮社蓮友至烏山頭水庫放生,迴向先生光壽無量。(《蓮社日誌》)

一月十日(五),台中蓮社舉行念佛七日,迴向先生光壽無量。(《蓮社日誌》)

---

[1] 李炳南:《大方廣佛華嚴經講述表解》,《全集》第 1 冊之 2,頁 378。

[2] 李炳南講述,張素真整理:〈華嚴經法界無量回向講錄(十二)〉,《明倫》第 467 期(2016 年 9 月)。

一月十二日（日），於台中蓮社為游俊傑長女游式鈺與劉榮祥佛化婚禮福證。先生與游家三代交誼深厚，先生為滿游女心願，特為福證。（《蓮社日誌》；見《圖冊》，1986年圖3）

一月十三日（一），於寄漚軒附近鄭勝陽新居為蓮社聯體機構辦事人員「內學質疑組」第二十四次開示。

　　　　上云四色蓮花。以下另一段，說明極樂世界怎麼出來的。「又舍利弗，彼佛國土，常作天樂」——此乃伏筆，臨命終時，「天樂鳴空」，即是時候。咱此處無天樂，不能見聞故。

「其土眾生」指從蓮花出來者，已斷分段生死，未斷變易生死。聞眾鳥演法後，才皆悉念三寶，全明白了念三寶之理。於娑婆念得一心為事一心，能伏惑；生西方明白念三寶之理為斷惑，理一心了。

吾但坐一點鐘，念至此，境界都在眼前，此即是小小入定了。千言萬語，戒定慧，無定必不成功。

以上為鳥，下為風樹。「微風吹動……自然皆生念佛念法念僧之心。」「自然」為八地菩薩境界，經二大阿僧祇劫才歸自然，不必用心，即禪之無住生心。心沒往那裡走，佛念自己就生出來。「舍利弗，於汝意云何？」以下又是問題，但恐大眾不明白，佛自己又解釋。

是日，孔德成先生指示，至聖奉祀官府主任祕書自是年二月起，由尤宗周接任。先生顧問車馬費，孔先生自行

處理。[1]（《圖冊》，1986年圖4）

　　孔德成，〈孔德成先生指示〉（1986年1月13日）：
(一) 新任主任祕書，自七五年二月份起，更尤宗周名，照原主祕職級敘薪（照七十五年一月份「薪金領款清冊」）。
(二) 李顧問每月車馬費，本人自行處理。
此致
郭祕書基發、江人事管理員錦祥、趙會計昭男、王出納瑋中　　　　　　　　　　　　德成　七五、元、十三

一月十四日（二），台中蓮社弘法班十姊妹奉先生召喚至正氣街寓所，然因先生沉睡錯過。

　　張慶祝口述，張式銘採訪，《張慶祝師姑九十回顧》：老師叫我們十姊妹元月十四日去見他。會齊到達後，老師正在睡覺，快中午時，聽說老師還在睡，後來聽到好像上廁所的聲音，事後又睡。我們等到傍晚五點多，才各自回去。晚上老師醒來，問十姊妹來過否？勝陽回答：來過了。老師很生氣說：我來臺三十七年從未失信，為何不叫醒我？勝陽說：這罪過由我來承擔。[2]

一月十五日（三），晚，於慈光圖書館週三《華嚴經》講座，

1　孔德成：〈孔德成先生指示〉（1986年1月13日），郭基發提供。
2　張慶祝口述，張式銘採訪：《張慶祝師姑九十回顧》，頁72-73。

宣講〈十迴向品第二十五〉「十、等法界無量迴向」。

一月十六日（四），夏曆臘月初七，先生華誕，蓮社念佛七日圓滿，迴向先生光壽無量。（《蓮社日誌》）

一月十八日（六），蓮友至埔里日月潭放生，迴向先生光壽無量。（《蓮社日誌》）

一月二十日（一），於寄漚軒附近鄭勝陽新居為蓮社聯體機構辦事人員「內學質疑組」第二十五次開示。

「舍利弗，彼國何故名為極樂？」一句問話，大有關係。「其國眾生，無有眾苦，但受諸樂」，是何時？蓮花接去，蓮花未開，享的什麼樂？「極樂國土，七重欄楯、七重羅網……」，此等地面莊嚴，花中得享否？這是花開見佛以後的話，在蓮胎中未出，沒斷惑，伏惑耳，故說莊嚴，是在花中斷了惑，悟無生。

「又舍利弗，極樂國土有七寶池八功德水……」，請問，八功德水中，功德最要者何？曰：長養善根。又，「微妙」總贊，諸事皆微妙。「香」指蓮花，「潔」指身體。到彼淨土，潔淨了。

善根有了，見思也斷了，那麼，塵沙惑斷了沒？未也。來極樂前沒學嗎？沒學！學了也不懂。塵沙惑也者，於一切佛法不解。

眾鳥說法，從五根說起，前三支不提。為什麼不提前三支？見思惑未斷，五根五力談不上。見思惑斷，就有了四

念住、四正勤（十善）、四神足（有通），故從五根五力談起。又眾鳥演法，令斷塵沙惑，且明白，念頭須有「正念」。諸位想解脫，全在今天「念三寶」，念自性三寶，你自己的，不懂自性三寶，則心與佛合不起來。

以下解釋可能的誤會：鳥非三惡道，而是「欲令法音宣流變化所作」，五塵說法。明白了？明白歸明白，還勉強。如何不勉強，到八地才伏塵沙惑，還是伏。再後「自然」，就是這境界。

這部《阿彌陀經》如廣告，盡說好事，為何？汝必時時觀察，心只想此好地方，心就變境界，不如此則境界不變。先把《阿彌陀經》念熟了，心一片法樂即不造鬼域了。做夢能夢好的即可以了。

一月二十二日（三），晚，於慈光圖書館週三《華嚴經》講座，宣講〈十迴向品第二十五〉「十、等法界無量迴向」。乙丑年講經圓滿。贈送聽眾春聯。

呂富枝，〈雪公恩師對聯的啟示〉：

經書涵養心如鏡，福德薰陶語似蘭。

時值過年，講經結束之際，回憶去年此時此景，雪公恩師贈送聽眾這副對聯。如今景況依舊，而恩師已經往生安養，觸景睹物，引發無限的追思，老人家流通這副對聯，的確用心深遠，志在勉勵大家，期望我輩弟子，今後能夠趣向學習做到此等修養境界。[1]

---

[1] 呂富枝：〈雪公恩師對聯的啟示〉，《明倫》第171期（1987年1/2月合刊）。

一月二十四日（五），周邦道來函，為日前來訪承接見及厚賜致謝，並祈望先生詩文集早日印行。[1]（《圖冊》，1986年圖5）

   周邦道，〈周邦道來函〉（1986年1月24日）：
雪公夫子大人尊前：此次晉謁崇階，得承慈誨，又辱惠賜筆墨瓷筒，感仰無既。甘蔗之汁想已消散，康復勝常矣。函丈珍藏王獻唐先生詩文書翰，仲懿先生景印流布，至欽功德。邦道昔纂《近代教育先進傳略》（中國文化大學出版）已為王鴻一、叢禾生、丁鼎丞、傅孟真、杜毅伯諸公立傳（以省市為單位），今正蒐集資料為屈翼鵬先生等從事續傳。函丈詩文集甚望今年整理鋟印，藉慰海內外群眾之喁喁也。謹此肅稟，虔敏
崇安　　弟子周邦道百叩頂禮　七十五年元月廿四日
勝陽師兄順此候安
  【案】先生於來信封文著記：「復，在整理中，至感。」

二月四日（二），臘月二十六日，參加台中蓮社及聯體機構舉辦之年終圍爐。先生用餐並與蓮友招呼。（《圖冊》，1986年圖6）

二月八日（六），夏曆除夕，請弟子專程赴臺北致贈孔先生春節敬禮。孔先生函謝。（《圖冊》，1986年圖7）

1　周邦道：〈周邦道來函〉（1986年1月24日），台中蓮社收藏。

孔德成，〈孔德成來函〉（丙寅三日）：炳兄道右：除日尊使來，賚賜多珍，拜嘉敬領。并悉尊體佳善，更慰遠懷。專此奉謝，即頌禪安，并祝
春釐　　　　　　　　　　弟德成敬上　丙寅三日

二月九日（日），夏曆丙寅年正月初一，循例於慈光圖書館、台中蓮社主持新春團拜。為最後一次主持蓮友新春團拜。（《圖冊》，1986 年圖 8）

二月十一日（二），夏曆正月初三，菩提醫院前院長于凌波伉儷，自臺北南來賀年。

于凌波，〈雪廬老人示寂前後〉：凌波近數年遷居北市，未能侍奉老師杖履，只是時時以老師法體康寧為念。兩月之前，心有感應，急切地想見老師一面，於是摒擋雜務，於正月初三偕內子嵩赴臺中，拜謁老師於正氣街寓所，凌波夫婦頂禮再拜，瞻望慈顏，如沐春風。[1]

【案】先生往生後，于凌波於一九九四年七月成立「財團法人臺中市李炳南居士紀念文教基金會」，以「紀念李雪廬（炳南）老居士，弘護佛儒，復興文化，協助政府推行社會教育」為宗旨。

二月十三日（四），夏曆正月初五，蓮社董事長董正之至正

---

[1] 鄭勝陽口述，于凌波筆錄：〈雪廬老人示寂前後〉，《明倫》第 164 期（1986 年 4/5 月合刊）。

氣街寓所拜年未遇。午間,先生至蓮社回拜。為董正之最後一次面見先生。

　　董正之,〈永懷雪公恩師(中)〉:雪公於蓮友婚喪喜慶,每接請帖,每須親往道賀,或致唁。前二十年,禮到人到,近十餘年,則禮到人不到。然關懷親切,一如從前,不待言喻。至逢年節,尤以過舊曆年,元旦起,燈節止,中市外埠蓮友,依禮趨府拜年。臺島正月,氣猶嚴寒,公每因送客感冒,仍不改變素行。本年元月初五,正之循例赴中詣府叩節,適公外出,後午間,公由勝陽兄掺扶,蒞蓮社,等於回拜,衷心萬分不忍,孰臆竟成最後一面。[1]

二月十六日(日),即日起四日,台中蓮社舉行大專明倫講座。上午報到,下午開始上課。(《蓮社日誌》)原排定講授「三十七道品」,先生開示大意後,由弟子助講。(《年表》)

　　是日,下午一時,至中國醫藥學院北港附設醫院會議室,參加該校董事會第九屆第五次會議。[2]

二月十九日(三),下午二時半,大專明倫講座舉行結業

---

[1] 董正之:〈永懷雪公恩師(中)〉,《明倫》第168期(1986年10月)。

[2] 見:徐鳴亞編:《私立中國醫藥學院歷屆董事會議紀錄彙編》(臺中:1984年5月)。

式。先生蒞講座,以《論語》〈述而篇〉「志於道,據於德,依於仁,游於藝」章為題,期勉大專學子。

〈七十五年寒假明倫大專佛學講座結業講話〉:諸位同學,這一期連上一期的講座,多少有點成績,此皆是諸位老師的力量,本人年紀過於老衰,不能與諸位常見面,甚為抱愧。

我們在此學的是教育,教育又可分為兩種,一種是我們中國人必須要學的教育。外國人的,此暫且不談。我們中國文化的內容到底是什麼呢?簡言之四句話──「志於道、據於德、依於仁、游於藝。」(論語述而篇)

「志於道」──學什麼呢?學立起志向來,也就是孔子所言之立志,亦等於佛家所謂的發了誓願,這是不能更改的,此叫做「志」。志要定在「道」上,什麼道呢?「道」是臨時的維持秩序,將來的了結生死。孔子也講了生死嗎?大家看看《易經》,讀過書的人皆知,《易經》上明明白白的講斷生死,此是「志於道」。

「據於德」──德是你自己學的這一套,自己懂得,但對別人三言兩語講不明白,現在講注重道德,但是什麼叫做道?什麼叫做德?並不懂得。「德」是處處於對方有利益,怎麼有利益法呢?要依於仁。

「依於仁」──孔子提倡「仁」,「仁」是二人,亦即無論辦什麼事,有自己亦得有人家,不能光為自己,此好懂,其次訂有種種藝術。

「游於藝」──現在各處單學藝術,其他道、德、仁,皆沒有學,光學些藝術,如此之教育,就會天下大亂。

大家記住!「志於道」,志向定在道上,這個「道」得拿出來用,就是「仁」,無論做什麼皆要按自、他兩方面來看,而後才生活等等,一切要有藝術,最末才是藝術,念過中國書的皆知,「禮、樂、射、御、書、數」六藝,此是孔子所言中國文化之綱要。

至於佛家則講直接的了生死,亦即有方法專門教你如何了生死,但在了生死之前也得結緣,亦即為大家辦一些好事情,如此辦才行,才能了生死。

以上所言即儒家與佛家,我們這裡辦的事情就是如此,要辦實實在在的事情。「德」有陽德、陰德,陽德人人皆知。陰德是我們做我們的,不被人知道,這也是因為佛家的關係,其實「儒」、「佛」兩家合起來,是誰也離不開誰。

敬祝諸位老師,光壽無量、道德進步。諸位同學,學業成就,學著多做陰德,不管人家知不知道,人家越不知道的,我們的德性就越大。[1]

二月二十二日(六),為陳雍政、李碧桃佛化婚禮福證,為先生最後一次主持婚禮福證。(《圖冊》,1986年圖9)

二月二十六日(三),晚,丙寅年慈光圖書館週三《華嚴

---

[1] 李炳南講,德川(黃泳)記:〈七十五年寒假明倫大專佛學講座結業講話〉,《明倫》第201期(1990年1/2月合刊);本文《全集》未見錄。

經》講座開講,由弟子將座椅抬上講臺,宣講〈十迴向品第二十五〉「十、等法界無量迴向」,有講表「願解法界」,為《大方廣佛華嚴經講述表解》最後一張表。[1]

《華嚴經》卷三十二:佛子!菩薩摩訶薩又以諸善根如是迴向,所謂:如法界無起性迴向、如法界根本性迴向、如法界自體性迴向、如法界無依性迴向、如法界無忘失性迴向、如法界空無性迴向、如法界寂靜性迴向、如法界無處所性迴向、如法界無遷動性迴向、如法界無差別性迴向。

是月,旅居美國蓮友林政彥,返國拜見先生,表達發心助印《明倫》海外版六千份,海運到美加地區免費流通。並請為海外版題書「明倫」二字。此為先生最後墨寶。
(《圖冊》,1986年圖10)

編者,〈無盡的追思──師生緣不斷──編後語〉:今年二月,承美國蓮友──林居士,發心助印《明倫》運往海外發行。林居士曾拜見雪公,並請老人到海外弘法。老人謙言:「學人沒學問,只是一知半解,目前講經說法,完全是知多少,談多少,不敢妄作聰明。並且有了年紀,行動不方便。」又說:「儒佛最要緊條件,就是『真心誠意』。做人處世必須心口如一,千萬不要所行與所言相互違背。如果一片假心假意,這樣雖名修

---

[1] 李炳南:《大方廣佛華嚴經講述表解》,《全集》第1冊之2,頁379。

行，又有什麼用處呢？」[1]

林政彥，〈播蓮種憶前緣〉：民國七十五年返臺，拜謁八年未見的老恩師，老恩師慈光滿面，精神奕奕，非常嘉許把《明倫》流通到美國之舉，「散播佛學種子，撒菩提種子於美洲。」並再三勉勵在座諸蓮友學長，好好配合，助益海外學佛者。時光匆匆，《明倫》在美已發行兩年有餘，每次展讀《明倫》，即想見老恩師誨人不倦，度人無數，腳踏實地，誠誠懇懇的德風。余便在心中昇起了一股難以言喻的力量。[2]

黃潔怡，〈雪公與明倫〉：民國七十五年二月，也就是雪公往生前的二個月，旅居美國的蓮友林政彥居士，發心助印《明倫》海外版六千份，海運到美加地區免費流通，經拜見雪公轉達心意後，老人家真是歡喜有加，林居士進一步祈請雪公為海外版題書「明倫」二字。雪公連答：「好、好、好。」當日便將題款送抵明倫。誰知這「明倫」二字竟是雪公這一生，最後提筆的絕筆字。[3]

【案】《明倫》月刊國內、海外兩種版本，只有發

---

[1] 編者：〈無盡的追思──師生緣不斷──編後語〉，《明倫》第164期（1986年4/5月合刊），雪公往生特刊。
[2] 林政彥：〈播蓮種憶前緣〉，《明倫》第193期（1989年4月）。
[3] 弘安（黃潔怡）：〈雪公與明倫〉，《明倫》第300期（1999年12月）。

行時間不同，內容並無差別。[1]

三月五日（三），晚，於慈光圖書館週三《華嚴經》講座，由弟子將座椅抬上講臺，宣講〈十迴向品第二十五〉「十、等法界無量迴向」。

> 王烔如，〈紀念雪公恩師往生八週年——學習雪公精神〉：老人家一生大慈大悲、無私無我，獻身弘法利生的工作；每天不疲不厭，席不暇暖地從事慈善、教育、文化工作。行人所不能行，忍人所不能忍，只求眾生皆離苦，不為自己求安樂。直到往生前幾週，還以衰弱的身體，由弟子們抱上座位講經，殷殷囑付：「少說一句話，多念一聲佛。」並說：「我留這個身子在世間，就是為了講經說法，大家要聽，我怎能不講？」「……一直到死為止！」這種以身殉教，犧牲奉獻的大無畏精神，豈不是大菩薩！[2]

三月十日（一），於寄漚軒附近鄭勝陽新居為蓮社聯體機構辦事人員「內學質疑組」第二十六次開示。

> 去年講了一百個真如，之後才講微細智。若不聽百真如，聽不懂微細智。
>
> 咱此團體乃基本團體，今以保守現況為主，能如此，已

---

[1] 編者：〈捧出心來與佛看——《明倫》五十年發展歷程〉（摘錄），《明倫》第 500 期（2019 年 12 月）。

[2] 王烔如：〈紀念雪公恩師往生八週年——學習雪公精神〉，《李炳南居士與台灣佛教》（臺中：雪廬講堂印經功德會，1995 年 10 月）。

經不容易了。汝等能保守住乎？祇園之黃金鋪地，今黃金何在？世上無不散之筵席，談到此，當知須自己找法子開覺悟。儒已鋪了路，「行行如也、侃侃如也。」佛家之「如」字無法說，此「如」字，諸位須想法弄明白。如也者，就是這個樣！汝等記住：「就是這個樣子。」

「打得念頭死，許汝法身活」，到那時，見了法身，「十方三世佛，共同一法身」，法身只一個，沒兩個。汝若不起念頭──什麼都沒了，一不起念頭，就成功。大家記住！

三月十二日（三），晚，於慈光圖書館週三《華嚴經》講座，由弟子將座椅抬上講臺，宣講〈十迴向品第二十五〉十、等法界無量迴向。

三月十七日（一），先生召開「內學質疑組」第二十七次開示，為該組最後一次受教開示。指出：嫉賢妒能即無法證道。另指示身後蓮社及聯體機構不求發展，至少要能維持現狀。

　　李炳南居士講，困勉記，〈雪公恩師開示〉：大家要明白，學佛證道，是活著證道，人壽命在著的時候證道。決沒有活著證不了道，等死了以後再證道的。既如此講，則不能證道是何原因？因為人有嫉妒心，有嫉妒心，所以不能證道。行人如有嫉妒心，認為自己都對，別人皆不對，嫉賢妒能即無法證道。若不嫉賢妒能，則

念（佛）一句是一句，念兩句是兩句。注重在別嫉妒，大家要聽明白這道理。

孔子說如，佛家也說如。如字深義無法說，勉強說，如就是這個樣子。孔子說如如就是這個樣子，是說明本性唯有一體而無兩樣。八識起了分別，念頭動故，即不如如了。《華嚴》講完了一百個真如，才講微細智。講真如即是講到本性上。本性沒兩樣，既沒兩樣，何故不解脫？這因第六識對一切起分別，動了妄念。若不動妄念、不起分別，就對了。但並非沒有正念。無念者，非無正念，是無妄念，是正念分明的。諸位聽明白這幾句話，就到此為止。

今後汝等，不要買東西給我了，我送不出去故。汝等當知，本社作為，必須保守，能維持現狀即可，不需求發展。天下沒有不散的筵席，各自設法開覺悟，如儒家之「如」，佛家亦講「如」，今後咱此團體亦是這個樣子——「如」。[1]

三月十八日（二），中興大學智海學社二十五屆社慶，先生請周家麟代書「覺海圓澄」祝賀。

郁英、弘超，〈雪公與智海的一段緣〉：廿五週年社慶時，太老恩師因法體不適，墨寶由周聖遊老師代寫「覺海圓澄」，而雪公太老師仍親自用印，以示真誠之

---

[1] 李炳南講，困勉記：〈雪公恩師開示〉，《紀念雪公恩師示寂七週年專輯》（臺中：慈光圖書館，1993年5月27日）。

心。[1]

三月十九日（三），晚，於慈光圖書館週三《華嚴經》講座，由弟子將座椅抬上講臺，宣講〈十迴向品第二十五〉「十、等法界無量迴向」。為先生最後一次講經。開示有：「少說一句話，多念一句佛，打得念頭死，許汝法身活」。（見《圖冊》，1986 年圖 11）

　　李老居士炳南治喪委員會，〈李公雪廬老居士事略〉：公講經時，音聲宏亮，九十高齡，語無衰虧。惟近年屢次食物中毒，體力漸弱，然講經未嘗或輟。七十五年（一九八六）三月，公講經時，再三勸眾，加緊念佛。又以古語提示：「少說一句話，多念一聲佛；打得念頭死，許汝法身活」。聽其語氣，似少低緩。[2]

　　慧安，〈一句彌陀　永不離師〉：去年三月十九日星期三，雪公恩師在滿堂蓮友的殷殷企盼之中，冒著料峭春寒，蒞臨慈光道場，為大家開示《華嚴》奧義。老人家勉強撐著形同枯木般羸弱瘦削的身軀登上講壇，幾次，顫巍巍的手都因乏力而脫不下帽子，卻仍拚著最後一絲氣力，講一句，停一句，諄諄勸勉大家不要打妄想，要淨念相繼，抓住修行的正路以求解脫。恩師說法吃力無法連貫的情況，震撼了在座的蓮友，第一次驚覺到，恩師已垂

---

[1] 郁英、弘超：〈雪公與智海的一段緣〉，《智海卅週年紀念專刊》，頁 67-71。

[2] 李老居士炳南治喪委員會：〈李公雪廬老居士事略〉，《明倫》第 164 期（1986 年 4/5 月合刊），雪公往生特刊。

垂老矣。真如風燭殘燈，不復往日聲若洪鐘樂說無礙的奕奕神采。啊！已九七高齡的恩師，不享清福，不肯休息，為的是什麼？面對恩師那顆殷勤警眾的慈悲心，實難抑胸中悔愧交加之情，淚，不禁潸然而下！

誰會想到，那一夕，竟是恩師與大家最後一次見面，十七年未斷的《華嚴》法音，竟成了廣陵絕響！[1]

　　　　江逸子，〈懷念我的恩師李炳南教授〉：在他晚年的時候，在臨終前一段時期，他還是拖著虛弱的身子，每星期三，一定到慈光圖書館講經。那時候講《華嚴經》還沒有講完，他什麼時間什麼事情可以忘掉，就星期三晚上忘不了。他到慈光《華嚴》講堂的時候要講經，硬攙扶著他陞座，坐下來，用虛弱的聲音，透過麥克風往外播出。那時候，慈光可以說空前的盛況，從講堂到講堂外到馬路，把麥克風往外播音器往外傳送，每一次每星期三就有近千人在那裡聽著，有的坐在路上，有的坐在露天外面，交通都被管制著，為了聽老人家講幾句話。學人印象非常深的，他講的一句，他說：「我學佛七八十年，我講經說法也講了幾十年，今天，我不知道有沒有資格奉勸諸位，念一句阿彌陀佛。」用那虛弱的聲音，一字一句，這麼樣斷斷續續地講下來。他老人家的心就是這麼切，連最後一分一秒都不捨得放過。所以，這種的願，不是普通人可以做到的。他希望我們

1　慧安（蔡秀娟）：〈一句彌陀　永不離師〉，《明倫》第 173 期（1987 年 4 月）。

好好的,護持自己的道場,護持心裡的道場,護持家裡的道場。莊嚴心裡的道場,就是莊嚴極樂世界的道場。他到最後,他講話就是這麼懇切。[1]

鄭勝陽口述,于凌波筆錄,〈雪廬老人示寂前後〉:如今回想起來,老師早在一年前已經開始表示,去年三月間召集聯體機關各負責人講話時,曾宣佈:「你們好好幹,我給你們一年時間。」而在今年春節以後,就更加緊叮嚀。新春開始講經時,他說:「少說一句話,多念一聲佛,打得念頭死,許汝法身活。」還有「天下哪有不散的筵席」。「一切不著相,能所不分」、「祇樹給孤獨園金磚鋪地,而今在哪裡?」這些話,也一再地重複。並拿《釋迦譜》佛滅度那一段給勝陽看。[2]

江逸子應先前所受囑咐,電話報告時任考試院長之孔德成先生,請其南來。孔先生於是偕夫人共同前往探視先生,勸請先生找醫師檢查診治。

江逸子,〈懷念我的恩師李炳南教授〉:那時候蓮友大家都緊張了,事情嚴重,蓮社就發起大家念佛誦《地藏經》,把這個功德迴向老師,請老師住世。蓮社的蓮友就在老師的住處門口那誦經,大家發起誦經念佛。老人家睡覺醒過來,一聽外面有人念佛念經,就問

---

1 江逸子(江錦祥)講述:〈懷念我的恩師李炳南教授〉,香港佛陀教育協會發行,https://www.youtube.com/watch?v=tquo4qoAov0
2 鄭勝陽口述,于凌波筆錄:〈雪廬老人示寂前後〉,《明倫》第164期(1986年4/5月合刊),雪公往生特刊。

起:「外面幹什麼?」學生們就告訴:「外面大家在念佛,給老師祈福祈壽。又給老師請佛加被,請老師住世。」老師說:「沒有用,念佛不改心哪,一天念十炷香都沒有用。你們心裡就發亂了,這種念佛有用嗎?」

我們知道他老人家餘日不多了,學人那時候,在奉祀官府辦公。當時孔院長孔德成先生,特別囑咐,他說:「李老先生每天他狀況怎麼樣,你一定要電話跟我聯絡。」因為那時候孔先生接任考試院院長,非常的忙。因為從那一次《華嚴》講堂,老師講了這一句話,學人覺得老人家實在身體不勝負荷,於是就打個電話給孔院長,我說:「老師我們勸不動他,要他好好的休養一陣,他不肯,他身子實在不行啦,我祈求院長一定要下來,從臺北到臺中來,由他跟老師的關係,來勸勸看。」聽了這個消息,他說:「我即刻來!」因為據說那一天他要開院會,他找副院長去代理,他跟夫人親自從臺北開著車子下來。

那時候,老師除了講經之後,就是在他自己這個書齋裡面,非常狹小的空間,一張床就躺在裡頭休息、休養,滿腦子繫念的就是講經的事情。那時候我陪著院長進來老師的寢室,老師一聽到「院長來」,強迫他那虛弱身體一定要坐起來,要下來跟院長致敬,孔院長跟他夫人說:「哎呀,使不得使不得!你你你躺著!」他說什麼就不肯躺著,硬要坐著,他說:「我呢,我不下來我坐在床沿,我罪過罪過罪過!」我看他們兩個老人家,這種的深誼厚道,非常的感動。之後,孔院長夫妻就好像

孩子對的大人一樣的，一直勸他，「啊，李先生，你應該休息休息啦，你要聽話。」他說：「你現在身子是不行啦，你是不是有什麼放不下？」老師說：「我什麼都放得下，我身子怎麼樣我心情很清楚！」孔院長說：「我能夠找最好的醫生，給你檢查一下好不好？」老師說：「不要不要！不必不必！我的學生吶，就有很多學中醫的、學西醫的都有。」因為老師他自己也是名醫嘛。他說：「你放心，我身子好壞，自己很清楚。」孔院長一直叫他說：「你要不答應我，我不走；一定答應給醫生檢查打針吃藥，這樣才可以維護你的體力。」後來在那堅持了一兩個小時，我們的老恩師終於答應他說：「好好好，你放心。」孔院長說：「你這不是在安慰我吧？你一定要找。」老師說：「我自己有個學生，他是學西醫的。」孔院長說：「西醫快，你打個針，掛個點滴掛瓶，就會好過來，就恢復體力了。」他說：「好好好，明天我就叫我那學生來，給我檢查身體。」[1]

菩提醫院院長張靜雄聞訊而來擬診治，先生詢問：「西醫是否有醫治老、死，使人不老、不死之藥？」若中醫、西醫俱無此藥，則現在狀況為自然現象。

到第二天，我們蓮社聯體機構菩提醫院的張院長得了這消息就來，很高興，蓮友都很高興，說老師終於

---

[1] 江逸子（江錦祥）講述：〈懷念我的恩師李炳南教授〉，香港佛陀教育協會發行，https://www.youtube.com/watch?v=tquo4qoAov0

接受做一個身體檢查,打針吃藥,大家就希望老師能夠重視。張院長一到老師那裡,也很高興的,「老師,我來看看,我來檢查看看。」老師說:「不必檢查,你學習西醫,我學中醫的,但是我有兩個問題問你,因為中醫那邊沒有辦法解決的事情,我才要請教你。」張院長說:「老師你不要這麼說,有話你就直問吧。」他說:「我中醫有兩種藥沒有:第一種,抗老的藥,能吃讓人不會老的藥,不知道你西醫有沒有?」張院長一被他問了愣住,「老師,我不知道怎麼跟你答覆你。」他說:「我只問你有沒有啊?」「沒有。」他說:「中醫沒有,西醫也沒有。還有一種,不死的藥有沒有?」「沒有。」他說:「我也認為你沒有。我的狀況,我很清楚,這是很自然的現象,我九十七歲了,我自己的狀況很清楚,謝謝你。」[1]

　　汪士淳,《儒者行:孔德成先生傳》:一九八六年三月,李炳南已感體力不支,但他不願就醫。已出任考試院長的孔德成立即偕同夫人孫琪方南下,到李炳南的床前。孔上公夫婦扶著他,以對長輩近乎撒嬌方式,勸李老師到臺中榮總做個檢查,把身體調養一下,可是老師一直說不要,老師講,我自己有個學生也開醫院,可以找他來檢查。第二天早上,老師真的去找那位醫生來看診,確實沒有看出有什麼病因。老師自己是中醫,他

---

[1] 江逸子(江錦祥)講述:〈懷念我的恩師李炳南教授〉,香港佛陀教育協會發行,https://www.youtube.com/watch?v=tquo4qoAov0

問醫生,我們中醫沒有不老藥,也沒不死藥,不知你們西醫有沒有?醫生答沒有。老師說,那不就結了嗎?我該死了。[1]

三月二十三日(日),論語班第三期學員舉行念佛放生,迴向先生光壽無量。先生亦親臨本淨寺參加,坐車內為鳥雀等加持皈依,未下車。[2](《圖冊》,1986年圖12)

是日,蓮社暨聯體機構負責人集會,先行研議「一旦非常時期來臨」之處置方式。

　　鄭勝陽口述,于凌波筆錄,〈雪廬老人示寂前後〉:蓮友方面,由三月二十三日起,在蓮社每日分上午、下午、晚上三班念佛,求老師住世。[3]

　　【案】一九八六年三月二十三日,蓮社社長王炯如於蓮社召開「台中市佛教蓮社暨聯體機構工作負責人聯誼會」,先行研議「一旦非常時期來臨」之處置方式。略及「上週有蓮友要求為師打針輸血等,皆為師所拒。」會議共識:須遵其意而行治療。再者,「師之功夫固能往生,而吾輩弟子卻不可加以障礙。」當

---

1 汪士淳:《儒者行:孔德成先生傳》,頁282-284。
2 【數位典藏】照片／教育研習／論語講習班／第三屆放生活動／〈第三屆放生活動〉。
3 鄭勝陽口述,于凌波筆錄:〈雪廬老人示寂前後〉,《明倫》第164期(1986年4/5月合刊),雪公往生特刊。

護持先生莊嚴往生。[1]

三月二十九日（六），即日起三天，台中蓮社舉行春季祭祖。
（《蓮社日誌》）

三月底，考量先生身體狀況，男眾弟子賴武義、劉國榮、陳雍澤、涂貞光、郭基發……等多位，輪流至正氣街寓所協助鄭勝陽隨侍，夜宿寓所客廳服勤。

四月六日（日），先生表示「要走了。」
鄭勝陽口述，于凌波筆錄，〈雪廬老人示寂前後〉：四月六日那天，老師說：「你們要不要地藏菩薩？我要走了。」勝陽即稟告老師：「大眾在蓮社一天三場念佛，祈求老師住世。」老師說：「念佛不改心，一天念十支香也沒有用！」[2]

四月八日（二），臺中市佛教會舉行佛誕節遊行。先生至街頭與遊行隊伍招呼致意。（《圖冊》，1986 年圖 13）

晚六時，蓮社社長王炯如率領蓮社各聯體機構負責人至

---

1 王炯如主席，吳聰龍記錄：〈台中市佛教蓮社暨聯體機構工作負責人聯誼會紀錄〉（1986 年 3 月 23 日，台中蓮社錄音室），台中蓮社檔案。
2 鄭勝陽口述，于凌波筆錄：〈雪廬老人示寂前後〉，《明倫》第 164 期（1986 年 4/5 月合刊），雪公往生特刊。

先生住所，長跪先生面前懺悔，復請先生安心調養。先生曰：「大家安心，我就安心。」

　　鄭勝陽口述，于凌波筆錄，〈雪廬老人示寂前後〉：這時勝陽心中十分難過，老師要走，看來是留不住了。於是七日晚間，向蓮社社長報告，請他注意。四月八日下午六點，蓮社社長王炯如師兄，率領蓮社各聯體機構負責人，先在蓮社佛前發願懺悔。再到老師住所，跪於老師面前懺悔，眾等淚流滿面，長跪不起，乞請恩師慈悲接受懺悔。老人家當時神清氣朗面露微笑說：「真心就好！」復請老師安心調養，老師說：「我沒病，只要大家安心，我就安心。」──以後，便不再多言。[1]

四月十一日（五），至霧峰北溝本淨寺阿彌陀佛像前禮佛。晚，請侍者轉告大眾：「我真的要走了！」

　　陳雍澤口述：四月十一日下午三點左右，末學前往正氣街探望雪公，勝陽兄問：「老師要不要出去走走？」師應允；再問：「想去哪兒？」師云：「去有佛的地方。」末學便也陪同前往。霧峰本淨寺門前小徑旁，有一尊高大莊嚴金色身的阿彌陀佛立像，與勝陽兄一起攙扶雪公下車，在佛像前三問訊後，佇立觀望片刻，便回正氣街。這時雪公雖然體力稍弱，但精神很

---

[1] 鄭勝陽口述，于凌波筆錄：〈雪廬老人示寂前後〉〈雪廬老人示寂前後〉，《明倫》第164期（1986年4/5月合刊），雪公往生特刊。

好。[1]

鄭勝陽口述，于凌波筆錄，〈雪廬老人示寂前後〉：菩提醫院張院長前來懇求，勸他打營養針，甚至於孔院長德成先生夫婦也來相勸，老師當面答應了，過後還是不打。他說：「我沒有病啊！不用打針。」不過每天都還到郊外走走，從不間斷，慣常是勝陽開汽車，載著老師到東郊的廍子坑、大坑、頭汴坑，西郊的大度山、霧峰的北溝、以及其他的郊區田野走走，直到四月十一日星期五那一天，還到北溝去走了一趟。
四月十一日，就是星期五那一天，上午勝陽再開車載老人家到霧峰北溝，本淨寺阿彌陀佛像前拜佛。晚間老師又對勝陽說：「我要走了。」勝陽就說：「老師不要講笑話，老師已接受大家懺悔，答應再住世幾年，怎麼又說此話？」老師說：「告訴他們，我真的要走了。」[2]

陳雍澤口述：四月十二日當晚正好輪到末學照顧雪公，從晚飯後直到十三日清晨四點多，惠文師姊過來接班末學才離開。雪公當晚未進晚餐，多半是右側靜臥，如入禪定。惠文師姊準備好一小碗食物，交代末學：「老師若餓了可以吃。」直到半夜，老師睜開眼說：「起來。」末學便扶老師坐起來，趕緊端過來想請老師食用，老師略為轉頭，示意不吃，只閉目端坐片刻，便

---

1 陳雍澤口述，年譜編輯小組 Line 通訊群組（2022 年 12 月 4 日）。
2 鄭勝陽口述，于凌波筆錄：〈雪廬老人示寂前後〉，《明倫》第 164 期（1986 年 4/5 月合刊），雪公往生特刊。

右臥如前。再過約兩小時，老師又說：「起來。」仍然是閉目端坐數分鐘，便安祥右臥，如如不動。[1]

四月十二日（六），是日停止每日例行之郊遊，整日播放念佛錄音，手持念珠，作吉祥臥。下午，於坐椅上念佛，笑謂：「一心不亂」。

黃潔怡口述：末學當天（4月12日）下午四、五點，前往探視雪公。老人坐在椅子上，一起念一陣佛後，雪公笑著說：「一心不亂」。[2]

鄭勝陽口述，于凌波筆錄，〈雪廬老人示寂前後〉：星期六較虛弱未出門。四月十二日，老師食量漸減，但神智十分清楚，家中念佛錄音帶二十四小時不停播放，偶有蓮友前來探望，老師均右臥吉祥，手持念珠。勝陽不時也大聲念佛，並有同學一起念佛。[3]

是日晚七時，隨侍弟子啟動助念，蓮社社長王炯如前來隨念，啟請先生一心念佛，先生雖氣弱，仍勉力回應：一心念佛。

黃潔怡口述：四月十二日是賴武義第二次去照顧雪

---

[1] 陳雍澤口述，年譜編輯小組 Line 通訊群組（2022 年 12 月 4 日）。案，根據郭基發、詹前柏、黃潔怡等多位在場者之憶述，陳雍澤此段回憶應為 4 月 11 日事。

[2] 黃潔怡口述，年譜編輯小組 Line 通訊群組（2022 年 12 月 2 日）。

[3] 鄭勝陽口述，于凌波筆錄：〈雪廬老人示寂前後〉，《明倫》第 164 期（1986 年 4/5 月合刊），雪公往生特刊。

公。下午約五點多,天色還微亮,勝陽兄要他抱雪公去如廁,雪公已非常虛弱無力。先前雪公是武義兄在雪公背後助挺老人坐在床上,如廁後,抱回床上,老師便無法坐床,於是讓老師躺下。漸漸發現老師呼吸跟先前不一樣,當時未見勝陽兄,房中約有三四人,他便執起引磬,啟動助念。那時大約七時多。當晚王社長有前來隨念,並在老師跟前說,要一心念佛,武義兄言他親耳聽到雪公也回應一心念佛。雪公回應聲音很低,沒什麼元氣了。要在前頭旁側者才聽得到,這一點的也聽不到。後來人便漸漸聚集。[1]

四月十三日(日),夏曆三月初五,凌晨三時,在念佛聲中,將手中念珠高舉在頭上。五時,轉身作吉祥臥。隨侍弟子等即從座起下跪,並通知王燗如社長從蓮社趕至寓所。五時四十五分,在眾弟子念佛聲中,默持佛號,安詳往生。(《圖冊》,1986 年圖 14)

  郭基發口述:十二日晚上劉國榮和我都在老師那裡,到晚上十時才離開。育幼院當晚十一點半,去了前柏、漢從、連志道(淑美)、吳省常(碧霞)(據前柏兄告知)。十三日清晨四點我被一股無形的能量叫醒,當下即知要我趕快到老師家。騎著機車不到十分鐘即到了正氣街。進門後,見聰敏、黃泳在客廳(黃泳整個晚上都在內室陪着,老師叫其回去休息,不讓其待在那

---

[1] 黃潔怡口述,年譜編輯小組 Line 通訊群組(2023 年 11 月 23 日)。

裡，他才轉移到客廳。此據前柏兄說）；志道、前柏、漢從在內室走道。潔怡姐在床下方，勝陽兄在床頭，惠文姐在屋後。老師側躺在床上。這是走到內室時的情境。潔怡姐向我招手，示意去幫老師按摩。我馬上爬上床舖，舒緩按壓老師的背部和腿。其間老師喉嚨有痰，勝陽兄拿着吸痰器幫老師清理喉嚨。約莫四十幾分後，按摩畢。志道兄就問我：「老師怎麼樣？」我即將老師的左手稍為提高，去把老師的心脈。感覺老師心脈跳動非常微弱，於是搖搖頭表示不妙。當下立即下床跪下，這時在場的弟子全都跪下來，為老師助念。只見老師自己將身體調整成吉祥臥，閉上了眼睛。整個氛圍頓時變得不一樣，感覺老師要走了。就有人提趕快連絡王社長，不到十分鐘王社長即從蓮社趕來，在我身後向老師說：「老師一心念佛，我（弟子）是王炯如。」過沒多久，突見老師吸了一口大氣，將顏面都糾在一起後，漸漸鬆開。一會兒又是一口大氣，鬆開後整個呼吸就停了。我知道老師已經離開人世了。[1]

　　黃潔怡口述：（4月13日）早上，老人在眾弟子念佛聲中，右臥默持佛號，神色是清楚的。最後一口氣張大口，哈氣，眼睛用力閉上，就往生了。老人家沒有昏迷。[2]

1　郭基發口述於「東海覺音班」研討：《印祖文鈔·復弘一師書》（2023年11月27日）。
2　黃潔怡口述，年譜編輯小組Line通訊群組（2022年12月2日）。

鄭勝陽口述，于凌波筆錄，〈雪廬老人示寂前後〉：十三日清晨三時，在念佛聲中，老師把手中的念珠高舉在頭上，大家以為老師要往生了，忙跪下來大聲念佛，同時有人把阿彌陀佛接引像請至老師床側，意思是使老人家看得到。這時老師忽然表示要起身禮佛，隨侍弟子猜想一定是這樣做不如法，就把佛像請回佛堂。老師翻了個身，做吉祥臥，嘴唇微動，手持念珠，隨大家念佛。五點二十分，天微亮，老師脈搏微弱，勝陽請人通知蓮社社長和總務速來，五點三十五分社長王炯如師兄到達，即跪在床前一起念佛。老師露出慈祥的眼光看看他。炯如師兄說：「老師也要一心念佛，弟子是王炯如。」當時老師一領首，眼睛一閉，使勁吐兩口氣就安詳往生了。[1]

鄭勝陽，〈雪廬山報恩殿碑記〉：歲丙寅，夏曆三月初五日寅時，師應前一年預示法緣已了，無疾歸西，春秋九十有七。臨去之際，猶囑助念諸弟子「一心念佛」。七七日後荼毘，得諸舍利千餘顆。[2]

先生往生後，原已在寓所之弟子繼續念佛，蓮友聽聞消息，亦從各地前來共同念佛。國外蓮友聞訊亦皆念佛迴向。

---

1 鄭勝陽口述，于凌波筆錄：〈雪廬老人示寂前後〉，《明倫》第164期（1986年4/5月合刊），雪公往生特刊。
2 鄭勝陽，〈雪廬山報恩殿碑記〉（2003年4月5日）。碑位於苗栗縣卓蘭鎮。

鄭勝陽口述，于凌波筆錄，〈雪廬老人示寂前後〉：房間內弟子們跪著繼續念佛，蓮社總務等人，就著手安排助念事宜。蓮友們漸漸都知道了，由四面八方向正氣街集中，大家依著念佛班的先後，男眾在內室助念，女眾在客廳，不到十坪大的陋室，坐了約六十人，未輪到的站在門外念佛。漸漸的，正氣街一條街上站滿了念佛的人，佛聲綿綿，日以繼夜，整整兩天。——老師豈是需要助念的人——弟子們只是以老師所教臨終助念方法，來略盡孝思啊！[1]

高國浚，〈法器遺音泯過現，佛聲恆唱超死生〉：四月十三日清晨五時四十五分，這將是許多人一生中難以忘懷的時刻。是這個時刻，老恩師悄悄地灑然西歸，並未驚動太多的人。可是消息經由各個管道傳開，聞者卻都震愕住了！或許聽到訊息的當下，不能馬上接受這個事實，心中還企盼著這個消息只是誤傳，大家不都還期待著老人家的康復，繼續講完《華嚴經》的嗎？可是當趕到正氣街九號——雪公的寓所——時，都不得不承認這是千真萬確的了。

縱然大家哀慟逾恆，對於老人家平日的教誨卻是不敢忘懷。很快地，輪班念佛的時間表和助念規則都張貼出來。屋子裡，男眾在內寢，女眾在外間，排班念佛。屋外頭也搭起帳篷架，容納眾多的蓮友，一齊念佛。各執

---

[1] 鄭勝陽口述，于凌波筆錄：〈雪廬老人示寂前後〉，《明倫》第164期（1986年4/5月合刊），雪公往生特刊。

事人員都強忍著淚水，在個人工作崗位上，讓不斷湧來的人潮得以有條不紊地前來參拜、助念。

兩天下來，全省各地的大德、蓮友，不辭勞頓，紛紛前來致哀，許多人都是哽咽著發出顫抖的佛號，時而傳來低泣抽動的悲聲，感人肺腑。平日親近老人家的蓮友們，更是嘔心竭力，二六時中念佛不斷。正氣街上，平時囂鬧的市集，一時為之蕭條；取而代之的，是接踵而來感恩人潮的步履。

幾十年來，老恩師堪稱桃李滿天下，蒙受老人家精神感召的，更是不計其數。然而，若非親近老人家，實在難以體會何以有這麼多的人對雪公如此地崇仰。[1]

周宣德，〈悼念李雪公老師〉：今年四月十三日晨起忽接台中蓮社越洋電話，得悉雪公老師預知時至，當日上午五時四十五分在其寓所無疾安詳往生。我這時正在加州洛城法印寺法會中念佛，即承住持印海大法師的囑咐，由我報告雪公生平事跡，然後法師就率眾一心念佛，迴向他蓮品增上。[2]

先生公子李俊龍於濟南老家聞耗，因兩岸情勢未能奔喪，引以為憾。

李俊龍，〈回憶父親〉：本想能夠迎接父親返回故

---

1 淨宏（高國浚）：〈法器遺音泯過現，佛聲恆唱超死生〉，《明倫》第 164 期（1986 年 4/5 月合刊），雪公往生特刊。
2 周宣德：〈悼念李雪公老師〉，《明倫》第 164 期（1986 年 4/5 月合刊），雪公往生特刊。

鄉，使骨肉團聚，豈料於一九八六年四月十三日他老人家竟病逝於臺中市寓所，消息傳來，舉家悲慟，這也是我終生的遺憾。

是日，孔德成先生自臺北南下，於正氣街九號主持治喪委員會，決定治喪程序，並確認訃聞。

〈雪公居士治喪程序〉：
一、助念時間：四月十三日至四月十五日上午六時。
二、移靈時間：四月十五日上午九時移靈至蓮社。
三、瞻仰時間：四月十五日下午二時至四月十七日下午八時。
四、大殮：四月十七日下午九時。
五、停靈：自四月十三日至五月卅一日止，共四十九天，地址在台中蓮社。
六、荼毘：六月一日（星期日）上午九時由蓮社出發至德明山莊舉行荼毘。
七、公祭：六月八日上午十時，地點在慈光圖書館。

【案】荼毘地點後改至南投水里慈德寺，公祭時間提早於九時開始。

〈訃聞〉（代擬）：顯考李公諱豔，字炳南，號雪廬，法號德明府君，痛於中華民國七十五年國曆四月十三日（農曆三月初五）上午五時四十五分，病逝臺中市寓邸，距生於民國前二十二年農曆十二月七日，享壽九十七歲。不孝男俊龍身陷大陸，不克奔喪，謹此
訃聞　　　　　　　　　　　　孤子俊龍泣血稽顙

〈治喪委員會〉：

主任委員：孔德成

副主任委員：劉安祺、臧元駿、周邦道、董正之、
　　　　　　劉道元、張子源

委員：于凌波、孔維益、孔維寧、王仲懿、呂佛庭、
　　　朱　斐、江寬玉、宋時選、李滌生、何玉貞、
　　　孟繁驥、房殿華、周宣德、周榮富、周家麟、
　　　林平原、林仁德、林柏榕、林進蘭、洪昭男、
　　　夏蔬園、徐醒民、陳立夫、曾憲褘、張測民、
　　　張正中、黃嘉雄、黃懷中、郭榮趙、郭蓮花、
　　　郭秀銘、許炎墩、靳鶴聲、楊展雲、楊鴻岱、
　　　趙天行、廖榮祺、劉茂安、盧精華、蔣俊義

總幹事：尤宗周

副總幹事：王烱如

幹事：江錦祥、何清根、李榮輝、林看治、張靜雄、
　　　張慶祝、黃雪銀、趙鋑銓、蘇　愛

四月十五日（二），上午九時，於正氣街九號寓所助念四十八小時後，移靈至蓮社大殿，供大眾瞻仰遺容，蓮友輪流排班守靈念佛。（《圖冊》，1986年圖15）

　　高國浚，〈法器遺音泯過現，佛聲恆唱超死生〉：四月十五日上午九時的移靈儀式，謹將老恩師法體由正氣街寓所請往台中蓮社，為的是讓更多的有緣人瞻仰慈容，一滿心願。一大早，蓮友們就齊集在正氣街上，期待最後隨侍著老人家走過這一段路程。明知老恩師神

棲極樂,高坐蓮台,必然乘願再來,廣度眾生,仍有不少蓮友如失所怙,慟不自已。在一片引磬和佛號聲中,長達數百公尺的執紼隊伍隨著老恩師的蓮位、靈像和法體,亦步亦趨,邁向蓮社大殿。

法體安厝,莊嚴肅穆的鐘鼓響起,直撼動著每個人的方寸之地。就像老恩師的如雷獅吼,亟欲震醒大夢眾生的無盡藏來。蓮社這對鐘鼓,除了暮鼓晨鐘之外,只有在迎接法師、上賓光臨時才用。今日是頭一回為迎接老恩師而鳴起,卻想不到是在這樣的場合,如何不教人感慨萬千呢?![1]

移靈至蓮社後至十七日晚,為瞻仰時間。海內外弟子師友相繼奔回拜見。

　　高國浚,〈法器遺音泯過現,佛聲恆唱超死生〉:移靈後至十七日晚上為瞻仰時間,由男眾和女眾分別跪在法體兩旁,日夜地守靈念佛。老恩師慈悲,現吉祥臥,法相安詳。瞻仰的人陸陸續續而來,大殿中的氣氛既肅穆又悲戚。瞻仰的人群中時有雪公的友人、學生,哀傷的情狀,常教守靈的人為之動容,不得不掏出手帕,拭去淚水。凡是有比丘、比丘尼前來瞻禮,無論接待員或守靈的人,無不頂禮膜拜,因為老恩師素來是最尊重出家師父的。

1　淨宏(高國浚):〈法器遺音泯過現,佛聲恆唱超死生〉,《明倫》第164期(1986年4/5月合刊),雪公往生特刊。

十七日,是瞻仰慈容的最後一天,人潮因此比前兩天更多。香港李蓮階師兄,接到電報,馬不停蹄趕辦出境手續,飛回臺灣奔到蓮社,丟下行囊,長跪在靈前,千山萬水一路哭號,總算親睹到恩師的慈容。為了佈置大殮會場,瞻仰時間提前至下午六時結束。啊!那即將安放老恩師法體的靈柩,竟一步一步的送到大殿來了,眾人念佛跪著迎接,一時痛不自禁,悲泣哽咽轉為嚎啕大哭,再轉為更高聲的佛號,再也……看不到老恩師了……再也看不到老恩師了……。

還有數位老蓮友,下午三點半才得知消息,遠從臺北、高雄、臺南急搭計程車趕來,看不到慈容,竟因此哭號了起來,一旁還有許多悵然佇立的人群。辦事人員安慰他們,如果會場部署順利,八點以前,大家還有機會瞻仰。

大殿內,小殮的儀式,肅穆地進行,會場佈置妥當,門外,一批一批的人潮在佛號聲中,已然排成長龍,大家都捨不得,都想再瞻仰法相,好永留心中,竟有許多人,排了好幾次隊,瞻禮了好幾次,在這一刻……。[1]

四月十七日(四),晚六時,法相瞻仰結束。晚八時,孔德成院長親臨蓮社主持大殮典禮。(《蓮社日誌》)

　　高國浚,〈法器遺音泯過現,佛聲恆唱超死生〉:

---

[1] 淨宏(高國浚):〈法器遺音泯過現,佛聲恆唱超死生〉,《明倫》第164期(1986年4/5月合刊),雪公往生特刊。

晚上八時,舉行大殮儀式,唱讚、誦經、念佛聲中,儀式莊嚴而隆重。釘棺木的聲音響起,一鎚鎚釘入了每個人的心中,眾人明白,再也見不到老恩師了。禁不住悲從中來,一時間淒厲的佛號聲中,夾帶著陣陣的嚎啕。禮成,眾人依依不捨地頂禮而退,仍有許多人不忍離去,繼續讓佛號聲縈繞在大殿中,陪伴著老人。大殿外,綠川依舊在月光下潺潺地流向西方。微風吹動,好似傳來老恩師那最後的叮嚀:要「一心不亂」呀![1]

大殮後,蓮友於先生往生四十九天內,在台中蓮社持續晝夜念佛。臺北慧炬社淨廬念佛會亦每週舉行念佛迴向。此後,蓮友於夏曆每月初一至初七,聚集台中蓮社念佛,常年不斷。

濯生,〈蓮花一瓣分台中〉:十年前,雪公恩師往生四十九天內,蓮友晝夜念佛,七七之後,每逢農曆初一到初七,蓮友們齊聚蓮社,每天念佛五支香。十年來,一年復一年,一月復一月,月月如此,願以此念佛功德,供養老恩師。[2]

〈新聞〉:淨土宗大德李公雪廬(炳南)老居士,於四月十三日凌晨往生後,在美靜養的本社創辦人周宣德老居士聞訊,深為哀痛,特電囑本社同人遵師遺訓,

---

1 淨宏(高國浚):〈法器遺音泯過現,佛聲恆唱超死生〉,《明倫》第 164 期(1986 年 4/5 月合刊),雪公往生特刊。
2 濯生(鍾清泉):〈蓮花一瓣分台中〉,《明倫》第 263 期(1996 年 4 月),雪公往生十週年特刊。

老實念佛,並於本社印光祖師紀念堂恭設靈堂,方便北部蓮友及大專同學就近念佛迴向。從四月廿日起至五月廿五日止,每週日上午九時卅分至十一時卅分舉行,每次均有三十餘人參加。

本刊發行人周邦道老居士、代董事長才榮春居士等,特代表周董事長率領多位同人,於四月十五日前往台中蓮社,瞻仰雪公遺容,並參加助念。[1]

是日下午三時,孔先生主持治喪委員會第二次會議。決議:因應來賓眾多,公祭時間提早一小時;籌立獎學金以及編印遺稿等。

〈新聞〉:治喪委員會於四月十七日下午三時召開二次治喪會議,出席孔德成、劉道元、周邦道、董正之、朱斐等二十七人,由孔德成為主席。討論通過:
1. 變更公祭時間為六月八日上午九時起至十二時。
2. 為炳公作〈生平事略〉由徐醒民、周家麟、蔣俊義、朱斐、鄭勝陽、王烱如、李榮輝等會同撰稿,由徐醒民為召集人。
3. 籌立「李炳南先生獎學金」專供獎勵中國文學系同學,以紀念炳公一生弘護中華文化之精神及貢獻。
4. 關於申請「覆蓋國旗請頒匾額以增哀榮」一案,以師向不喜虛名決定作罷。但遺稿編印由周邦道總其成,遺著手稿遵其意典存圖書館則由孔主委全權處理。

---

1 〈新聞〉,《慧炬》第263期(1986年5月),頁38。

5. 公祭前將再登報周知不另發訃聞。[1]

四月十九日（六），明日頭七，依習俗於前一日晚十時起，先念佛迴向，由蓮社當家何玉貞主持上香。（《蓮社日誌》）

四月二十日（日），頭七。八時至十時在蓮社大殿舉行，蓮社社長王燗如主持上香。（《蓮社日誌》）

四月二十七日（日），二七，由周榮富主持上香，論語班學員參加。（《蓮社日誌》）

是月，周宣德在美傳知旅洛城蓮友，籌款做為「紀念李雪廬老居士徵文獎金」，以增進大專青年對先生之學習，勤學精進。

周宣德，〈悼念李雪公老師〉：雪公只在前一天告知鄭勝陽師兄說：「我要大去」，不料次晨果然西歸，一心了無罣礙。而我傳知旅洛城蓮友，就有潘新霞、甘桂穗、毛佩芳、范振鷹、鍾張嘉穗及慈光、明倫同學、楊昆生、鄭朝陽、翟本泰、林淑貞等同我共十人相約，為報師恩於萬一，特共籌得新臺幣十萬元做為「紀念李雪廬老居士徵文獎金」，俾增進大專在學青年對雪公之景仰；使同學效其行誼，發大誓願，勤修淨土；他日往

---

[1] 〈國內外佛教新聞版〉，《菩提樹》第 402 期（1986 年 5 月），頁 45。

1986 年・民國 75 年 | 97 歲

生，圓成佛道，倒駕慈航，普度眾生，同登安養。[1]

五月四日（日），三七。聯體機構代表開會決議，更改荼毘地點，往水里慈德寺勘查地點。（《蓮社日誌》）

五月十一日（日），四七。（《蓮社日誌》）

五月十五日（四），《明倫》月刊發行第一六四期「雪公往生特刊」，刊出〈李公雪廬老居士事略〉、〈雪廬老人示寂前後〉、先生往生後記事、各界〈輓聯、輓詩〉、先生晚年重要講話、先生來臺初期及各期親近弟子感言等。

　　〈雪公遺物──念珠〉：「念珠」為雪公老師平素所用，這串念珠追隨雪公遍歷江南江北，來臺期間，更是朝暮不離。平素雪公出門時，這串念珠一定隨身攜帶，通常放於上衣胸前口袋。此串念珠有專用器皿裝置（念珠旁小器皿即是）。雪公對念珠十分恭敬，必先洗過手才持念珠。而於睡眠時，進食時，如廁時，一定親自先將念珠收放於器皿中，並不許旁人隨意觸摸。三十餘年來，雪公為蓮友臨終開頂時，就是持這念珠。半世紀來，雪公持此念珠所誦之佛號與咒語，真是難以計數，其間串繩因經常使用而斷過數次。睹物思人，恩師

---

[1] 周宣德：〈悼念李雪公老師〉，《明倫》第 164 期（1986 年 4/5 月合刊），雪公往生特刊。

精勤念佛之神色,歷歷在目,吾等亦當佛號提起,一直念下去。[1](《圖冊》,1986年圖16)

蔣俊義,〈無盡的追思——凡情測聖境〉:凡親近雪公諸弟子,皆為其學問、道德、修持、犧牲精神等感召,於是爭相拜師學藝,凡被認可,須行三頂禮,并以紅包一個敬師(以前限定新臺幣一元,近改為十元)。時歷三十餘載,於今學生遍布海內外將近萬人。

居臺中拜師學習講演及宣揚佛經諸同學,在練習中,如有缺失,不留情面,當眾大聲呵斥,在同學環視下,忍不能忍,熱淚奪眶,夜復不能成眠,不意數日中進步神速,又破涕而笑,更加親近。然在當時諸同學多以少挨呵斥為喜,而今想挨呵斥而不可得,為弟子者怎不悲思永懷。[2]

會性法師,〈無盡的追思——會公勉語〉:雪公老師的形體雖然走了,但精神永遠存在。大家不要過分悲傷,雪公老師過去是一位,現在是千千萬萬位,只要大家心中有老師,老師依然在指導著大家。今後大家要按照老師的指示去修行,不要變質,上下團結一致,將佛事辦好。[3]

---

1 編者:〈雪公遺物——念珠〉,《明倫》第164期(1986年4/5月合刊),雪公往生特刊。
2 蔣俊義:〈無盡的追思——凡情測聖境〉,《明倫》第164期(1986年4/5月合刊),雪公往生特刊。
3 釋會性:〈無盡的追思——會公勉語〉,《明倫》第164期(1986年4/5月合刊),雪公往生特刊。

五月十八日（日），五七。（《蓮社日誌》）

是日，中國醫藥學院董事會召開第九屆第六次會議。主席陳立夫與諸董事起立為先生誌哀。一九五八年，該校創校，先生即開始任教。一九七二年起，復長年擔任該校董事。[1]

五月二十一日（三），禮請會性法師赴水里慈德寺勘查，決定火化地點。（《蓮社日誌》）

五月二十五日（日），六七。（《蓮社日誌》）

五月三十一日（六），明日舉行荼毗，蓮友四十九天全天候念佛最後一日，晚上七時舉行普施法會。（《蓮社日誌》）
　　　　高國浚，〈幻身示寂・佛音不空　綠島栽蓮・行願有成〉：如果問雪公老恩師西歸後，有什麼瑞應示現的？那麼，君不見自從老恩師往生到六月一日滿七止，這四十九天停靈期間，每天二十四小時，綿綿密密的佛號聲自蓮社大殿傳來，未嘗間斷。這不就是最吉祥、最實際的瑞應嗎？老恩師雖然往生，還是一直在護念著我們呀！半百日來，蓮友們自動自發地來成就這片人間淨土，無非是受了老人家的恩德感召。正如一位師姑說

---

[1] 任教該校紀錄，見〈附錄八：李炳南居士任教大學紀錄〉；任董事紀錄見：徐鳴亞編：《私立中國醫藥學院歷屆董事會議紀錄彙編》（臺中：1984年5月）。

的：「恩師以持名念佛法門教導眾生，今日成千上萬的弟子也以阿彌陀佛洪名供養恩師。」而事實上，受益的還是我們自己。這次停靈期間的殊勝法緣，想必是蓮友們畢生未逢的，許多蓮友時間不敷，縮減睡眠，夜半三更，前來念佛，更有蓮友甚至拋下俗務，留宿蓮社，全心全意，念茲在茲，朝暮沐浴在彌陀聖號之中。眾善聚會，有各念佛班的師姑、師伯，有忙於工作、家務的青年蓮友，也有啟蒙班的小朋友，而大家同音演唱佛名，對於老恩師的誠摯哀思都是一致的。護持大眾、為公辦事的同仁，雖然他們忙碌勞累，沒有多少時間靜下來專心念佛；然而，因公忘私，心中仍是明記不忘，這一切的作為，無非都是為了成就眾人道業，解決生死大事，福慧雙修，畢竟成佛的呀！

無論這段時日多麼辛苦，大家總還覺得不足。因為如果不是真能信願持名，一心不亂，盡此一報身，往生極樂，又怎能報答老恩師的恩德呢？心想及此，眾人分外精勤不懈了。尤其接近滿七的日子，蓮友們更是鑼緊鼓密，弦急管繁起來。滿七儀式在六月一日清晨四時至六時舉行，大殿內外聚滿了前來隨喜的蓮友，更有不眠不休的弟子們，徹夜守靈參與作七，七七四九日的守靈到此圓滿。如果說是打了七個佛七，又何嘗不可呢？哀思與法喜交織在蓮友們的胸中，眾人心裡明白，這又是老人家賜給弟子們一次的深恩啊！[1]

---

[1] 淨宏（高國浚）：〈幻身示寂・佛音不空　綠島栽蓮・行願有成〉，《明倫》第165期（1986年6月）。

停靈期間，高僧大德及各界長者前來致敬意者甚眾。
(《圖冊》，1986年圖17)

「高僧大德」：北部有佛教文化館聖嚴法師、華藏圖書館淨空法師、佛陀教育基金會日常法師、基隆十方大覺寺、新竹一同寺、中壢永平寺、汐止靜修院⋯⋯等十六所寺院道場；中部有水里蓮因寺懺雲法師、埔里圓通寺聖觀法師、臺中慈明寺聖印法師、靈山寺、慎齋堂、護國清涼寺等四十三所寺院道場；南部有嘉義義德寺心明法師、阿蓮新超峰寺能學法師、屏東鐵爐寺等十所寺院道場；東部有宜蘭開成寺見如法師、花蓮慈濟功德會證嚴法師、玉里佛教蓮社性良法師等三所寺院道場；國外有菲律賓佛教居士林覺生法師、新加坡毘盧寺遠藏法師、新加坡念佛林仁密法師、馬來西亞三寶萬佛寺達明法師、美國德州佛光寺等五所寺院道場；以及印順法師、道宣法師、淨耀法師、果清法師⋯⋯等數十位法師。

「居士大德」：美國德州嚴寬祜、呂佛庭、市議員王世勛、市議員柯隆鵬、立法委員房殿華伉儷、行政院秘書唐立生、國民黨文工會主任宋時選、臺中市長張子源、前臺中市長林柏榕、國民黨市黨部主委黃嘉雄、大光明雜誌陳法明、文殊文化洪啟嵩、金剛乘學會莊金沛、佛教密藏會田璧雙、趙天行伉儷、陳慧劍、吳修齊、鄭振煌、馬來西亞吳庭烈、香港李蓮階⋯⋯等多人。[1]

---

1 參見：〈來訪高僧大德一覽表〉（1986年4月13日至6月8日），《雪公治喪事宜專輯》，台中蓮社檔案。

六月一日（日），上午四時至六時舉行滿七，七時由孔院長德成先生封棺，恭請會性法師主持啟靈法事及法語。七時四十分，移靈赴南投水里慈德寺荼毘場。(《圖冊》，1986年圖18)

  會性法師，〈故李公炳南老居士封龕舉靈出殯法語〉：

諸行無常，是生滅法；生滅滅已，寂滅為樂。

時維中華民國七五年六月一日，歲次丙寅四月廿四日，乃菩薩優婆塞李公炳南老居士捨報往生，遺體即將出殯送荼毘場荼毘之期。觀夫老居士之一生也，深通佛法，儒佛圓融；於佛法來說，如經所云：「善能通達諸法相。」老居士可以說徹底通達佛法中性、相、空、有，一切佛法無不圓融貫通矣。老居士不但在解上有大功夫，而且真實得到佛法的大受用，所謂「於第一義而不動，已於諸法得自在。」已於諸法得自在故，所以老居士之一生，於佛法中得大受用，動靜舉止皆安詳也。由此自行化他，所謂：「常以法財施一切。」就是說：以佛法來度化一切眾生，雖度眾生，而不著度眾生相，所謂「猶如蓮花不著水。」這就是老居士自行化他的廣大妙用也。

而於八萬四千法門之中，又選擇念佛淨土法門，三根普被，利鈍兼收，所謂「雖於諸佛國，及與眾生空，而常修淨土，教化於群生。」所以老居士以當生成就之佛法，專念南無阿彌陀佛，以此殊勝法門來普利一切眾生，由此，老居士住世近期頤，弘法半世紀，佛聲遍寰

島,法音遍全球矣。而今九七高齡,示現無常,捨報往生極樂淨土,而捨報時正念分明,一心不亂,所謂「捨報安詳,得生佛國。」想必高登上品蓮台,蒙佛授記矣!這就所謂「示現諸行無常。」使眾生知道這是生滅之法,必定有生有滅、有成有壞。而今念佛正念分明,往生極樂,得到上品往生的蓮台,這就所謂「生滅滅已,寂滅為樂」矣。雖然如是,即今封龕舉靈、出殯之事,又怎麼生會呢?

捨報安詳生佛國,為愍群迷乘願來。[1]

　　高國溇,〈幻身示寂・佛音不空　綠島栽蓮・行願有成〉:接著滿七儀式,就是荼毘法事。由於式場遠在南投水里慈德寺荼毘場,清晨六時半起,三千多位蓮友們,即分批搭乘交通車六十部,陸續前往。七時整,啟靈儀式在蓮社大殿內肅穆莊嚴地進行著,參加者有諸山長老、法師、治喪委員及台中蓮社聯體機構代表共二百多人。由孔院長德成先生封棺,恭請上會下性法師主持啟靈法事及法語。七時四十分,靈柩緩緩自大殿移出,一時間,鐘鼓哀鳴,嚎聲震天,沿路跪滿了蓮友弟子,虔誠恭敬地禮送老恩師。這許許多多的蓮友,不顧自身的勞頓,正為珍惜與老人每一段的因緣啊!到了復興路口,王社長向大眾禮謝。而後,將老恩師法體送上靈車,在引導車的引領和蓮友們車隊的護送下,駛往水里

---

[1] 釋會性:〈故李公炳南老居士封龕舉靈出殯法語〉,《明倫》第165期(1986年6月)。

慈德寺。而眾人仍是綿綿密密不忘佛號，佛光於是一路迤邐，照向山林之間。[1]

十時移靈至慈德寺舉行荼毘大典，仍請會性法師主法。十一時由孔德成先生舉火荼毘。

會性法師說，唐瑜凌記，〈故李公炳南老居士荼毘法語〉：

淨極光通達，寂照含虛空；卻來觀世間，猶如夢中事。
生死交謝，寒暑遷流，其來也電掣長空，其去也波澄大海！茲者菩薩優婆塞李公炳南老居士，捨去四大假合報體，往生西方極樂淨土。而今遺體送到荼毘場，即當舉行荼毘火化。經云：「或示老病死，成就於群生，了知如幻化，通達無有礙。」而老居士示現住在世間九七高齡，雖然外現老病死相，實則本來不生不滅，了不可得，當下即空。

而老居士住世講經說法度無量眾，就是捨報之時，尚要以最後舍利來度化眾生，這就所謂：「應以涅槃而得度者，老居士即示現涅槃而為說法」，使在會乃至未來眾生應時而得度也，這就如經所云：「火中生蓮花，是可謂稀有。智慧無邊際，度脫無數眾」也。

而今到此荼毘場，應當要知：荼毘場就是選佛場。若能體悟此意，當下「心空及第」而歸矣！雖然如是，即今

---

1 淨宏（高國淩）：〈幻身示寂・佛音不空　綠島栽蓮・行願有成〉，《明倫》第165期（1986年6月）。

茶毘一事又如何會？
闍維一個心空漢，直入維摩不二門。
至茶毘爐前，偈云：
一舉性空火，焚燒夢幻身；娑婆化緣盡，淨土現全真。
燒！[1]

　　高國浚，〈幻身示寂‧佛音不空　綠島栽蓮‧行願有成〉：到了慈德寺，蓮友們早已分立在事先安排的廣場和山間小道上。大家心知式場內容納不了三、四千人，只要心誠就是最大的孝思。所以各地蓮友們，不計遠近，大家面向著茶毘場，秩序井然，眾口齊念一句阿彌陀佛，場面極為莊嚴感人。而本來憂心的連日梅雨，竟在這日，一時歇息，真是佛菩薩垂愍，雪公加祐！
九時五十分，茶毘儀式開始。經唱梅檀海岸讚、誦阿彌陀經、往生咒、讚佛偈、念佛、茶毘法語等法節後，由上會下性法師舉火，大眾再念佛、迴向，即功德圓滿。雖然蓮友們心中依依，不忍離去，但是男女老少，還是依著車次，很守秩序地走往茶毘場，向著茶毘爐頂禮膜拜，然後依序搭乘原車歸去。[2]

六月二日（一），上午四時在慈德寺舉行撿靈骨大典，由會性法師督導四、五位青年弟子撿取靈骨，拾獲乳白、墨綠、

1　釋會性說，唐瑜凌記：〈故李公炳南老居士茶毘法語〉，《明倫》第 165 期（1986 年 6 月）。
2　淨宏（高國浚）：〈幻身示寂‧佛音不空　綠島栽蓮‧行願有成〉，《明倫》第 165 期（1986 年 6 月）。

綠色、透明、茶色、銀色等舍利珠千餘顆。上午十時，移靈骨至慈光圖書館暫厝，俟八日舉行公祭後迎回蓮社安奉。靈骨罐請孔德成先生題名。(《圖冊》，1986年圖19)

〔臺中消息〕：有一百多人留此徹夜念佛。二日清晨四時留寺者誦經念佛後，請出火化後之遺骨，由會性法師在場督導四、五位青年弟子撿取靈骨，放入大理石容器內，由蓮社社長王炯如等捧回臺中，暫厝於慈光圖書館，俟本月八日舉行公祭後送回根本道場台中蓮社供奉。[1]

高國浚，〈幻身示寂‧佛音不空　綠島栽蓮‧行願有成〉：火化十小時，弟子們徹夜在爐旁守護念佛，次晨撿取靈骨及舍利，奇的是，舍利並不如想像中的大。此時上會下性法師洞悉眾人的心理，上來用閩南語開示。法師首先正名，糾正大家的觀念。說明：「舍利是印度話，就是靈骨的意思。現在一般人以為舍利就是那一顆一顆圓圓的珠子，而靈骨不是舍利，這是錯誤，其實圓珠名為舍利珠，靈骨亦即是舍利，有人將舍利稱作舍利子，這也不對，這和《心經》上的『舍利子』（秋鷺子，人名）同音，容易發生混淆。」法師再進一步說明：「最近幾十年來，一般人認為高僧大德，或是弘法有年的老居士，火化以後，如果沒有舍利珠或是舍利珠

---

[1] 〈國內佛教新聞版〉，《菩提樹》第403期（1986年6月8日），頁45。

很少,大家都感覺得失望。甚至懷疑自己老師是不是修行不夠?其實不可以這樣想,因為舍利不是絕對的證明,要分清楚,每一個修行人有他個人的願力,隨願示現,並非一定要有很多的舍利。至於修行與否,要看其人一生行徑,老恩師自來臺灣,即未曾放下弘法利生撒播蓮種的工作,可以說就是往生在講經席上啊!」請想想、老恩師是不是講到不能再講才往生的?他老人家何嘗休息來?

其實,對於舍利的期望,本來就不必太執著,老恩師自有他的示現方式,妙的是事後蓮友們在荼毘爐和骨灰中,凡是誠心拾取供養的,都各有所獲。蓮社拾撿時亦獲乳白、墨綠、綠色、透明、茶色、銀色等舍利珠千餘顆。真可說是各滿所願,皆大歡喜啊!老恩師的度眾說法,真是不可思議![1]

六月八日(日),上午九時,於慈光圖書館舉行公祭,禮請會性法師主法,周邦道報告炳南先生生平事蹟。治喪委員會公祭由孔德成先生主祭,陳立夫、劉安祺陪祭。中國醫藥學院由陳立夫主祭,臺中市佛教會公祭由聖印法師主祭,各大專佛學社團歷屆社長社員聯合公祭。場外搭建大布篷以容納一萬多人參加與祭。[2](《圖冊》,1986

---

1 淨宏(高國浚):〈幻身示寂・佛音不空　綠島栽蓮・行願有成〉,《明倫》第 165 期(1986 年 6 月)。

2 〈李公炳南生西在慈光圖書館公祭〉,《菩提樹》第 404 期(1986年 7 月 8 日),頁 8-9。

年圖 20）

會性法師開示先生晚年專弘《華嚴》深義，周邦道則從先生建立道場、培育人才、宣流法音等六方面貢獻，讚揚其不凡之歷史地位。

　　會性法師說，唐瑜凌記，〈故李公炳南老居士追悼典禮法語〉：
法性本空寂，無取亦無得；性空即是佛，不可得思量。
時維中華民國七五年六月八日，歲次丙寅五月初二日，菩薩優婆塞李公炳南老居士追悼大會。
老居士住臺近四十年，弘法席不暇暖，而專講《華嚴》大經，已歷一十八載。可見老人對於《華嚴》之弘揚與尊重矣！老人為何到晚年專弘《華嚴》耶？今以五義，略而說之：
一、為令行者達佛境界故：古德說：「不讀《華嚴經》，不知佛境界。」意思即說：學佛修行的人、行菩薩道的人，如果沒有讀過《華嚴經》，就沒有辦法了知佛境界。如何能悟佛境界耶？《華嚴》第三十九品──〈入法界品〉，《四十華嚴》就叫作〈入不思議解脫境界普賢行願品〉，不思議解脫境界，即佛境界。如何「入」？經云：「若人欲識佛境界，當淨其意如虛空。遠離妄想及諸取，令心所向皆無礙。」這就是教導我們如何學佛入佛境界的要義。
二、為令行者了知在菩提道上從因至果行位差別，不生

上慢故:《華嚴經》中,詳說十住、十行、十迴向、十地,這叫做三賢十聖的階位,說的最為詳盡。學佛行菩薩道的人,懂得階位,則不生增上慢,所以老人詳說《華嚴》。

三、為令行者心量廣大故:行人往往心量狹小,不能體會佛之廣大境界,讀《華嚴經‧華藏世界品》,能知華藏世界重重無盡,佛剎微塵數的殊勝境界。而把心量廣大到「心包太虛,量周沙界」,為學佛入門最重要的一著。

四、為使行人破除「執理廢事、執事廢理」之錯誤偏見的緣故:《華嚴經》中,講述六相、十玄、四種法界,理事圓融、事事無礙。通達此理就能破除執理廢事、不落惡取空之境。也能破除執事廢理,著於有見之病。為要破除此兩種病,所以必須通達《華嚴經》中,「圓融不礙行布,行布不礙圓融」的微妙道理,所以詳說《華嚴》。

五、要以《華嚴》之境、行、果以莊嚴西方極樂淨土故:《華嚴經‧普賢行願品》最後說普賢十大願王,以十大願王導歸極樂,使華藏海眾同歸西方淨土。唐朝清涼國師說:不生華藏而生極樂,有四義:(一)有緣故:極樂世界阿彌陀佛與此界眾生最為有緣,所以家家彌陀佛。(二)使歸憑情一故:使眾生歸憑之心情能專一趣向一處,因為華藏世界不可說不可說重重無盡,當生何處呢?指歸極樂,使歸憑之心專一。(三)不離華藏故:往生西

方極樂世界,極樂世界不離華藏世界,此界到西方極樂世界只有十萬億佛土,而華藏世界重重無盡,豎窮橫遍,所以極樂不出華藏;明白這個道理,生極樂即生華藏矣。(四)即本師故:經中有說:「或有見佛無量壽,觀自在等共圍繞。」就是說:在華嚴會上,有人看到毘盧遮那教主,就是極樂世界無量光壽如來,觀世音大勢至等諸大菩薩圍繞身邊。應知:毘盧就是彌陀,毘盧彌陀無二無別。明白此理,到極樂世界親近極樂彌陀,就是親近華嚴會主毘盧遮那也。

雖然如是,即今追悼一事又作麼生會呢?

生則決定生,去則實不去;極樂即華藏,悟徹清涼意。[1]

周邦道,〈李公雪廬導師平生簡介〉:

一、簡要的事略

我們的導師字炳南,別號雪廬,山東濟南李氏。出身法政學堂,曾經做過山東莒縣的典獄長,在做典獄長的期間,曾協助縣志的編纂。《莒縣縣志》的總編纂是前清的名翰林莊心如陔蘭先生。莊太史對於導師的學問,非常的敬佩,所以縣志完成之後,即介紹到至聖先師奉祀官府給孔奉祀官為主任祕書。自到奉祀官府,由曲阜、南京、重慶,一直到臺灣,多年以來,一方面處理公文,一方面宣傳佛法。在臺中的時間最長,將近四十

---

[1] 釋會性說,唐瑜凌記:〈故李公炳南老居士追悼典禮法語〉,《明倫》第165期(1986年6月)。

年。講經說法,從來沒有停頓過、缺席過。近年好幾次食物中毒,所以老人家不幸於本年的四月十三日即丙寅陰曆三月初五日的早晨,捨報生西,高齡九十有七。

二、偉大的貢獻

在〈事略〉上敘述他的貢獻很多。我歸納起來,可以分六方面:第一、是講說經論,第二、建立道場,第三、慈濟苦厄,第四、昌明倫理,第五、培育人才,第六、宣流法音。

現在先報告第一部分——講說經論。我們的導師最初在濟南、莒縣、重慶,就講經說法,做社會教育的運動,幫助太虛大師在重慶宣揚佛法。到臺中,他甫歇腳,就找地方弘法。弘法的地方,多半借寺廟、借學校,後來才有蓮社。除了臺中市,臺中縣之外,北到基隆、南到屏東,各縣市都歡迎他、迎接他前往講演。

第二部分是建立道場。初期講經是借法華寺、靈山寺、寶覺寺、寶善寺、佛教會館、慎齋堂、菩提場這些地方。其中以靈山寺講經說法最久、最多。後來買了綠堤巷的地點做蓮社,這是四十年開頭的。到四十七年,增加慈光圖書館第二道場。五十三年,在大里助建太虛館,那邊是第三個道場。這三個道場之外,還建立了許多佈教所,有十幾個地方,這都是講經說法的道場。

第三部分是慈濟苦厄。早年在重慶,就一面講經說法,一面擔任賑濟會,做救濟的工作。日機轟炸非常厲害的時間,他毫不畏懼,還出去辦拯濟,這可見他救濟急難的精神。來臺後,在法華寺講經說法,即設中醫施診

所；後來蓮社成立，他以社會、文化、慈濟事業，列為三大社務之一。另外還設立慈光育幼院，後來更創菩提救濟院，下面有安老所、有施醫所、有菩提醫院，這些都有相當的規模。

第四部分是昌明倫理。儒家講倫理、佛家也講倫理，儒家講五倫、佛家則講六倫，增加師弟一倫。印光大師是由儒而佛的，他老人家以四句話來教人：「敦倫盡分，閑邪存誠；諸惡莫作，眾善奉行」。我們的導師，就遵守祖師的遺教，特別昌明倫理，嚴義利之辨，公私之別，君子小人之分，佛陀聖賢之等。

第五部分是培育人才。老人家煞費苦心地辦了許多培育英才的班、團、社、座。如國文補習班、宏化團、論語講習班，佛經注疏語譯會，內典研究班、國學啟蒙班、國學講座、佛學講座、文藝班、美術班、天樂班等等。還有一個特殊處，大專學生研究佛學是從他老人家開始，他利用寒暑假的時間，辦慈光大專佛學講座，後來叫明倫大專佛學講座，這裡面培養不少人才。他的弟子及私淑的門人，現在海內外宏揚佛法的很多。

第六部分是宣流法音。老人家以他極深造詣的經史醫藥、詩、書法來宣揚法音，他發表的文章，最初在《覺群》，後來在《覺生》、《菩提樹》、《慈光》半月刊，現在的《明倫》月刊，都是他宣揚佛法、宣流法音的機構。現在明倫社有廣播社——明倫廣播社，精製廣播節目，各電臺免費的供應，有「中華文化」、「蓮友之聲」、「明倫之聲」。一部分是國語，一部分是臺

語。全省各電臺聯合廣播,由本省各地,一直播到香港、南洋群島。他的偉大貢獻,大致分這六方面來報告。

三、歷史的地位

我們當代的佛學大德很多,清朝末葉到民國年間,研究佛學的人特別多。這許多大德,著作非常豐富,但多屬文字般若。楊仁山先生首先創金陵刻經處,辦祇洹精舍;歐陽竟無先生創支那內學院、法相大學,羅致很多高深學者在那邊研究。但是他兩位大德,造就的人數不很多,因為他的範圍所限,傳播法音,沒有現在我們這樣的工具。我們的老師他直接的講述,確切的指導,通函答問。還有間接聽他的廣播,看他的著作,及海內外感受人格、聲望、學問的影響,而私淑崇仰的人很多,不過數目不容易統計。當他老人家捨報生西時、移靈時、大殮時、荼毘時,多少人痛哭流涕,來給他念佛、跪拜,這種感人深切的事實,是過去所沒有看見的。過去歷史,似乎還沒有看到相同的人。所以,他的偉大之處,我們從佛學史上,佛教教育史上來說,他是站在一個特別重要,難可比倫的地位。

四、吾輩的責任

他老人家諄諄地教誨我們,訓導我們,指引我們,我們應當負荷什麼責任呢?我們中央以前有篇重要文告,是戴季陶先生的手筆,其中四句名言:「共信不立,互信不生;互信不生,團結不固」。我們大家應該共同信仰我們老師的宏願,他是發了地藏菩薩的大願,

我們要共信他的大願,共信他的計畫。我們要互信我們各有各的精神,各有各的力量,齊心協力,同心同德,把他許多「最為第一」的不朽事業繼續下去,並且發揚光大,安慰他老人家在常寂光中。[1]

　　高國浚,〈幻身示寂・佛音不空　綠島栽蓮・行願有成〉:六月八日,在此舉行追悼會。老人家在臺沒有家屬,夫人及公子遠在海峽的西邊。可是追悼儀式卻感召了七、八千人誠誠懇懇地前來致哀,其中有從中、南、北部趕來的蓮友,也不乏自海外各地飛回的遊子,大家懷著的是對一位大家長的哀思。而老人畢生弘傳教化的典範,更藉著莊嚴盡敬的追悼儀式,在眾人心中流佈開來。

會前,弟子們全心全意地投入了儀式的準備事宜,分工合作,大家協商,以合板設計、裝釘、油漆、刻字、黏貼,在柳川路口,搭建起一座既莊嚴又壯觀的牌樓。靈堂上,也是由弟子們親自設計佈置,從繪圖、布幔、插花,乃至於香燭供果,均未假手商人。因而整個會場佈置得清淨莊嚴,充滿道氣。式場內外,滿掛著十方大德所追悼的輓聯與輓幛,瞻仰其間,不難感受老人家彰現於官長、同事、故舊、鄉人,以及弟子、蓮友間的風範。靈堂前,金色輝煌的大木鐸和大法輪,正表示著雪公老恩師一生為弘傳儒學和佛法,付出了每一滴的心

---

[1] 周邦道:〈李公雪廬導師平生簡介〉,《明倫》第 165 期(1986 年 6 月)。

血。雪師靈像的上方,是西方三聖,周圍襯以白色和黃色的菊花。前面有松、柏、竹等盆景,烘托恩師的勁健精神。供桌前的金色布幔上,也佈滿了青、黃、赤、白繪製的四色蓮華。公祭前夕,依舊佛聲縈繞,在這樣的式場中,自然息心靜慮;坐下來,專提一句萬德洪名,真正可以品味清涼的法味。

就這樣,早晨八時卅分,在十方大德、同鄉摯友、黨政要人、地方長官及眾弟子蓮友們無限的崇敬和追思中,上會下性法師開示法語,周邦道老師作雪公老師生平介紹,蓮社王烱如社長代表致謝辭。老恩師多年來親近的學生,由老至少,亦長跪列於兩旁答禮。一篇篇至誠感人的祭文誦念著,一遍遍門弟子們親奏的宋朝哀樂——越天樂——迴響著。幾千人的與會,在執事人員安排下,顯得井然有序,絲毫不亂。公祭後,接著拈香,場面備極哀榮,直到下午二時,追悼會才正式結束。

追悼會圓滿,恩師靈骨及舍利,由社長請回台中蓮社,在無數蓮友們的迎送下,暫厝於三樓「萬佛堂」。百日內,蓮友們依然發起早上、下午、晚上每天三支香,在靈前至誠念佛。

一代佛學泰斗,儒學導師,就這樣菩提圓成,而留下不盡的智慧睿語和身教風範,正像木鐸一樣,時時警策後進,教化行人;又如法輪一般,鎮遏煩惱,輪轉無息。[1]

---

1 淨宏（高國浚）：〈幻身示寂・佛音不空　綠島栽蓮・行願有成〉,《明倫》第 165 期（1986 年 6 月）。

治喪委員會,中國佛教會臺中市支會理事長聖印法師,中國醫藥學院董事長陳立夫、學院院長郭榮趙、醫院院長王廷輔、張智康,台中佛教蓮社暨聯體機構,大成至聖先師奉祀官府,中國國民黨中央委員會組織工作會主任宋時選,臺中監獄典獄長朱光軍、莒縣同鄉代表王衢、馬晉封、莊仲儒、唐立生,中興大學、東海大學、靜宜學院、教育學院、臺中師專、臺中商專等中部各大專院校佛學社,臺灣大學晨曦社友居士林、佛教密藏院董事長田璧雙等,各有祭文致敬。(《圖冊》,1986年圖21)

治喪委員會,〈祭文〉:維中華民國七十五年六月八日,治喪委員會全體同仁,謹具香花素果之儀,致祭於故李老居士炳南教授之靈前曰:嗚呼先生,盛業流光;世居東魯,避地台疆。菩提證道,千界蓮香;明倫闡微,義正綱常。救世為志,斯文以揚;遐齡克享,積德必昌。西瞻極樂,山高水長。嗚呼哀哉!尚饗。

台中蓮社暨聯體機構,〈祭文〉:維中華民國七十五年六月八日,台中蓮社暨聯體機構代表王烱如謹以香花甘露致祭於導師李公雪廬老居士之靈曰:洪維泰岱,鍾誕哲人;博通儒釋,大智大仁。自來臺嶠,弘法艱辛;創立蓮社,淨業培因。勵修定慧,息滅貪瞋;六度四攝,拯濟同倫。緣盡示寂,蓮開由旬;一生補處,性體歸真。菩提大願,虛空無垠;回入娑婆,俱胝化身。廣度含識,共出苦輪;追念恩德,無間朝昏。社中座冷,涕淚沾巾;嗚呼哀哉!神其來歆。尚饗。

1986年・民國 75 年 | 97 歲

會場懸掛各界輓聯甚多。治喪委員會輓聯「道倡倫常道，心為菩提心」為孔德成先生手筆，孔先生又率家人另撰輓聯。(《圖冊》，1986 年圖 22-24)

　　治喪委員會，〈故李老居士炳南教授千古〉：
道倡倫常道，心為菩提心。

治喪委員會拜輓

　　孔德成，〈炳南我兄千古〉：
數萬里流離備嘗甘苦與君共，
五十年交誼多歷艱難為我謀。
　　　　弟孔德成、孔孫琪方
　　　　率子維鄂、維益、維崃、維寧；
　　　　　孫自平、垂梅、垂長、垂玖、舜蓉、喬治
敬輓

　　大成至聖先師奉祀官府，〈李故主任祕書炳公千古〉：
化雨春風，靄靄慈悲容已邈；
公門私室，諄諄啟迪訓常存。
大成至聖先師奉祀官府全體同仁拜輓

　　仁俊法師，〈炳公長者生西〉：
悲潮吼震，為法忘軀，講導精勤見婆心，是真學彌陀佛者；
慧業開持，樹風克己，圖回季末驚寢饋，泂不虧釋迦佛人！
驚微沙門仁俊敬輓

　　妙蓮法師，〈李長者西皈〉：
善哉李炳公，震旦老維摩；安詳生西方，拜見阿彌陀。

3663

頃刻蓮華開,即時返娑婆;繼弘淨土法,導眾歸極樂。
　　　　　　　　　　　　　　靈巖山寺妙蓮敬輓

　　周邦道,〈恭輓　雪廬夫子〉:
臺嶠棲遲近卅年,崇內典、融釋儒、建道場、弘教化、培人才、布書刊、播法音、利群萌;孳矻領同倫,最為第一。
蓮宗倡導懷諸老,許止淨、江易園、夏慈濟、梅擷芸、戰德克、徐蔚如、黃智海、王水鏡;寂寥悲碩果,誰復開先!
其二
匡阜遞靈巖,淨土法門,苦口婆心,經已弘揚繩祖武;
雪廬光稷下,等身玄箸,高文至道,願當度印廣師恩。
　　　　　　　　　　　　　　受業弟子周邦道

　　周宣德,〈恭輓　雪廬夫子〉:
釋儒翼並風徽,慧炬明倫,同循矩矱;
淨白薪傳盛業,靈巖廬阜,永仰師承。
　　　　　　　　　　　　　　受業弟子周宣德

　　董正之,〈雪公恩師升西誌感〉:
遠宗廬阜,近法靈巖,淨土一宗揚寶島;
道侔龍舒,行齊安士,聖賢名錄續新篇。
　　　　　　　　　　　　　　學生董正之頂禮敬輓

　　王禮卿,〈輓雪老前輩〉:
以救世悲懷盡化世願力,慈雲長蔭三臺地;
極佛門真諦會孔門心傳,絕學難逢一代師。
　　　　　　　　　　　　　　後學王禮卿拜撰

呂佛庭，〈哭李雪老〉：
聞道廬山梁柱折，不禁涕淚滿衣裳；百年世壽悲緣盡，卅載知交感誼長。
諸部兼弘浴法海，一人不捨渡慈航；遠公抱節結蓮社，子美飄零未返鄉。

呂佛庭

蓮社聯體機構，〈炳公導師西歸〉：
鯤島揚德化，傳詩傳禮，文化傳承昭百世；
廬山嗣芳型，普佛普心，道風普被足千秋。

台中佛教蓮社聯體機構敬輓

下午二時，先生靈骨迎回蓮社三樓導師堂安奉，百日念佛開始一日三支香。（《圖冊》，1986年圖25）

是日，《菩提樹》第四〇三期，發行「追念李公炳南居士特輯」，有仁俊法師、柳絮、高登海、圓香、唐湘清、呂佛庭等多篇紀念文及周邦道等輓詩輓聯。

呂佛庭，〈哭李雪老〉：我初來臺中師校任教，晚間往法華寺聽經。見雪老面貌清癯，雙目有神，布衣布鞋，樸實無華。手持一柄摺扇，風度灑脫出塵，當即產生由衷的敬仰。由於雪老善詩詞、愛書畫，所以初次接談，彼此即覺契合無間。後來雪老與朱時英、許炎墩諸居士等，在柳川西路創設慈光圖書館，每週六或週三定期講經，我仍隨眾聽講，因此，與公接觸的機會也更多。
我曾贈雪老五言律詩一首云：「無時忘故國，寄泊愧儒

生；我欲清妖孽，人皆望漢旌。文章擔道義，松柏礪堅貞，願與李夫子，同心挽危傾。」因為我與老人家的性情、思想，非常接近，所以才蒙雪老把我引為相知。劉霜橋、周慶光、董正之諸道長，都先後歸依雪老，唯我自愧資質頑鈍，始終未敢登門拜師。但內心不但以雪老為師，且視雪老為父矣。

大家都知道雪老精通佛教經典，很少有人知道老人對於詩詞也極有研究。……其古風法晉宋，其近體法盛唐，格高調古，律細詞雅，為近今名家所不及。在十年前雪老邀劉霜橋、朱時英和我在正氣街精舍雅集，我即興賦詩一首云：「禽歸庭樹晚，雅集佛燈明，鄴架有清韻，慧廬無俗情。年高詩律細，世亂悲心宏；話到無生理，悠然忘利名。」我不但景仰雪老之修持，而對於老人家的詩文也由衷的敬佩。[1]

六月十日（二），蓮社論語班恢復上課。講師徐醒民於授課前，講述先生生平教範，與同學共勉學業。先生講學重點，儒學方面：志在成聖、人倫為本、樂天知命，修學方法則在博文約禮、據德依仁；佛學方面：志在成佛、人格為基、深信因果、萬法歸淨、興慈運悲。（《圖冊》，1986年圖26）

　　徐醒民，〈雪公恩師教範〉：師畢生以弘傳文化為

---

[1] 呂佛庭：〈哭李雪老〉，《菩提樹》403期（1986年6月8日），頁17、22。

急務,故在講學時,經常提示,我中華民族繁衍綿延,歷史悠久,賴其保有優美的民族文化。此優美的民族文化是由歷代聖人傳授下來,後由孔子集其大成,整理而為《詩》、《書》、《易》、《禮》,以及撰作《春秋》等,稱為儒學基本經典,亦即我固有文化的精華。到了後漢,傳入佛法,歷代迻譯經論,彙為三藏,與儒學相得益彰。儒參佛法,可聞孔子之言性與天道。佛法由儒奠基,因而盛行大乘教化。相輔並進,溥利群生。可惜現代有一幫人盲從邪說,毀謗儒佛,以致民族文化遭劫,人心迷惑,是非不明。師抱悲天憫人之懷,以弘儒弘佛為職志,期以儒佛大道真實復興文化,改善人心,使國內外人皆能去其苦厄。

雪公闡述儒學重點

儒學博大精深,義蘊無盡。師多年闡述,針對時需,大約注重以下幾點:

一是「勉立大志」。儒學最簡要的體系,即《論語·述而篇》所記:「子曰,志於道,據於德,依於仁,游於藝。」這四句話有本有末。包括中華文化之全體。簡言之,志於道,據於德,是修學聖人的原理。依於仁,游於藝,是表現修身齊家治國平天下的事功。師講《論語》此章,特別詳明,並勉學者,儒以成就聖人為最高境界,學儒必須立志學聖人。

其次,「師弘人倫教育」不遺餘力。常說五倫十義是民族團結與個人希聖希賢之本,且為宇宙間的真理。例如水火木金土,雖是無情之物,但其相生相剋的關係,便

有子報父仇的倫理在其中。人類不講倫理道德，連無情的物質都不如，那裡還有人文可言。所以學儒必自敦倫盡分。

三者「必須樂天知命」。人在世間，辦事不盡是一帆風順，修道亦多障礙，雖是孔聖人亦常感嘆其道不行，然而孔子不灰心，而且學而不厭，誨人不倦，終為萬世木鐸，覺起人心。如非樂天知命，何以致此。因為惟有知命，方能造命。所以孔子說：「不知命，無以為君子也。」此理，師亦經常提示諸生。

四為「修學方法」。《論語・雍也篇》記孔子之言：「博學於文，約之於禮。」師以此示諸弟子，學問要博，既博則須約歸於禮。依《禮記・曲禮》所說，道德仁義，非禮不成。他如倫常、政治、軍備、祭祀、婚喪、教法等，非禮皆亂。因此，師特編撰一本《常禮舉要》，學者習之，自有意想不到的功效。

最後一點，儒以「博學多能貢獻社會」，自應有所依據，此即孔子所說「據於德，依於仁」。惟其依據仁德，所以凡事皆能利國利民，亦復自利於修道。師於此義誨之諄諄，為弟子者應當奉行不渝。

雪公講經教學重點

師來世間，即為弘揚佛法，度化眾生。但因值此末法時期，邪魔外道擾亂正法，日益猖獗，以致眾生聞法倍增困難。師憫苦惱眾生，所以幾十年來，講經教學，特別注重以下幾點：

首為「勸發大心」。佛說一切眾生皆具如來智慧德相，

但以妄想執著，不能證得。若離妄執，則證佛果便如就路還家。然而迷昧眾生難信本有性德，尤其在末法時期，惑於邪說，更難起信。師以悲心與善巧方便，本諸大乘諸經，勸喻學者，認識固有家珍，發菩提心，行菩薩道，以取無上正等正覺為理之當然。

次以「人格為學佛的基礎」。師常示諸弟子，釋尊是以人身成佛，當來下生彌勒尊佛亦在人間證果，足見人身非常尊貴。吾人學佛決不能虧損人格，否則人身不保，何能成佛。

三者，無時不「勸學者深信因果」。因果是因緣果的簡稱，無論是因是緣是果，都非常複雜。一切世間，一切事情，皆是因緣所生法，任何大學問家也不能完全明白，果然完全明白，便是《華嚴經》所說的世間解，世間解就是佛號。佛有微細智，故能看清因緣果。凡夫看不清，唯有依據佛所說的法則去研究，淺近的因果可以研究明白，深遠的因果雖研究也不能了然，必須深信佛言，佛言就是聖言量，真實可靠，信得愈深，愈能開智慧。師以此理開示學者，旨在期望學者真實受益。

其四，師講諸經，「無不指歸淨土」。講《華嚴經》時，常說《華嚴經》是大《阿彌陀經》，《阿彌陀經》是小《華嚴經》。講其他經論，講到斷惑的難處時，便慈悲開示聽眾，惟有持名念佛，可以當生成就。師如此指點，實依祖師與諸經了義暢佛本懷，深研經論祖語，可得明證。

最後，師常指示學者，佛教「以慈悲為本」。菩薩了知

四生有情，六道含識，皆是多劫親眷，睹其眾苦煎迫，輪轉三塗，為了拔苦與樂，應該興慈運悲，本大乘精神，犧牲一切，普度眾生，同登覺岸。為弟子者對此指示尤當永遠奉行。

儒佛義理汪洋無際，恩師慈悲亦無涯涘，上述幾條，如海一漚而已，然而由此可見儒學成己成物，佛法自行化他，各得其純，圓融無礙。弟子依此原則，想見師在世時耳提面命的情景，精進修學，願以仁慈濟世。師在常寂光中會當含笑護念。[1]

六月十五日（日），《慧炬》雜誌第二六四期發行「紀念李雪廬長者專輯」，有仁俊法師、周邦道、柳絮、周宣德、吳永猛、陳清香、鄭振煌、林淑貞等多篇追念文。

仁俊法師，〈澹泊似頭陀堅強傚菩薩〉：我對炳老的直覺印象：澹泊與堅強。在我和他僅有的兩度敘晤中，總覺得他生活得極其平淡、簡單、篤實、虛默，沒有一丁點門面做作、人情花樣。他這樣的精神、風格與印象，時常在我的心底現行，總覺得他與佛法分不開，也少不了他；因為他對現代中國佛教實際貢獻、護持、感召與影響的不是虛幌的層面，久已從佛法本質上落實扎根；現代中國佛教界最急需之一——像他那樣落實扎根的人。

從生活的各方面體認、瞭解、證明，他是一位修與學、

---

[1] 徐醒民：〈雪公恩師教範〉，《明倫》第 165 期（1986 年 6 月）。

行與知、信與願兼顧並重的長者。由於他對佛學有根柢、能體悟、善運用、勤警勉、嚴擇抉，所以他的修與學、行與知、信與願都能透脫久已混雜含糊的佛教表層視象，深觀深入到佛法核心——清淨健全，他從這裡安身立命，也從這裡忘身為法。他甘於默默地修學立己，勇於亟亟地奔走為人，全憑著清淨健全的志性把得穩、立得正、做得決。他很少批評混雜含糊的現代佛教，顯得他的心腸寬豁，氣象雍穆；但是，他的作略與措心，總是一味從清淨健全中注力、著眼，不肯遷就附和，不屑乘機造勢，護持佛法體統，琢鍛自家質品，從這一特徵理解，肯定他的內心外行，就知道他是一位極理智、最明正，以佛法「為己任」的人。

我在祖國期間，時常聽人談到炳老的活計，不外乎儉省、澹泊、簡陋、恬安，煞像個十足的頭陀行者。的確，物質生活對他來說，真個是看開了。但是，他看得開，不單是心境上的慰藉，身體上的調練、運持與照覺，也都一一安穩下來，三業提昇、發達得均衡稱應。我覺得，他的三業平衡稱應，是他修學中獲致的真受用；他活在這樣的受用中。吃的比人差，睡的比人少，做的卻比許多人多得多，直迄九七高齡，還不肯一息怠緩，輕輕鬆鬆。這麼種恬澹精進的精神、志性與責任感，是多麼值得吾人讚歎、景仰與借鑑。

澹泊，從聲聞頭陀行的消極邊看，往往與厭世怖苦相連，厭怖感過於深刻、嚴重了，則必然拋却悲濟，只求速證自了。還有，偏於頭陀行的，個性強而通性缺，不

易養成相互和敬的氣氛、道風。因此，聲聞中一分的樸淨頭陀行，可視為修行的「莊嚴」之一，無須乎太強調、偏重。炳老的實際生活——獨身獨住，可以說是一位真誠的「心出家」者。他沒有一般的生前生後的掛慮，直蕩蕩健朗朗地過活。一逕為人忙、為法忙，突越了聲聞頭陀行的消極性，鼓足、充滿了菩薩的行願、天職與義務觀。表面看，頭陀風格與菩薩氣魄，迥然不同；其實，從大小乘「欲為煩惱本」的共性看，持重以悲節愛，化愛為悲的菩薩行者，也還是要從澹泊中對治、遠離而消融愛結。「雖有妻子，常修梵行」的維摩居士，就是個最明顯的例證。因此，正視現實問題的菩薩行者，總不會忽視澹泊的頭陀行，只須厭怖感不掩蓋悲濟行就好了。

炳老平生的一切，盡讓人看得清清楚楚，盡為人做得周周到到，這完全得力於澹泊與堅強。紀念他，從他澹泊得似頭陀的風格中體認佛法清淨本質，堅強得傚學菩薩的行願上練磨身心格局，在世出世法，就能決定獲得真受用，起得大作用。我這麼說，親近過炳老的人，同意麼？末了，我還要說一句：炳老往矣我永念！七十五年五月卅日午後一時五十分於驚危室寫[1]

七月二十二日（二），台中蓮社舉行先生生西百日念佛。此

---

[1] 釋仁俊：〈澹泊似頭陀堅強傚菩薩〉，《慧炬》第 264 期（1986 年 6 月 15 日），頁 5-6。

後，蓮社夏曆每月初一至初七，加香念佛。（《蓮社日誌》）

是日，慈光講座第一期學員蔡榮華有文懷念。

蔡榮華，〈無盡的追思——百日煙波萬里永懷老恩師〉：百日祭期，末學除早晚誦經念佛迴向外，再加中午上香遙祭老恩師。末學胸無點墨、文無章法，真是慚愧萬分，辜負雪公苦心孤詣的教誨。而又不及奔往瞻仰最後一面，確實不敬又不孝，遺憾終身。撫今追昔，老人家關愛弟子之情景，歷歷在目，雖然末學魯鈍笨拙，又身在異邦，還是略述一二雪公之高恩厚義，顧不了貽笑大方，但願聊表寸心。

老恩師總是語之諄諄，力勸同修老實念佛，莫換題目。老人家言：「文殊普賢菩薩俱是等覺位，還求往生，尚云：『願我命終時，盡除諸障礙。』《仁王經》曰：『三賢十聖忍中行，惟佛一人能盡原。』而能知業者，唯佛十力所攝，十地菩薩尚不能知，況乎薄地凡夫。願我同修，依聖言量，不必鬥諍，老實修行，自有因果。」在這末法時期，老恩師以其真知灼見，為眾生指引出一條便捷易行的徑中徑——念佛法門。三十多年來，不改題目，足證老恩師行深般若波羅密多時！

老恩師呀！您在百日前說走就走，絕不拖拖沓沓，確實乾淨俐落，實在是大丈夫之勇猛，臨終開示「一心不亂」，委實大雄之宏力，若無悲智雙運，了生脫死的大功夫是辦不到的。這足證老恩師的行解相應。

當岑株的吳乃福同學飛遊寶島,專程赴台中蓮社萬佛堂瞻仰老恩師的舍利及靈骨,並攝影留念,拿給末學看時,當末學見到這佛家寶物,又足證老恩師的信願行具足,戒定慧三無漏學的真正薰修,同時也是門生、故舊的一心虔誠念佛所感應。睹此舍利塔及靈骨盒,心生恭敬,匆匆寫下一聯:

　　如地藏菩薩之宏願

　　是阿彌陀佛底真心

老恩師的形骸雖離開了,然而老恩師的精神則永遠不朽;老恩師的德化,宛如長江東流,常常不會枯竭;老恩師的道心,恰似「高山仰止,景行行止。」永遠令人嚮往![1]

七月二十六日至八月三日,大專佛學社團幹部暑期講座,周家麟講《論語選講》,徐醒民講《佛學概要十四講表》,鄭勝陽講〈念佛圓通章〉,簡金武講《唯識簡介》。參加講座正式生男學員五十九人,女學員九十三人。旁聽男學員二十八人,女學員三十人。(《蓮社日誌》)

九月十四日,成立「李炳南老居士全集編輯委員會」,進行編輯《全集》工作。

---

[1] 蔡榮華:〈無盡的追思──百日煙波萬里永懷老恩師〉,《明倫》第 166 期(1986 年 7 月)。

1987-2016

譜後

大事紀要

- 一九八七年，於台中蓮社大殿舉行先生往生週年紀念會追思。《明倫》月刊發行專輯紀念。
  六吉樓落成啟用。
- 一九八八年，應先生家屬請求，台中蓮社、慈光圖書館、慈光育幼院、菩提仁愛之家等聯體機構指派代表將先生遺骨及舍利送回故鄉濟南。
- 一九八九年，台中蓮社二十餘位蓮友代表，前往山東濟南玉函山雪公墓園，參加先生靈骨安葬典禮。先生墓碑左右，有台中蓮社、臺灣山東同鄉會分別樹立一紀念碑。
  於慈光圖書館舉行先生往生三週年追思紀念會。
  臺中市文化中心與至聖奉祀官府、台中蓮社暨聯體機構聯合舉辦「李炳南老教授百歲紀念文物特展」，同時出版《紀念特刊》。
- 一九九一年，先生往生五週年，台中蓮社成立「雪廬紀念堂」。
- 一九九六年，台中蓮社舉行「雪公往生十週年系列紀念活動」。於中興堂舉行「山高水長」詩樂演唱會，播放《雪廬道影》影片。同時，出版《雪廬老人淨土選集》，《明倫》月刊發行「雪公往生十週年特刊」，並於雪廬紀念堂，重現先生正氣街寓所——寄漚軒原貌。
  山東濟南大學舉行儒學研討會，台中蓮社應邀提出四篇先生相關論文參與發表。
- 一九九七年，發行《雪廬老人題畫遺墨》。

- 一九九八年，菩提仁愛之家雪廬紀念堂落成，與舊醫療大樓紀念碑同時舉行落成典禮。
- 二〇〇三年，《論語講要》發行。
- 二〇〇六年，台中蓮社暨聯體機構舉行「李炳南老居士往生二十週年紀念晚會」，發行《雪廬風誼》，並播放《未減清光照世人》影片。台中蓮社與中興大學中文系聯合舉辦「紀念李炳南教授往生二十週年學術研討會」及文物展，會後出版《論文集》。又於臺中市役所舉辦先生文物展：「未減清光照世人——李炳南教授生命紀實」。
  《李炳南老居士全集》完整刊行，共十九類、十七冊。
- 二〇〇七年，原慈光育幼院解散，另成立之「慈馨兒少之家」落成，延續先生創立之育幼機構。
- 二〇一二年，先生教化作品與生活紀錄數位化完成，舉行「臺中蓮社宗教文物資料——李炳南先生教化作品與生活紀錄數位典藏成果發表暨學術研討會」發表成果。會後出版《論文集》。
- 二〇一六年，台中蓮社舉行「雪公生西三十週年紀念音樂會、文物展」，發行先生原音重現之電子書，舉行「應教木鐸振春風——紀念李炳南先生往生三十週年學術研討會」，會後出版《論文集》。
- 先生往生後三十年來，夏曆每月初一至初七，蓮友至蓮社念佛七天。先生創立之各班隊組織皆持續不輟。

1987 年・民國 76 年

先生往生 1 年

一月六日,先生誕辰。蓮友齊聚台中蓮社念佛七日。(《蓮社日誌》)

三月八日,台中蓮社各佈教所負責人至蓮社迎請先生舍利。計有:豐原、員林、東勢、后里、鹿港、般若、瑞光、沙鹿、水湳、中興、澹寧齋、淨廬、太平、卓蘭、霧峰、淨業、慈光育幼院、慈光圖書館。[1](《圖冊》,1987 年圖 1)

四月二日,夏曆三月初五日,先生往生週年紀念日。上午十時,於台中蓮社大殿舉行週年紀念會,各方緇素、地方長官、各聯體機構及佈教所代表、蓮友約八百人齊聚追思。(《圖冊》,1987 年圖 2)

  寄東,〈雪公導師往生週年忌辰追思紀實〉:七十六年四月二日,夏曆三月初五,星期四,這一天,在蓮友們的心目中是深刻的。一大早,各地的蓮友紛紛地趕來台中蓮社。

  雪公導師往生週年紀念,靈堂設置在二樓大殿的右側。幾天前,弟子和門弟子們就為佈置會場事宜忙碌著,由

---

1 資料室:〈空谷傳響清音歷歷〉,《明倫》第 193 期(1989 年 4 月),雪公往生三周年特刊,頁 66;《蓮社日誌》。

於大家發自真誠,竭力樂成這些事情,佈置的結果當然是莊嚴的。事實上,是老人家的德行莊嚴,影響著每位蓮友也莊嚴起來。

十時二十分,紀念典禮開始,全體肅立,向導師法相行三問訊禮,由主席代表頂禮之後,全體人員默念一分鐘。接著,是各單位的致祭。輪到台中蓮社致祭,全體蓮友起立,以最肅穆的心情上香、獻花、獻果,讀祭文。祭文云:

綠川似泣　柳岸如傷　恩師西往　瞬居小祥
哀猶失怙　永守心喪　追思昔日　相聚宮牆
學詩學禮　學習法王　耳提面命　不問星霜
欲報厥德　昊天無疆　四為三不　遺訓是昌
眾生待救　悵望夕陽　尚祈悲願　再駕慈航
寂光臨照　伏維
尚饗

致祭禮成,由周慶光老師致詞介紹雪公生平事略。周老師說:「正如老人家開創《明倫》月刊,解釋明倫二字的涵義,即是要將佛法的『五明』哲學和中國的『五倫』道德溝通起來。老人家博通三藏,平日講經說法,提倡淨土法門,開創培養青年學子的風氣,還創辦了許多社會救濟事業。這樣的操守,這樣的成就,以九十多歲的高齡,一介書生的身分,居然做了這麼許多不朽的事業,在佛教的歷史上看,實在是從來沒有的。雖然我們不能以如同父母的喪禮來對待老恩師,但是,心喪三年是古來對老師就有的禮節,我們哀痛的心情是一樣

的。」周老師更期勉大家，今後的責任，要繼承老恩師未完成的志業，希望全體蓮友們團結起來，同心同德，一齊來發揚光大老人家的精神和志業。繼而有長官致詞，最後，紀念會在社長代表致謝詞之後，圓滿禮成。[1]

四月，《明倫》月刊發行專輯紀念，有周邦道、呂佛庭、王仲懿、董正之追思題詞；另有董正之報告一年來蓮社及育幼院發展，以及講經延續；徐醒民追述從學經過。[2]

周邦道，〈雪公夫子生西週年忌〉：
泰山頹矣，心喪曷極。　　　　　——受業周邦道頂禮

呂佛庭，〈雪公逝世週年紀念〉：
蓮社堂前柳又春，音容雖渺道常新；
香花清供周年祭，願報深恩轉法輪　　——呂佛庭敬獻

王仲懿，〈雪公世伯生西週年紀念〉：
大哉夫子齊魯之光，學邃儒佛道統闡揚；
弘法利眾人心是匡，遺愛澤遠德業永芳。——世姪王仲懿

董正之，〈雪公恩師生西週年誌感〉：
雪老升西瞬一年，全台弟子悵師絃；尼山儒典千秋耀，鷲嶺佛經萬代傳。
志弘東土杏壇業，願培西方寶池蓮；俎豆心香共拜祭，群期法雨布三千。　　　　　　——弟子董正之頂禮

---

1 寄東（高國淩）：〈雪公導師往生週年忌辰追思紀實〉，《明倫》第 173 期（1987 年 4 月）。
2 各文俱見：《明倫》第 173 期（1987 年 4 月）。

董正之，〈雪公老恩師生西週年誌感〉：正之負擔蓮社及慈光育幼院董事長頭銜，雪公在世，即係如此。這一年中，蓮社社務，端賴王炯如社長領導，陳雍澤、劉國榮兩主任輔弼下，以及社內所有職員同心協力合作下，一年社務，平坦如常，而可告慰雪師者，去年冬米發放，較比往年，竟多一倍，也是雪師常寂光中加被所致。慈院業務，同樣在郭院長主持下，連副院長、吳主任輔弼下，及全院職員同心戮力協助，達成使命。這是我掛名兩所機構詳情。想雪師常寂光中，可以莞爾放心的！

至於一載以還，週三晚七至九時，《華嚴》講筵，已由周聖遊兄接替；其餘週四晚七至九時講經，照常由雪師入室弟子進行。空中弘法，節目雖有變更，時間依舊，內容充實。《明倫》月刊，逐月發行，並受廣大讀者稱道。

徐醒民，〈師恩罔極〉：雪公恩師歸西安養，至今已屆一週年。這一年來，民常憶師往日慈悲教化，夜間作夢，又常見師於夢中。回憶愈久，夢見次數愈多，愈覺師恩無盡，不能悉付言筌，今只略舉恩德數條，藉表思懷於無既。

如果有人問民，汝自有生以來，何事最感幸運？民當不思而答，即是忝為師門弟子。猶憶未入師門之前，因為久作流人，以致身體羸弱，心情煩悶，每逢假日，便到海邊，或到山上，極目望遠，望到夕陽西下，而煩悶依然不解。自遇恩師以後，即在臺中安寓，工作之餘，全

力從師學儒學佛，了解中華文化博厚高明，佛法中尤有當生成就之法，於是從前那種茫無所歸之感逐漸消失，代之則是身心平安，以道自勵。試思人世有何幸運以與此相比，此種幸運全為師賜。

民少年在家鄉，嘗讀一些儒經，流落瀛洲以後，因感人世滄桑，乃讀《老子》、《莊子》，以及內典經論，希求心靈慰藉，但所閱讀既無系統，又只當作學術研究，所以煩惱起時，並無克制之功。後蒙恩師指點，必須由學入道，方得受用。民即請示，如何方能入道？師說，學儒從學天命而入，學佛從學因果而入。不知天命，不能守道不移。不知因果，不能勤修戒定慧三無漏學。尤其修淨土法門，唯有深信因果，方能老實念佛。民遵師示學習，果獲大益。

師常訓示，學儒學佛，要學仁慈，見人造惡業，受苦報，就要憐憫眾生未受道德教育，致其良心遭受汙染，即思如何以儒以佛改善人心，期使世間共業共轉。如果不能共轉，亦是天命使然。但仍須盡其在我，多向世人弘揚中華文化，多講因果輪迴事理，使其潛移默化。孔子知其不可而為之，世尊明知眾生業力無邊，甚難改變，仍說無邊佛法以改之，這都是出於仁慈之心。吾人學孔子、學世尊，務須以仁慈為懷。師教《詩》、《書》、《易》、《禮》，講《華嚴經》，一直講到歸西始止，最後還教弟子一心不亂。師辦慈善事業，救濟急難病苦，畢生不懈。此即仁慈之實踐，永為諸弟子示範。

1987 年・民國 76 年｜先生往生 1 年

六月十四日，台中蓮社六吉樓落成大典，禮請周榮富主持啟鑰，同時舉行「雪公老恩師文物展」。（《蓮社日誌》）

六月二十四日，先生德配趙夫人德芳透過同鄉王仲懿致函孔先生，感謝支持照顧，並請求運回先生遺骨。

〈趙夫人德芳致函奉祀官府孔上公〉：自去年四月先夫不幸病逝臺灣，多蒙先生大力支持，多方面照顧，遺體得以火葬，追悼儀式享以殊榮，並匯款供給家中生活，此種恩德，永誌不忘。惟先夫遺骨仍在外鄉，全家都切盼將遺骨運回家鄉，以便日常供奉。如果獲得先生恩准，將派吾子俊龍前去香港接奉遺骨返家，如有先夫生前遺物，請一同運送，區區私情請多諒察！遺骨運回後，當選擇適當地點，進行安葬，事畢當將詳情向先生匯報。[1]

【案】據朱斐稱：「此函始終未蒙孔上公回復。可能現任考試院長的孔上公，因礙於自己的身分與地位，未便置復。」當時，兩岸尚未開放來往，臺灣開放兩岸探親為一九八七年十一月二日事。

七月五日至十日，啟蒙班第五期暑期國學研習會於台中蓮社及六吉樓舉行，共有三百多位學童參加，分成十一個班

---

[1] 朱斐：〈返鄉記──續篇之一〉，《菩提樹》第 430 期（1988 年 9 月 8 日），頁 38。

級，由五十多位教師上課。[1]

十一月八日，下午四時十五分孔德成院長由尤宗周主祕陪同蒞社，上三樓導師堂向先生上香，並至講堂與蓮友致意。（《蓮社日誌》）

十一月十日，觀世音菩薩出家紀念日。慈光圖書館常務董事郭阿花往生，荼毘得舍利四十八顆。（《蓮社日誌》）

---

1 淨毅（黃潔怡）：〈啟蒙班第五期暑期國學研習會的迴響〉，《明倫》第 177 期（1987 年 9 月）。

1988年・民國77年
先生往生2年

四月四日，清明節，蓮社例行念佛祭祖。蓮社董事長董正之鑒於先生家屬要求擬將靈骨送返故鄉安葬，發起〈恭送雪公恩師奉安濟南名勝千佛山建塔供奉同意書〉，徵求蓮友們同意。同意者有蓮友數十名。菩提仁愛之家董事長周邦道亦以此為古人所重，當歸骨稷下為宜。

　　董正之，〈恭送雪公恩師奉安濟南名勝千佛山建塔供奉同意書〉：雪公恩師於前歲春季往生，蓮社弟子恭奉舍利位大殿三樓中央，俾便弟子膜拜。

回顧雪公恩師畢生，少小求學階段，由私塾、迨法律專科學校畢業，逾二十寒暑。嗣後娶妻生子；于役莒城，任職監政，凡二十四載。及後抗戰軍興，隨孔上公入蜀，避倭八年；後隨政府遷臺，仍就至聖先師奉祀官府祕書長職位，同時，初於法華寺講《心經》，繼於慈光圖書館開《八十華嚴經》講筵，至少五十年間，夫妻父子，骨肉倫常，離多聚少，端賴雪師儒佛兼修，李師母莊敬淑嫻，長期潤別，情誼如常，因此，經由雪師同鄉好友王仲懿居士聯絡，希望恭迎雪師舍利，運回濟南名勝千佛山建塔供奉，俾資親屬祭奠，暨同鄉戚友禮拜，以我傳統民俗，落葉歸根，實係合情合理，爰於客冬經周慶光教授，亦屬雪師長老門生發起，同意王仲懿居士高見，乃與正之聯函王社長亮之，冀彼分請雪師常侍弟

子簽名同意。竟以機緣有待,延遲至今,現值菩提仁愛之家董事會召開會議之便,再申此旨,抑復增加下列條文,敬邀睿察:

一、敬分雪師舍利,一至五枚,安置銀塔以內,俾貢蓮友弟子參拜,仍供蓮社三樓原位。

二、其餘雪師舍利,仍置原製石盒以內,由雪師哲嗣,在港迎回;至意願恭送舍利到港兼自願偕同李世兄護送舍利旋歸濟南雪師常侍弟子,無論人數多寡,一切途中費用,均由個人負擔,以報師恩,並風濁世!

以上兩項要點,如荷同意,請簽芳名!

簽名同意者,有:周邦道、董正之、王烱如、林進蘭、張慶祝、朱斐、鄧慧心、何清根、黃沂樟、許炎墩、黃潔怡、何玉貞、陳雍澤、周榮富、江寬玉、趙銙銓、林看治、劉國榮、連淑美、張靜雄、周家麟、徐醒民、蔣俊義、黃雪銀、池慧霖、吳碧霞、謝嘉峰、陳天生、簡金武等數十人。[1]

周邦道,〈致王烱如社長函〉:古人遊宦,或遠離父母之邦者,多重歸櫬、歸骨。此乃懷土愛鄉之一般觀念也。鄙臆為師可久可大計,似宜歸骨稷下,俾其世代子孫,得以瞻依禮拜,祀奉於弗替。[2]

---

[1] 引自:朱斐:〈返鄉記——續篇之一〉,《菩提樹》第430期(1988年9月8日),頁37-38。

[2] 引自:朱斐:〈返鄉記——續篇之一〉,《菩提樹》第430期(1988年9月8日),頁38。

1988年・民國77年｜先生往生2年

四月十日，蓮社社長王炯如於蓮社召開會議，商談運送靈骨事宜。決議由朱斐等六人自費參加送靈，應即辦理簽證等手續。

　　朱斐，〈返鄉記──續篇之一〉：正之居士等以我剛從大陸歸來，老馬識途，希望我能參加送靈行列。我以忝為弟子之一義不容辭，毅然承諾。

為了進一步商議如何進行送靈的事，蓮社社長王炯如，特於四月十日上午在蓮社地下錄音室召開座談會，被邀請出席的有各聯體機構代表如王炯如、許炎墩、陳雍澤、賴武義、劉國榮、黃平福、林進蘭、張慶祝、連淑美、陳修善等，我這「局外人」承不見外，也被邀請參加。商談的結論：

一、許炎墩將在四月底與經商友人同赴日本，擬順便到濟南探親以瞭解實況。

二、願自備旅費參加送靈行列者有林進蘭、張慶祝、陳雍澤、劉國榮、連淑美及我共六人。應即辦理出入境及簽證手續。

事後聽說許炎墩居士提早於四月廿四日已赴日本，並於廿七日抵達濟南，同行者尚有服務於奉祀官府的鄭勝陽居士。許居士返臺後，曾與王社長兩人同來本刊看我，將赴濟南經過見告，他們此行的成就是曾與有關人士洽談在千佛山建塔的事，起初看一塊二畝的地，他們認為太小。後來又看到一塊九畝的地比較適意。但這些都是屬於觀光地區的公地，申請上頗有困難，一定要請示上

級批准後才能決定。[1]

四月十四日,即日起,蓮友齊聚台中蓮社念佛七日,紀念先生往生西方二週年。(《蓮社日誌》)

五月三日,先生哲嗣李俊龍來信請求,擬將先生靈骨及舍利請回濟南故鄉安葬。來函寄孔先生後轉台中蓮社辦理。

  李俊龍,〈李俊龍致孔德成函〉:孔老伯台鑒　敬啟者　先父跟隨　老伯多年,多蒙　老伯照顧,恩重如山,並承各位　大德擁護。銘心刻骨,永世不忘。近年來海峽兩岸日趨緩和,晚擬赴香港迎接先父靈骨返回家鄉,此不僅是晚應盡的孝道,也是先父生前的遺願。目前雖然有所緩和,但是大陸人能否去臺灣尚不可能,母親高壽已七十八歲,晚已到六十五歲,若是坐等機會,是很不現實的。建議是否可派人護送靈骨去香港,我再去港接奉靈骨返回大陸,此種意見是否適當。尚希　老伯加以批示,其他方面若有不周到之處,望　老伯多加教誨,餘容再稟　即致

近安　　　　　　晚李雲溪敬上　1988 年 5 月 3 日[2]

六月十二日,台中蓮社收到孔先生轉來先生之夫人及哲嗣李

1　朱斐:〈返鄉記——續篇之一〉,《菩提樹》第 430 期(1988 年 9 月 8 日),頁 38。
2　李俊龍:〈李俊龍致孔德成函〉(1988 年 5 月 3 日),台中蓮社檔案。

1988 年・民國 77 年｜先生往生 2 年

俊龍請求將先生遺骨及舍利請回濟南故鄉安葬之來信。經董事長核示「已詳閱，希速送歸故里。」

董正之，〈生西三載感鐸恩〉：正之以一身受雪師教誨的弟子，深感雪師于役莒縣以後，抗日八載隨孔上公入川，佐幕奉祀官府，三十八年秋後同中央政府，播遷來臺，仍任前職，但就雪師家庭而言，與李師母及哲嗣，可謂聚少離多，骨肉團聚，終雪師一生，九七高齡，升西日止，親人之間，會少離多，情何以堪！所幸海峽兩岸，人民關係解凍，雪師舍利得在蓮社弟子在周慶光師兄領導下，王熉如社長主持下，暨所有雪師長侍弟子眾師兄，共同簽名發起，約近百位，而由陳雍澤、劉國榮兩位師兄，及朱時英戒兄同時護送舍利由香港轉濟南，在佛菩薩加被下，舍利安抵李府，自然李師母及世兄雲溪闔家興奮流淚，自不待言！[1]

陳雍澤，《雪廬老人儒佛融會思想研究》：炳南先生靈骨及舍利子，家屬來函，擬請回濟南故里安葬；台中蓮社等四大聯體機構的法定負責人：周邦道與董正之兩位董事長，順應其請，經董監事會議通過，炳南先生靈骨及舍利子，擇期派人專程奉返故里。此項議決，並稟告孔德成奉祀官在案。[2]

---

1 董正之：〈生西三載感鐸恩〉，《明倫》第 193 期（1989 年 4 月），雪公往生三周年特刊。
2 陳雍澤：《雪廬老人儒佛融會思想研究》（臺中：青蓮出版社，2006 年 3 月），頁 113-115。

六月十八日，台中蓮社、慈光圖書館、慈光育幼院、菩提仁愛之家等聯體機構依四月十日會議決議，指派由劉國榮、陳雍澤、連淑美、林進蘭等，請朱斐嚮導，恭送先生靈骨，經香港返歸山東濟南。[1]（《圖冊》，1988年圖1）

朱斐，〈編者啟事〉：編者受命於六月十八日恭送先師雪公炳南老居士靈骨至山東濟南之故鄉。七月十日始返臺中。緣先師於前歲捨報荼毘後，靈骨即暫厝於臺中佛教蓮社，茲應師母及李公子俊龍之要求，經蓮社董事長之同意，由台中蓮社、慈光育幼院、菩提仁愛之家等聯體機構派員護送，編者奉命導引，先經香港，李公子伉儷已先一日抵港迎靈，再經上海，同至濟南，一路順利送達先師故鄉，師母喜極而泣，令人感動不已！現暫在家中客廳安靈，俟覓妥墓地，另行擇吉安葬。[2]

陳雍澤，《雪廬老人儒佛融會思想研究》：民國七十七年六月十八日由台中蓮社暨聯體機構代表：朱斐、林進蘭、劉國榮、連淑美、陳雍澤等五人，奉護靈骨舍利至香港。炳南先生哲嗣李雲溪居士伉儷，早在六月十五日就抵香港等候。一見炳南先生靈骨，即跪地痛哭，自責不孝。乃先於香港禮請高僧作數日法事（因大陸作佛事不方便），之後才陪同李公子伉儷護送炳南先生靈骨返鄉。先搭機飛抵上海，再轉搭赴濟南之班機，

1　資料室：〈空谷傳響清音歷歷〉，《明倫》第193期（1989年4月），雪公往生三周年特刊。
2　朱斐：〈編者啟事〉，《菩提樹》第428期（1988年7月8日），頁11。

途中購票不易,又逢班機誤點,故安返濟南故鄉已是六月二十五日華燈初上之時了。師母趙德芳大人乍見炳南先生靈骨,睹物思人百感交集,不禁黯然神傷泣訴著:「老師自民國三十八年春天離開家鄉後,闊別至今已四十年。之前又逢抗日戰爭八年,陪孔上公避難四川,很少回來。若返家也是忙個不停,各處請他去開示佛法。老師靈骨未回來以前,我都睡不著,如今已經回來了,心才安下來!接著要準備安葬的事了。」[1]

朱斐,〈返鄉記──續篇之一〉:我們在港停留的五天中間,除了去中環中國旅行社辦理臺胞證手續外,還由一位親近過雪公老師的李相楷居士作東,請我們在素菜館吃齋,又陪俊龍夫婦遊海洋公園和胡文虎花園,並到上環鍾明服務的大光公司去買了四大件:我買了彩色電視機一臺,蓮友紀潔芳居士託我代購電冰箱一個,菩提仁愛之家買洗衣機一具,台中蓮社買錄放映機一臺,以上四大件都是要供奉師母的。錄放映機祇因為要放老師講經及治喪經過的錄影帶給師母看,沒有它是無法展示的。[2]

黃潔怡,〈雪公靈骨返鄉記〉:此行主要有朱斐居士同行,因其剛返鄉過,一切人地都熟悉。尤其香港有親友接應,幫助很大。李俊龍夫婦就是承其聯絡安排,

---

1 陳雍澤:《雪廬老人儒佛融會思想研究》,頁 113-115。
2 朱斐:〈返鄉記──續篇之一〉,《菩提樹》第 430 期(1988 年 9 月 8 日),頁 39。

而住在上智下開法師主持的香港佛教流通處。李師兄見到靈骨送到香港，就悲從中來，泣不成聲。當下李公子伉儷即皈依上智下開法師。六月十八日，是夜並蒙法師慈悲，為雪公作佛事，施放瑜伽燄口一場。後本擬經由廣州，搭飛機直飛濟南，只因往廣州火車一票難求，只得坐飛機先往上海，再由上海轉小飛機上濟南，而其中行程耽擱不少時日。

老師母略有重聽，很慈祥不大講話，溝通上還可以。老人家鄉音較重，她說雪公靈骨返鄉後，當夜就睡得著了，心中的一塊石頭釋然了。我們在濟南這些天，若她老人家一有時間，就坐在大廳邊的椅子上守靈沉思。老師母說當年雪公老師教她每天早晚都要念佛，念完了佛，再念懺悔文，再念迴向文。說到懺悔文時，她老人家馬上就念：「往昔所造諸惡業，……一切我今皆懺悔。」再說到迴向文時，她又立刻接著念：「願以此功德……盡此一報身，同生極樂國。十方三世一切佛……波羅蜜。」好像深怕我們不知道她會念的樣子。我們就說：「喔！師母您背得很熟嘛！」她老人家開心地笑了!!雪公的公子長得很高大，心地仁厚，從小受父教導，飽讀詩書，因此每至一處名勝，對古詩詞都能琅琅上口。生活雖不寬裕，但媳婦樸實莊重，孫女聰慧懂事。雪公遺孤一門都上慈下孝，不愧有德者之門第。

在濟南最後一天（廿八日），當日早上，本擬與紅十字會徐先生，一同參觀玉函山公墓，徐先生因事忙未到。據徐先生告訴李公子，先前曾考慮以千佛山為墓地之構

想，恐希望不大。所以特別介紹近年來，中共當局為港澳華僑、臺胞特闢的公家墓園。下午二時許，徐先生帶吾等一行前往實地勘查，玉函山離濟南市區不過五里路，而且從山上眺望，景色甚佳，李師兄家屬亦表滿意。看完玉函山回老師府時，師母再三問：「看了滿意嗎？」眾等點頭稱可。老人家說，如果滿意，興工時，要在旁邊預留一穴，以備來日百年後，安身之用。大家聽了，心中不勝戚戚。連說「阿彌陀佛」。

廿八日晚上，老師母親饋盛宴，晚齋後與師母及李公子一家大小話別，並在老恩師靈前再三頂禮懺悔叩別。大家心中十分沉重，人人均雙眼紅腫，哭著向老恩師拜別。想吾等無德無能，事情總辦不圓滿，就這送靈骨事亦顧此失彼，雖然安了師母、李師兄的心，但卻懷著萬分惶恐的心離開濟南。所幸大家一路尚稱平安，於七月十一日，重返國門。[1]

先生遺骨返鄉安葬，有部分蓮友堅持反對，致引發爭議，並形成日後之隔閡。

張式銘等，〈劉國榮常董口述歷史訪談〉（2017年1月9日）：（民）七十七年護送雪公靈骨返鄉，工作人員有朱斐居士、林進蘭、連志道、陳任弘居士及我，共五人。前一夜，我夢見自己揹著雪公，從蓮社三

---

[1] 弘安（黃潔怡）：〈雪公靈骨返鄉記〉，《明倫》第193期（1989年4月），雪公往生三周年特刊。

樓下來。當日,陳天生開車及其夫人、我和省常兄,提前上桃園,夜宿省常兄大哥的別墅,整夜未眠。因為有人反對送靈骨返鄉,且聽說隔日會派人來追趕,因此一早和朱斐兩人,提早一班飛機飛香港。陳任弘等人在蓮社辦完歡送會活動,也直飛香港,大家與李公子夫婦會合。住在香港佛經流通處,智開法師為老師作法事,後來由朱居士的姪子接洽,轉飛上海,再飛濟南,順利將靈骨送回家鄉。師母很難過,說:「生不見人,死不見骨。」師母與李大嫂,備了很精緻的菜餚招待。隔日我們陪同李公子去找墓地,看了好多處,最後決定葬在玉函山,墓庭有十餘坪,預計以後全家都要放在那裡,還在墓庭四周種柏樹,山上缺水,李大嫂由山下挑水,每日澆水,多日才活。靈骨返鄉,大家意見不同,造成蓮社分裂。雪公返鄉乃尊重家屬意願,及董事長董正之作主,我們都只是辦事人。除了護送靈骨返鄉,也將雪公孔府退休金八十萬元,帶到山東。因為雪公老宅都市建設拆除,國家蓋大樓,以此經費為雪公後人購買住宅。[1]

六月十九日,許炎墩於蓮社主持念佛班會,談靈骨遷返濟南故鄉之事。(《蓮社日誌》)

七月二十六日,蓮社及聯體機構有關人員,為此次先生靈骨

---

[1] 張式銘等:〈劉國榮常董口述歷史訪談〉(2017年1月9日),台中蓮社檔案。

遷返濟南故鄉事,齊集於導師堂求先生加被道場和諧。

(《蓮社日誌》)

1989年・民國78年
先生往生3年

二月十二日至十九日,舉辦寒假明倫講座初級班,正式生男學員二十二人,女學員三十五人。服務學員二十人,共計七十七人。此後持續舉辦,未曾中輟。

  勇健,〈點亮無盡心燈——十年來的明倫講座〉:蓮社直接攝受大專同學們的活動就是明倫講座。除了七十七年因緣不俱足停辦一屆,往後每年暑假都開辦初級班。寒假講座在七十八年開辦初級課程,自八十二年起,因大專學佛青年日臻成熟,恢復高級班課程,並協辦各佛學社自辦講座,以培養辦事經驗,體會沒有其他學社同學共處的另一種活動模式。然而只有寒暑假的密集課程,猶不足以對學社長期的發展略盡輔導之責,所以有必要在平常的接觸之餘,推動常態性活動,這就是學期間講座,十年來持續舉辦,也未曾中輟。[1]

四月九日,上午九時三十分至十一時三十分,於慈光圖書館舉行先生往生三週年追思紀念會。蓮社董事長董正之任主席,孔奉祀官、臺中市市長張子源、立法委員洪昭男致詞後,由奉祀官府主任祕書尤宗周及蓮社教師周家麟

---

[1] 勇健:〈點亮無盡心燈——十年來的明倫講座〉,《明倫》第263期(1996年4月)。

分別報告先生弘揚儒學、佛學行誼。追思典禮後,進行追思吟誦。[1]

四月十日,上午,於台中蓮社舉行「念佛紀念法會」,這是以念佛為主的紀念會。同時,於台中蓮社「六吉樓」舉辦「雪公老恩師文物展」,展出三日。期間,播放先生生前開示及講經實況錄影剪輯。[2]

四月,《明倫》第一九三期發行「雪公往生三周年特刊」。有先生公子李俊龍、蓮社董事長董正之、以及弘安〈雪公靈骨返鄉記〉等,多篇弟子紀念文章。另有戒光〈談雪公的飲食起居〉、希仁〈儒佛大道〉、張清泉〈詩樂懷止〉、黃月蘭〈歡迎困難〉等多篇,記述先生之教學。

　　黃月蘭,〈歡迎困難〉:三十多年來,學人不論在道業上或生活上,遇到障礙與困難,只要前去請示老恩師,無不承受到大慈大悲的開示與指引。今就恩師指示學人,在存心、說話、辦事上的五點手諭,提供給讀友們做為修學的參考,聊表弟子無限的追思。

雪公云:

1.「亂心拜佛」拜佛是身善,心亂是普通病,應該不管

---

[1] 淨宏(高國浚):〈雪公導師往生三週年紀念追思活動紀實〉,《明倫》第 194 期(1989 年 5 月)。

[2] 淨宏(高國浚):〈雪公導師往生三週年紀念追思活動紀實〉,《明倫》第 194 期(1989 年 5 月)。

心亂不亂,一直拜下去,不必緊張,若說拜佛下地獄,罵佛就該升天堂?不要聽他的呆板話!

2. 「送佛書」佛經須送給信者,勸人之學佛之小冊子,不問人信不信,一律送他,隨他因緣。

3. 「大專刊物」此是另一功德,亦可隨緣,但不必說誰高誰低,但須查其內容而定。

4. 「說話小心」見到對的事,要說是應該,但要和平婉轉,對方聽與不聽,由他作主。各有責任,各有權限,各盡其道。

5. 說話碰壁,遭遇拂逆,心不煩惱,行不退轉。凡作好事,必遭魔障,既發大願,不怕困難,困難愈多,功德愈大。歡迎困難,歡迎困難

八月二日,周宣德老師於旅居美國寓所往生。

十月二十一日,台中蓮社二十餘位蓮友代表,前往山東濟南玉函山雪公墓園,參加先生靈骨安葬典禮。

黃潔怡,〈濟南行(一)——雪公靈骨安厝玉函

---

[1] 黃月蘭:〈歡迎困難〉,《明倫》第193期(1989年4月);先生手稿,收見《雪廬老人題畫遺墨》,《全集》第16冊,頁372。本件日期經洪壬癸代詢黃月蘭確認(2024年1月7日),與〈黃月蘭之二〉(《雪廬老人題畫遺墨》,《全集》第16冊,頁312)為同一件。見:1969年4月3日。另參見【數位典藏】書信/在家居士/黃月蘭/〈黃月蘭之一〉、〈黃月蘭之二〉。

山〉：雪公老師的墓園完成了，它座落在濟南。今年十月，筆者與二十五位蓮友前往大陸名山朝聖，首站即是濟南。

十月二十二日，筆者一行抵達濟南的次日。是日清晨七時許，眾等在千佛山下，齊魯賓館的廣場前，恭迎雪公靈骨。遠遠地，李俊龍師兄手捧雪公靈骨，在家人陪同下，緩緩而來，我們有如久經別離，乍睹親人一般，感極而泣，頂禮就拜。金色的陽光，照在這群平均年齡六十五歲的蓮友臉上，扭曲的臉龐，加雜哽噎的佛號聲，就這樣大家坐上車前往玉函山——雪公的墓園。

雪公墓園就在玉函山麓邊，墓前共立有三座碑，主碑為墓碑，左右分別豎有台中蓮社所立，徐醒民老師撰文，周家麟老師敬書；及同鄉所立，王仲懿老師撰文，呂佛庭老師敬書的兩塊碑文。碑文記載著雪公的生平事略及弘化事功。三座石碑上都有石頂為簷。主碑前有一石桌，墓碑後為兩座一米深的石穴，右穴將安放雪公靈骨，左穴為師母紀念穴。

雪公家屬與蓮友一行三十多人抵達墓園，將佛像、供品、水果等擺放妥當後蓮友們便身著海青，開始禮佛、誦經、念佛、灑淨……舉行法會。雪公靈骨在佛號聲中，安放入穴，穴上再覆以石板，並加混凝土固定密封，最外面還再覆蓋一座十餘公分厚的石板，板上雕有蓮花，甚為古樸莊嚴。整個典禮約一小時又三十分鐘完成，氣氛很是肅穆感人。雪公公子李俊龍師兄，在墓地再三向蓮友們叩謝，他十分感謝臺中蓮友們，對雪公生

前的照顧及後事的幫忙。

墓園完成了,師母及俊龍師兄的心願,有所了卻了。而台中蓮社,承繼雪公弘儒弘佛的薪火,正在點燃傳播。「真心誠意」、「默默的幹」、「今生務必有所了脫」,雪公的叮嚀,就在玉函山上,直貫筆者的心底。[1]

先生墓碑左右,有台中蓮社、受業弟子分別樹立一座紀念碑,記載先生生平事略及弘化事功。[2](《圖冊》,1989年圖2)

徐醒民撰、周家麟書,〈先師李雪廬老居士舍利碑〉:師諱豔,字炳南,別號雪廬,法號德明。世居濟南。以儒入佛,皈依淨宗十三葉祖印光大師。教研諸宗,行持淨業。昔嘗從政於莒,德加於民。惟志不在人爵,乃與莊太史心如等諸鴻儒同纂《莒志》。事成,入衍聖公幕。孔上公尊其賢,待之以殊禮。己丑春,浮海寓臺中。次第興建臺中佛教蓮社、慈光圖書館、慈光育幼院、菩提仁愛之家。力倡復興文化,施濟窮民。常年在蓮社、圖書館,並應聘於大學院校,講演大乘經教,傳授《易》、《禮》、《詩》、《書》。

凡述儒學,以道德仁藝為綱,以倫常禮教為基,勉諸學

---

[1] 弘安(黃潔怡):〈濟南行(一)——雪公靈骨安厝玉函山〉,《明倫》第199期(1989年11月)。

[2] 徐醒民撰、周家麟書:〈先師李雪廬老居士舍利碑〉,《弘法資訊》第45卷第6期(2017年12月10日),頁1;王仲懿撰、呂佛庭書:〈先師李雪廬老居士舍利碑〉,《菩提樹》第429期(1988年8月8日),頁47、封底裡頁。

者樂天知命，希聖希賢。披演梵夾，必依祖注，以一大藏指歸持名，助以深信因果，務期當生有成。四方好學慕道之士，紛若而來。口授之外，復以筆傳。於是文答疑問，詩接風人。久而輯為《雪廬詩文集》、《詩階述唐》、《佛學問答類編》，以及《弘護小品彙存》等，著述多種，風乎海內外。因以被教獲度者遍臺灣，以至南洋歐美。

歲丙寅夏曆三月初五日寅時，化度圓滿，預知時至，念佛歸西，春秋九十有七。師母元配張夫人德馥，中道謝世。繼配趙夫人德芳，哲嗣俊龍，孫女珊、彤，俱在濟南。七七日後火化，得諸色舍利千餘顆。越二年，歸靈骨舍利於故里，卜地依制塔之。弟子等永懷師德，引領再來。故頌曰：

道弘瀛島，功遂退藏，群生喁望，再駕慈航。

臺中市佛教蓮社暨各聯體機構全體同仁敬立石

弟子廬江徐醒民敬撰文弟子阜陽周家麟敬書丹

民紀己巳年（佛紀二五三三年）桂月穀旦

【案】原落款為「民紀第二戊辰年（佛紀二五三二年西元一九八八年）菊月穀旦」，[1] 設置時修改如前。

王仲懿撰、呂佛庭書，〈先師李雪廬老居士舍利碑〉：師諱豔，字炳南，別號雪廬，法號德明。世居濟南。本習儒業，淹貫諸經，旁及子史、法學、醫學，尤

---

[1] 徐醒民撰、周家麟書：〈先師李雪廬老居士舍利碑〉，《明倫》第463期（2016年4月）。

深於詩。其後入佛,學唯識於南昌梅擷芸大士,皈依淨宗十三祖印光大師,又從明師參禪學密,終發大悲心,自行化他,專宗淨土。

己丑春,浮海臺灣,安寓臺中。建蓮社道場,以內典、五經、論著、詩文、醫術普接群機,指歸持名念佛。言教所至,身教先之。感人至深,度說無數。歲丙寅夏曆三月初五日,應前一年預示,無疾歸西。春秋九十有七。荼毘得舍利千餘顆。元配張夫人德馥中道謝世,繼配趙夫人德芳,哲嗣俊龍,孫女珊、彤,俱在原籍,海天遙隔,越二年乃歸靈骨於故里。苦海慈航,依稀常在。敬屬文以頌之曰:

吾師悲願,弘化瀛洲,亦儒亦佛,淨業是求。三根普攝,緣盡歸休。留諸舍利,猶識慈舟。

弟子日照王仲懿敬述
後學南陽呂佛庭敬書

民紀戊辰年夏曆四月初八吉日立

十一月十一日至二十三日,臺中市文化中心與至聖奉祀官府、台中蓮社暨聯體機構聯合舉辦「李炳南老教授百歲紀念文物特展」,同時出版《紀念特刊》,記述先生行誼並列錄先生來臺三十餘年德澤影響。[1](《圖冊》,1989年圖3)

---

1 李炳南教授百歲紀念文物特展籌備會:《李炳南老教授百歲紀念特刊》,臺中:臺中市文化中心,1989年11月。

十二月九日,台中蓮社董事長董正之,於臺北三軍總醫院往生西方。(《蓮社日誌》)

1990 年・民國 79 年
先生往生 4 年・百歲冥誕

一月三日,夏曆十二月七日,為先生百歲誕辰。於慈光圖書館《華嚴經》講座,千餘位蓮友共同觀看先生山東墓園及家園錄影帶。中部大專佛學社團同學,齊唱先生《梵音集》中〈佛教青年〉、〈朝誦〉、〈玉欄杆外〉、〈大夢〉及〈蓮社社歌〉等歌曲;臺中市長林柏榕亦親臨致敬。[1]

二月五日,夏曆一月十日,先生二夫人趙德芳過世。享壽七十九歲。

四月,鄭勝陽向教育部申請,將「雪心基金」登記立案為「雪心文教基金會」。[2]

七月十一日,台中蓮社指派董事鄭勝陽、常務監事黃平福等二十餘人率團護送先生舍利及衣冠赴美國紐約。於當地時間七月十五日下午一時,在美國佛教會莊嚴寺觀音殿

---

[1] 芹生(黃潔怡):〈雪公百歲冥誕紀實〉,《明倫》第 200 期(1989 年 12 月)。

[2] 據:司法院,「法人及夫妻財產登記公告系統」:許可機關日期/教育部中華民國 79 年 4 月 20 日;法人登記案號/079 年法登字 000221 號。

舉行供奉儀式。此係一九七六年，莊嚴寺籌建時之遠因；是年四月美國佛教會沈家楨蒞臺弘法，提議禮請先生舍利或衣冠供奉美國莊嚴寺千蓮臺。[1]（《圖冊》，1990年圖1）

---

1 李榮輝主席，朱菩提記錄：〈台中蓮社七十九年第二次常務董監事會議紀錄〉（1990年7月1日），《台中蓮社董監事會議紀錄》，台中蓮社檔案。〈雪公舍利供莊嚴寺〉，《美佛簡訊》（1990年9月1日），1990年第8期線上慧訊，https://www.bauswj.org/wp/wjonline/美佛簡訊-62/。【案】美國佛教會莊嚴寺蓮座，係對籌建時捐款人之回饋。請參見：1976年3月30日沈家楨來函。

1991 年・民國 80 年

先生往生 5 年

四月,先生往生五週年,台中蓮社成立「雪廬紀念堂」,完成一樓文物展覽場。(《圖冊》,1991 年圖 1)

六月五日,菩提仁愛之家董事長周邦道於臺北寓所安詳往生。

六月九日,台中蓮社「雪廬紀念堂」舉行開幕典禮。考試院長、至聖奉祀官孔德成先生有講辭懷念五十年同甘共苦老友,並對蓮社諸君尊師重道、飲水思源、繼志承事之美德極表敬佩。

> 孔德成,〈雪廬紀念堂開幕典禮——孔院長講辭〉:今天是台中佛教蓮社「雪廬紀念堂」開幕的日子,本人躬逢盛會,心裡有諸多感觸,回想這位與我相處五十多年,自從民國二十六年起,長途跋涉,展轉流離,甘苦與共,禍福同當的好友,離我而去,瞬已五週年了,他的音容笑貌,仍時常出現在我的想像之中。
> 我這位老朋友,可以說是儒佛雙修,詩文俱佳。在儒學方面,由於體認深厚,隨時隨地都把孔孟之道,表現在他的思想言行之間,溫良恭儉讓的美德,他都已具體實踐。在佛學方面,更是心領神會,有其獨到之處。對於淨土宗的修持,更是師出名門、業有專精。在詩文方面,他融會了儒佛二家的道理,有形無形的參互印證、

交相發揮，以儒家的仁義，佛家的慈悲，諄諄宣導，藉以達成其勸世、救世的目的。

就更具體的來說，台中佛教蓮社是他建立的永久的根本所在，也是他實現救世理想的基點。他在這裡教訓佛門弟子，禮敬三寶，培養善根，並據而推廣慈善、救濟、社教事業，如慈光圖書館、慈光育幼院、菩提仁愛之家等機構，都正常發展，卓有成就。在宏揚儒學方面，假蓮社舉辦論語講習班，社教研習班、國學啟蒙班，及明倫廣播社、明倫雜誌社等活動，都在為儒學做往下扎根的工作，也都有其具體的表現與成就。

我這位老朋友所打下的這種基礎，及建立的這許多事業，都是苦心擘劃，辛苦經營而來的。我原來擔心我們古有所謂「人亡政息」這句話，深怕他這些事業就此而日漸蕭條冷落，想不到在蓮社的各位女士、各位先生的共同努力下，不但沒有使它蕭條冷落，而更能繼志述事，繼續推展。各項事業都很有條理的在推動之中，並把他的詩文整理出版。今天更建立了這「雪廬紀念堂」，把雪廬先生一生的功德事業生活點滴，具體展現，以供世人瞻仰慕念。各位這種精神與作為，正表現了我們中國人尊師重道、飲水思源的美德，因而使我非常感動，也非常敬佩。

今後，希望大家繼續努力，把我這位老朋友的事業，更發揚光大，也把他的精神傳世不朽！

中華民國八十年六月九日 [1]

1　孔德成：〈雪廬紀念堂開幕典禮──孔院長講辭〉，《明倫》第214期（1991年5月）。

1994 年・民國 83 年

先生往生 8 年

先生哲嗣李俊龍闔家蒞臺整理故物，歷時約兩閱月。蓮社歡迎接待，除指派劉國榮與趙鋑銓在地陪伴，並護送回山東濟南，對先生哲嗣照顧有加。（《圖冊》，1994 年圖 1）

十月一日，夏曆八月二十六日，菩提仁愛之家重建醫療大樓動土。恭請周家麟、徐醒民、先生哲嗣李俊龍及仁愛之家董事長何清根奠基。[1]

是年，于凌波成立財團法人臺中市李炳南居士紀念文教基金會，成立宗旨為：「紀念李雪廬（炳南）老居士，弘護佛儒，復興文化，協助政府推行社會教育」。[2]（《圖冊》，1994 年圖 2）

---

[1] 謝嘉峰：《雪公與菩提》（臺中：今成出版社，1998 年 1 月）。
[2] 許可機關日期：臺中市政府，中華民國 83 年 7 月 4 日，83 府教社字第 81938 函。

1995年・民國84年
先生往生9年

台中蓮社董事長劉國榮與山東濟南大學商談成立「雪廬儒學室」事宜。成立後，由先生孫女李珊於學校任職管理。

十月，李炳南居士紀念文教基金會發行《李炳南居士與台灣佛教》，有于凌波、朱斐、高登海等多篇紀念文。
（《圖冊》，1994年圖2）

1996年・民國85年
先生往生10年

四月六日至二十二日,台中蓮社舉行「雪公往生十週年系列紀念活動」。二十二日有〈紀念疏文〉。

　　台中蓮社,〈雪公老恩師生西十週年紀念疏文〉:伏維民國乙亥年三月初五日,為夫子雪公老人生西之十週年紀念,弟子火爐等齊集台中市佛教蓮社大殿,謹以心香一瓣敬疏告于我師尊蓮座之前曰:吾師德流末世,愛遺人間,舉凡淨業弟子,無日不依教做人念佛,即無時不追慕師尊,而師訓平實,猶歷歷在耳,更何庸添此一著為作紀念?特為弟子者,誠惶誠恐,歷經時日,久而淡忘,故謹仿前賢自恣成例,聚會一堂,恭對吾師發露懺悔,若幼稚之就慈父,款款曲敘家常,其境怡熙,而其心戚戚,尚有愧然,藉資策勵,意非尋常。
溯乎丙寅歲季春之日,吾師緣盡入滅,人天聞變,兩序同悲,甚有披孝朝暮致祭於師尊之靈前者,無不真情流露,哀比喪考妣,此吾師視弟子如子女,弟子能不視吾師如父母者乎?惟四十載之教化,化之既深,感亦隨之。所幸孤煢窮子轉俗情為道心,念佛七七,日以繼夜,聲徹九宵,龍天駐聽。其後荼毘、告別式,仰 佛冥加,一一完成。師尊既歸安養,一時統理失首,不免群情神黯,心或歧紛。亦何幸周徐二師為報師恩,勉應眾請,更續師猷,賴為眼目,眾心於焉安定。惟二師謙沖為懷,欿然不以師自

視，彬彬作風，儼然師尊身彰。於是，華嚴接演，淨土諸經亦輪轉不輟，而諸念佛班佈教所，並盡協肱，使信眾聞熏有地，得所依止。

周徐二師既挺身而出，一一克紹前規，不辭苦辛。影響所及，蓮社暨聯體機構負責幹部、辦事人員亦兢兢業業，戮力興革，思擴宏猷，普利大眾。若人事更注新血，積極從事各項研擬策畫。若《明倫》月刊更加充實，頗有口碑。若論語班、啟蒙班、社教科以及大專佛學講座，胥皆作育不墜，人多趨赴，或恐向隅。若育幼院，輔導井然，氣象一新。他如印經、慈濟等公益事業，率能配合時需，實著績效。尤有進者，念佛班整編，組織有法，臨終助念，人多隨喜。

綜夫吾師生前歿後，其猶天地之大明，忽然暫暗，倐而又明。座下弟子共體時艱，自奮自強，此人或莫敢置喙視我藐藐，差可告慰於吾師者也。然師尊巍巍，其道大而體深，瞻之在前，忽焉在後。弟子火爐等庸愚，罕契一二，縱有所會，豈辭窺測？故於吾師志事或繼或述，難免失之智照不徹、見有不及，或罪結不覺，或過起不知。至於念佛修持，宿習固結，時甄現行，念多夾雜，工夫尚未成片。興言及此，能不有愧？方今大地烽燉，人亂思治，佛為顯學，惜乎競奇出異，吾師已趨西土，十年之中，廣老、道老亦相繼入寂，芸芸蒼生，誰得安心？撐持淨土法門者，屈指可數。則自行化他，伏仰師尊統垂哀憐攝受，開我明慧、引我智光，爾今爾後，弟子火爐等更當維日孜孜，敬慎輸將，期報師恩佛恩，而使蓮宗正脈

一線不絕長揚。

今為山高水長吟唱之會,專題演講、紀念堂擴建增添墨寶文物,凡此種種紀念活動,其猶童子戲頑,非我而我,實惟鞠誠,感師無疆,除表追思,更冀若見或聞,由藝而進乎道,從世法而入淨土,一染識神,永永無央。固知吾師我而非我,於寂光土中當開顏笑納。上來繾綣,十年一一,恐瀆清聽,尚祈垂鑒。弟子火爐等頂禮拜上。[1]

四月二十一日,於中興堂舉行「山高水長」詩樂演唱會,發行《詩樂演唱專輯》,並播放《雪廬道影》影片。同時,由台中蓮社出版《雪廬老人淨土選集》,以紀念先生弘揚淨土之教,令眾生生入聖賢之域,沒歸極樂蓮邦本旨。[2](《圖冊》,1996年圖1)

　　淨業,〈德翁夫子所為何事──《雪廬老人淨土選集》編後感言〉:《選集》共有九類:
首列雪公老師的事略,瞻仰老人家一生的行止。
其次是《佛說阿彌陀經義蘊》,有人不曾深求《阿彌陀經》的經文而妄生毀謗,雪公將蘊含在經文深處的義理,揭露開來,讓人對本經「從生尊重,藉堅信心」。

---

[1] 台中蓮社:〈雪公老恩師生西十週年紀念疏文〉,《明倫》第263期(1996年4月),雪公往生十週年特刊。

[2] 淨業(鍾清泉):〈德翁夫子所為何事──《雪廬老人淨土選集》編後感言〉,《明倫》第263期(1996年4月),雪公往生十週年特刊。

第三、《弘護小品》，從《弘護小品彙存》中選出有關淨土的文章，文字簡短讀來不累，語多警惕深搔癢處。

第四、佛七開示，收錄雪公在靈山寺的佛七講話，勉勵大眾如何用功念佛，剋期求證。

第五、修學法要，這是雪公在各念佛道場、佈教所、念佛班會有關淨土念佛的講話，雪公教人如何諸惡莫作，眾善奉行，為念佛功課做好準備功夫。

第六、述學語錄，收錄雪公在講經說法時，會歸淨土法門的訓示。

第七、序文，是雪公為弘揚淨土的書籍所寫的序，文中除了略提成書的因緣之外，大多為淨土教理的闡述。

第八、傳記，共有五篇，兩篇是雪公為往生瑞相明驗的居士所作的傳記，一篇是蓮社碑記，兩篇是雪公的學佛因緣。

第九、詩偈，收錄雪公歷年的佛七開示偈，以及《雪廬詩集》中的淨土詩。

書後附錄「李炳南老居士全集目錄」和「雪廬紀念歌」，以窺老人言教之一斑，雪公弘揚佛法，除了大力推崇淨土宗之外，所講經論，遍及華嚴、方等、般若諸經，更有專為接引初機學佛的弘法教材；世間法的儒學，詩學、醫學，雪公亦有發人所未發的精要宏論，可貢後人亦步亦趨，升堂入室。[1]

---

[1] 淨業：〈德翁夫子所為何事──雪廬老人淨土選集編後感言〉，《明倫》第263期（1996年4月），雪公往生十週年特刊。

是月,《明倫》第二六三期發行「雪公往生十週年特刊」。

是月,台中蓮社於雪廬紀念堂二樓,重現先生正氣街寓所——寄漚軒,格局、擺設,皆依照原樣呈現。(《圖冊》,1996年圖2)

>黃潔怡,〈寄漚軒雪廬老人寓所導覽〉:民國八十三年(1994年)七月,雪公在大陸的哲嗣李公子雲溪先生,偕同夫人和兩位女公子,來臺參觀雪公的弘化志業,處理雪公在臺中市正氣街的寓所遺物。李公子在離臺前,將雪公寓所遺物委由台中蓮社保管。今年是雪公生西的十週年,為使雪公遺物能妥善保存,蓮社特別在弘道樓二樓另闢一室,依正氣街寓所——寄漚軒的格局,按照雪公在世時的擺設,將遺物呈列出來,使大眾得以憑弔瞻仰,睹物思人。[1]

是年夏,江逸子塑有先生銅像,為抱膝悠閒形影。呂佛庭造訪先生紀念堂,題句並書。(《圖冊》,1996年圖3)

>呂佛庭,〈謁李炳南居士紀念堂〉:登堂拜遺像,淨室悵徘徊;衣冠猶挂壁,筆硯陳書臺。憶昔接謦欬,春風霽色開;對塵嘗論道,法會頻追陪。詩文契妙諦,度眾脫塵埃;往生歸淨土,乘願必再來。

---

[1] 弘安(黃潔怡):〈寄漚軒雪廬老人寓所導覽〉,《明倫》第266期(1996年7/8月合刊)。

> 丙子四月　迂翁呂佛庭句并書[1]
>
> 陳清香，〈紀念李公雪廬老師往生二十週年〉：逸子畫師塑老師的容顏與體軀，更是栩栩如生，神韻天成。（雪公老師銅像）為十年前所塑的雪公抱膝悠閒形影：老人頭微向前傾，身著清式帶扣長袍，足登居士鞋，坐姿，右足橫置，左足擎起，雙手手指交叉握抱左膝，似正吟誦完一首詩，餘韻猶存的神情。[2]

七月二日，先生故里山東濟南大學成立「雪廬儒學研究室」，並舉行儒學研討會，發揚先生之學術貢獻，特邀先生在臺弟子共襄盛舉。台中蓮社應邀提出四篇論文參與發表，有吳聰敏〈雪廬老人學術思想與貢獻〉、吳碧霞〈雪廬老人的精神與風範〉、謝嘉峰〈雪廬老人為中華文化提綱「志於道，據於德，依於仁，游於藝」及闡釋〉、張清泉〈雪廬老人「山東古調」唐詩吟誦研究〉；濟南大學有董時〈李炳南的倫理觀〉。日後連續辦理，共舉辦三屆。[3]

1　呂佛庭：〈謁李炳南居士紀念堂〉，雪廬紀念堂收藏。
2　陳清香：〈紀念李公雪廬老師往生二十週年〉，《慧炬》第503期（2006年5月），頁3-8。
3　編者：〈前言〉，《明倫》第267期（1996年9月）。

1997年・民國86年
先生往生11年

九月十六日,丁丑年中秋節,台中蓮社發行《雪廬老人題畫遺墨》,係將去年先生往生十週年紀念會,徵集先生遺墨,展示於紀念堂者,編集景印。

徐醒民,〈《雪廬老人題畫遺墨》序〉:師寓臺中數十年,創建台中佛教蓮社,暨諸文教慈善機構,多方化度,行滿歸西。諸弟子相謂曰,師弘道也,貝葉韋編,各純而復圓融,世風賴以勸,人心有所歸,不以廟貌著其風,後之學者安所景仰。乃以蓮社弘道樓,啟建雪廬紀念堂,供奉師之法像,陳諸紀念文物,四方欣道之士,其駕臺中者,有所觀矣。蓮因懺公,與師相知,既深且久,錫臨而觀,謂若增列師之手跡,則章德教尤多。

去年夏曆三月五日,師歸西十稔。蓮社與諸聯體機構,相繼十餘日,集眾追遠,並蒐師之遺墨,展示於紀念堂,事畢擬編一集,景印以結緣。今以編者輯成囑序,乃憶方展時期,觀者接踵,多有低回不忍去者,蓋以觀墨思人,誠出於中者也。揚子《法言》曰,言心聲也,書心畫也。許君《說文・敘》曰,書如也。信哉斯言。師之書也,如師之人,畫師之心也。師之人也心也,渾然在道,悲眼群生,而今已在寂光,不復可見矣,但得見其書,與夫所書之詩詞,當可窺其道,是則獲此集

者,固可謂獲墨之寶矣,要未可以尋常墨寶寶之也。
民國第二丁丑年中秋節日　　受業弟子廬江徐醒民敬識[1]

1　徐醒民:〈書鄉書香──《雪廬老人題畫遺墨》序〉,《明倫》第282期(1998年2/3月合刊);後收見:《雪廬老人題畫遺墨》,《全集》第16冊,頁4-6。

1998 年・民國 87 年
先生往生 12 年

元月四日,夏曆丁丑年十二月六日,先生一○八歲冥誕前夕,菩提仁愛之家雪廬紀念堂落成。請常董林進蘭灑淨後,九時三十分恭請周家麟、徐醒民二位老師啟鑰、李榮輝董事長主持典禮,同時立於明德齋旁之舊醫療大樓紀念碑亦落成永久留念,請常董張慶祝居士主持灑淨。[1]

六月三十日,大成至聖先師奉祀官府裁撤。

---

1 謝嘉峰:《雪公與菩提》。

2000 年・民國 89 年
先生往生 14 年

十一月三日,夏曆十月八日,先生哲嗣李俊龍在濟南病逝,享壽七十六歲。台中蓮社由董事長劉國榮、法務主任黃泳與《明倫》月刊編輯鍾清泉等三位同仁前往濟南,呈送周家麟、徐醒民兩位老師「往生極樂」、蓮社聯體機構「乘願再來」二幅輓聯及奠儀,代表全體蓮友致上無限哀思,並協助家屬料理身後大事。[1]

---

1 參見:李珊、李彤:〈我的父親〉,《明倫》第 310 期(2000 年 12 月)。

2002 年・民國 91 年
先生往生 16 年

八月十二日,蓮社德明樓動土及奠基、灑淨,二〇〇三年底落成啟用。

2003 年・民國 92 年
先生往生 17 年

《論語講要》發行。係徐醒民筆記,分由諸弟子校讎、修潤而成。[1]

---

[1] 徐醒民:〈開卷語〉,《論語講要》,《全集》第 11 冊,頁 5-7。

2004 年・民國 93 年
先生往生 18 年

五月,台中蓮社德明樓落成。

十二月,慈光育幼院因產權糾紛,被迫遷離瑞光街舊址。育幼院院長郭秀銘與教保主任吳碧霞等人著手籌備復院工作,除成立「財團法人台中市私立慈光社會福利慈善事業基金會」外,另覓建地,命名為「慈馨兒少之家」,做為院童新家。轉換「慈馨兒少之家」三年間,蓮社董事長劉國榮及蓮社蓮友提供住宿,安頓院童免於流離失所。

2006年・民國95年
先生往生20年

二月十五日,《華嚴經》講席周家麟於自宅安詳往生。

四月一日,台中蓮社暨聯體機構於明德女中舉行「李炳南老居士往生二十週年紀念晚會」,發行先生簡傳《雪廬風誼》,並播放《未減清光照世人》影片。(《圖冊》,2006年圖1)

四月八日,台中蓮社與中興大學中文系聯合舉辦「紀念李炳南教授往生二十週年學術研討會」。研討會於中興大學綜合大樓國際會議廳舉行,中興大學文學院長余文堂、台中蓮社徐醒民老師致詞外,共有十篇論文發表及一場主題演說。會後出版《論文集》。(《圖冊》,2006年圖1)

紀念李炳南教授往生二十週年學術研討會議程表:[1]
- 雪廬風誼 / 吳碧霞
- 廣弘大藏教指歸彌陀行——雪廬老人講經與修行歸趣探析 / 連淑美
- 雪廬老人佛教教育理念初探——以大專佛學講座課程規劃為核心 / 林其賢

---

1 陳器文主編:《紀念李炳南教授往生20週年學術研討會論文集》(臺中:國立中興大學中文系,2006年4月),頁359。

- 從一絲不苟到一心不亂——雪廬法書析論／任容清
- 巧把金針度與人——雪廬老人《弘護小品彙存》講表試探／周玟觀
- 雪廬老人儒佛教化事業探述／劉靜宜
- 寶島遍栽九品蓮——由《佛說阿彌陀經義蘊》管窺雪廬老人的淨土思想／吳聰敏
- 雪廬老人弘傳論語析探／鍾清泉
- 雪廬老人《禮記選講》特色及其所函蘊的價值／洪錦淳
- 就生命氣質與生命意識探討李炳南教授之詩歌創作／陳器文
- 雪廬老人《詩階述唐》析探／張清泉

六月一日至七月九日,臺中市政府於臺中市役所舉辦先生文物展:「未減清光照世人——李炳南教授生命紀實」,參觀人次約三千六百人。(《圖冊》,2006年圖2)

江逸子作〈雪公老人坐像〉紀念,題為「古道西風二十年」。[1]
(《圖冊》,2006年圖3)

　　陳清香,〈紀念李公雪廬老師往生二十週年〉:為了紀念雪公往生二十週年,江逸子居士以水墨勾勒了一幅「雪公老人坐像」。畫上題古篆:古道西風二十年。底下二行小字:柔兆閹茂歲次丙戌三月之初,古閩受業

---

[1] 江逸子(江錦祥):〈古道西風二十年〉,澹寧齋監製:《雪廬老人題畫遺墨輯》(臺北:大古出版社,2016年3月再版),頁15。

江逸子恭造懷恩。[1]

是年,《李炳南老居士全集》完整刊行。該《全集》係將先生弘法授課之教材、講演內容文稿及詩文等著述,經二十年陸續整理編成。類分佛學、儒學、詩文、醫學、遺墨等,共十九類、十七冊。(《圖冊》,2006 年圖 4)

  周家麟、徐醒民,〈李炳南老居士全集序〉:師在各道場弘佛弘儒,並應聘各大學暨獨立學院,講授詩禮醫學,數十年如一日,晝夜講說無虛時。傳授儒經,以道德仁藝為綱,基於倫常禮教,期諸學者樂天知命,修己安人。披演內典,必依祖注,契理契機,指歸念佛,助以深信因果,務求當生成就。言教所至,身教先之。感人至深,度化無數。匡廬遺業,靈巖道風,由是大弘於此域。人心向善,世德日淳。不惟佛日增輝,而夫子之鐸亦以是遠振他方矣。

歲丙寅,夏曆三月初五日寅時,師應前一年預示,法緣已了,無疾生西,春秋九十有七。臨去之際,猶囑助念諸弟子,一心不亂。七七日後茶毘,得諸色舍利千餘顆。生前經注、講表、詩文、著述甚多,或已梓行,或存手稿。依於治喪會議,彙印全集,以澤後世。事經兩稔,方竣其編。類分佛學、儒學、醫學、詩文、遺墨、

---

[1] 陳清香:〈紀念李公雪廬老師往生二十週年〉,《慧炬》第 503 期(2006 年 5 月),頁 3-8。落款「柔兆閹茂」為太歲紀年,「柔兆」為「丙」,「閹茂」為「戌」,2006 年為夏曆丙戌年。

書牘,後裒追思諸文以附。[1]

〈編輯例言〉:先師雪廬老人,畢生弘道,旨在啟人覺悟自心,由是希賢希聖。人之自心,即《中庸》所云之天性,亦即佛法所云之真如本性。是性人人本有,非生非滅,覺之可以了生脫死,可以為堯舜,為孔子,為大覺之佛。民紀第二丙寅暮春之初,先師此生弘化圓滿,以九七高齡歸西安養。諸弟子裒師之注經講記與詩文,分類梓行,久已流通海內外,今就原集增廣付梓,全集分為十九類,卷帙甚繁,宜先識其要。

一、佛說阿彌陀經摘注接蒙、義蘊合刊。此為抗戰時期,師在重慶之著述。接蒙之編,雖曰接蒙,實則其文簡明有本,久脩之士,依之研究,亦甚適宜。義蘊之編所述,專為含蘊而發,故以義蘊名編。脩學之士閱之,須與摘注或他注合觀,方解所云之意。

一、大方廣佛華嚴經講述表解。此為八十華嚴經,自世主妙嚴品,至十回向品,依清涼疏鈔,編列表解。

一、講經表解。初名聽經筆錄,編入全集時,定為此名。師所講說之經論,遍及諸宗義理,其要則如印祖所云,千經萬論處處指歸淨土法門,以期學者當生成就。

一、大專佛學講座初級教材。六種教材,除行願品外,

---

[1] 周家麟、徐醒民:〈李炳南老居士全集序〉,《李炳南老居士全集總目錄》,卷首頁 1-4。

餘五種皆由先師編著表解，配合講述，初機學者可入學佛大道。

一、弘護小品彙存。此為師在臺中早期弘法護法之小品文集，分十二類，弘法之類居多。護法之類，有駁外道之毀謗佛教者，有據教理嚴辨佛魔者，如是而已。弘法類中，有內典講座之研究，實用演講術要略。此二書為師多年講經說法之經驗談，原為傳授弘法弟子而撰，後編入此集，以利一切有志弘法之學者。

一、佛學問答類編。分上中下三集。問有淺深邪正之殊，答則契理契機，一本於智悲雙運。讀是編者，深得破迷啟悟之益。

一、佛說四十二章經表注講義。師於民國五十八年講於太虛紀念館善果林。

一、佛說大乘無量壽莊嚴清淨平等覺經眉注。民國三十九年，以此會集本講於臺中靈山寺，有眉注，復有經旁小注，甚為珍貴。另有講表，編入講經表解中。

一、脩學法要正續編。此是先師為學者開示脩學之法要，其中以脩淨業為主，並闡帶業往生之理。又有一部分闡儒學要義。脩淨研儒，咸宜讀此二集。

一、雪廬述學語錄。由弟子筆記為短文，計一百九十一篇。文散不相聯屬。內容述及華嚴、般若、淨土、論語、大學、中庸、禮記諸經論，語顯義深。

一、論語講要。自古學者，其欲讀經，學為聖哲，莫不

自論語始。師講論語，於漢宋諸注，各取其優，不存門戶之見，諸注所未及者，則考據諸經以說，且多就形而上者發其義蘊，書名講要，蓋有別於古今諸注焉。

一、禮記選講。先師講經，不寫講稿，只編講表，或就經本加以眉注，以及經文之旁加以小注。講時廣應眾機，聞者各得其解。

一、中國歷史綱目表。先師為內典研究班講授中國歷史時，編此講表。自三皇五帝至唐五代。表列歷代興亡，人事成敗。

一、莒縣志編纂。山東省莒縣。原有縣志，散軼殘闕。民國二十三年重脩，閱三年完成。民國六十九年，是志由莒縣人士在臺重印。今以師分纂之諸篇印入師之全集，資紀念耳。

一、詩階述唐。內分四類，一為學詩先讀求味，二為聲調舉隅，三為詩惑研討隨筆，四為鱗爪概談。合此四類，而曰述唐者，非提倡學唐人之詩，乃為喜學唐詩者提供參考。此編乃將唐人通法擇要舉出，俾初學知非率爾，故曰述唐。

一、雪廬詩集。先師畢生所作之詩，有古體，有近體，篇什豐贍，難以計數。以類分之有六，曰，爨餘稿、蜀道吟、還京草、發陳別錄、浮海集、辛亥續鈔，後附雪窗習餘。先師之詩，其辭多憤、多怨、多憂、多哀而放，悉出於悲天憫人之心。言無虛發，有至誠之道蘊於中，可以前知天下事，可以盡

2006 年・民國 95 年｜先生往生 20 年

人之性，盡物之性，以是憂人之未憂，哀人之未哀。由是言之，雪廬詩集，豈尋常詩集也哉。
一、雪廬寓臺文存。此集之文，凡九十五篇。多為各家重印經書或新著之序。是經是著之要義，讀是序乃能得之。
一、黃帝內經選講。中國醫藥學院，聘師教授黃帝內經，此即先師所撰之講義。
一、雪廬老人題畫遺墨。題畫或遺墨，多為先師書以自作之詩，可謂詩書畫三美皆在其中。
以上十九類，皆是先師弘道之法要。約而言之，應機而說，有此類分，平等指歸，則是信願持名。師雖西歸，法留人世，恆利眾生，師之悲心深矣。[1]

吳聰敏，〈雪廬老人的現實踐履與終極關懷〉：老人在世八十華誕（1969），當時先進弟子組成「祝嘏委員會」，即曾出版《雪廬述學彙稿》八種；迨老人辭世（1986），其後進弟子復組成「全集編輯委員會」，於示寂滿二十週年時（2006），為出版全集十七巨冊。[2]

---

1 〈編輯例言〉，《李炳南老居士全集總目錄》，卷首頁 1-10。
2 吳聰敏：〈雪廬老人的現實踐履與終極關懷〉，《應教木鐸振春風：紀念李炳南先生往生三十週年學術研討會論文集》（臺中：青蓮出版社，2017 年 10 月），頁 1-13。案：據台中蓮社〈六十回顧〉大事記要：「（2007 年）六月廿四日，世樺版《雪公全集》一套十七冊，印行流通。」見：《蓮花一瓣分台中——台中市佛教蓮社六十週年紀念專刊》（臺中：台中蓮社，2011 年），頁 122-152。

2007 年・民國 96 年
先生往生 21 年

四月,慈馨兒少之家落成,以延續先生創立之育幼機構,紀念先生往生二十一週年。

　　徐醒民,〈慈馨兒少之家碑記〉:民紀第二丁亥之春,慈馨兒少之家落成,慈業伊始。慈馨者,繼慈光育幼院而興起也。是院乃雪廬老人所創建,以育以教無依之幼者也。其始,李繡鶯女士、許克綏老居士,樂捐建地於中市南門里,繼由海內外緇素大德捐輸,並獲省市政府補助,建院乃成。開院之初,經濟拮据,食指浩繁,主者難之。雪公遂聘郭女士秀銘繼任院長,並派女弟子連淑美與吳碧霞,協同主持院務。院務由此蒸蒸日上,屢獲省府表揚,更獲內政部評鑑為全國績優育幼院。詎知至九十三年十二月因院址產權之爭,雪公久已生西,無人主持正義,育幼院竟為遷離解散。主事者郭女士以新立之慈光基金會,覓地於臺中市東區東英路,重建院舍。幸得台中蓮社蓮友,諸方善士,熱心施助,尤承佛門長老會性法師罄力以施,新院舍乃能如期奠基興工而成。兒童少年有家可歸矣,是故以家名之。家主人,諸同仁,皆余同門友,囑余記其事。余既敘其緣起,復為歌頌之。其辭曰:少懷及幼兮,聖賢之志。雪公乘桴兮,來作其事。無告之子兮,欣有所庇。時其不利兮,院童離棄。常寂光中兮,雪公含淚。得道多助

分,無家兒少又有家。慈悲雪公兮,想必放光歡喜而無涯。

民國九十六年徐醒民敬識于臺中　受業陳火爐恭書[1]

六月一日,台中蓮社常務董事張慶祝安詳往生。

十月,內典研究班畢業生連淑美創辦之「弘明實驗高級中學附設國中、國小」,奉核准立案成立。

1　徐醒民:〈慈馨兒少之家碑記〉,《明倫》第 373 期(2007 年 4 月)。

2008 年・民國 97 年
先生往生 22 年

四月,《李炳南老居士全集》寄送全國各大專院校圖書館。

九月,台中蓮社懷雪樓落成。

十月二十八日,孔德成奉祀官逝世,享壽八十九歲。翌年,由嫡長孫孔垂長繼任奉祀官。

2010年・民國99年
先生往生24年

二月十一日，會性法師捨報於屏東普門講堂。蓮友三十餘人南下助念。

十月二十六日，蓮社內當家（庶務主任）何玉貞於蓮社往生。

是年，成立「數位典藏專案計畫編輯小組」，執行國家科學委員會「李炳南先生教化作品與生活紀錄典藏計畫」，將先生教化作品與生活紀錄數位化以永久典藏。二〇一二年完成。期間並曾召開「臺中蓮社宗教文物資料——李炳南先生教化作品與生活紀錄數位典藏成果發表暨學術研討會」，發表成果。會後出版《論文集》。計畫主持人周玟觀日後並將執行計畫完整集結，出版《李炳南先生學術與數位人文研究論文集》。（《圖冊》，2010年圖1）

　　行政院國家科學委員會（以下稱「國科會」），自二〇〇二年開始執行「數位典藏與數位學習國家型科技計畫」，長達十二年，將國家重要的文物典藏數位化，建立資料庫，以促進人文、社會、學術、教育、經濟之發展。嘉義大學紀海珊老師建議台中蓮社將雪公文物，透過國家機構作長久典藏，設立專屬網站及資料庫，提

供公眾瀏覽及教育學術界研究。

　　二〇〇九年十一月二日，國科會專案計畫團隊，在中興大學召開聯合公開說明會，徵求收藏在民間的珍貴典藏，加入國家數位典藏的行列。蓮社幾位同仁前往參加進行評估。十一月五日，由社長吳聰敏先生召集，成立「數位典藏專案計畫編輯小組」，召開第一次籌備會，預計將蓮社的宗教文物，尤其以雪公教化作品與生活紀錄為重心，進行申請，並敦請興大助理教授周玟觀老師，為此計畫專案主持人。訂定申請主題為「臺中蓮社宗教文物資料——李炳南先生教化作品與生活紀錄典藏計畫」。此計畫承蒙國科會審查通過，自二〇一〇年八月一日開始執行，二〇一二年七月三十一日結束，為期兩年。[1]

　　吳聰敏，〈雪廬老人的現實踐履與終極關懷〉：二十五週年時，由台中蓮社與興大中文系組成「數位典藏編輯小組」，向國科會申請通過「臺中蓮社宗教文物——李炳南先生教化作品與生活紀錄典藏計畫」，將老人平生所有著作，給予數位化永久典藏，且置於雲端，方便普遍流通。[2]

1　詹曙華：〈雪公文物數位典藏紀實〉，《明倫》第 464 期（2016 年 5 月）。

2　吳聰敏：〈雪廬老人的現實踐履與終極關懷〉，《應教木鐸振春風：紀念李炳南先生往生三十週年學術研討會論文集》，頁 1-13。

李炳南先生教化作品與生活紀錄數位典藏學術研討會議程表[1]：

專題演講：雪廬老人的典型風儀／陳雍澤

論文發表：

- 臺中蓮社宗教文物——李炳南先生教化作品與生活紀錄典藏計畫之工作流程與成果／詹曙華
- 未減清光照世人——李炳南數位典藏計畫後設資料摘要之編撰／吳毓純
- 以檔案學原理為導向之整合式後設資料標準應用與發展——以臺中蓮社宗教文物資料為例／陳慧娉
- 應用校園雲端系統建置數位典藏公有雲架構——以李炳南數位典藏計畫為例／劉柏伸
- 雪廬老人的詩味論述與創作／張清泉
- 論雪廬老人《寓臺文存》中的文藝觀及其實踐／吳孟昌
- 鼓刀磨劍不平氣　鬱塞胸中化作詩——試析雪廬老人詩歌作品中的史意／鄭雅芬
- 匡世有心培後進——論雪廬老人的中華文化觀及其教化理念／吳孟謙
- 雪廬老人《佛七開示講表‧手稿》撰述／鍾清泉
- 何期新舊雨　有志樂同群——從師生關係側探雪廬老人教育志業的典範意義／周玟觀

---

[1] 「議程表」，《臺中蓮社宗教文物資料——李炳南先生教化作品與生活紀錄數位典藏學術研討會論文集》（臺中：青蓮出版社，2013年3月），頁405-406。

2016 年・民國 105 年
先生往生 30 年

三月二十八日至三十日,臺灣企業精英孝廉文化聯合會於臺北科技大學中正紀念館舉行「雪廬老人學誼道風論壇」紀念先生往生三十週年。論壇由該會會長黃柏霖主持,與會演說者有淨空法師、果清法師、李珊、江逸子等十餘位。[1]

- 跟隨雪廬老師學習經教數十年因緣／淨空法師
- 持戒念佛報師恩／果清法師
- 人師難遭　弟子難為　懷師恩／江逸子
- 雪公智海與生死教育／紀潔芳
- 古月照今人——雪廬行誼／王烱如
- 雪廬老人主持的奉祀官府對中華文化的貢獻／周靜琬
- 雪廬老人的論語見地／唐瑜凌
- 學儒學佛貴有師承／黃德川
- 雪廬夫子慧命常存／洪石師
- 雪廬老人的儒佛思想會通／陳火爐
- 從孔孟思想談中華文化的傳承／蔡禮旭

---

[1] 「2016 雪廬老人學誼道風論壇」,社團法人臺灣企業精英孝廉文化聯合會:https://www.youtube.com/watch?v=sHjqydIbI54&list=PLuikqSTbabQib9R4ZcgF5drp6sHHxfiWn。

四月九日，台中蓮社於中興大學惠蓀堂舉行「應教木鐸振春風——紀念李炳南先生往生三十週年紀念音樂會」，選擇先生佛曲創作《梵音集》及詩作《雪廬詩集》，由啟蒙班學童及青壯學人以先生傳授方法吟唱演出。另並製作動畫〈雪公元宵節賞花燈走失的往事〉，及紀錄片〈探訪雪公的故鄉——濟南〉播放。先生孫女李珊除協助拍攝紀錄片，亦特從山東濟南遠來參加盛會。[1]（《圖冊》，2016年圖1）

五月十二日至十八日，於台中蓮社雪廬紀念堂及德明樓，舉辦「雪廬老人往生三十週年文物展」。雪廬紀念堂展出先生親筆手稿及生活器具，如文房四寶、念珠、中醫木牌，以及家鄉磚瓦器物。德明樓則為由老蓮友出借之「雪公墨寶展」。[2]

同時，發行先生原音重現之電子書：《吟誦常則》、《華嚴講席實錄》、《論語講席實錄》及《唐詩講席實錄》。（《圖冊》，2016年圖2）

五月十三日，在中興大學文學院人文大樓一樓國際會議廳，舉行「應教木鐸振春風——紀念李炳南先生往生三十週

---

[1] 心照（吳如晴）：〈雪公生西三十週年紀念音樂會〉，《明倫》第464期（2016年5月）。

[2] 弘安（黃潔怡）：〈雪廬老人往生三十週年文物展側記〉，《明倫》第467期（2016年11月）至第472期（2017年1/2月合刊）。

年學術研討會」，約二百多人參加盛會。中文系林淑貞主任與蓮社張式銘社長共同主持，隨後安排專題演講及九篇論文宣讀，最後由五位來賓進行紀念座談會。中間並有由善德堂南樂社馬一瑚等四人，演出先生《梵音集》歌曲〈紅葉〉做為下午場開場。會後出版有《應教木鐸振春風：紀念李炳南教授往生三十週年學術研討會論文集》。（《圖冊》，2016 年圖 3）

紀念李炳南先生往生三十週年學術研討會議程表：[1]
專題演講：雪廬老人的現實踐履與終極關懷／吳聰敏
論文宣讀：
- 雪廬老人《佛學問答·淨土類》要義之探述／謝嘉峰
- 忠言逆耳利於行——雪廬老人《逆耳言》研究／謝智光
- 求味與取境：李炳南《詩階述唐》述評兼論詩選教材之合宜性／林淑貞
- 李炳南教授《聲調舉隅·律絕聲調譜》發微／李建福
- 論《雪廬詩集·浮海集》悲憫情懷與家國之思／張錦瑤
- 《雪廬詩集》時令類詩歌探析／涂茂齡
- 亦儒亦俠亦老僧——雪廬老人英雄業之研究／劉靜宜
- 雪廬老人詠物詩作中的世間觀照初探／周玟觀
- 試論雪廬老人《學》、《庸》詮釋的內涵與特色／吳孟謙

---

[1]「紀念李炳南先生往生三十週年學術研討會議程表」，林淑貞主編，《應教木鐸振春風：紀念李炳南教授往生三十週年學術研討會論文集》（臺中：國立中興大學中文系，2017 年 10 月），頁 347。

紀念座談會：
- 讀書人的風骨／黃潔怡
- 群倫待度出娑婆——明倫彙集雪公言教／鍾清泉
- 回饋 e 世代——依因緣演說・遍滿三際十方／紀海珊
- 未能讎校無訛字，半是酸辛半是甘——《雪廬詩選淺釋》側記／鄭雅芬
- 與李炳南教授相關之定期出版品電子化資料初探／游青士

七月，舉辦一○五年度國學啟蒙班。

先生往生後，其創立之各班隊組織如念佛班、助念團、論語講習班、明倫講座、定期講經……，皆持續不輟。三十年來，夏曆每月初一至初七，蓮友至蓮社念佛七天，迴向先生，早日回入娑婆，度脫有情。（《圖冊》，2016 年圖 4）

附錄

一、李炳南居士弘化志業總表　3742

二、李炳南居士大事紀　3746

三、李炳南居士來臺後職務　3796

四、李炳南居士來臺後講經繫年　3798

五、李炳南居士重要開示繫年　3804

六、李炳南居士著述繫年　3811

七、《雪廬寓臺文存》繫年　3814

八、李炳南居士任教大專講座一覽　3817

九、李炳南居士任教大學紀錄　3819

十、李炳南居士追思會各界輓詩輓聯　3821

十一、人物小傳索引　3831

十二、徵引文獻　3837

附錄一：李炳南居士弘化志業總表

類別 年歲	公職經歷	精神宗旨	定期講經	弘化機構/組織
1891-1937 1-48歲	歷城縣承審員 1913 歷城縣司法科長 1916 莒縣管獄員 1920-1934 臨時縣政委員會 1927-1930 重修莒志分纂官 1934-1936 山東省監獄 1936-1937 孔府祕書 1937-1948	求受三皈 1932 求受五戒、菩薩戒 1936		
1938-1945 49-56歲	孔府祕書 1937-1948		重慶歌樂山蓮社 1944-1945	重慶歌樂山蓮社 1944-1945
1946-1948 57-59歲	孔府祕書 1937-1948		南京正因蓮社 1946-1948	南京正因蓮社 1946-1948
1949-1960 60-71歲	孔府主任祕書 1949-1985	台中蓮社宗旨 1951 台中蓮社社風 1952	法華寺 1949-1954 靈山寺 1949-1957 蓮社 1952-1976 慈館週三 1958-1986	家庭念佛班 1949 台中蓮社 1951 監獄弘化/弘法班 1951 助念團 1952 三皈五戒會 1952 文藝班 1953 中慧班 1954 經學班 1958 千人戒會 1960

附錄一：李炳南居士弘化志業總表

大專講座	佛法講演開示	文化社教事業	慈善公益事業	大學教育
	監獄教化 1920-	濟南通俗教育會 1912- 監獄教化 1920- 莒縣講演所 1923-	莒縣救濟委員會 1935	
	監獄教化 重慶長安寺 重慶歌樂山蓮社		（中央）振濟會委員 1942-1945	
	南京普照寺 南京正因蓮社 南京極樂庵			
	法華寺 1949- 慎齋堂開示 1949- 靈山寺佛七開示 1950-1985 監獄教化 1951- 台中蓮社 1952- 臺灣北中南各市鎮	覺群主筆 1949-1950 覺生社長 1950-1952 佛化婚禮 1951 國文補習班 1952 兒童德育班 1954 菩提樹社長 1954 慈光圖書館 1958 慈光托兒所 1958 慈光半月刊 1959 慈德托兒所 1961	中醫義診 1949 放生 1949 冬令救濟 1952 促進保護動物、蔬食運動 1955 慈光育幼院 1959	中國醫藥學院 1958-1974

（續下頁）

3743

李炳南居士年譜【附錄】

類別 年歲	公職經歷	精神宗旨	定期講經	弘化機構／組織
1961-1970 72-81 歲	孔府主任祕書 1949-1985	涵養道德厚培學問 〔明倫社訓〕四為三不 1964 講經之地例禁募捐 菩提救濟院四大誓願 1964	蓮社 1952-1976 慈館週三 　1958-1986 善果林週四 　1969-1976	霧峰佈教所 1963 善果林 1967 明倫社 1970
1971-1980 82-91 歲	孔府主任祕書 1949-1985	明倫精神 1972： 　白衣學佛不離世法 辦公室規約 1974 內典研究班班訓 1974 論語講習班宗旨 1980	蓮社 1952-1976 慈館週三 　1958-1986	經注語譯會 　1974-1978 內典研究班 　1974-1978 榮富助念團 1980
1981-1986 92-97 歲	孔府主任祕書 1949-1985 孔府顧問 1986	題「蒙以養正聖功也」 勉勵國學啟蒙班 1982	慈館週三 1958-1986	台中蓮社巡迴弘法團 　1983 內學質疑組 1985

附錄一:李炳南居士弘化志業總表

大專講座	佛法講演開示	文化社教事業	慈善公益事業	大學教育
慈光講座（學期） 1961-1969 慈光講座（假期） 1964-1969	靈山寺佛七開示 1950-1985 慎齋堂元旦開示 1964-1986 中興佛社	暑期修身補習班 1961 菩提樹社長 1954-1966	菩提醫院 1963 菩提救濟院 1964 安老所 1970 施醫所 1970	中國醫藥學院 1958-1974 中興大學 1967-1982
明倫講座（假期） 1971-1985 明倫講座（學期） 1972-	靈山寺佛七開示 1950-1985 慎齋堂元旦開示 1964-1986	明倫雜誌 1971 明倫廣播社 1973 青蓮出版社 1974 蓮友子弟輔導團 1976 論語講習班 1980	中國醫藥學院董 事 1972-1986	中國醫藥學院 1958-1974 中興大學 1967-1982 東海大學 1975-1980
明倫講座（假期） 1971-1985	靈山寺佛七開示 1950-1985 慎齋堂元旦開示 1964-1986	論語講習班 1980 國學啟蒙班 1982 社教科 1983 樂育國樂團 1984	中國醫藥學院董 事 1972-1986 蓮友慈益基金會 1981	中興大學 1967-1982

附錄二：李炳南居士大事紀

1891 年（光緒 16 年）‧誕生
- 一月十六日（夏曆十二月初七），出生於山東省濟南。

1895 年（光緒 20-21 年）‧6 歲
- 入私塾，學習傳統經典。

1904 年（光緒 29-30 年）‧15 歲
- 就讀高等小學堂，傳統經典外，亦修習現代教育諸多學科。

1908 年（光緒 33-34 年）‧19 歲
- 高等小學堂畢業。

1910 年（宣統元年-2 年）‧21 歲
- 至山東官立法律學堂就讀，接受司法教育。

1912 年（民國元年）‧23 歲
- 與濟南學界人士組成通俗教育會，任會長，推展社會教育，有心匡扶時政。
  數年間有詩〈得劍〉、〈猗蘭〉、〈春望〉等多首。

1913 年（民國 2 年）‧24 歲
- 山東公立法政專門學校（原「法律學堂」改名）畢業，任職歷城縣府承審員。

1914 年（民國 3 年）‧25 歲
- 親近梅光羲居士，初學唯識。

1916 年（民國 5 年）・27 歲
- 反抗袁世凱稱帝，被拘捕，旋開釋。升任縣府司法科長。
  有詩〈甲寅歐洲大戰日攻膠澳據之遍植櫻花逢春輒召我國官紳與會賞花〉，慨嘆青島受德日租占。

1918 年（民國 7 年）・29 歲
- 入山東省立監獄專修科進修。

1920 年（民國 9 年）・31 歲
- 山東省立監獄專修科畢業，出任莒縣管獄員（典獄長）。
  有詩〈莒州道上〉、〈巨寇擄民鎮軍坐視不救縣警拒之弔戰亡者〉。

1921 年（民國 10 年）・32 歲
- 主持獄政，多有興革。寓教於刑，善待囚犯，辦技藝班輔導就業；每日講善書，以陶冶性情，轉化劣習。
  有詩〈送趙阿南〉、〈省里〉、〈返莒州客館適蓻菊盛開〉。

1923 年（民國 12 年）・34 歲
- 主獄政有聲望。又得縣知事（縣長）周仁壽支持與教育局長莊厚澤合作，設講演所，任講演主任，開展社會教育工作。社教成績，為魯省冠。
  有詩〈讀威海續租草約並聞英艦來東示威〉、〈呂綏宸今山昆季留夜飲〉。

1927 年（民國 16 年）・38 歲
- 國民軍北伐，縣知事（縣長）田立勛避走，先生出面維持治理，與先後來軍協商。爾後數年皆在軍匪來犯間協商維持。

事平後，縣民來謝，先生功成不居，有詩〈長揖謝盛情〉婉謝。又有詩〈哭董臨沂〉、〈重九寄弟〉。

1928 年（民國 17 年）·39 歲
- 四月、八月，匪眾多次犯莒，先生受託再出維持治理。外患內憂交迫，外有日人在濟南故鄉生事之五三慘案，有詩〈南北之戰浩劫遍地聞日夷借故參加炮擊稷門弟實美久無家書淚逐憂來不能自已〉，內則有莒城屢受兵匪侵擾，有詩〈法院罷職雜咏〉、〈餞傅警局長解職歸里〉。

1929 年（民國 18 年）·40 歲
- 中央軍楊虎城攻莒，劉桂堂部據莒要脅，有賴先生兩方勸解。俄軍襲陷吉林同江，守軍英勇抵禦來犯俄軍，先生有詩〈戰同江〉讚之。有詩〈贈別李科長〉。

1930 年（民國 19 年）·41 歲
- 二月至七月，莒城被圍半年，民不聊生。期間，先生縋城與圍軍斡旋。圍困中偶讀《護生畫集》，立願護生茹素。解圍後獲讀弘化社郵贈佛書。有詩〈陷城〉、〈哀時〉五首、〈莒城圍困數月夜聞碾磑之聲應軍役也斷續酸楚森動人魄依其聲以為短歌〉、〈餉憶〉、〈拉夫〉、〈炮聲〉、〈撤軍〉、〈解圍〉等多首。

1931 年（民國 20 年）·42 歲
- 春，於淨居寺從真空法師學禪，並與可觀法師同參究。
詩稿《雪廬吟草》初次編成。有詩〈題張愚談山水畫冊〉，為先生諸多題畫詩之首篇。

1932 年（民國 21 年）・43 歲
- 八月十四日（夏曆七月十三日），大勢至菩薩聖誕，通信依印光大師皈依三寶。爾後數年，與印光大師通信請問法要，郵遞頻繁。熱心弘化，並常引介信眾皈依，甚得大師嘉許。有詩〈錦州失陷雜詠〉。

1933 年（民國 22 年）・44 歲
- 與莊陔蘭等共同重修莒縣城西浮來山古寺——定林寺。

1934 年（民國 23 年）・45 歲
- 三月起，任莒縣《重修莒志》分纂，總纂為前清翰林莊陔蘭。
- 十二月二十二日，赴蘇州報國寺參謁印光大師。有詩〈楓橋〉、〈蘇州報恩寺瞻塔〉。
- 是年，獲中醫師執照。

1935 年（民國 24 年）・46 歲
- 持續於賈園編輯《重修莒志》。期間與師友論史論詩，情意相通、德學相輔，為「賈園盛集」。
- 七月，黃河大堤決口，洪患劇烈。與電報局楊子餘局長等成立莒縣救濟委員會，設收容所賑濟災民。

1936 年（民國 25 年）・47 歲
- 春，《重修莒志》編輯事訖，自莒縣調職回濟南。臨行時，前往送行者三百餘人。返回濟南，任職山東省監獄。
- 八月，於濟南淨居禪寺求受五戒。
- 九月，於濟南女子蓮社求受菩薩戒。
- 是年因公旅次武昌、開封。有〈過武昌與傅覺夢宴黃鶴樓〉、〈過開封寄懷〉各詩。

1937年（民國26年）‧48歲

- 濟南任職，有〈返里度歲有憶〉、〈故鄉〉、〈久客歸來風物多改感而誌之〉、〈舊店〉等詩多首。
- 七月，蘆溝橋事變爆發，有詩〈日軍突襲蘆溝橋名城繼陷京師震動〉。
- 十一月，入奉祀官府任祕書職。

1938年（民國27年）‧49歲

- 元月，伴隨至聖府奉祀官孔德成先生南遷，先經武漢，再遷重慶。有〈征車行〉、〈歲晏避亂重過蛇山梅嶺〉、〈避亂入蜀過漢皋小住重逢傅蘧廬〉、〈武漢早春〉、〈過荊門山〉八首、〈入蜀〉等詩多首。
- 三月，與梅光羲居士重逢，加入太虛大師創辦之中國佛學會為會員，從學於兩位大士。
  受太虛大師交付至重慶附近監獄弘化，間亦於長安寺講演。有〈淨宗三障〉講表。
  結識中國佛學會謝竹存、王曉西、虞愚等，過從甚密。
- 家書傳遞有賴太虛大師安排及友人轉寄。有〈濟南陷後骨肉未卜存亡尺素付郵每不能達幸賴故人傅覺夢在漢皋百計轉寄烽火三月初得家書開緘釋然感激賦贈〉、〈亂中聞弟實美在鄉辦理收容災童事喜而寄贈〉、〈寄母〉、〈寄內〉、〈懷莊心如太史〉。又有〈題宋笵塔磚拓本〉、〈七哀（紀丁丑戊寅所見）〉、〈極樂世界依正頌〉等詩。

1939年（民國28年）‧50歲

- 五月，遷居龐家岩。屈萬里至奉祀官府任文書主任，與先生來往密切。有詩〈早春奉書莊師心如〉、〈龐家岩避兵雜詠〉六首。
- 八月，日機猛烈轟炸，奉祀官府寓所全被炸毀。先生險遭不

- 測。有詩〈紀厄〉、〈轟炸書憤〉、〈寇機〉。
- 十二月遷入歌樂山上新建奉祀官府「猗蘭別墅」。前後有〈歌樂山夜起散步〉、〈病中〉、〈歌樂山櫻嶺望雲頂寺〉、〈避亂歌樂山蘭墅望獅子峰紅葉〉等詩。
- 是年,開始編撰《佛說阿彌陀經義蘊‧接蒙》等書,多次演說淨土精要。

1940 年（民國 29 年）‧51 歲

- 九月,前川康區稅務局局長朱鏡宙來住歌樂山,與先生論交。有〈猗蘭別墅雪夜宴集〉、〈遊國府主席林公歌樂山館〉、〈邊春寄弟〉、〈訥莒州趙阿南〉、〈九日蘭墅宴集〉等詩。
- 十月,王獻唐移居重慶歌樂山雲頂寺,與先生等多所往來。屈萬里去夏來奉祀官府任文書主任,是月別去,有詩〈餞別屈翼鵬赴長生橋〉。
- 十二月二日,夏曆十一月初四,印光大師預知時至,安詳捨報。印光大師捨報後,弟子向外徵集大師函稿。先生特選印光大師函示有關論道者,悉數付郵。惜因戰亂佚失,未能寄達。

1941 年（民國 30 年）‧52 歲

- 一月,至長安佛學社參加「印光老法師追薦會」。
- 五月,協助孔德成先生於歌樂山雲頂寺成立「中華孔學會」。
- 七月,請王獻唐、熊夢賓、孫奐崙、劉君復、陳名豫、孔德成先生等多人為〈宋張璪史氏造像磚拓片〉題詞。歷時一年有餘。
- 有詩〈望雲頂寺〉、〈山齋供花〉、〈讀馬一浮避寇集〉二首。

3751

1942 年（民國 31 年）・53 歲

- 二月，太虛大師交付歌樂山雲頂寺弘化任務。
- 三月，食物中毒，以致上吐下瀉，蓋廚師料理食用油雜入桐油所致。
- 五月，王獻唐為孔德成先生繪製〈猗蘭別墅著書圖〉。
- 六月，獲聘為國府「振濟委員會」專員，奔走於硝煙彈雨之間，賑濟災民。
  王獻唐繪贈〈山居圖〉。
- 十一月，王獻唐辭國史館職，先生有詩〈餞別王獻唐辭國史館撰修赴樂山〉。此後與先生書函來往密切。
- 十二月，獲豐子愷慨贈數幀護生畫作。

1943 年（民國 32 年）・54 歲

- 春，有〈春日憶莒縣諸友〉、〈和莊太史心如歲暮寄懷次韻〉二首、〈清明懷陳雪南〉、〈清明懷王獻唐〉等詩。
- 夏，慈母病逝濟南。
- 九月，開始持午。
  王獻唐繪贈〈雪廬圖〉。

1944 年（民國 33 年）・55 歲

- 六月，經向梅光羲居士借得《阿含經》摘鈔。
- 十一月，梅光羲老居士六十晉七大慶。重慶學佛同仁於佛學社念佛祝壽。
- 是年，組建歌樂山九道拐蓮社。

1945 年（民國 34 年）・56 歲

- 二月，獲考試院重發「醫師考試及格證書」。
  歌樂山蓮社弘化。
- 八月十五日，日本無條件投降。與孔德成先生放鞭炮歡呼慶

祝。有詩〈歲乙酉秋聯盟國美利堅以原子彈轟炸日本廣島長崎寇降〉。後，又有〈題與梅慕賢吳仲宣諸友合影時同避亂渝州歌樂山寇降後皆作還鄉之計故攝影紀念〉。
- 十月，致函如岑法師，報告學佛過程。獲認可為正信，接受其介紹社員皈依。一年介紹依如岑法師皈依三寶者上百人。有〈致函如岑法師〉（十月）、〈李炳南居士上如岑法師書，釋一西附識〉（十二月）。

1946 年（民國 35 年）· 57 歲
- 在蜀八年，重遇梅光羲居士，得以學習唯識八年。蜀地近康藏，得以親近西藏活佛，學習密宗八年。結識謝健、朱鏡宙等至交，與王獻唐、屈萬里等密切往來，與呂今山、孔德成等朝夕相處。作詩一百一十五題，二百五十九首，輯為《蜀道吟》。
- 九月，隨奉祀官府從重慶遷至南京。重慶歌樂山蓮社解散，有〈歌樂山蓮社成滅因緣及修眾的感應〉及詩〈歌樂山蓮社〉。
  至南京後組建正因蓮社，有〈正因之義〉講表。
  太虛大師指派擔任普照寺佛學會委員兼弘講。
  莊陔蘭在曲阜逝世。
- 十一月，中國佛學會第七屆會員代表大會改選理監事，獲選為候補理事。
- 是年有詩〈還京〉、〈小圃〉、〈鳳遊寺〉及〈金陵懷古十詠〉。

1947 年（民國 36 年）· 58 歲
- 三月，太虛大師捨報。
- 四月，陪同孔德成先生自南京啟程擬返曲阜。但因軍事未靖，留滯徐州（彭城）數日後，中途折回。有詩〈還京逢清

明〉、〈還鄉撿所采紅豆擬贈親友〉、〈彭城懷古〉、〈快哉亭〉。
- 五月，梅光羲居士捨報。
- 六月、八月，兩度陪同奉祀官赴曲阜。有〈寇平陪孔上公返魯〉三首、〈重過九槐書屋懷莊師心如〉二首、〈還京後鄉路猶阻寄慨〉、〈戰後陪孔上公三返曲阜以濟路尚阻難歸感賦〉。
蒙四川定光寺如岑法師慈允，於南京正因蓮社舉行皈依典禮，引薦蓮友依如岑法師皈依三寶。有〈函如岑法師書〉（六月）、〈函如岑法師書〉（七月）。
- 九月，離家十二年後首次也是最後一次返回濟南，有〈還家〉四首、〈濟垣雜興〉八首。至山東女子蓮社、崇實佛學會演講，有〈早立正見快棄三毒——在女子蓮社講詞〉講表、〈在崇實佛堂講詞〉講表。
- 十月，撰〈靈巖印光大師靈骨入塔〉一首。
- 十二月，陪同奉祀官孔德成先生第四度返曲阜。
- 是年，曾至金陵刻經處，禮敬楊仁山居士像。

1948年（民國37年）·59歲
- 三月，奉祀官孔德成先生赴美文化考察遊學。有詩〈送別孔上公赴美考察文化〉二首。
奉祀官行前，有會議決議擬移運孔府文物至京，唯因時局緊迫而未果。
- 四月，山東濰縣失守，有詩寫昌濰之圍：〈昌濰之圍守軍多為民兵屢求援而不至於時當局適有取消民間武力之謀〉。
- 七月，蒙四川定光寺如岑法師慈允，於南京正因蓮社舉行皈依典禮，引薦蓮友依如岑法師皈依三寶。有〈函如岑法師書〉（六月）、〈函如岑法師書〉（七月）。
- 九月，濟南失守。有〈聞濟南失陷〉詩三首，感慨未能與家

- 人共患難。此後三十餘年，與家人音訊斷絕。
- 十月起，於南京鐵作坊聽應慈法師講《華嚴經》。
- 十二月，奉祀官孔德成先生指示，準備遷移至臺灣。
- 在京三年，成詩一百七十六題，二百二十一首，輯為《還京草》。

1949年（民國38年）・60歲

- 二月，自南京押運奉祀官府卷箱行李遷抵臺中。有〈南遷〉、〈浮海〉、〈舟中吟〉二首，為《還京草》結卷之作。又有〈避亂舟發臺灣〉、〈舟次玩海心月影〉、〈渡海〉等，為《浮海集》之開卷。
- 四月，於法華寺演講「辨別邪正」講表，為臺灣首度弘化。結識劉智雄、賴棟樑。

  有詩〈聞南京放棄後大火〉、〈答客問京華〉、〈憶京〉、〈避亂臺灣春日懷舊〉、〈台灣竹枝詞〉八首、〈弔呂今山〉等。
- 五月起，於法華寺宣講《般若心經》，為抵臺講經之始。又有〈法華寺淨場初成講詞〉講表。許克綏、李鎔榮、張慶祝、林進蘭等，從此成為常隨眾。

  同時於法華寺施診，並有印經、放生等法務。

  因戰亂交通等因素，奉祀官府薪俸未能及時發放，一時米糧無存。先生出面借糧求援，有詩〈與屈君翼鵬避亂來臺同作流民君忽得祿先施之〉、〈遷臺阮囊已空饔飧不繼漂母張氏憐而貸金幸不餓莩誌德弗忘〉。
- 七月起，陸續於靈山寺宣講《阿彌陀經》、《觀世音菩薩普門品》。
- 十二月，抵臺灣後首次實踐助念往生。

  於慎齋堂演講，有〈慎齋堂彌陀聖誕紀念〉講表。

  擔任佛教雜誌《覺群》主筆，《佛學問答》及《阿彌陀經義

蘊》開始連載。

1950年（民國39年）·61歲

- 一月，法華寺舉行世尊成道日慶祝會，領眾禮四川如岑法師行皈依禮。原擬北遷，應大眾懇求，遂續留駐臺中。
  赴臺中監獄弘法，受聘為名譽教誨師。
- 二月，於靈山寺宣講《觀世音菩薩普門品》圓滿。接續宣講《無量壽經》，有講表及眉注。圓滿後，宣講〈大勢至菩薩念佛圓通章〉。
- 三月，應贊化鸞堂之邀講《阿彌陀經》，有〈應乩壇請說因果〉講表。講經圓滿，堂主及多位鸞生皈依三寶。
- 六月，於寶善寺演講，有〈為何學佛及為學步驟〉講表；於鹿港龍山寺演講，有〈學佛挽回劫運〉講表。
- 七月，擔任佛教雜誌《覺生》月刊社長，有〈覺生月刊創刊詞〉。
  法華寺、靈山寺分別舉行先生「講經週年紀念會」，會後輯成《李老居士講經週年紀念特刊》，先生題辭，有「願各手栽蓮萬頃，從教剎海遍清芬」句。
- 八月，於法華寺宣講《盂蘭盆經》。
  於北屯慈善堂宣講《阿彌陀經》。
- 九月，於臺中寶善寺宣講《觀世音菩薩普門品》。
- 十一月，於法華寺宣講《勸發菩提心文》。
- 十二月，靈山寺舉行佛七，為臺灣舉辦佛七之始。是年起至一九八五年，均受禮請開示念佛法要。
  舉行「印光大師入寂十周年紀念日」追思大會。有〈印光大師涅槃十周年紀念疏文〉、〈印光大師圓寂十周年紀念回憶錄〉。
  弘法範圍從臺中擴及豐原、彰化等鄰近城市。
  《阿彌陀經摘注接蒙》、《阿彌陀經名數表解》、《阿彌陀

經義蘊》初次印行。

1951 年（民國 40 年）・62 歲

- 一月，台中蓮社籌組成立，獲選為理事長兼社長。覓地建設。
- 二月，於靈山寺宣講《無量壽經》一年圓滿，續講《觀無量壽佛經》。
  於慎齋堂首度主持佛化婚禮。
  有〈臺中市佛化進展的大概〉（寄漚生）。
- 三月，舉辦佛學講演訓練班，開始培育弘法人才。
  會性法師至臺中，首度相識。法師時年二十四歲。
- 五月，弘化屏東，於東山寺每天日夜兩場宣講《阿彌陀經》，並協助成立念佛會。
- 六月，《佛學問答》初次結集發行。
  於菩提場宣講《八大人覺經》四次。
  台中蓮社由許克綏、朱炎煌購得一處屋舍，仍需籌募大殿建築費用，有〈台中蓮社講堂大殿籌建緣起〉。
- 八月，至彰化曇華堂宣講《八大人覺經》。
  孔子誕辰，應邀至中山堂演講，有〈八月二十七日中山堂講演〉講表。
- 九月，靈山寺講座《觀無量壽經》圓滿，接續宣講《往生論》。
- 十月，於台中蓮社成立弘法團，男眾至監獄弘法，女眾至家庭、社區弘法。先生編有講表教材，團員先行講習，而後外派。女子弘法團有「十姊妹」，各學一部經，先生教導詳盡。
- 十一月，於靈山寺宣講《大乘起信論》。
  於法華寺宣講《勸發菩提心文》圓滿，續講《四十二章經》。

1952年（民國41年）・63歲

- 一月，台中市佛教蓮社成立一週年，大殿兼講堂落成。
  手訂〈蓮社社務〉、〈蓮社社風〉。
  台中蓮社舉辦首次冬令救濟，從此每年辦理。
  成立「天樂班」，日後成為蓮社參加佛誕節遊行、蓮社講演活動之重要文宣團隊。
  〈敬對佛徒兼修龍華先天等教者進一忠告〉發布於《覺生》月刊。
- 二月，在蓮社開講佛學，爾後每週講經。
  禮請證蓮老和尚蒞社傳授三皈五戒。
  靈山寺宣講《大乘起信論》。
- 三月，於《覺生》月刊開始連載〈素菜譜〉。
- 四月，創辦「國文補習班」。
- 五月，再度南下屏東弘化。
  經臺灣省政府、臺中市政府核可，開設「炳南中醫診所」。
- 七月，於法華寺宣講《四十二章經》圓滿，續講《佛遺教經》，至夏曆臘月望日圓滿。
- 八月，有〈四十一年孔子聖誕在中山堂講辭〉講表。
  《佛學問答第二集》由覺生月刊社發行出版。
- 十月，北上桃園、新莊、楊梅等地弘法。至樂生療養院探視開示，返中後撰文呼籲幫助病友籌建佛堂。
  有詩〈九日憶京〉、〈瘦〉、〈詩厄〉。
- 十一月，於靈山寺宣講《大乘起信論》圓滿（1951年11月起）。
  於法華寺講《仁王護國經》七日。
  辭《覺生》社長職。
- 十二月，《菩提樹》月刊創刊，撰有〈菩提樹月刊創刊辭〉，篇末偈〈攬鏡自感〉，有「也識節勞延歲月；為他無計避心忙。」又發表〈參觀癩病樂生療養院因緣記〉，呼籲

各方捐助，幫助病友籌建佛堂。兩年後新建佛堂落成，請先生命名為「棲蓮精舍」，其後常受邀對院內蓮友開示。
《菩提樹》月刊同期，開始連載《佛學常識課本》。
撰有〈台中蓮社碑記〉，記結社因緣及建築盛事。
- 是年，組織蓮社念佛班、成立助念團。
除固定講經演講，常在蓮社「聯誼會」榻榻米小教室指導學眾。亦常至附近火車平交道失事地點超度亡者。
弘化漸廣，除臺中附近縣市，亦北上基隆、桃園、新莊、楊梅，南下臺南、高雄、屏東等各地弘法。

1953年（民國42年）·64歲

- 一月，蓮社社長任滿讓賢不續任。大會改聘為名譽社長，以導師身分為蓮社服務。
- 二月，春節舉辦弘法班員講演大會。爾後每年定期舉行春節講演大會。
- 三月，於台中蓮社週六講座宣講《阿彌陀經》，與靈山寺週日講座成為固定經筵。靈山寺講座由蓮社弘法班派員輪講。
- 五月，遠赴宜蘭弘法一週。
- 六月，台中蓮社第二期國文補習班開辦。台中蓮社與靈山寺合辦第二期「佛學講習班」。
- 八月，臺中縣大安鄉颱風重創，前往救災。
- 十月，於台中蓮社宣講《梁皇寶懺》（1953年10月至1956年1月）。
- 十一月，於台中蓮社教授弘法班員講演技巧，編有《實用演講術要略》教材。
- 十二月，應草屯碧山巖寺之聘，前往弘法一週，有詩〈赴碧山巖禪寺講經早課初罷〉。
於《菩提樹》月刊及此前《覺生》，曾與外道及基督教友筆戰數次，針對其侮辱佛教之作為，回應駁斥。有〈答辯嘉義

真耶穌教的傳單：無事生非‧大罵佛教〉等文。
- 是年，為國文補習班結業學員成立文藝班、中慧班，為蓮社培養弘法、文宣人才。

1954年（民國43年）‧65歲

- 一月，禮請白聖法師在蓮社傳授三皈五戒。皈依者八人，受戒者一百一十七人。
《佛學常識課本》發行單行本。
- 二月，於慎齋堂宣講《阿彌陀經》連續九天。
夏曆正月初六起連續五天，於蓮社舉行新年佛學演講大會，由八位弘法班員擔綱。
- 三月，於靈山寺開講《妙法蓮華經》（1954年3月至1957年3月）。
- 四月，蓮社慶祝佛誕，舉行講演大會。由青年弘法班員十二人擔任講演及翻譯。爾後每年佛誕節定期舉行青年講演大會。
有詩〈泰國龍華佛教社於香港迎太虛大師舍利建塔徵題〉。
- 五月，應屏東東山寺之請，第三度前往弘法。並及鳳山、高雄、岡山等地。
出任《菩提樹》月刊社長。
第三期國文補習班開辦。
- 六月，教授弘法班講經，撰有《內典講座之研究》。
慈航法師奉安坐缸大典，先生有聯敬輓：「慚我負夙期鬚髮未現比丘相，與師成長別香花遙供舍利身。」
- 九月，創辦「兒童德育週」研習班。
《菩提樹》月刊本期刊出「本社短評」〈從臺灣省政府限制修建寺廟說起〉，反對八月臺灣省政府頒佈之〈臺灣省政府修建寺廟庵觀應注意事項〉，認為該法違背憲法，應該收回。
- 十月，懺雲法師自高雄來，留宿蓮社。與先生初識。
先生德配張德馥在濟南逝世，享壽六十八歲。因兩岸隔絕，

多年後始知。
- 十一月，至桃園弘法一週。於新莊樂生痲瘋病院棲蓮精舍講《阿彌陀經》，於桃園蓮社講〈淨法解脫要義〉。
發表〈敬為在家眾新受菩薩戒諸尊進一言〉，鼓勵精進，成就菩薩事業。
- 十二月，《菩提樹》月刊刊載《臺中佛教蓮社天樂班歌集》之一：〈佛教青年〉。
於法華寺宣講《般若心經》八日。
- 是年，於台中蓮社持續宣講《梁皇寶懺》（1953年10月至1956年1月）。
- 是年，《常禮舉要》由瑞成書局出版。
- 是年，周家麟至蓮社聽經相契，成為常隨眾，為先生重要入室弟子。

1955年（民國44年）‧66歲
- 一月，蓮社社員大會，續受聘為名譽社長，德欽法師連任社長。
春節初六起，舉辦連續五日男青年講演大會，由文藝班擔綱。圓滿日，有〈乙未春季青年演講結束致詞〉講表。
- 三月，靈山寺春季佛七開示。
於蓮社理監事會提議應積極辦理慈務工作，優先促進保護動物會及蔬食運動。並以「戒殺、護生、保護動物」為主題，舉行連續五天之佛教通俗講座。有講演稿表〈戒殺是息刀兵之本〉、〈因果可轉變〉、〈殺是兇暴最傷天和〉、〈解釋戒殺的幾個疑問〉、〈歐美慈性的進展〉，及《佛教通俗講座》講記。
發表〈為一個小佛國呼援〉，呼籲各界贊助樂生療養院蓮友醫療基金。
- 五月，編撰教材，訓練蓮社二十位女青年，於佛誕節舉行講

- 演大會。
- 六月,禮請斌宗老和尚,於台中蓮社傳授菩薩戒。
- 七月,台中蓮社首次舉行佛化婚禮,應邀福證。
- 九月中至十二月中,靜養,暫停講經。
- 十月,「影印大藏經環島宣傳團」至臺中宣化,經先生大力推薦,臺中蓮友共訂四十餘部,為全省之冠。
- 十一月,協助籌組一年之桃園蓮社落成,受聘為名譽社長。
- 十二月,《佛學問答類編》(朱斐編本)出版。
《菩提樹》月刊本期(第 37 期)起至第六十七期為止,有「卷頭語」刊佈,後多收入《弘護小品彙存》之《逆耳言》。
- 是年,於台中蓮社持續宣講《梁皇寶懺》(1953 年 10 月至 1956 年 1 月)。
於靈山寺持續宣講《妙法蓮華經》(1954 年 3 月至 1957 年 3 月)。
江錦祥(逸子)由國畫教師呂佛庭介紹,從學於先生。

1956 年(民國 45 年)・67 歲

- 一月,於台中蓮社宣講《梁皇寶懺》圓滿。
- 三月,在台中蓮社開講《金剛般若波羅蜜經》(1956 年 3 月至 8 月)。
- 七月,發起籌設臺中佛教文化圖書館。
- 九月,在台中蓮社開講「唯識境略舉」(1956 年 9 月至 12 月)。
- 是年,於靈山寺持續宣講《妙法蓮華經》(1954 年 3 月至 1957 年 3 月)。

1957 年(民國 46 年)・68 歲

- 二月,在台中蓮社講授《常禮舉要》。

應基隆佛教蓮社禮請，於該社佛七宣講淨宗法要，有〈丁酉年基隆結七開示〉稿表。

至新莊棲蓮精舍、桃園佛教蓮社分別開示念佛要義、開講〈大勢至菩薩念佛圓通章〉，有〈樂生療養院結七開示〉稿表、《楞嚴圓通章筆記》稿表。

- 三月，於靈山寺宣講《妙法蓮華經》圓滿（1954年3月至1957年3月）。
- 五月，流行性感冒襲臺，在台中蓮社義診施醫。
- 七月，於台中蓮社成立「四十八願」念佛班，指導弘法、接引學佛。

菲律賓佛教訪問團至台中蓮社參訪。

在蓮社小講堂講「唯識」，編有《八識規矩頌筆記》表解稿。

- 九月，「慈光圖書館」核准成立，經推舉為第一任董事長。

成立台中蓮社太平佈教所。

- 十二月，保護動物會成立，獲選為監事。

撰〈台中蓮社國文補習班第六期結業生同學錄小序〉，講明國文補習班創辦宗旨在提倡文化禮樂之人性教育。

- 是年，周家麟至蓮社聽經相契，成為常隨眾，為先生重要入室弟子。

1958年（民國47年）・69歲

- 三月，台中蓮社改組為財團法人，出任董事長。
- 五月，慈光圖書館開幕，兼任館長，開講《佛說尸迦羅越六方禮經》（1958年6月至8月）。從此經筵長年不息。
- 六月，靈山寺創辦靈山佛學苑，應聘任教席。
- 七月，徐業鴻（後出家之淨空法師）由朱鏡宙老居士介紹，至臺中依止先生求學。
- 是年夏，於蓮社小講堂開設「經學班」，教導徐業鴻、周家

麟、張慶祝等約十餘人學習古文、學習講經。
- 九月,於慈光圖書館開講《阿彌陀經》(1958 年 9 月至 1959 年 1 月)。
  有〈插劍皈佛〉、〈書歎〉等詩。(〈書歎〉經修改文句,改題〈講學十年來者日眾因招嫉謗述懷〉)。
- 十月,私立中國醫藥學院成立,受聘為招生委員會委員;十二月開學,受聘任教四書、國學。
- 十二月,有〈印光大師示寂十八週年紀念祝文〉。

1959 年（民國 48 年）・70 歲

- 二月,於慈光圖書館宣講《觀世音菩薩普門品》(1959 年 2 月至 7 月),有《妙法蓮華經觀世音菩薩普門品筆記》。
  任中國醫藥學院中國醫藥教材編審委員。
  佛教歌曲集《梵音集》出版發行。
- 四月,創辦《慈光》蓮友通訊半月刊,俾各念佛班藉此觀摩、研究、進修。
  籌設「慈光育幼院」於瑞光街九號,受聘為第一任董事長。
  有詩〈殘燭〉:「未改心腸熱,全憐暗路人;但能光照遠,不惜自焚身。」
- 七月,於慈光圖書館宣講〈大勢至菩薩念佛圓通章〉(1959 年 7 月至 9 月),有《大勢至菩薩念佛圓通章筆記》。
- 八月,發動臺中蓮友樂捐,響應救助八七水災受難同胞,展開救濟慰問。
- 九月,於慈光圖書館開講《普賢行願品》(1959 年 9 月至 1960 年 5 月),有《大方廣佛華嚴經普賢行願品筆記》。
  擔任中國醫藥學院《內經》專課教授。
- 十月,虛雲老和尚示寂於江西雲居山。台中佛教蓮社與慈光圖書館於每週一晚定期念佛迴向,由先生主持。並有詩〈聞虛雲禪師示寂〉及〈贈虛雲上人〉。

1960 年（民國 49 年）・71 歲

- 一月，於霧峰、后里成立佈教所，親往主持典禮。
  有〈新春敬為臺中蓮友進一言〉。
- 五月，於慈光圖書館宣講《普賢行願品》圓滿（1959 年 9 月至 1960 年 5 月），續於慈光圖書館開講《維摩詰經》（1960 年 6 月至 1962 年 1 月），有《維摩詰所說不可思議解脫經筆記》。
- 六月，台中佛教蓮社創社十週年，禮請證蓮老和尚、隆泉老法師、靈源老法師開傳「居家千人戒會」。
  發表〈創建臺中市私立慈光圖書館碑記〉。
- 七月，佛教蓮友創辦之「慈光育幼院」，舉行動土典禮。
- 八月，於《菩提樹》月刊刊登「止謗啟事」。
  為會性法師所編《蕅益大師淨土集》撰〈序〉，讚歎會性法師，摘錄精粹，有如蕅祖之成時。
  慈光圖書館館長二年屆滿，不再續任。
  辭台中佛教蓮社附設國文補習班班主任。
- 十月，《菩提樹》月刊刊行「楊仁山居士紀念專輯」，先生以私淑弟子題〈楊仁山老居士像贊〉。
  有詩〈中秋步月憶京〉、〈谷關山中觀瀑〉。
- 十二月，《菩提樹》第九十七期刊行「印光大師生西二十週年紀念專號」，有詩〈吾師印祖涅槃二十年追思〉十首，追念印祖。
  同期刊載〈印光大師墨寶〉八件，並撰〈印光大師墨寶跋〉說明大師墨寶收存因緣。

1961 年（民國 50 年）・72 歲

- 二月，有〈新春敬向同修恭喜〉，勉勵在一元復始之時，認真返觀，真心懺悔。
  應呂佛庭邀約，與蔡念生、蔡北崙等諸友至其寓所觀賞其手

植水仙。有〈題呂佛庭西園雪夜七友賞水仙圖〉五首。
- 三月，出席臺中農學院「智海學社」成立大會。
- 五月，創辦「慈光學術講座」（週末班），每週六為中部大專青年講授佛學、詩學，以《佛學概要十四講表》、《詩學宗唐》為教材。
- 六月，「慈光育幼院」落成，為佛教界第一所慈幼機構。
- 八月，於台中蓮社，為國小、初中學童舉辦「暑期修身補習班」。
- 十月，辭卸台中蓮社董事長職。
  為歷屆國文補習班結業學員宣講《八大人覺經》，有《八大人覺經講錄》。
  有詩〈編明湖夢影錄自傷〉二首、〈詠藏〉四首。
- 十一月，辭卸慈光圖書館、慈光育幼院董事長職，專心從事教學與講經。
- 十二月，有〈辛丑十一月望正逢冬至夜看月當頭有感余新辭退蓮社圖書館孤兒院諸務時也〉、〈冬至記所見〉。
- 全年，於慈光圖書館持續宣講《維摩詰經》（1960 年 6 月至 1962 年 1 月）。

1962 年（民國 51 年）・73 歲

- 一月，《維摩詰所說經》宣講圓滿。歷一年七閱月，七十二講次。
- 二月至十二月，於慈光圖書館週三講座宣講《金剛經》，有《金剛般若波羅蜜經講述筆記》講表。
- 三月，在慈光圖書館「國學講座」，宣講《禮記》。
  週六大專慈光學術講座講授《佛學概要十四講表》、《詩學宗唐》。
  台中蓮社第十一期國文補習班擔任《論語》課程。
- 四月，《詩階宗唐》由臺中瑞成書局印行。

- 五月，至省會中興新村，參加中興佛社成立大會，該社係省府各廳處公務員及眷屬組成。
- 六月，《佛學問答類編》（陳慧劍編本）出版發行，將先生十二年來「佛學問答」專欄分類整編。
  出席中國醫藥學院學生佛學社團「醫王學社」成立大會。
- 七月起，每週二赴省政府所在地南投中興新村「中興佛社」宣講「佛法大意」十四講，聽眾百餘人。有詩〈題中興佛社〉。
- 是年夏，有詩〈孔上公官邸夏夜逭暑話故鄉古剎正覺寺〉，又有〈時計鐘〉：「警眾太殷勤，曾無間寸陰；幾人長夜醒，不負轉輪心。」
- 八月，台中蓮社舉辦「暑期修身補習班」，為輔導中小學生生活教育。
- 九月，中秋，重展〈猗蘭別墅圖〉有慨，錄昔日所作詩〈孔上公歌樂山猗蘭別墅寄興〉並題識。前後又有〈送劉梅生歸菲律賓以鵲華秋色圖贈之〉等詩。
- 十一月，詩稿《雪廬詩集》開始在《菩提樹》月刊連載。
  因推行社會教育有功，與趙麗蓮、陳致平、郝更生，同獲教育部頒獎。先生事前未悉，不及婉謝。
  成立「佛教菩提醫院」董事會，以創設佛教醫院。推舉林看治為董事長，聘請于凌波醫師為院長。
  應慎齋堂邀請，宣講《八大人覺經》七日。
  應邀至中國醫藥學院「大體解剖慰靈祭典」演講，此後賡續數年與祭並演講。
  有詩〈為諸生講諸葛亮出師表誌感〉。
- 是年，住處遷至和平街九十八號。

1963 年（民國 52 年）·74 歲

- 一月，赴合歡山賞雪。朱斐、王烱如、呂佛庭等同行，有

〈壬寅小寒合歡山降雪與門人往觀兼寄半僧〉二首、〈題合歡山賞雪友儕合影〉。

為孔德成先生所藏〈王獻唐畫猗蘭別墅著書圖〉題跋，追念歌樂山故友王獻唐。有〈題王獻唐畫猗蘭別墅著書圖〉三首。

- 二月，慈光圖書館週三講座，宣講《地藏菩薩本願經》，有《地藏菩薩本願經筆記》講表。
- 四月，「佛教菩提醫院」門診部開幕，擬試辦兩年後擴大辦理。

  台中佛教蓮社國文補習班第十二期開學。本期講授《論語》課程。
- 五月，主持台中蓮社霧峰佈教所講堂落成典禮，開示：「安靜、改心、有恆」。
- 五月起，每週一至中興佛社宣講《八大人覺經》、《阿彌陀經》。

  每週四，應省政府主辦之「中興新村公務人員進修班」邀聘，前往宣講《論語》。
- 七月，成立「佛教菩提醫院籌建委員會」。而後遵照社會救濟法令，於十月，將「佛教菩提醫院董事會」改名為「菩提救濟院董事會」。
- 九月，受禮聘為台中蓮社名譽董事長。
- 十月，中國醫藥學院附設中醫診所啟用，與諸名醫，輪流前往應診。

  呂佛庭〈長城萬里圖〉長卷展出，有〈題呂佛庭萬里長城圖〉及〈展前述見〉、〈讀後書感〉。
- 十一月，出席臺中師範專科學校佛學研究社團潮音學社成立大會。
- 是年，應中興大學之聘為農經研究所同學講授《唯識概要》。

1964 年（民國 53 年）・75 歲

- 一月，元旦應臺中慎齋堂禮請，宣講《唯識簡介》三日。從此成為每年例行弘化要務，直至往生當年。
- 二月，四位大學生自臺北至台中蓮社求學，係慈光講座假期密集班之第一屆。
- 三月至五月，開辦第三屆學期中慈光大專佛學講座，講授《八大人覺經》。
- 三月，印順法師與演培法師、續明法師，共同捐助巨款支持佛教菩提醫院，建築「太虛紀念館」。先生感謝三寶加被，囑咐同仁確實實踐本院四種誓願：施診施藥、精神安慰、祈禱法會、助念往生。
  徐醒民春節後元宵節前舉家遷來，從學於先生。有七人之經學班，以及十餘人國學班之教導。
  慈光圖書館週三晚間講座，開講《大佛頂首楞嚴經》。
  台中佛教蓮社附設國文補習班第十三期開學。
  至臺中中山醫專參加該校學生佛學社團能仁學社成立大會。
- 四月，至中興佛社宣講《般若心經》。
- 五月，「臺中市私立菩提救濟院」改組為「臺灣省私立菩提救濟院」。先生為董事長。聘林看治為救濟院首任院長。
  奉派擔任國家特種考試中醫師考試典試委員。
- 七月，至桃園蓮社宣講《佛說盂蘭盆經》。
- 八月，馬來西亞僑生蔡榮華歸返僑居地。行前請先生講授《普賢行願品》。先生送行時應其請將所著之長衫卸下相贈。
  臺灣大學晨曦學社以及政治大學東方文化社十二位學員，至臺中慈光圖書館求學，為（寒暑期）慈光講座第二屆。
- 九月，應呂佛庭邀請詳覽所作〈長城萬里圖〉，後撰成〈呂半僧萬里長城卷子歌〉題贈。
- 十一月至十二月，第四屆（學期中）慈光大專學術講座，分

兩班，初級班由中興大學教授許祖成主講「佛學概要」，高級班由先生主講「唯識學」。
- 十一月，先生與許祖成教授共同領導中興大學智海學社同學至后里郊遊，先生宣說學佛之應為與不應為。四為：為求學問、為求解脫、為轉移汙俗、為宏護正法；三不：不借佛法貪名圖利、不以佛法受人利用、不昧佛法同流合汙。

1965年（民國54年）·76歲

- 一月，元旦起三天，於慎齋堂宣講《仁王護國般若波羅蜜經·護國品》。
- 二月，舉辦「五十四年度冬令班」大專佛學講座，為（寒暑期）慈光講座第三屆。爾後於每年寒暑假舉行。
- 三月，每週六於慈光圖書館慈光大專講座（學期間），講授《阿彌陀經》。
- 三月起，於中興大學主持「國學講座」。該講座由智海學社承辦，舉辦至一九七〇年，歷時六年。講授〈大學〉、〈中庸〉、〈曲禮〉、〈樂記〉等課程，有〈國學體用概言〉、〈大學講前小言〉、〈大學眉注〉、〈大學表注〉、〈中庸眉注〉、〈中庸表注〉、〈中庸講述筆記·介言〉。
- 四月，菩提救濟院醫療大樓興工建築。
- 五月，每週六於慈光圖書館慈光大專講座講授《金剛經》。至十二月圓滿。
- 六月，為林清坡摹繪王獻唐所繪〈雪廬圖〉，作〈雪廬圖題詞·有引〉。
應呂佛庭邀請，參觀近日完成之鉅作〈長江萬里圖〉，有詩〈題呂佛庭長江萬里圖〉。
- 七月，禮請印順法師於菩提救濟院建地舉行太虛紀念館之動土奠基典禮。
- 八月，舉辦暑期「慈光大專學術講座」，分兩期進行，各為

十一日。於第二期特別開講修學淨土法門之大要：〈淨宗簡介〉。圓滿後，並撰有〈慈光大專講座通訊錄序〉。
- 九月，遷入臺中市南區正氣街九號，命名「寄漚軒」。房舍占地約五十六平方米。有詩〈遷居〉、〈小院〉、〈菊籬〉、〈看竹〉。來臺多年，首度住所保有院落。

1966年（民國55年）‧77歲

- 一月，元旦，受邀於慎齋堂講演，講授唐朝天台宗高僧荊溪湛然之《始終心要》，有《始終心要講表》。
臺灣大學晨曦學社社長吳明陽帶領社員鄭振煌、楊惠南等六人前來求學，歷時一週。
- 二月，菩提救濟院附設菩提醫院之醫療大樓全部竣工。醫院請王祖祥為院長，于凌波、崔玉衡任副院長。
- 三月，菩提救濟院聖蓮室及靈巖書樓動土典禮。「聖蓮室」係為病人臨終助念而設，「靈巖書樓」原以先生法名命為「德明樓」，經先生囑咐紀念印光大師改名。
- 四月，與臺中蓮友至阿里山遊覽，有詩〈遊阿里山〉二首。
全國大專佛學社團聯誼會中部分會舉辦「第一屆演講比賽」，擔任評審。中部各大專院校派代表參加。
- 五月，赴中興新村，為中興佛社興建佛堂工程主持奠基動土典禮。
於中興大學「國學講座」開始講授〈曲禮〉。有〈曲禮眉注〉、《曲禮講述筆記》並附《常禮舉要》；講前有〈曲禮選講介言〉。
- 六月，獲任命擔任本年度中醫師特種考試典試委員。
- 七月，主持菩提救濟院院舍落成暨附設菩提醫院開幕典禮。
辭去菩提救濟院、台中蓮社、慈光圖書館、慈光育幼院、菩提樹雜誌各機構董事長、董事、社長等職，將專心致力於教學講經等弘化事宜。

於慈光圖書館舉行五十五年度暑期「慈光大專學術講座」，分兩期舉行，各十二天。主講《佛學概要十四講表》、「般若大意、心經」、《阿彌陀經》及「國學」；圓滿後撰有〈民國五十五年暑期大專學生慈光講座同學錄序〉。

奉祀官孔德成先生舉家搬遷至臺北，惟奉祀官辦公室仍駐臺中。

- 十月，菩提救濟院董事會改組，推選周邦道為董事長。菩提醫院院長王祖祥請辭，由救濟院院長徐灶生兼代。

  菩提救濟院安老所動土典禮。

  重陽節，有詩〈詩味〉、〈九日憶故鄉登高〉。

- 十二月，太虛紀念館落成典禮，禮請印順老法師、演培法師剪綵開光。「聖蓮室」亦同時落成。撰有〈承侍太虛大師因緣記〉。

1967年（民國56年）‧78歲

- 一月，慈光圖書館週三講座宣講《大佛頂首楞嚴經》圓滿。計開講三年整。

  於中興大學「國學講座」開始講授《禮記‧樂記》，有〈樂記眉注、表注〉。

- 三月，菩提救濟院附設醫院開幕以來，經營困難，負債五十餘萬元，醫院院長辭職，救濟院院長徐灶生兼代亦請辭兼職。

  慈光圖書館週三講座，開講《大方廣圓覺修多羅了義經》。

- 四月，至水湳機場空軍眷屬區，主持水湳佛教蓮社動土典禮。

- 五月，至省政府所在地中興新村，參加中興佛社佛堂落成典禮，請先生啟鑰。

- 七月，連續二十四日，於慈光圖書館舉行五十六年度暑期（第七屆）「慈光大專學術講座」。共二百多位學員參加。

先生講授《般若心經》、《阿彌陀經》。
- 八月，成立「佛教善果林」，推舉周宣德為首任董事長。「善果林」係由太虛紀念館、靈巖書樓、功德堂、聖蓮室等四單位聯合組織，為菩提救濟院興辦弘法、助念等法務之組織。
- 九月，應聘擔任省立中興大學中國文學系國學講座，講授《禮記》。
  菩提救濟院第二屆董事會第一次董事會議。周邦道蟬聯董事長。
  菩提救濟院附設醫院暫停營業。
- 十月，高雄佛教堂落成，應邀助講慶賀。因便至左營春秋閣遊覽，有詩〈秋日遊春秋閣〉。
- 十一月，於省府中興新村中興佛社，宣講《金剛般若波羅密經》。

1968 年（民國 57 年）·79 歲

- 二月，撰〈淨土三經合刊序〉。
- 四月，於慈光圖書館週三講座開講《大方廣佛華嚴經》。此為先生經筵最長一部經，也是最後一部，歷時十八年，至一九八六年往生前一個月為止。有《華嚴經講述表解》。
- 五月，至臺中商專參加該校佛學社團等觀學社成立大會。
  菩提救濟院新聘附設醫院院長陳江水醫師到任。
- 六月，撰〈中華大典印光大師文鈔序〉。
- 七月，連續二十九日，舉行五十七年度暑期（第八屆）「慈光大專學術講座」。先生講授《阿彌陀經》。
  撰〈唯識新裁擷彙序〉。
  菩提救濟院，召開第二屆第四次董事會議，籌款增加醫療設備，原有建築及藥款負債由炳南先生設法彌補。
- 九月，教育部、內政部聘請學者、專家組成「祭孔禮樂工作

委員會」，制定祭孔儀典。先生纂輯《闕里述聞釋奠選錄》提供委員參考。

擔任中興大學中文系國學講座教授。

- 十月，撰〈重刊印光大師文鈔菁華錄序〉。
- 十二月，赴臺中縣沙鹿弘光護理專科學校，參加該校佛學社團覺苑學社成立大會。
- 是年，推薦江逸子入奉祀官府掌文獻、社教、人事諸要職。

1969 年（民國 58 年）· 80 歲

- 一月，元旦應慎齋堂禮請，演講〈徹悟禪師轉變因果開示〉。

  先生八十壽辰。門下弟子組成「李炳南老居士八秩祝嘏委員會」，纂輯《雪廬述學彙稿》八種：一、阿彌陀經摘注、接蒙及義蘊，二、大專學生佛學講座六種，三、佛學問答類編，四、弘護小品彙存，五、內經摘疑抒見，六、內經選要表解，七、詩階述唐，八、雪廬詩文集。

- 四月，應《海潮音》雜誌「紀念太虛大師八十誕辰專輯」，發表〈紀念太虛大師說今昔因緣〉。

  於善果林太虛紀念館大殿開設定期佛學講座。先有五日通俗演講，而後每週四，宣講《四十二章經》。

  於中興大學「國學講座」講授《曲禮》選講。

  菩提救濟院董事會組建財務管理委員會，請先生出任主任委員。菩提醫院重興一年來，醫務漸見起色；財務方面經先生暨諸董事極力籌還債務一百餘萬元，亦趨穩定。

- 五月，台中蓮社第十八期國文補習班開辦，擔任「國文」課程教師。
- 七月，於慈光圖書館舉行五十八年度暑期（第九屆）「慈光大專學術講座」，為期二十一天。共有二十五所大專院校二百一十位學員參加。開設六門課程。先生講授《阿彌陀經》

及《佛學概要十四講表》。
- 九月起,受聘為中興大學中國文學系夜間部二年級開設「詩選」課程,主要授課內容為《詩階述唐》。此一課程持續十二年,至一九八一年七月六十九學年度結束。
- 十月,宣講〈大勢至菩薩念佛圓通章〉,有《大勢至念佛圓通要義》。
- 是年,有詩〈客臺二十年憶故友莊太史〉、〈八十自嘲〉。

1970 年（民國 59 年）・81 歲

- 一月,應臺中市慎齋堂邀請,宣講《大乘伽耶山頂經》大意,有《大乘伽耶山頂經選講記略》。
- 三月,因慈光講座停辦,各大專院校佛學社團同學進修無門,慧炬社周宣德來訪懇求恢復,先生乃設立「明倫社」,負責接引大專青年。
- 四月,慈光講座第一屆學員馬來西亞蔡榮華,帶領當地蓮友返回臺中學習。
- 八月,先生與新成立之明倫社諸友,經南投至廬山、梨山二日遊。
- 十月,明倫社同仁發行《明倫》月刊零刊號。先生撰有〈明倫發刊詞〉,闡述「明倫」在弘揚佛家五明之內明精微及推闡儒家的五倫法則。
  菩提救濟院安老所落成典禮,先生簡報說明創辦緣起及未來各期規劃。
- 十二月,淨土宗第十三祖印光大師涅槃三十週年紀念,集會善果林之靈巖書樓,為大師法像舉行安座典禮。
- 是年起,每週六下午,先生與弟子數人至游俊傑家觀賞電視國劇。授課時亦常引介國劇劇情,稱賞其教忠教孝。

1971 年（民國 60 年）‧82 歲

- 一月，元旦應慎齋堂之邀，開示「西方合論修持門選講」。有〈庚戌臘月望〉，迎接辛亥年。此為《雪廬詩集》第六集《辛亥續鈔》開篇第一首，有〈辛亥續鈔小引〉簡述詩旨。
- 二月，明倫社假台中蓮社舉辦第一期「明倫大專佛學講座」，為期二週，講授《彌陀要解》、「實用講演術」等專課，並撰〈明倫社庚戌寒假佛學講座同學錄序〉述「明倫社」組織緣起，及講座之創設。
  於善果林開講《觀世音菩薩普門品》，有〈妙法蓮華經觀世音菩薩普門品講表〉。七月圓滿後，續講〈大勢至菩薩念佛圓通章〉。
- 四月，有詩〈慈益事困則人避興則有爭余任退三再引退〉。
- 六月，菩提救濟院附設寶松和尚紀念療養院落成啟用，有〈古閩寶松和尚紀念療養院碑〉。
- 七月，明倫社舉辦第二期大專佛學講座，為期三週，講授《佛學概要十四講表》及《阿彌陀經》。
- 八月，與台中蓮社弘法人員赴桃園蓮社，弘法二天。
- 九月，於善果林太虛紀念館開講《佛說無量壽經》，有〈無量壽經講述提要〉講表。
  為《阿彌陀經要解講義》發行重校新版撰〈序〉。
- 十月，身為聯合國創始國之中華民國退出聯合國。有詩〈我國退出國聯〉、〈哀國聯〉記其事。又有〈友亡必有所賻年輒百人計廿三年矣其數當逾兩千驚悼曷已〉。
- 十二月，為臺灣印經處發行之《淨土叢書》撰〈序〉。

1972 年（民國 61 年）‧83 歲

- 一月，元旦應慎齋堂邀請演講三天，開示「已聞佛法不可空過」、「淨法解脫要義」、「念佛一心必知」。
  台中蓮社念佛班假善果林靈巖書樓打佛七，開示「信自、信

他、信因、信果、信事、信理」。
在台中蓮社舉辦第三期明倫講座,講授《阿彌陀經要解》。結業時,題辭勉勵:「白衣學佛,不離世法,必須敦倫盡分;處世不忘菩提,要在行解相應。」
有詩〈黔妻辭徵武丐興學皆吾鄉窮人也〉、〈自負〉。

- 三月,至臺北蓮友念佛團開示「淨學知要」。
- 四月,臺中水滴蓮社成立週年紀念,應邀慶賀並開示法要。
有詩〈國家復興文化襄贊多歧甚有主西化者〉、〈春禊綠川對月時有填建市場之議〉。
- 五月,中國醫藥學院醫王學社十週年社慶,先生任指導老師,特蒞臨慶祝並演講。
- 七月,明倫社舉辦第四期大專佛學講座,為期二十一天,講授《佛學概要十四講表》、《阿彌陀經》。結業時,題辭勉勵:「欲明五倫,須備十義,此世法也。俢乎六度,行乎四攝,是覺世法也。」
- 八月,中國醫藥學院董事會由教育部重新改組,先生應聘出任董事。
菩提救濟院董事趙茂林七秩壽慶,翻印《觀無量壽經妙宗鈔》廣施,先生為撰〈趙居士祝壽印施觀經疏妙宗鈔序〉。
- 十一月,台中蓮社大專青蓮念佛班舉行三天佛法研習,講授「蕅益大師法語」。
- 十二月,冬至前夕,作有〈壬子既望冬至前夕〉;許祖成、王禮卿、陳定山、明允中等均有詩唱和。

1973年(民國62年)・84歲

- 一月一日起連續三日,應請於慎齋堂講開示。有〈癸丑新正開示〉。
- 二月,菩提救濟院董事長周邦道為母百歲冥誕印贈《無量壽經起信論》,先生為撰〈景印無量壽經起信論序〉。

- 三月，因廣播界友人黃懷中倡議，於彰化國聲廣播電臺開播「蓮友之聲」、「中華文化」節目，獲九所民營電臺聯播，開展空中弘法事業。
  中興大學智海學社同學拜訪，請示學佛因緣。先生自述學佛歷程，有〈訪雪公老師談學佛因緣〉。
- 四月，於善果林宣講《佛說無量壽經》圓滿，接續宣講《勸發菩提心文》。
  有詩〈臺灣寒食值世淆亂惟臺端正禮俗有小康之象〉。
- 六月，印光大師舍利輾轉蒞臺，供於菩提救濟院之靈巖書樓，前往參拜，並設齋供養。
- 七月，明倫社舉辦第五期大專佛學講座研究班，為期一個月，講授《大乘起信論》。
- 九月，中興大學中文系增闢「佛學概要」選修課程，應聘授課，特編撰《佛學實況直介》講義。
- 十月，台中佛教蓮社籌備改建，受聘為「改建工程籌備委員會總督導」。同時成立台中佛教蓮社「財務管理委員會」，受聘為主任委員。
  有詩〈退休索居〉。
- 十二月，〈詩階述唐〉刊載於中興大學《學術論文集刊》第二期。

1974 年（民國 63 年）·85 歲

- 一月，慈光圖書館新建「藏經樓」，主持動土奠基。
  明倫社舉辦第六期大專講座，屬高級班，為期十三天，講授《阿彌陀經要解》。
  於圖書館內籌建「蓮友之聲」錄音室竣工，精製佛教廣播節目。
- 二月，承美佛會沈家楨居士之助，開辦「佛經注疏語譯會」，培養譯注人才。

附錄二：李炳南居士大事紀

於善果林宣講《佛說孛經》。
- 三月，成立「青蓮出版社」，專責出版儒佛典籍。
- 是年春，有詩〈羈身孤島不論文久矣憶莊太史〉、〈中興大學新蟬詩社第三集題辭〉二首、〈抒憤〉五首。
- 七月，明倫社舉辦第七期大專佛學講座，為期二十一天，講授《佛學概要十四講表》、《阿彌陀經》。有〈為明倫講座第七期學員開示念佛方法〉，及結業期勉辭。
- 是年夏，有詩〈雜感〉六首、〈月下啜茶懷李謫仙〉。
- 八月，佛經注疏語譯會附設「內典研究班」開學，有〈人格是學佛的初基──內典研究班開學講話〉。該班為期四年，專門造就弘護人才。前兩年經費由美國佛教會沈家楨支持，後兩年則獲周榮富支持。先生擔任班主任，並講授《阿彌陀經要解》、《八大人覺經》、《御批歷代通鑑輯覽》、《常禮舉要》等專課。先生並制定「辦公室公約」以為辦公規範，制定內典研究班「班訓」，做為研究學習方針。
- 九月，《雪廬詩文集》再版發行。
  中秋節，有〈八月十五夜客思〉、〈讀詩話數有薄太白者〉、〈答人問詩境口號〉二首。
- 十一月，台中蓮社改建籌備，有〈蓮社重建稿〉、〈台中蓮社的成績稿〉、〈蓮社新計畫稿〉等手稿。
  山東友人籌集為同鄉劉汝浩祝壽，先生撰〈郯城劉居士霜橋八秩壽序〉。
- 十二月，於善果林太虛紀念館開始宣講《法句譬喻經》。

1975年（民國64年）・86歲

- 一月，明倫社舉辦第八期大專佛學講座高級班，為期十三天，講授「三十七道品」。
- 二月，有〈華嚴經晉唐三譯合刊序〉。又為刊行受業師梅光羲居士大作《相宗綱要正續合刊》撰序。

3779

- 三月，主持台中蓮社改建工程動土奠基典禮。
- 春夏之間，有多首詩檢視聯合國作為及回顧抗戰時事：〈世道〉八首、〈回憶日人入寇避渝山居〉六首。
- 五月，受周榮富大德委託成立「榮富文化基金會臺中辦事處」，興辦多項文化慈善公益事業。
- 六月，端午節，有詩〈端午〉；又有〈觀碁〉：「應著人間讓子碁，平衡結局最相宜；從無君子求全勝，得意當時是錯時。」
- 七月，明倫社舉辦第九期大專佛學講座，為期二十一天，講授《佛學概要十四講表》及國學。
  於游俊傑改建完成之府宅四樓遠眺，有詩〈登游生四樓平台晚眺〉題贈游俊傑。先生於游宅改建前即常於週末至游府觀賞國劇並共餐，改建後亦然。前後又有〈國劇臉譜〉二首、〈聞鐘〉、〈遊日月潭玄奘寺〉。
- 八月，受臺中監獄趙典獄長邀請，至臺中監獄專題演講。從此之後，每逢週五分派弘法團弟子，前往弘法佈教。
- 九月，六十四學年度開學，於中興大學中文系四年級開設「李杜詩」，於夜間部中文系五年級開設「佛學概要」，均為該系之首次開課，各二學分。
  首度應聘至東海大學中文研究所任教，講授「詩學研究」。該所為中部唯一之中文研究所。
- 十月，於內典研究班講授《彌陀要解》圓滿，續講《八大人覺經》。
  重九，有詩〈九日雜詠〉七首、〈九日故人贈菊留飲〉二首，又有〈偶輯詩稿有慨〉。
- 十一月，於內典研究班講授《顯密圓通成佛心要集》。
- 十二月，於靈山寺佛七開示兩次：〈乙卯靈山寺佛七開示〉、〈千斤鐵板壓皮球〉。

1976年（民國65年）・87歲

- 一月，元旦起，應慎齋堂邀請演講兩天，開示《彌陀要解》中「善根福德因緣」要義，有〈丙辰年（六十五年）元旦慎齋堂講話——淨土精華〉。
- 二月，於台中蓮社新建大殿，與蓮友舉行新春團拜。
  明倫社舉辦第十期大專佛學講座高級班，講授《華嚴經‧十無盡藏品》之「慚愧二藏」與「國學提要」。
  於內典研究班「修身」課講授《御批歷代通鑑輯覽》。
  《佛學問答類編（二續）》發行。
  辭菩提救濟院導師一職，特書〈臨別贈言〉分送菩提救濟院各董事。
- 三月，於慈光圖書館創辦「蓮友子弟輔導團」，課餘輔導蓮友子弟。
  中慧念佛班結期念佛，開示〈知果畏因宜謹慎，逢緣遇境好修行〉。
- 四月，在台中蓮社新建講堂，每逢週四晚上開講《法句譬喻經》。
- 春夏間，讀史有感詩作多首：〈朋蠹〉、〈讀魏公子傳〉、〈蘇季子〉、〈浣紗女子漂母〉、〈陳子昂〉、〈李謫仙〉、〈鬼谷〉、〈金谷〉。又有自述經歷清末、民初、洪憲、復辟、北伐易幟、東遷之〈六朝夢〉。
- 七月，明倫社舉辦第十一期「大專佛學講座」，為期二十一天，講授《佛學概要十四講表》及「國學提要」。
  有詩〈兵戈流離五十餘年處患難而心不能無慍故為文辭多怨尤雖知而不改難矣哉〉。
- 八月，王仲懿輯王獻唐手稿為《向湖遺墨》，請先生題跋。
- 九月至十一月，因病休養，停止講經。各講座由諸師代理。
- 十月，有〈丙辰閏八月十五玩月〉二首、〈孤月〉、〈城市閒居雜詠〉二十二首。

1977年（民國66年）・88歲

- 一月，元旦，應邀於慎齋堂開示。採《華嚴疏鈔》引《瑜伽師地論》中之「進修九善」為主題。
  明倫社於慈光圖書館舉辦第十二期大專佛學講座高級班，為期十天。先生講授〈大勢至菩薩念佛圓通章〉。
- 是年春，有詩〈正月十六夜〉、〈三退已遠歸舊隱〉、〈春夜看花遲歸〉、〈力衰〉、〈贈狂狷〉、〈憂世〉。
- 初夏，台中蓮社改建大樓，外觀大致完成。欣而有作：〈台中蓮社創基三十年今因地狹改建重樓飛甍啄檐極為壯麗位於綠川南湄水西流繞川鐵路輪常轉焉〉二首，又有〈台中蓮社晚歸〉。
- 六月，本學年課程結束後，辭兼中興大學日間部中文系課程，有〈却聘〉詩作。總計在該系兼任十年。該系夜間部課程則仍持續。
- 七月，明倫講座第十三期大專佛學講座，於慈光圖書館舉行，為期二十一天。講授《佛學概要十四講表》。
- 八月，內典研究班遷回蓮社。
- 十二月，台中蓮社舉行重建落成典禮。有〈台中蓮社重建落成典禮開示〉指示：蓮社重在研究學術，辦理社會教育及慈善公益事業。
  靈山寺丁巳年佛七開示，指點以伏惑為目標，伏惑即可得一心，得一心即能帶業往生。有〈靈山寺佛七開示之四〉。

1978年（民國67年）・89歲

- 一月，元旦起，應慎齋堂邀請演講兩日，開示「雲棲法彙節要」，有〈戊午年（六十七年）元旦慎齋堂講話——在家學佛之道〉。
  東海大學中國文學研究所「漢晉詩學研究」課程詩選課畢，特別將作詩與講解詩之要訣，撰成〈詩法二十字訣〉教授諸

生。
夏曆臘八,有〈臘雷〉、〈丁巳臘八雷雨〉。
- 二月至四月,為內典研究班講授《禮記》,有《禮記曲禮選講講記(二)》。
- 三月,台中蓮社春季祭祖,禮請屏東會性法師蒞社,為眾舉行皈依典禮。爾後,每年春、秋二次祭祖,皆依此例舉行皈依禮,直至八十四年止。
- 六月,於台中蓮社講堂舉行「內典研究班」畢業典禮。有詩:〈和王教授贈內典班畢業諸生〉二首、〈申謝〉。
- 七月,為蓮社董事長董正之開示念佛法要。八月,又以《華嚴經·十迴向品》要旨為其開示〈通顯迴向　一心不亂〉。
- 八月,夏曆七月十三日,為大勢至菩薩聖誕日,先生蒞蓮社上香致敬,以為慣例。
- 九月,有詩〈歲九十自輯詩稿有感〉:「搜腸嘔血識辛酸,不入朱絲丁字闌;七十春秋千五首,天教留與後人看。」
- 十月,台中蓮社附設國文補習班第二十二期開辦,先生講授《禮記》。
- 十一月,慈光育幼院改組。由郭秀銘任院長,連淑美任副院長、吳碧霞任教保主任。
於蓮社召開「新念佛班聯合成立大會」。
- 十二月,夏曆十一月初四日,為印光祖師生西三十八週年紀念日,蒞蓮社祖師堂禮拜、供養,其後成為慣例。
- 夏曆十一月二十七日,赴台中蓮社往生堂,祭拜梅光羲先生,並舉行放生迴向,其後亦成為慣例。
有〈題畫〉二首(〈太白畫贊〉、〈太白黃鶴樓送孟浩然〉)、〈李太白詩傷時憂國體多興比鮮有識者名高毀來宋人詩話謗之尤甚〉等詩。又因美國卡特總統宣布與我國中斷邦交,賦詩〈楚懷王〉及〈美卡特政府突與我國絕交誌憤〉五首。

1979年（民國68年）・90歲

- 一月，元旦起，應慎齋堂邀請演說兩日，開示「蓮池大師警眾法語」。
- 二月，成立「蓮慈基金救濟會」。
  明倫講座停辦一年後，於台中蓮社舉辦第十四期大專國學講座。於佛學外，另加授《論語》。有〈論語時需講要〉。
  重慶舊友、奉祀官府同事屈萬里病逝，有〈屈院士萬里註經未竟齎恨以沒哭之〉三首；七月，又有〈薦故友屈翼鵬抗日時同寓重慶〉。
- 四月，桃園蓮社八十多位蓮友，聯袂參訪台中蓮社，為開示「正知正見之要及末法修行正途——淨土念佛法門」。
- 五月，將「陀羅尼經被」樣本交付李子成（日後出家之果清法師）臨摹手繪。歷三閱月圓滿，於八月，由蓮社首印五百條，贈送蓮友。
- 六月，於台中蓮社錄音室，指導中興大學中文系夜間部學生「唐詩吟誦」，錄製成吟詩錄音帶。
- 九月，由於電臺廣播成績斐然，成立「明倫廣播節目供應社」，擴大空中弘法事業。
  發表「明倫四科舉要」，為明倫社訂定：研經、言語、文章、辦事，四項學習內容。
  於孔子誕辰紀念日祭禮後，向奉祀官孔德成先生提辭職。未獲允。
- 十月，台中蓮社附設國文補習班第二十三期開辦，續講授《禮記》。
- 十一月，有〈讀王禮卿教授詮證遺山論詩〉，王教授為中興大學教授，任教內典研究班四年。

1980年（民國69年）・91歲

- 一月，元旦，於慎齋堂開示念佛法要。

- 二月，赴豐原佈教所春季佛七開示。
- 三月，至台中蓮社青蓮念佛班會開示〈念佛班修學之道〉。
- 四月，為重印《莒志》作序，並賦詩〈重印莒志應序〉三首。
- 六月，獲周榮富大德之助，成立「臺中論語講習班」，有詩〈論語講習班成立誌感〉，又有〈論語各疏宋儒而後注家詡有心傳每外牽佛老力闢之行成薄俗〉二首。
  指導中興大學夜間部中文系學生，於錄音室錄製吟詩錄音帶。
- 七月，創立「財團法人臺中市私立蓮友慈益基金會」。
  輾轉得知滯留大陸家人近況，得以書信聯繫。
- 八月，台中蓮社「榮富助念團」成立大會，為蓮友開示〈助念團辦事要領〉，聆法者約四百人。九月又講述〈臨終助念方法〉。
  《明倫》月刊發行百期，賦詩〈祝明倫雜誌十年百期〉二首。
- 九月，中秋節之夜，與諸弟子約一百六十人，於台中蓮社指月亭賞月。
  兩岸分隔多年後首度接獲家書，有詩〈得家書〉記其事：「似有衡陽雁，孤飛涖海濱；穿雲雙翼健，寄我九州春。數語家無恙，深思淚滿巾；難將故鄉事，說與旅臺人。」
- 十月，「臺中論語講習班」開學。每週上課四天，為期兩年。先生講授《論語‧上論》及《禮記‧月令》、《常禮舉要》。有〈庚申歲論語講習班開學貢言〉、〈論語講前介言〉。講授圓滿後，筆記集成《論語講要》及《論語講記》（網路版）。
  重陽節，為江逸子所作〈校史圖〉題詩〈庚申九日校史〉，有「四十年間皆國恨，三千里外作詩囚。」
- 十一月，籌購「弘道樓」，其後，闢為明倫社、月刊社、出

版社等辦公之用。

1981年（民國70年）·92歲
- 一月，元旦起，應慎齋堂邀請演講兩日，開示「往生問答」。
- 四月，春假期間，於蓮社講堂為大眾講授《易經·艮卦》。應周榮富大德伉儷之邀，與論語班學員及蓮友等，至新竹六福村野生動物園參觀，復參觀明德水庫。
- 五月，論語班授課，詳說「志於道、據於德、依於仁、游於藝」章，有〈中華文化綱要〉講表兩張。
- 七月，於蓮社念佛班共修會中，開示念佛法要。
- 八月，明倫講座第十五期「大專國學講座」於台中蓮社開辦。先生講授「法要研究」，有〈研求佛法之次第〉講錄。
- 九月，中秋節，有〈辛酉中秋夜重陰午夜雲歛與諸生賞月〉，前後有〈題蜀山猗蘭別墅舊居攝影〉。
- 十月，於台中蓮社，為青蓮念佛班員開示修淨法要。

1982年（民國71年）·93歲
- 一月，元旦應慎齋堂邀請開示，有〈出交天下士，入讀古今書〉。
- 二月，本學期為第一期論語講習班同學講授《禮記·月令》、《常禮舉要》，有〈月令表注〉、《常禮舉要講記》。
- 三月，於蓮社念佛班共修會中，開示念佛法要。
有〈緣〉詩，特誌與孔府奉祀官之因緣：「風雨同舟四十年，霧花籠眼雪盈顛；心違展墓薦洙水，夢有聞經登杏壇。浮海何曾輸季路，歸槎恐不伴張騫；聖門松柏春長在，了却瘋僧一段緣。」
- 四月，臺大晨曦學社社員來訪，有〈佛學與學佛——臺大晨

曦社訪雪公座談會〉，開示「佛學」與「學佛」各是一偏，兩者必得合一。
- 六月，第一期論語講習班結業典禮。
- 七月，於蓮社開辦「國學啟蒙班」，招收國小、國中、高中之蓮友子弟。
- 八月，有〈淨土頌〉。
- 九月，第二期論語講習班開辦，講授《論語‧下論》。
- 十二月，為馬來西亞蔡榮華及論語班班員講授〈儒佛大道〉，開示儒佛融通要義。

1983年（民國72年）‧94歲

- 一月，元旦應慎齋堂邀請，開示「業相略舉──淨土法門為當生成就佛法」。
- 臺北慧炬雜誌社淨廬念佛會參訪台中蓮社，特為開示「消業往生」説之謬誤，有〈壬戌年（七十二年）為淨廬蓮友講話──淨土法門惟佛乃能究盡〉。
- 《明倫》月刊本期起，版面擴增一倍，撰〈明倫月刊增廣頌〉祝賀。指示編輯應佛儒雙弘而不夾雜、多刊語體文方便閱讀，不自我宣傳讚歎。
- 二月，偕弟子至石岡水壩放生，而後至當地五福神木遊覽，特為授皈依並題詠，有〈石岡五福神木〉。於是有倡議刻詩立碑者。
- 三月，捐薪設立「孔學獎金會」鼓勵儒學作品之寫作，以充實《明倫》月刊及電臺廣播之稿源。
  撰有〈蓮友之聲十週年紀念宣言〉。
  指示《明倫》月刊，將「四依法」及明倫社訓「四為三不」，每期刊載以提醒大眾。
- 四月十一日至五月二日，病假，「《論語》班」由徐醒民代課；四月十三日至四月二十日，「《華嚴經》講座」由周家

麟代理講《徹悟禪師語錄》。
- 四月下旬，臺北錢地之先生蒞中專訪。於蓮社招待數日，並請為論語班學員演講。
- 五月，大專佛學社應屆畢業同學聯誼會在台中蓮社舉行，應邀開示，勉勵學子精進不退。
- 六月，與蓮友七十餘人，同遊石岡鄉五福神木，與鄉長會勘立碑地點。

  召集《明倫》月刊座談會，闡述創辦《明倫》月刊之目標、原則，並將《明倫》內容歸納為「法音、孔學廣播錄存、因果律、游藝組、明倫采掇」等五大主題。
- 八月，成立「台中蓮社巡迴弘法團」。
- 九月，至石岡舉行「五福神木碑」豎立落成典禮。
- 十月，「論語講習班」第二期第二學年上學期開學，指點：《論語》幫助大家做人、學佛。有「論語研習班第二學年開學講話」。

  創辦「明倫美術班」（後改名「社教科研習班」）培養弘法人才。

  臺北慧炬月刊社師生蓮友約百人，蒞臨蓮社參訪，禮請先生開示淨土法要。

  重陽節，有〈九日島上閑居〉、〈臺俗重陽祀祖氣候猶熱〉、〈九月九日對菊〉、〈九日憶歷山菊會〉等詩。
- 十二月，為立委董正之先生及諸弟子講述《大學·首章》要義，有〈大學首章解〉。
- 冬至。寄兩張近照去濟南老家，勉兒俊龍積善利人，並自述此地得有厚道鄰居照應，請家人放心。

1984年（民國73年）·95歲
- 一月，元旦應慎齋堂邀請講演兩日，開示「脩淨須知、世間解簡述」。

下旬，因食物中毒致腳踝腫大，有〈今之一切食物皆含毒劑〉。
- 二月，夏曆甲子年正月初一，蓮社新春團拜，先生於一週前因食品中毒，未能參加。

  新春《華嚴》經筵開講，抱病開示，有〈新元講席貢言：世出世法，本立道生〉。

  獲黃懷中之助，於復興廣播電臺及臺灣區漁業廣播電臺開播「明倫之聲」，全省聯播。

  於慈光育幼院，為輔仁大學大千社儒佛講座學員開示法要。
- 三月初，因四大微恙，週三《華嚴經》講座請周家麟代理，宣講《徹悟祖師語錄》；論語班停講。
- 五月，佛誕日，赴臺中太平鄉，為台中蓮社聯體機構淨業精舍落成啟鑰。

  為江逸子所繪〈西方三聖像〉圓滿上供，親書對聯，並囑大量流通。

  遊蘆花峪，有〈旅臺遊蘆花峪憶齊州閔子墓〉、〈題蘆花峪攝影〉，前後又有〈世風〉、〈采石磯月〉、〈伏惑〉等詩。
- 六月中，休養十四週後，恢復講經，於《華嚴》講座續講「新元講席貢言」，計十九講次圓滿。
- 八月，國學啟蒙班舉辦師資座談會，蒞臨勉勵大眾「志道據德依仁游藝」。
- 十月，臺北錢地之蒞中，探視先生足疾。先生函謝，並寄贈王日休《龍舒淨土文》。

  重陽節，有〈天末重陽憶故國佛山賞菊〉，前後又有〈甲子九月之初〉、〈野居秋興〉、〈憶金陵〉、〈秋思西望〉等詩。
- 十一月，臺灣大學晨曦學社畢業社友至台中蓮社參訪，先生開示：學佛人須斷煩惱、發菩提心，若受辱委屈正好修行。

赴鹿港佈教所弘法，題為「苦口婆心話放下」。此後走訪全臺佈教所或念佛會進行巡迴演講，可視為往生前極重要之修行提點，亦先生向蓮友辭行。

馬來西亞蔡榮華居士，回臺參學。先生特為多次開示。

- 十二月，至豐原佈教所指導弘法，以「憶佛念佛」為題提示大眾。
- 是年病癒後，講經弘法未歇。然為免淨手頻繁，講經授課當日以禁斷飲食方式控制，體力由是更加虛弱。

1985年（民國74年）・96歲

- 一月，元旦應慎齋堂邀請開示，有〈不斷煩惱得涅槃〉。
於臺中靈山寺甲子年冬季佛七開示：「快刀斬亂絲」。
- 二月，夏曆正月初一，依例參加台中蓮社新春團拜，主持新置鐘、鼓啟叩之儀。
- 三月，出席國學啟蒙班國學背誦觀摩會，講述啟蒙教育理念與原則。
乙丑年《華嚴經》講座，因足疾不良於行，由陪侍者奉抱登上講臺。
召集台中蓮社暨聯體機構幹部，囑咐精進道業，並要約一年之期。
- 四月，至東勢念佛會開示淨土法要。
參加「明倫廣播節目供應社」同仁聯誼會，先生開示，不依賴時下教育、政治，從文化上自助自救。
- 是年春，遊賞谷關，有〈乙丑歲復遊谷關今昔相距歷二十年之久一草一石鬼斧天工俱含詩意並嗟建設之奇才〉五首。先生一九六〇年秋初遊谷關。
- 五月，大專佛學社團在台中蓮社舉行講習活動，應邀開示「淨念相繼」。
與國學啟蒙班任課老師暢遊杉林溪。

- 六月,《華嚴經》宣講至第十迴向「安住梵行」,據善導大師《觀無量壽經四帖疏》講述「淨土安心法門」十九週次。
  第二期論語講習班結業,期勉學員「學習自立、實行做事、感化他人」,有〈保住人格來學佛〉講錄。
  參加明倫美術班結業典禮暨成果展,勉勵學員:學無止境,永不畢業。
- 六月起主持多次「內學質疑」,為弟子開示修行法要,並解答研學內典相關的疑問。
- 七月,參加國學啟蒙班開訓典禮、結訓典禮,致詞訓勉:「禮貌」是啟蒙第一步。
  明倫社舉辦第十六期暑期「大專佛學講座」,開示青年學子「如何修學淨土法門」。
- 八月,至臺中太平淨業精舍,以「契道之法」為主題開示蓮友:學佛即修道,修道當修德。
- 十月,夏曆八月二十七日,出席第三期「論語講習班」於拜師暨開學典禮開示:先學世間法,人格成,才能說出世間法。有〈學《論語》鋪底子〉講錄。
  至蓮社參加社教科開學典禮。
  至太平佈教所,以「乘三資糧發願・憶念」為主題開示。
  至臺中醫院為老友朱鏡宙開頂助念。
  重陽節,有〈乙丑重陽憶佛山菊會〉、〈重陽遙憶〉、〈羈客三世逢節誌感〉等詩。
- 十一月,蒞蓮社主持「六吉樓」動土奠基大典。將做為國學啟蒙班、明倫廣播社及社教科辦公上課之用。
  至鹿港佈教所,開示:「學佛求成佛,成佛仗彌陀」。
  臺北劉汝浩往生,於蓮社親領大眾念佛迴向。
- 十二月,夏十一月初四,為印光祖師生西四十五週年,先生蒞台中蓮社三樓祖師堂禮拜祖師。
- 冬至日,上書孔德成先生,堅辭奉祀官府主任祕書職務。

靈山寺乙丑年佛七，禮請先生開示，以「務去慢障、切求一心」為主題指導淨宗法要。此為三十五年來靈山寺佛七最後一次開示。
- 十二月二十八日，至廬山溫泉沐身，有〈廬山攜友賞梅有感〉、〈供梅〉、〈贈梅誌感〉、〈還梅〉四題十首，為先生最後之作。

1986年（民國75年）‧97歲

- 一月，應慎齋堂邀請元旦開示，有〈極樂真詮〉。講後預告：明年換人講。
- 二月，臘月二十六日，參加台中蓮社及聯體機構舉辦之年終圍爐。

  九日，夏曆正月初一，於蓮社主持最後一次蓮友新春團拜。

  二十二日，為陳雍政、李碧桃佛化婚禮福證，為先生最後一次主持婚禮福證。

  台中蓮社舉辦第十七期寒假明倫大專佛學講座，為期四天，於結業式以「志於道，據於德，依於仁，游於藝」為題，期勉大專學子，有〈七十五年寒假明倫大專佛學講座結業講話〉。

  美僑林政彥伉儷發心印贈《明倫》月刊海外版，先生囑以「遍撒菩提種子於美洲」，並另親題「明倫」為海外版刊首，此為先生最後墨寶。
- 三月十九日，於週三《華嚴》經筵上，以「少說一句話，多念一句佛；打得念頭死，許汝法身活」，切囑大眾精進修行。為最後一次上臺講經。

  三月二十三日（夏曆二月十四日），赴霧峰本淨寺，主持放生。

  孔德成院長南來探視，力勸就醫。
- 四月，六日，預告「要走了！」

十一日,赴霧峰本淨寺,禮拜寺前阿彌陀佛像。

十二日,下午,以「一心不亂」囑在側諸弟子。

十三日,夏曆三月初五,清晨五時四十五分,吉祥右臥,持珠念佛,於眾弟子念佛聲中,往生於臺中正氣街寓所。即起助念四十八小時。下午,孔德成先生南下主持治喪委員會,決定程序。

- 六月,一日,荼毘。

二日,撿取靈骨,有各色舍利珠千餘顆。

八日,公祭。治喪委員會由孔德成先生領銜,有輓聯「道倡倫常道,心為菩提心」。

- 九月,成立「李炳南老居士全集編輯委員會」。

1987年(民國76年)·往生週年

- 一月六日,先生誕辰。蓮友齊聚台中蓮社念佛七日。
- 四月二日,夏曆三月初五日,先生往生週年紀念日。於台中蓮社大殿舉行週年紀念會,各方代表、蓮友約八百人齊聚追思。《明倫》月刊發行專輯紀念。
- 六月十四日,台中蓮社六吉樓落成大典,禮請周榮富啟鑰,同時舉行「雪公老恩師文物展」。

六月二十四日,先生德配趙夫人德芳致函孔德成先生,感謝支持照顧,並請求運回先生遺骨。

1988年(民國77年)·往生2年

- 六月,應先生家屬請求,台中蓮社、慈光圖書館、慈光育幼院、菩提仁愛之家等聯體機構指派代表,恭送先生靈骨,經香港返歸故鄉山東濟南。

1989年(民國78年)·往生3年

- 十月,台中蓮社二十餘位蓮友代表,前往山東濟南玉函山墓

園，參加先生靈骨安葬典禮。先生墓碑左右，台中蓮社、臺灣山東同鄉會分別樹立一座紀念碑，記載先生生平事略及弘化事蹟。

1990 年（民國 79 年）·往生 4 年
- 七月，台中蓮社指派代表護送先生舍利及衣冠赴美國紐約，於美國佛教會莊嚴寺千蓮台舉行供奉儀式。
- 是年，先生二夫人趙德芳在濟南逝世。享壽七十九歲。

1991 年（民國 80 年）·往生 5 年
- 六月，台中蓮社「雪廬紀念堂」舉行開幕典禮，禮請考試院長、至聖奉祀官孔德成先生剪綵。

1996 年（民國 85 年），往生 10 年
- 台中蓮社舉行「雪公往生十週年系列紀念活動」，於中興堂舉行「山高水長」詩樂演唱會，播放《雪廬道影》影片。同時，出版《雪廬老人淨土選集》，《明倫》月刊發行「雪公往生十周年特刊」。
- 山東濟南大學成立「雪廬儒學研究室」，並舉行儒學研討會，發揚先生之學術貢獻。

2000 年（民國 89 年），往生 14 年
- 十一月三日，先生哲嗣李俊龍在濟南病逝，享壽七十六歲。

2006 年（民國 95 年）·往生 20 年
- 四月一日，台中蓮社暨聯體機構舉行「李炳南老居士往生二十週年紀念晚會」，發行《雪廬風誼》，並播放《未減清光照世人》影片。

  四月八日，台中蓮社與中興大學中文系聯合舉辦「紀念李炳

南教授往生二十週年學術研討會」,會後出版《論文集》。
- 六月至七月,臺中市政府舉辦先生文物展:「未減清光照世人——李炳南教授生命紀實」。
- 《李炳南老居士全集》完整刊行。《全集》經二十年陸續整理編成,類分佛學、儒學、詩文、醫學、遺墨等,共十九類、十七冊。

2012 年（民國 101 年）‧往生 26 年

- 台中蓮社執行國家科學委員會「李炳南先生教化作品與生活紀錄典藏計畫」以兩年時間完成,將先生教化作品與生活紀錄數位化以永久典藏。

2016 年（民國 105 年）‧往生 30 年

- 三月二十八日至三十日,臺灣企業精英孝廉文化聯合會舉行「雪廬老人學誼道風論壇」,紀念先生往生三十週年。
- 四月九日,台中蓮社於中興大學惠蓀堂舉行「雪公生西三十週年紀念音樂會」,演唱先生佛曲創作《梵音集》及詩作《雪廬詩集》。
- 五月十二日至十八日,於台中蓮社雪廬紀念堂及德明樓,舉辦「雪廬老人往生三十週年文物展」。發行先生原音重現之電子書:《吟誦常則》、《華嚴講席實錄》、《論語講席實錄》及《唐詩講席實錄》。
  五月十三日,在中興大學舉行「應教木鐸振春風——紀念李炳南先生往生三十週年學術研討會」,會後出版《論文集》
- 七月,舉辦一〇五年度國學啟蒙班。
- 先生往生後三十年來,夏曆每月初一至初七,蓮友至蓮社念佛七天。先生創立之各班隊組織皆持續不輟。

附錄三：李炳南居士來臺後職務

類別	項目	1949-1966
正職	奉祀官府	1949.1-1980.11 主任祕書--------------
中醫	中醫師	1949.5 義診---------------------▶ 1952.5 開業---------------------▶
	考試院中醫師特考	1964.5 典試委員 1966.6 典試委員
傳播	傳播媒體	1949.12-1950.4 覺群雜誌主筆 1950.7-1952.11 覺生月刊社長 　1954.8-1966.7 菩提樹社長-----▶ 1959 創辦慈光半月刊
機構	台中蓮社	1951.1-1952.12 創辦人、理事長兼社長 1951.1-1958.2　名譽社長 　1958.3-1961.10 董事長 　1958.3-1972.8　董事---------- 　　　1963.9- 名譽董事長-------
	慈光圖書館	1957.8-1961.11 創辦人董事長 1957.8-1960.8　兼館長 1957.8-1966.7　董事
	慈光圖書館附設托兒所	1958.8- 創辦人董事長
	慈光育幼院	1959.5-1961.11 創辦人董事長
	菩提醫院	1962.11-1964.5 創辦人董事
	菩提救濟院	1964.6-1966.7　創辦人董事長
組織	啟蒙教育	1954.9　創辦兒童德育班
	助念團	1952.12 成立------------------
	蓮社附設國文補習班	1952.4-1960.8 創辦人兼主任 1952.4-1980.6 教師--------------
	佛經註疏語譯會	
	內典研究班	
	慈益基金會	
大學	中國醫藥學院	
	中國醫藥學院	1959.12-1974.7 教授--------
	中興大學中文系（夜）	
	中興大學中文系	
	東海大學中研所	
其他	詹煜齋獎學基金會	1961.8 顧問
	中興佛社	1964.6 名譽理事長
	臺中開明高中	
	臺中監獄	1950.1 名譽教誨師，培訓監獄弘法班

附錄三：李炳南居士來臺後職務

1967-1976	1977-1986
-----------------------------------	------▶ 1980.12- 顧問---------▶
1970.10 創辦明倫月刊 1974.3 青蓮出版社成立	1979.9 創辦明倫廣播供應社 1985 創辦明倫社教科
-------------▶ 1972.8	
1975.6 創辦蓮友子弟輔導團	1981.7 創辦國學啟蒙班
-----------------------------------	---▶ 1980.8 創辦榮富助念團
	----▶ 1980.6
1974.2-1976.12 會長	
1974.8-1978.6　班主任	
	1980.7-1982.11 創辦董事長
1972.8-1986.4 董事 ------------------	----------▶ 1986.4
--------▶ 1974.7	
1969.9-1982.7 教授 ---------------	---▶ 1982.7
1967.9-1977.7 教授	
1975.9-1980.7 教授 ------------	---▶ 1980.7
1972.7 名譽董事長	

3797

附錄四：李炳南居士來臺後講經繫年

開始	圓滿	經題	地點	備註
1949.5.29	1949.7.16	般若波羅蜜多心經	法華寺	抵臺講經之始（夏曆5月2日）
1949.7.3	1949.11.6	阿彌陀經	靈山寺	
1949.11.13	1950.2.12	觀世音菩薩普門品	靈山寺	《全集》第3冊，頁1145-1164、1165-1186、1201-1218，三章科表未著記時地。
1949		大勢至菩薩念佛圓通章	靈山寺	
1950.2.26	1951.1.28	無量壽經	靈山寺	會集本
1950.3？		阿彌陀經	贊化堂	
1950.7.17	1950.11.2	阿彌陀經	豐原慈濟宮／龍意堂	夏曆初3、13、23，龍意堂原借慈濟宮媽祖廟廣場，9月以後改至龍意堂。
1950.8.14		盂蘭盆經	法華寺	《覺生》第2期（1950.8.31），頁19。夏曆7月1日起分三次講。
1950.8.21	1950.8.27	阿彌陀經	二份埔慈善堂	夏曆7月8日至7月14日
1950.9.30	？	觀世音菩薩普門品	臺中寶善寺	《全集》第3冊，頁1145-1164、1165-1186、1201-1218，三章科表未著記時地。
1950.11.10	1951.11.13	勸發菩提心文	法華寺	夏曆初1、15。
1951.2.25	1951.9.16	觀無量壽佛經	靈山寺	《全集》第2冊，頁427-448，未載時間地點；頁449-455，在慎齋堂講，未載時間。（夏曆8月16日圓滿）
1951.5.17	1951.5.21	阿彌陀經	屏東東山寺	
1951.6.17	1951.6.24	八大人覺經	菩提場	《全集》第3冊，頁911-922，未著記時地。
1951.8.18		八大人覺經	彰化曇華堂	《全集》第3冊，頁911-922，未著記時地。（夏曆7月16日）

附錄四：李炳南居士來臺後講經繫年

開始	圓滿	經題	地點	備註
1951.9.23	1951.11.11	無量壽經優婆提舍願生偈論（往生論）	靈山寺	《全集》第2冊，頁293，未著記時地。朱斐《學佛回憶錄》頁49著記。
1951.11.18	1952.11.2	大乘起信論	靈山寺	《全集》第3冊，頁1229-1238、1267-1272，二章科表未著記時地；頁1239-1265著記「講於夏曆正月中旬結於九月十五日」週日講座。《覺生》第17期報導：1951年11月已開講。
1951.11.29	1952.7.6	四十二章經	法華寺	（每逢朔望，1952年3月持續，圓滿日據下則推）《全集》第3冊，頁875-901，903-909，科表二章，未著記時地。
1952.7.22	1953.1.29	佛遺教經	法華寺	夏曆6月初1起每逢朔望，至夏曆臘月望。
1952.12.10		觀世音菩薩普門品	臺中佛教會館	每月10、20兩日，下午二時。
1953.3.14	1953.9.19	阿彌陀經	台中蓮社	
1953.10.31	1956.1.28	梁皇寶懺	台中蓮社	共講二年三個月
1954.2.19	1954.2.27	阿彌陀經	慎齋堂	《全集》第2冊，頁417。載記「甲午新正在慎齋堂」。
1954.3.28	1957.3.31	妙法蓮華經	靈山寺	《全集》第3冊，頁1051-1116，未著記時地（續講〈多寶塔品〉）。
1954.11.26	1954.12.1	阿彌陀經	樂生療養院棲蓮精舍	
1954.12.24	1954.12.31	般若波羅蜜多心經	法華寺	《全集》第3冊，頁1041-1050，著記「甲午十二月在法華寺講」。（甲午為1954年）
1956.3.3	1956.8.25	金剛般若波羅蜜經	台中蓮社	週六晚講座
1956.9.29	1956.12.8	唯識境略舉	台中蓮社	週六晚講座
1957.2.15	1957.2.17	大勢至菩薩念佛圓通章	桃園蓮社	《全集》第3冊，頁645-651，著記「在桃園蓮社講」。同時間，棲蓮精舍佛七開示。

3799

李炳南居士年譜【附錄】

開始	圓滿	經題	地點	備註
1957.7	?	八識規矩頌	台中蓮社	《全集》第3冊,頁1219-1227,著記「四十六年七月述」。
1958.6.18	1958.8.27	尸迦羅越六方禮經	慈光圖書館	
1958.9.10	1959.1.28	佛說阿彌陀經	慈光圖書館	《全集》第2冊,頁303。載記地點,未記時間。
1959.2.25	1959.7.1	觀世音菩薩普門品	慈光圖書館	《全集》第3冊,頁1117-1144,著記「己亥在圖書館講」。
1959.7.8	1959.9.2	大勢至菩薩念佛圓通章	慈光圖書館	《全集》第2冊,頁619-644,著記「己亥荷月上浣在慈光圖書館講」。
1959.9.9	1960.5.25	普賢行願品	慈光圖書館	《全集》第2冊,頁95,著記為「己亥年夏曆八月在慈光圖書館講」;頁160,著記「庚子夏五月朔圓滿」。
1960.6.15	1962.1.17	維摩詰所說不可思議解脫經	慈光圖書館	《全集》第3冊,頁653-852,未著記時地。
1961.10.8	?	八大人覺經	台中蓮社	《全集》第3冊,頁911-922,未著記時地。每週日晚在台中蓮社為歷屆補習班畢業青年講,《慈光》第60號(1961年10月15日)。
1962.2.28	1962.12.19	金剛般若波羅蜜經	慈光圖書館	《全集》第3冊,頁923-1022,著記「壬寅正月下浣在慈光圖書館講」。
1962.7.10	1962.10.2	佛學概要十四講表	中興佛社	十四講後,加一次綜合問答。
1962.11.27	1962.12.10	八大人覺經	慎齋堂	《全集》第3冊,頁911-922,未著記時地。《慈光》第87號(1963年12月15日),七天。
1963.2.13	1964.1.29	地藏菩薩本願經	慈光圖書館	《全集》第2冊,頁457,著記「癸卯夏曆正月中旬之末在慈光圖書館講」。
1963.5	1963.6.1	八大人覺經	中興佛社	(約八次)《全集》第3冊,頁911-922,未著記時地。
1963.8?	?	佛說阿彌陀經	中興佛社	據1963年底譜文,應為下半年

3800

附錄四:李炳南居士來臺後講經繫年

開始	圓滿	經題	地點	備註
1964.1.1	1964.1.3	唯識簡介	慎齋堂	
1964.3.11	1967.1.18	大佛頂首楞嚴經	慈光圖書館	《全集》第2冊,頁493-618,未著記時地。1964年3月11日至1965年1月13日;1965年2月17日至1966年1月5日;1966年2月16日至1967年1月18日。
1964.3.21	1964.5.9	八大人覺經	慈光圖書館	《全集》第3冊,頁911-922,未著記時地,《慈光》第117號(1963年3月15日)。
1964.4.6		般若心經	中興佛社	(約八次)
1964.7.30	1964.8.2	盂蘭盆經	桃園蓮社	《全集》第3冊,頁867-873,著記「甲辰荷月下浣在桃園蓮社講」。
1965.1.1	1965.1.3	仁王護國般若波羅蜜經護國品	慎齋堂	《全集》第3冊,頁1035-1040,著記「乙巳元旦在慎齋堂講」。
1965.3.13	1965.5.1	佛說阿彌陀經	慈光圖書館	週六慈光講座
1965.5.22	1965.6.19;1965.11.6-1965.12.25	金剛般若波羅蜜經	慈光圖書館	週六慈光講座
1966.1.1		始終心要講表	慎齋堂	《全集》第3冊,頁1273-1282,著記「在慎齋堂講丙午年元旦」。
1967.3.1	1968.1.24	大方廣圓覺經	慈光圖書館	1967年1月18日楞嚴圓滿後接講圓覺。
1967.7.18	1967.8.10	佛說阿彌陀經／般若心經	慈光圖書館	第七屆慈光講座
1967.11.9	1967.12.28	金剛般若波羅蜜經	中興佛社	據《菩提樹》新聞推估
1968.4.17	1986.3.19	大方廣佛華嚴經	慈光圖書館	1976年9月15日至11月17日,周老師代講。1979年3月7日,周老師代講:讚佛偈。1983年4月13日至4月20日,周老師代講:徹悟禪師語錄。1984年3月7日至6月13日,周老師代講:徹悟禪師語錄。

3801

李炳南居士年譜【附錄】

開始	圓滿	經題	地點	備註
1968.7.15	1968.8.11	佛說阿彌陀經	慈光圖書館	第八屆慈光講座
1969.5.1	1970	四十二章經	善果林	1969年4月17日起，連講五日通俗演講，〈佛法五講〉篇末有「通俗演講至此結束，下週開講《佛說四十二章經》。《全集》第3冊，頁875-901，903-909，科表兩章，未著記時地。
1969.7.31	1969.8.8	佛說阿彌陀經	慈光圖書館	第九屆慈光講座課程表
1969.10.25		大勢至菩薩念佛圓通章	台中蓮社	青蓮、謙益兩念佛班
1970.1.1	1970.1.3	大乘伽耶山頂經	慎齋堂	《全集》第3冊，頁1145-1164、1165-1186、1201-1218，三章科表未著記時地。《慈光》第240號（1970.1.15），版1。
1970	1971.1.14	佛說阿彌陀經	善果林	1969年4月17日起，連講五日通俗演講，〈佛法五講〉篇末有「通俗演講至此結束，下週開講《佛說四十二章經》，此經講畢，再講《佛說阿彌陀經》」。1971年1月1日元旦開示〈《西方合論》修持門選〉，有「余昨講《彌陀經》，至『聞是經受持者』」，據推應於該年度講經圓滿。
1971.2.1	1971.2.13	佛說阿彌陀經	慈光圖書館	教材為彌陀要解。明倫講座。
1971.2.18	1971.7.15	觀世音菩薩普門品	善果林	〈講表〉封面「民國六十年辛亥正月下浣在善果林講」
1971.7.12	1971.8.1	佛說阿彌陀經	慈光圖書館	二十四小時，明倫講座。
1971.7.22	1971.9.2	大勢至菩薩念佛圓通章	善果林	《普門品》圓滿後開講，後續9月9日《佛說無量壽經》開講。《佛說無量壽經》開講首日曾說明已圓滿宣講淨土三聖經。
1971.9.9	1973.4.19	無量壽經/康僧鎧	善果林	〈無量壽經講述提要〉，《全集》第2冊，頁253-290。

附錄四：李炳南居士來臺後講經繫年

開始	圓滿	經題	地點	備註
1972.1.8	1972.1.28	佛說阿彌陀經	慈光圖書館	阿彌陀經要解，明倫講座。
1972.7.8	1972.7.31	佛說阿彌陀經	慈光圖書館	明倫講座
1973.4.26	1973.9.27	勸發菩提心文	善果林	據前後講經日期推估。見：1973年4月26日譜文。
1974.1.29	1974.2.10	佛說阿彌陀經	慈光圖書館	阿彌陀經要解
1974.2.14	1974.12.19	佛說孛經	善果林	
1974.8.5	1975.10.21	佛說阿彌陀經	慈光圖書館	講於內典班，據陳雍澤筆記。
1974.12.26	1976.12.30	法句譬喻經	善果林、蓮社	1976年4月15日以前在善果林；1976年4月22日起改在蓮社一樓講堂，1976年9月9日以後由徐醒民代講。
1975.10.27	1975.11.18	八大人覺經	慈光圖書館	《全集》第3冊，頁911-922。講於內典班，據陳雍澤筆記。
1975.11.24	1976.1.5	顯密圓通成佛心要集	慈光圖書館	講於內典班，據陳雍澤筆記。
1977.2.4	1977.2.6	大勢至菩薩念佛圓通章	慈光圖書館	明倫講座第十二期高級班

無量壽經。〈佛說無量壽經筆記〉（《講經表解上》，《全集》第2冊，頁223-249）載記「今講堂新落成，應以慶祝。……前講為會集本，今為通行本。」時地未詳。約當1960年前後。

佛說觀無量壽佛經。〈觀經摘要述義〉（《講經表解上》，《全集》第2冊，頁451-455）載記：「在慎齋堂講」。時間未詳。

3803

附錄五:李炳南居士重要開示繫年

佛七開示

日期		道場	說明
1950.12.19	庚寅年冬	靈山寺	靈山寺首度舉行佛七,夏曆 11 月 11 日至 17 日。
1951.2		慈雨寺(原慈善堂)	開示六次,〈二分埔慈雨寺開示初機〉,《雪公開示講表》(臺中:台中蓮社收藏,未刊稿),頁 358-369。
1951.3.20	辛卯年春	靈山寺	夏曆 2 月 13 日至 19 日,靈山寺首次春季佛七。【數位典藏】手稿／佛學講授／佛七開示／〈靈山寺春季佛七開示一篇共 7 頁〉。
1951.12.7	辛卯年冬	靈山寺	【數位典藏】手稿／佛學講授／佛七開示／〈靈山寺秋季佛期一篇共 4 頁〉。
1952.3.8	壬辰年春	靈山寺	【數位典藏】手稿／佛學講授／佛七開示／〈靈山春七一篇共 5 頁〉。
1952.12.27	壬辰年冬	靈山寺	【數位典藏】手稿／佛學講授／佛七開示／〈靈山寺壬辰冬季佛七〉。
1953.3.27	癸巳年春	靈山寺	〈癸巳年春靈山寺佛七開示偈〉,明倫月刊資訊網:雪公專集／開示類／淨土詩偈。
1953.12.16	癸巳年冬	靈山寺	【數位典藏】手稿／佛學講授／佛七開示,〈癸巳年冬靈山寺佛七開示偈〉。
1954.3.17	甲午年春	靈山寺	【數位典藏】手稿／佛學講授／佛七開示／〈午春二月靈山寺佛七開示一篇共 5 頁〉。
1954.12.5	甲午年冬	靈山寺	【數位典藏】手稿／佛學講授／佛七開示／〈甲午年冬季靈山寺佛七開示一篇共 5 頁〉。
1955.3.6	乙未年春	靈山寺	【數位典藏】手稿／佛學講授／佛七開示／〈乙未春季佛七開示(靈山寺)一篇共 5 頁〉。
1955.12.24	乙未年冬	靈山寺	懺雲法師主七,請先生每晚開示。【數位典藏】手稿／佛學講授／佛七開示／〈乙未冬季佛七開示(靈山寺)一篇共 8 頁〉。

附錄五：李炳南居士重要開示繫年

日期		道場	說明
1956.3.23	丙申年春	靈山寺	「佛七開示稿表」
1956.12.12	丙申年冬	靈山寺	〈丙申冬月臺中靈山寺結七〉，《弘護小品彙存》，《全集》第4冊之2，頁445-450。
1957.2.12		基隆佛教蓮社	開示五次，【數位典藏】手稿／佛學講授／〈丁酉年基隆結七開示一篇共2頁〉。
1957.2.15		桃園棲蓮精舍	懺雲法師主七，先生開示三次。【數位典藏】手稿／佛學講授／〈樂生療養院結七開示一篇共2頁〉。
1957.3.13	丁酉年春	靈山寺	【數位典藏】手稿／佛學講授／〈丁酉春季靈山寺佛七一篇共7頁〉。
1957.12.30	丁酉年冬	靈山寺	懺雲法師主七，最後一日請先生開示。
1958.4.7	戊戌年春	靈山寺	道源法師主七，最後一日請先生開示。
1958.12.21	戊戌年冬	靈山寺	律航法師主七，請先生開示三次。〈戊戌冬季靈山寺佛七初次開示〉〈第二次說制心〉〈念力信力〉，《弘護小品彙存》，《全集》第4冊之2，頁458-460。
1959.3.21	己亥年春	靈山寺	〈己亥春季佛七開示〉，《弘護小品彙存》，《全集》第4冊之2，頁461。
1959.12.10	己亥年冬	靈山寺	懺雲法師主七，先生開示三日。【數位典藏】手稿／佛學講授／佛七開示／〈己亥冬靈山寺結七應講一篇共3頁〉。
1960.2.18	庚子年春	慈善寺	律航法師主七，請先生開示三次。
1960.3.10	庚子年春	靈山寺	〈庚子春靈山寺結七開示〉。1962年起停辦春季佛七，此為最後一次春季佛七開示。
1961.12.18	辛丑年冬	靈山寺	「李炳南於臺中市靈山寺主持佛七開示法語一覽表」
1960-1962		臺中太平印弘茅篷	懺雲法師主七，請先生開示。
1962.12.7	壬寅年冬	靈山寺	懺雲法師主七，請先生開示兩次，《慈光》第87號（1963年12月15日），第1版。
1963.12.26	癸卯年冬	靈山寺	〈癸卯冬季靈山寺結七開示〉稿表

3805

日期	道場	說明
1964	甲辰年	靈山寺	（無紀錄）
1965.12.3	乙巳年冬	靈山寺	開示三次，〈乙巳冬季靈山寺佛七第一次開示〉、〈乙巳冬季靈山寺佛七第二次開示〉、〈乙巳冬季靈山寺佛七圓滿開示〉，《弘護小品彙存》，《全集》第 4 冊之 2，頁 466-468。
1966.12.22	丙午年冬	靈山寺	開示二次，〈丙午冬季靈山寺佛七第一次開示〉、〈丙午冬季靈山寺佛七第二次開示〉，《弘護小品彙存》，《全集》第 4 冊之 2，頁 470-471。
1967.12.16	丁未年冬	靈山寺	開示二次，〈佛七開示（在臺中靈山寺）：丁未夏曆十一月十五夜月當頭時〉、〈丁未夏曆十一月十六日靈山寺結七後日開示〉，《弘護小品彙存》，《全集》第 4 冊之 2，頁 472-473。
1967.12.31	丁未年冬	慈光圖書館	開示七次，〈丁未臘月慈光圖書館佛七偈示七首〉，《弘護小品彙存》，《全集》第 4 冊之 2，頁 474。
1968.12.30	戊申年冬	靈山寺	〈戊申年靈山寺佛七開示偈〉，《明倫月刊資訊網》。
1969.12.19	己酉年冬	靈山寺	開示二次，〈己酉年靈山寺佛七開示偈〉。
1970.12.9	庚戌年冬	靈山寺	開示三次，〈庚戌年（五十九年）靈山寺佛七講話〉。
1971.12.28	辛亥年冬	靈山寺	開示二次，〈辛亥年（六十年）靈山寺佛七講話〉。
1972.1.	壬子年春	靈巖書樓	台中蓮社：〈六十回顧・大事記要〉。
1972.12.15	壬子年冬	靈山寺	開示二次,〈壬子年靈山寺佛七開示〉，《脩學法要》，《全集》第 9 冊，頁 183-190；第三次：〈佛七開示（續十八期）〉，《明倫》第 21 期（1973 年 5 月 20 日）。
1973.12.5	癸丑年冬	靈山寺	開示二次，普慧法師抄錄，蘇全正整理：「李炳南於臺中市靈山寺主持佛七開示法語一覽表」。
1974.12.28	甲寅年冬	靈山寺	開示二次，〈甲寅年靈山寺佛七開示〉，《脩學法要》，《全集》第 9 冊，頁 190-206。

附錄五：李炳南居士重要開示繫年

日期		道場	說明
1975.12.13	乙卯年冬	靈山寺	開示二次，〈乙卯靈山寺佛七開示〉、〈千斤鐵板壓皮球──六十四年十二月十四日靈山寺佛七開示〉。
1977.1.2	丙辰年冬	靈山寺	第二天，開示一次，〈這是一心不亂時──民國六十五年佛七開示・上、下〉，《明倫》第521、522期（2022年1月、2/3月合刊）。
1977.12.25	丁巳年冬	靈山寺	第五天開示一次，【數位典藏】錄音/佛學講授/開示/靈山寺/〈靈山寺佛七開示之十〉。
1978.2.	戊午年春	靈巖書樓？	〈戊午年新春結七念佛開示〉，《脩學法要》，《全集》第9冊，頁206-211。
1978.12.10	戊午年冬	靈山寺	第一天、第五天，兩次，〈戊午年靈山寺佛七開示之一〉、〈戊午年靈山寺佛七開示・上〉
1979.12.30	己未年冬	靈山寺	第二天，一次，【數位典藏】錄音/佛學講授/開示/靈山寺/〈靈山寺佛七開示之十一〉。
1980.2.24	庚申年春	豐原佈教所	《蓮社日誌》
1980.12.21	庚申年冬	靈山寺	第五天，一次，〈庚申年靈山寺佛七開示〉，《脩學法要》，《全集》第9冊，頁271-286。
1981.12.10	辛酉年冬	靈山寺	第五天，一次，〈辛酉歲佛七開示〉，《脩學法要》，《全集》第9冊，頁246-251。
1982.12.28	壬戌年冬	靈山寺	開示二次，〈壬戌佛七雪僧貢言〉（李炳南居士講，連淑美記，收見：《脩學法要》，《全集》第9冊，頁252-257。）
1983.12.17	癸亥年冬	靈山寺	第五天，一次，〈癸亥年靈山寺佛七開示〉，《脩學法要》，《全集》第9冊，頁301-313。
1985.1.5	甲子年冬	靈山寺	〈快刀斬亂絲〉，《脩學法要》，《全集》第9冊，頁257-261；【數位典藏】錄音/佛學講授/開示/靈山寺佛七開示/〈靈山寺佛七開示之十二〉：74年靈山寺佛七開示。

日期	道場		說明
1985.12.23 乙丑年冬	靈山寺		〈乙丑靈山寺佛七開示——務去慢障切求一心〉,《脩學法要》,《全集》第 9 冊,頁 261-270;【數位典藏】錄音 / 佛學講授 / 開示 / 靈山寺佛七開示 / 〈靈山寺佛七開示之八〉。

慎齋堂開示

日期	主題	說明
1950.1.5	慎齋堂彌陀聖誕紀念	演說「阿彌陀佛因緣」
1952.6.3		講演大會一週,十餘人輪流。
1954.2.19	《阿彌陀經》	連續七日。《全集》第 2 冊,頁 417。載記「甲午新正在慎齋堂」。
	《佛說觀無量壽佛經》	《全集》第 2 冊,頁 451。〈觀經摘要述義〉,載記「在慎齋堂講」。
1962.11.27	《八大人覺經》	《全集》第 3 冊,頁 911-922,未著記時地。《慈光》第 87 號(1963 年 12 月 15 日),七天。
1964.1.1	唯識簡介	《慈光》第 113 號(1964 年 1 月 15 日),第 1 版。
1965.1.1	《仁王護國般若波羅蜜經護國品》	《全集》第 3 冊,頁 1035-1040,著記「乙巳元旦在慎齋堂講」。
1966.1.1	始終心要講表	《全集》第 3 冊,頁 1273-1282,著記「在慎齋堂講　丙午年元旦」。
1967.1.1		(紀錄缺)
1968.1.1		(紀錄缺)
1969.1.1	徹悟禪師轉變因果開示	
1970.1.1	《大乘伽耶山頂經》	《全集》第 3 冊,頁 1145-1164、1165-1186、1201-1218,三章科表未著記時地。《慈光》第 240 號(1970 年 1 月 15 日),第 1 版。
1971.1.1	《西方合論》修持門選	三天
1972.1.1	已聞佛法不可空過、淨法解脫要義、念佛一心必知	
1973.1.1	癸丑新正開示	三天
1974.1.1		(紀錄缺)
1975.1.1		(紀錄缺)

附錄五：李炳南居士重要開示繫年

日期	主題	說明
1976.1.1	《彌陀要解》「執持名號」	二天
1977.1.1	進修九善	一天
1978.1.1	《雲棲法彙》選講、《印光大師文鈔》選講	二天
1979.1.1	蓮池大師警眾法語，正是用功時節	二天
1980.1.1	念佛法要	一天
1981.1.1	往生問答	二天
1982.1.1	出交天下士　入讀古今書	一天
1983.1.1	業相略舉——淨土法門為當生成就佛法	二天
1984.1.1	脩淨須知、世間解簡述	二天
1985.1.1	不斷煩惱得涅槃	一天
1986.1.1	極樂真詮	一天

晚年重要開示

日期	主題	說明
1983.6.19	捧出心來與佛看	《明倫》月刊發展座談會
1983.12.15	《大學·首章》要義	為立委董正之講授
1984.2.22	新元講席貢言	《華嚴經》講座；共十九講次
1984.8.26	志道據德依仁游藝	啟蒙班師資訓練
1984.11.12	放下	鹿港佈教所
1984.12.7	憶佛念佛	豐原佈教所
1985.4.14	淨土法要	東勢念佛會
1985.4.21	從文化上自助自救	明倫廣播節目供應社
1985.6-	內學質疑組開示	二十六次集會
1985.6.12	淨土安心法門	《華嚴經》講座；共十九講次
1985.6.21	保住人格來學佛	論語講習班第二期結業典禮
1985.7.22	如何修學淨土法門	大專佛學講座
1985.8.4	契道之法	太平淨業精舍
1985.10.11	學《論語》鋪底子	論語講習班
1985.10.19	乘三資糧發願·憶念	太平佈教所

日期	主題	說明
1985.11.12	學佛求成佛，成佛仗彌陀	鹿港佈教所
1986.2.19	志於道，據於德，依於仁，游於藝	大專明倫講座
1986.3.19	少說一句話，多念一聲佛	《華嚴經》講座最後一講

附錄六：李炳南居士著述繫年

項次	西元	年歲	著述	出版者	備註
1	1931	42	《雪廬吟草》	手稿本	部分為《燹餘稿》，收入《全集》。
2	1936	47	《重修莒志》（共同）	莒縣：新成印務局	國家圖書館收存
3	1950	61	《佛說阿彌陀經摘注接蒙‧義蘊》		收入《全集》
4	1951	62	《佛學問答集（一）》	覺生月刊社	《佛學問答》最早單行本[1]
5	1953	64	《佛學常識課本》	菩提樹雜誌社	國家圖書館收存
6	1954	64	《內典講座之研究》、《實用演講術要略》		收入《全集》
7	1954	64	《常禮舉要》	瑞成	國家圖書館收存
8	1955	66	《佛學問答類編》（朱斐編）	菩提樹雜誌社	國家圖書館收存
9	1955	66	《兩個世界的味道》	菩提樹雜誌社	國家圖書館收存
10	1961	72	《佛學概要十四講表》		收入《全集》
11	1962	66	《佛學問答類編》（陳慧劍編）	菩提樹雜誌社	增編收入《全集》
12	1962	73	《詩階宗唐》[2]	瑞成	增編為《詩階述唐》，再改題為《學詩先讀求味》，收入《全集》。
13	1968	79	《雪廬述學彙編》八種[3]	八秩祝嘏會，明光	收入《全集》

---

1. 《佛學問答》自1949年開始連載，1951年初次結集出版，爾後陸續共有七次結集。各版發行情形，詳見1951年6月20日文。
2. 《詩學宗唐》，1973年刊載於中興大學《學術論文集刊》時改名《詩階述唐》，現收入《全集》，再改名《學詩先讀求味》，成為《全集》《詩階述唐》四部中之第一部。
3. 八秩祝嘏會原訂出版《雪廬述學彙編》八種，見下列1-8。唯其中2、5、6、7尚未尋得，今僅見於《全集》。

3811

項次	西元	年歲	著述	出版者	備註
14	1969	80	1.《佛說阿彌陀經摘注接蒙暨義蘊》	八秩祝嘏會，明光	收入《全集》
15	1968	79	2.《大專佛學講座初級教材》		收入《全集》
16	1968	79	3.《佛學問答類編（上、下、續）》	八秩祝嘏會，明光	改編收入《全集》
17	1970	81	4.《弘護小品彙存》	八秩祝嘏會，青蓮	國家圖書館收存
18	1968	79	5.《內經素問摘疑抒見》		收入《全集》
19	1968	79	6.《內經選要表解》		收入《全集》
20	1974	85	7.《詩階述唐》		改題為《學詩先讀求味》，收入《全集》。
21	1969	80	8.《雪廬詩文集》	八秩祝嘏會，明光	國家圖書館收存
22	1975	86	《聲調譜》		改題為《聲調舉隅》，收入《全集》。
23	1975	86	〈吟誦常則〉		收入《聲調舉隅》附錄
24	1976		《漢晉詩選》		眉注手稿、油印本
25	1981	92	《詩惑研討隨筆》	青蓮	國家圖書館收存 收入《全集》
26			《論語採注表舉》		未刊手稿，含封面，61頁+18頁
27			《論語疑義隨筆》		未刊手稿，含封面，3頁
28			《論語筆記》		未刊手稿，含封面，6頁
29			《學後述聞》		未刊手稿，3頁
30			《常字異音隨筆》		未刊手稿，含封面，3頁
31	1987		《聽經筆錄》	青蓮	國家圖書館收存。改題為《講經表解》，收入《全集》。
32	1990		《脩學法要》	青蓮	國家圖書館收存 《全集》版

附錄六：李炳南居士著述繫年

項次	西元	年歲	著述	出版者	備註
33	1992		《佛學問答類編‧上中下》		增編改編，《全集》版。
34	1993		《講經表解》	青蓮	《全集》版
35	1994		《雪廬述學語錄》	青蓮	國家圖書館收存《全集》版
36	1995		《無量壽莊嚴清淨平等覺經眉注》	青蓮	國家圖書館收存《全集》版
37	1996		《淨土安心法門》	青蓮	國家圖書館收存《全集》版
38	1998		《雪廬老人淨土選集》	青蓮	國家圖書館收存《全集》版
39	1999		《中國歷史綱目表》	青蓮	國家圖書館收存《全集》版
40	1999		《禮記選講》	青蓮	國家圖書館收存《全集》版
41	1999		《雪廬老人題畫遺墨》	青蓮	國家圖書館收存《全集》版
42	2002		《四十二章經表注講義》	青蓮	國家圖書館收存《全集》版
43	2004		《新元講席貢言》	青蓮	國家圖書館收存《全集》版
44	2004		《論語講要》	青蓮	國家圖書館收存《全集》版
45	2005		《大方廣佛華嚴經講述表解》	青蓮	國家圖書館收存《全集》版
46	2005		《脩學法要續編》	青蓮	國家圖書館收存《全集》版
47	2006		《雪廬老人淨土選集‧續編》	青蓮	國家圖書館收存《全集》版
48	2006		《李炳南老居士全集》十九類、十七冊完整刊行	青蓮	國家圖書館收存《全集》版

3813

附錄七：《雪廬寓臺文存》繫年

年	月	日	篇名	文存排序
1949	10	6	默庵雜著序	一之36
1950	4		阿彌陀經摘注接蒙弁言	一之3
1950	12	31	印光大師圓寂十周年紀念回憶錄	二之8
1952	2		禪話與淨話弁言	二之5
1952	12		台中蓮社碑記	一之42
1952	12	8	參觀癩病樂生療養院因緣記	二之9
1953	1		斌宗法師著白話「心經要釋」序	二之2
1953	3		十善三經合冊小序	一之7
1954			印光大師遺教兩要序	一之16
1954	1		佛學常識小序（一）	二之3
1954			佛學常識小序（二）	二之4
1954			常禮舉要緣起	二之6
1955	3	8	為一個小佛國呼援	二之10
1956	6		臺中佛教文化圖書館籌設緣起	一之49
1956	7		籌建臺中圖書館樂捐啟文	一之50
1958	2		宇宙萬有本體論序	一之29
1958	2	8	臺中蓮社國文補習班第六期結業生同學錄小序	二之7
1959	4	8	慈光半月刊創刊詞	二之15
1959	10		重印學佛初階序	一之28
1960	6		創建臺中市私立慈光圖書館碑記	一之43
1960	8		蕅益大師淨土集序	一之13
1960	9		金剛經要義序	一之1
1961	4	8	律航法師文鈔序	一之32
1961	5		佛學概要十四講表介言	二之13
1962	8	14	般若波羅密多心經講義再版序	一之2
1962	12	11	秦先生暨德配孫夫人七十雙壽序	一之75
1963	8		籌建佛教菩提醫院歡迎樂捐宣言	二之14
1963	10		重印太上感應篇直講序	一之21
1963	10	8	萬里長城圖展前述見	一之46
1963	10	8	讀呂佛庭先生所繪長城萬里圖後書感	一之47
1964	6		周楊慧卿居士傳	一之39
1964	8	18	江錦祥畫展小序	一之48
1964	8	23	臺中蓮社重印豐子愷光明畫集序	一之26
1964	8	8	獅頭山無量壽長期放生會重印光明畫集序	一之25
1964	9	20	耶穌教生天論序	一之30

附錄七:《雪廬寓臺文存》繫年

年	月	日	篇名	文存排序
1965	6	8	重印護生畫四集序	一之 27
1965	8	8	印光法師文鈔戒殺放生集序	一之 17
1965	10		慈光大專講座通訊錄序	一之 33
1965	12	9	阿彌陀經要解講義重刊序	一之 4
1965	12	9	靈巖法語匡時輯要序	一之 18
1966	2	4	佛法在原子時代序	一之 24
1966	9	29	日著玄奘三藏法師傳李譯序	一之 31
1966	10	10	民國五十五年暑期大專學生慈光講座同學錄序	一之 34
1966	10		鍾張冰如居士紀念錄書後	一之 41
1967	4	1	承侍太虛大師因緣記	一之 45
1967	7	31	重印袁了凡四訓序	一之 23
1967	8	8	小止觀講義序	一之 11
1967	8	8	長風沙集序	一之 35
1968	2	24	淨土三經合刊序	一之 8
1968	3		大乘止觀述記重印序	一之 10
1968	5		中華大典印光法師文鈔序	一之 14
1968	5		重印彌陀淨土法門集序	一之 19
1968	5	31	難經今釋序	一之 20
1968	6	23	楞嚴經指掌疏序	一之 9
1968	7	31	唯識新裁擷彙序	一之 12
1968	8	15	重印歷史感應統記序	一之 22
1968	9	10	闕里述聞釋奠選錄跋	一之 40
1968	10	30	重刊印光大師文鈔菁華錄序	一之 15
1969			葉縣太夫人劉氏墓碣	一之 72
1969	3		王校長清河墓碑	一之 44
1969	4	1	紀念太虛大師說今昔因緣	二之 11
1969	5	8	林居士念佛感應見聞記序	一之 37
1969	5	8	菩薩戒蔣葛妙信居士八秩壽序	一之 38
1969	7	20	慈光大專佛學講座第九屆開學講話	二之 12
1969	8		解深密經語體釋序	一之 5
1969	8	1	重鐫觀世音菩薩普門示現圖證序	一之 6
1969-1980			青藜閣課藝稿存介言	一之 76
1970			傷科學序	一之 51
1970	10	31	明倫發刊辭	二之 17
1971	2		明倫社庚戌寒假佛學講座同學錄序	一之 74
1971	5	31	重印思歸集序	一之 63
1971	7		古閩寶松和尚紀念療養院碑	一之 65

3815

年	月	日	篇名	文存排序
1971	8		叮嚀	二之 16
1971	9		重校新版阿彌陀經要解講義序	一之 54
1971	12	22	淨土叢書序	一之 52
1972	2	29	八正道講序	一之 64
1972			無量壽專刊發刊辭	二之 1
1972	8	24	趙居士祝壽印施觀經妙宗鈔序	一之 57
1973	2	17	景印無量壽經起信論序	一之 59
1973	4	8	蓮友之聲開播宣言	二之 18
1974	2	29	續印金剛經講義序	一之 55
1974	11		郯城劉居士霜橋八秩壽序	一之 70
1975	2		相宗綱要正續合刊序	一之 61
1975	2	25	華嚴經晉唐三譯合刊序	一之 53
1976	8		向湖遺墨跋	一之 71
1979			江居士逸子普門品圖解跋	一之 60
1979	7		周琴一公行述跋	一之 73
1979	9	8	道源法師講觀無量壽經序	一之 56
1979	10		吳修齊居士紀念雙親印施貝經梵集序	一之 58
1980	4		影印重修苣志序	一之 66
1980	9		重印勸發菩提心文講義錄要序	一之 62
1981	7		江山萬里樓詩集序	一之 67
1982	4	6	誠齋詩集序	一之 68
1983	3		蓮友之聲十周年紀念宣言	二之 19
1985	1	28	台中鍼灸學會十五周年感言	一之 69

附錄八：李炳南居士任教大專講座一覽

慈光講座（寒暑假期班）

屆期	日期	正式生	旁聽生	日數	屆期根據
1	1964.2.2	4		28	《慈光講座同學錄》第 3 屆、第 7 屆附錄
2	1964.8.15	12		7	《慈光講座同學錄》第 3 屆、第 7 屆附錄
3	1965.2.6-14	39	60	9	《慈光講座同學錄》第 3 屆附錄
4	1965.8.15-25	42		10	《慈光講座同學錄》第 7 屆附錄
5	1965.9.16-26	58		10	《慈光講座同學錄》第 7 屆附錄
	1966.1[1]	6		7	《臺大晨曦學社 50 週年社慶專刊》
6	1966.7.18-29	84	(不詳)	12	《慈光講座同學錄》第 7 屆附錄未分梯次，依座位表計
	1966.8.1-12	36	(不詳)	12	《慈光講座同學錄》第 7 屆附錄未分梯次，依座位表計
7	1967.7.18-8.10	87	116	24	《慈光講座同學錄》第 7 屆
8	1968.7.14-8.11	114	(不詳)	29	《慈光講座同學錄》第 8 屆
9	1969.7.21-8.10	230	(不詳)	21	《慈光講座同學錄》第 9 屆

慈光講座（週末班）

日期	說明
1961.5.6-6.24，八週次	佛學概要十四講表
1961.8.5，暑期	每週六：佛學詩學、佛學概要十四講表
1961.11.25-1962.4.28，十四週次	每週六：預定十四次講完
1962.3.6-4.27，九週次	
1963.10.26-12.21，九週次	每週六：第 2 期／佛學概要十四講表／九次十四講
1964.3.21-5.9，八週次	每週六：第 3 期／八大人覺經
1964.11.7-	每週六：初級班／許祖成：佛教概要 高級班／先生：唯識學

1　1966 年 1 月上旬，臺灣大學晨曦學社社長吳明陽帶領社團幹部六人至台中蓮社學習七天，與第一屆、第二屆之學習型態完全相同，但日後《暑期大專佛學講座同學錄⑦紀念冊》載錄歷屆參加人員時，並未將此列入。詳見譜文。

1965.3.13-1965.5.1	每週六：阿彌陀經
1965.5.22-6.19；1965.11.6-12.25	每週六：金剛經
1966-1967	（無紀錄）
1968.11	是期起，由先生弟子分勞授課。

明倫講座（寒暑假期班）

屆期	性質	日期	日數	舉辦地點
第1期	高級班	1971.2.1-14	14	台中蓮社
第2期	初級班	1971.7.11-8.1	21	台中蓮社
第3期	高級班	1972.1.7-28	21	台中蓮社
第4期	初級班	1972.7.8-31	24	台中蓮社
第5期	高級班	1973.7.7-8.5	30	台中蓮社
第6期	高級班	1974.1.29-2.10	13	台中蓮社
第7期	初級班	1974.7.6-27	21	台中蓮社
第8期	高級班	1975.1.20-2.1	13	慈光圖書館
第9期	初級班	1975.7.4-25	21	慈光圖書館
第10期	高級班	1976.2.3-8	6	慈光圖書館
第11期	初級班	1976.7.9-30	21	慈光圖書館
第12期	高級班	1977.1.31-2.9	10	慈光圖書館
第13期	初級班	1977.7.9-30	21	慈光圖書館
第14期	國學講座	1979.2.10-13	4	台中蓮社
第15期	國學講座	1981.8.16-29	14	台中蓮社
第16期	大專佛學社團幹部暑期講座	1985.7.21-31	11	台中蓮社
第17期	大專佛學社團幹部講座	1986.2.16-19	4	台中蓮社

附錄九：李炳南居士任教大學紀錄

學年度	起	至	校系		科目名稱
47 學年度	1958.12	1959.7	中國醫藥學院	醫科	四書、國學
48 學年度	1959.9	1960.7	中國醫藥學院	醫科	內經
49 學年度	1960.9	1961.7	中國醫藥學院	醫科	內經
50 學年度	1961.9	1962.7	中國醫藥學院	醫科	內經
51 學年度	1962.9	1963.7	中國醫藥學院	醫科	內經
52 學年度	1963.9	1964.7	中國醫藥學院	醫科	內經
53 學年度	1964.9	1965.7	中國醫藥學院	醫科	內經
54 學年度	1965.9	1966.7	中國醫藥學院	醫科	內經
			中興大學	國學講座[1]（11.1）	禮記
55 學年度	1966.9	1967.7	中國醫藥學院	醫科	內經
			中興大學	中文系教授、智海社國學講座（11.18）	禮記
56 學年度	1967.9	1968.7	中國醫藥學院	醫科	內經
			中興大學	中文系國學講座	禮記
57 學年度	1968.9	1969.7	中國醫藥學院	醫科	內經
			中興大學	中文系國學講座	禮記
58 學年度	1969.9	1970.7	中國醫藥學院	醫科	內經
			中興大學	中文系國學講座	禮記
			中興大學	夜中文系[2]	詩選
59 學年度	1970.9	1971.7	中國醫藥學院	醫科	內經
			中興大學	中文系	禮記
			中興大學	夜中文系	詩選
60 學年度	1971.9	1972.7	中國醫藥學院	醫科	內經
			中興大學	中文系	禮記
			中興大學	夜中文系	詩選

1 中興大學授課，最早是 1965 年 3 月 16 日起，由課外活動組主聘、智海學社承辦之國學講座。再來是 1966 年 9 月中文系兼任教授及智海學社國學講座。再則 1967 年 9 月「中文系國學講座」，而後是 1970 年 9 月中文系兼任教授。
2 據智海學社〈社史〉。

李炳南居士年譜【附錄】

學年度	起	至	校系		科目名稱
61學年度	1972.9	1973.7	中國醫藥學院	醫科	內經
			中興大學	中文系	禮記
			中興大學	夜中文系	詩選[1]
62學年度	1973.9	1974.7	中國醫藥學院	醫科	內經
			中興大學	中文系	佛學概要
			中興大學	夜中文系	詩選
63學年度	1974.9	1975.7	中興大學	中文系	佛學概要
			中興大學	夜中文系	詩選
64學年度	1975.9	1976.7	中興大學	中文系	李杜詩
			中興大學	夜中文系	佛學概要
			東海大學	中文所	詩學研究、李杜詩研究
65學年度	1976.9	1977.7	中興大學	中文系	李杜詩
			中興大學	夜中文系	詩選
			東海大學	中文所	漢晉詩研究、陶謝詩研究
66學年度	1977.9	1978.7	中興大學	夜中文系	詩選
			東海大學	中文所	唐詩研究、詩學研究
67學年度	1978.9	1979.7	中興大學	夜中文系	詩選
			東海大學	中文所	陶謝詩研究／李杜詩
68學年度	1979.9	1980.7	中興大學	夜中文系	詩選
			東海大學	中文所	詩學研究／唐詩研究
69學年度	1980.9	1981.7	中興大學	夜中文系	詩選

---

[1] 「詩選」三學分課，於週一、五授課。據陳雍澤日記（1973年11月30日），先生週五晚於中興大學夜間部授課「詩選」一小時，則週一為兩小時。大抵可推估：六十九學年度因蓮社開設「論語講習班」，中興大學夜間部上課時段調整為週二、六晚；此前該課程皆開設於週一兩小時、週五一小時。僅六十四學年度「佛學概要」於週五晚授課。

附錄十：李炳南居士追思會各界輓詩輓聯

（依姓氏筆畫排序）

孔德成[1]	炳南我兄千古： 　數萬里流離備嘗甘苦與君共， 　五十年交誼多歷艱難為我謀。 　　　　　　弟孔德成、孔孫琪方 　　　　　　　率子維鄂、維益、維崍、維寧； 　　　　　　　孫自平、垂梅、垂長、垂玖、 　　　　　　　舜蓉、喬治敬輓
中國醫藥學院班代表[2]	戒定慧悟　我聞如是　修齊治平　師訓在茲 　　　　　　　　　　　　　中國醫藥學院班代表
中華佛教居士會[3]	輓雪老副名譽理事長： 　真如本無名，回首悲歡成昨夢； 　來去原自在，了知生滅等空華。 　　　　　　中華佛教居士會理事長謝隆盛敬輓
中興念佛班[4]	宏闡淨宗惟師為最　高登蓮品賴佛是親 　　　　　　　　　　　　　中興念佛班恭輓
王大任[5]	雪公李炳南老居士輓詩有序　　　　　　　王大任 壬子春初，家母病危，雪公於百忙中自台中蒞臨寒舍，並為家母開頂（學佛者於臨終前煩高僧剃頂髮謂利超升），繼而高僧懺雲法師亦至。家母面告雪公：「我塵緣已盡，毫無留戀。深感有生之年，子孝孫賢，允無遺憾。」雪公面告家母：「你學道虔誠，可望生西，我們靈山會上再見。」言猶在耳，雪公業已辭塵，憶往思親，不禁淚落如雨矣。 　驚聞訃告悼宗師，天意難期淚暗滋， 　慚愧頻年塵事累，久疏拜省剩哀思。 二、 　去日匆匆十載茲，駕臨寒舍正春時， 　緬懷家母彌留語，感激宗師開頂辭。 三、 　道兼佛儒契天人，化善殊鄉澤萬民， 　盛德豐功堪不朽，早知身後作明神。

1　《明倫》第 164 期（1986 年 4/5 月合刊）。
2　照片。
3　《菩提樹》第 403 期（1986 年 6 月）頁 36-37。
4　照片。
5　《明倫》第 164 期（1986 年 4/5 月合刊）。

	四、 　　片言棒喝指迷津,譽我純情恐未真, 　　從此人生失導引,感恩那得不沾巾?
王仲懿[1]	輓雪公世伯大人示寂生西: 　　廿餘載杖履追陪,如沐春風化雨,愧立程門,慧業無多空仰止; 　　九七齡功德圓滿,翹瞻華蓋寶幢,榮歸淨土,清輝宛在杳音容。 　　　　　　　　　　　　　　　　　侄王仲懿叩輓
王德超[2]	敬輓雪廬導師: 　　本福德因緣,常寂有光居淨土; 　　持慈悲願力,娑婆重返度群生。 　　　　　　　　　　　　　　　　　隨學弟子王德超
王禮卿[3]	輓雪老前輩聯: 　　以救世悲懷盡化世願力,慈雲長蔭三臺地; 　　極佛門真諦會孔門心傳,絕學難逢一代師。 　　　　　　　　　　　　　　　　　後學王禮卿拜撰
台中佛教蓮社長壽念佛班[4]	雪公老師往生西方極樂世界 　　千五百年蓮社流芳了生脫死入聖超凡溯遠公而後捨淨土眾何所往 　　三十七載杏壇設教引經據典讜論直言自印祖以還微先生吾誰與歸 　　　　　　　　　　　　　台中佛教蓮社長壽念佛班拜輓
台中佛教蓮社聯體機構[5]	炳公導師西歸 　　鯤島揚德化傳詩傳禮文化傳承昭百世 　　廬山嗣芳型普佛普心道風普被足千秋 　　　　　　　　　　　　　台中佛教蓮社聯體機構敬輓

1　《明倫》第 164 期(1986 年 4/5 月合刊)。
2　《慧炬‧紀念李雪廬長者專輯》第 264 期(1986 年 6 月)頁 5-29。
3　《明倫》第 164 期(1986 年 4/5 月合刊)。
4　〈追思會公祭〉(1986 年 6 月 8 日),《雪公治喪事宜專輯》,台中蓮社檔案。
5　《明倫》第 164 期(1986 年 4/5 月合刊)。

附錄十：李炳南居士追思會各界輓詩輓聯

台中佛教蓮社聯體機構[1]	台中蓮社暨聯體機構，〈祭文〉：維中華民國七十五年六月八日，台中蓮社暨聯體機構代表王炯如謹以香花甘露致祭於導師李公雪廬老居士之靈曰：洪維泰岱，鍾誕哲人；博通儒釋，大智大仁。自來臺嶠，弘法艱辛；創立蓮社，淨業培因。勵修定慧，息滅貪瞋；六度四攝，拯濟同倫。緣盡示寂，蓮開由旬；一生補處，性體歸真。菩提大願，虛空無垠；回入娑婆，俱胝化身。廣度含識，共出苦輪；追念恩德，無間朝昏。社中座冷，涕淚沾巾；嗚呼哀哉！神其來歆。尚饗。
田璧雙[2]	炳老尊者圓寂： 　儒雅雍容，通經博學，明德播聲聞，譽滿人寰，尊者慈範垂後世； 　謙沖澹泊，翠竹喬松，抱道終歲月，究無塵物，菩薩事業足千秋。 　　　　　　　　　　　密藏院董事長田璧雙恭輓
全體受業弟子[3]	雪公老恩師示寂　　　　　　全體受業弟子同頂禮拜輓 　蓬島蒙德化詩禮傳承普被春風三十載 　蓮邦現慈雲人天永隔那堪血淚復經秋
朱斐[4]	炳公恩師示寂： 　學佛忝及門，惻怛垂慈；作之友、作之師、作之親，飽渥深恩，往事縈懷揮痛淚； 　樹刊承肇始，犧牲衛道；悲於心、悲於言、悲於行，仰沾化雨，再來乘願度群生。 　　　　　　　　　　　　　　受業弟子朱斐拜輓
江逸子（錦祥）[5]	源紹靈巖一脈通，蓮開葉葉性相同； 慈光常住華嚴處，花雨繽紛涵太空。
江錦祥[6]	雪公老恩師圓寂 　百年宏願光〇〇〇〇〇〇〇〇智悲即忍辱 　六字因緣禪心定斯景斯情仍然泣淚失依歸 　　　　　　　　　　　　　　弟子江錦祥叩輓

1　照片。
2　《菩提樹》第 403 期（1986 年 6 月）頁 36-37。
3　〈追思會公祭〉（1986 年 6 月 8 日），《雪公治喪事宜專輯》，台中蓮社檔案。
4　《菩提樹》第 403 期（1986 年 6 月）頁 36-37。
5　江逸子口述，林其賢記錄：〈江逸子口述紀錄〉（2023 年 11 月 22 日）。
6　照片。

李炳南居士年譜【附錄】

至聖奉祀官府同仁[1]	李故主任祕書炳公千古 　　化雨春風藹藹慈悲容已邈， 　　公門私室諄諄啟迪訓常存。 　　　　　　　大成至聖先師奉祀官府全體同仁拜輓
佛陀教育基金會[2]	薰沐三十載學文學詩學禮慈音諄諄猶在耳 承侍幾經霜導信導願導行悲願刻刻永銘心 　　　　　　　　　佛陀教育基金會全體同修拜輓
吳永猛[3]	恭輓雪公老師： 　　五十餘載，興學辦教，儒佛並弘，傳道授業解惑，功德廣被，名垂千古； 　　百歲高齡，修身養性，事理無礙，念佛講經說法，慈光普照，師範長存。 　　　　　　　　　　　　　　　　學生吳永猛敬輓
呂佛庭[4]	哭李雪老　　　　　　　　　　　　　　　　呂佛庭 　　聞道廬山梁柱折，不禁涕淚滿衣裳；百年世壽悲緣盡，卅載知交感誼長。 　　諸部兼弘浴法海，一人不捨渡慈航；遠公抱節結蓮社，子美飄零未返鄉。
呂佛庭[5]	合歡同訪勝雪山雪廬度雪夜 蓮社頻問法佛面佛心演佛音
呂佛庭[6]	輓李雪老：　　　　　　　　　　　　　　　呂佛庭 世壽已盡，今朝隨緣歸去； 佛法難聞，何日乘願再來？
李相楷（蓮階）[7]	無盡的追思 去歲賀師九六華誕曾蒙俞允百歲時再來叩賀今竟遽逝能不傷懷爰綴蕪辭略成一絕用表悼念之意云爾 　　菩薩去來未可知，空悲不守百年期； 　　一心念佛當長記，定有蓮池共會時。

1　〈追思會公祭〉（1986 年 6 月 8 日），《雪公治喪事宜專輯》，台中蓮社檔案。
2　〈追思會公祭〉（1986 年 6 月 8 日），《雪公治喪事宜專輯》，台中蓮社檔案。
3　《慧炬・紀念李雪廬長者專輯》第 264 期（1986 年 6 月）頁 5-29。
4　《明倫》第 164 期（1986 年 4/5 月合刊）。
5　照片。
6　《菩提樹》第 403 期（1986 年 6 月）頁 36-37。
7　《明倫》第 164 期（1986 年 4/5 月合刊）。

附錄十：李炳南居士追思會各界輓詩輓聯

李謇[1]	雪公靈右： 是清秀才，文采一流，早以高論綿慧業； 依大悲願，弘揚萬法，久從漸頓契真修。 　　　　　　　　　　　　　　後學李謇拜輓
沈家楨[2]	憶李炳南大德： 世世常行菩薩道，原無所謂來去； 念念不離眾學子，示現本即無生。 　　　　　　　　　　　　　　　沈家楨供養
周邦道[3]	恭輓雪廬夫子：　　　　　　　　受業弟子周邦道 　臺嶠棲遲近卅年，崇內典、融釋儒、建道場、弘教化、培人才、布書刊、播法音、利群萌；犖犖領同倫，最為第一。 　蓮宗倡導懷諸老，許止淨、江易園、夏慈濟、梅擷芸、戰德克、徐蔚如、黃智海、王水鏡；寂寥悲碩果，誰復開先！ 其二 　匡阜遞靈巖，淨土法門，苦口婆心，經已弘揚繩祖武； 　雪廬光稷下，等身玄箸，高文至道，願當庋印廣師恩。
周宣德[4]	恭輓雪廬夫子：　　　　　　　　受業弟子周宣德 釋儒翼並風徽，慧炬明倫，同循矩矱； 淨白薪傳盛業，靈巖廬阜，永仰師承。
周春堤[5]	敬輓雪廬太夫子 恍猶地藏化身，濟度群萌，卓絕施為由大願； 辱表先慈懿行，貽留奕禩，迴環傳記仰崇恩。 　　　　　　　　　　　　　　門下晚生周春堤
周家麟 蔣俊義 徐醒民[6]	雪公恩師西歸 尊儒道揚仁風囑守三不四為施法施財苦海群生沐德化 嚴律行宏淨業示現一如圓成即心即佛樂邦聖眾來香雲 　　　　　　　　　周家麟蔣俊義徐醒民頂禮恭輓

1　《菩提樹》第 403 期（1986 年 6 月）頁 36-37。
2　《慧炬‧紀念李雪廬長者專輯》第 264 期（1986 年 6 月）頁 5-29。
3　《明倫》第 164 期（1986 年 4/5 月合刊）。
4　《慧炬‧紀念李雪廬長者專輯》第 264 期（1986 年 6 月）頁 5-29。
5　《慧炬‧紀念李雪廬長者專輯》第 264 期（1986 年 6 月）頁 5-29。
6　〈追思會公祭〉（1986 年 6 月 8 日），《雪公治喪事宜專輯》，台中蓮社檔案。

李炳南居士年譜【附錄】

孟繁驥[1]	李老居士炳南教授千古 　文章秋水皓月禪心入世醇儒出世佛 　孝道泗洙蓬瀛〇〇〇〇〇〇〇〇〇〇 　　　　　　　　　　　　　鄒邑孟繁驥〇〇
曾憲徫[2]	雪公道長千古 　碩德流徽 　　　　　　　　　　　　宗聖奉祀官曾憲徫拜輓
明允中[3]	敬輓雪公老居士： 　遣化隨悲願，含藏是德基，一身同正氣，萬法顯摩尼。 　禪榻燈猶在，徑櫥葉仍披，平生彈指地，今見篆烟移。 其二 　詩學綿仁教，悲心繼杜陵；天人懷五至，空有契三乘。 　洒落江山趣，希夷理道膺；昔曾虛月印，俯仰式依憑。 　　　　　　　　　　　　　　晚學明允中敬輓
治喪委員會[4]	故李老居士炳南教授千古： 　道倡倫常道，心為菩提心。 　　　　　　　　　　　　　　　治喪委員會拜輓
治喪委員會[5]	治喪委員會，〈祭文〉：維中華民國七十五年六月八日，治喪委員會全體同仁，謹具香花素果之儀，致祭於故李老居士炳南教授之靈前曰：嗚呼先生，盛業流光；世居東魯，避地台疆。菩提證道，千界蓮香；明倫闡微，義正綱常。救世為志，斯文以揚；遐齡克享，積德必昌。西瞻極樂，山高水長。嗚呼哀哉！尚饗。
邱創煥[6]	炳南先生生西 　弘道流芳 　　　　　　　　　　　　　　　邱創煥敬輓
美國加州勢至蓮社[7]	雪公恩師西歸 　大願無邊遍種蓮華傳海外 　化緣有盡長思法駕返娑婆 　　　　　　　　美國加州勢至蓮社弟子翟勻英拜輓

1　照片。
2　照片。
3　《明倫》第 164 期（1986 年 4/5 月合刊）。
4　〈雪廬風誼〉，《《全集》總目錄》，頁 55。
5　照片。
6　照片。
7　〈追思會公祭〉（1986 年 6 月 8 日），《雪公治喪事宜專輯》，台中蓮社檔案。

附錄十：李炳南居士追思會各界輓詩輓聯

美國德州華藏蓮社[1]	巧度無邊眾生 應是倒駕慈航 善說微妙法味 但祈乘願再來 　　　　　　　美國德州華藏蓮社全體同修拜輓
唐立生[2]	炳南老伯千古 　淨業夙昭，高壽大名公並有 　音容頓杳，參禪學佛我何歸 　　　　　　　　　　　　晚唐立生拜輓
唐立生[3]	炳南老伯千古 　淨業夙昭高壽大名公並有 　音容頓杳參禪學佛我何歸 　　　　　　　　　　　　晚唐立生拜輓
唐湘清[4]	是真儒亦真佛儒佛合一度眾○ 既自覺又覺他覺行圓滿○○○
埔里蓮友念佛團[5]	雪公炳南老居士靈右 　雪志淨修渡眾生，公忠天下願圓成； 　居凡緣盡西方返，士子三千讚佛聲。 　　　　　　　埔里蓮友念佛團全體弟子拜輓
夏蔬園[6]	敬輓雪老前輩 　道德比古人澤潤廣被久天地 　文章遺來者煥彩不朽永世間 　　　　　　　　　　　　　後學夏蔬園
徐人眾[7]	炳老鄉長大德靈鑒 　是儒學宗師兼佛壇大老永世言教行率德化道熔想望斗山莫極仰 　為聖業參贊作眾生典範遽聞哲萎泰頹雅亡梁折夢瞻風貌難任悲 　　　　　　　　　　海外鄉後學徐人眾敬輓
張正中[8]	哲人其萎 　　　　　　　　　　　　　晚張正中敬輓

---

1 〈追思會公祭〉（1986 年 6 月 8 日），《雪公治喪事宜專輯》，台中蓮社檔案。
2 照片。
3 照片。
4 照片。
5 照片。
6 照片。
7 照片。
8 照片。

李炳南居士年譜【附錄】

陳立夫 [1]	炳南先生千古： 　德望永昭 　　　　　　　　　　　　　　　　陳立夫 敬輓
陳立夫 [2]	登期頤遐年，大德上壽 為一代儒宗，亮節高風。 　　　　　　　　　　　　　　　　陳立夫 敬輓
陳清香 [3]	恭輓雪公恩師： 其一 　慈光座下破迷啟悟妙諦宣流恒使淨土宗義顯恩澤永憶 　正氣街坊捨報生西法堂柱倒空遺華嚴講席殘佛子何依 其二 　四十載儒釋兼融吹法螺敲木鐸仲尼絕學賴顯揚 　九七齡演音不輟化群倫醒世迷維摩典範長懷思 　　　　　　　　　　　　　　弟子陳清香敬輓
陳鵬、夏真濟 [4]	立己立人士林碩望 先知先覺哲學名家 　　　　　　　　　　　　　後學陳鵬、夏真濟敬輓
華藏佛教視聽圖書館 [5]	雪公老師西歸 　慈眼視眾生現居士身化緣已盡於今脫然西去 　報身歸極樂禮他方佛因果圓成當期乘願再來 　　　　　　　　　　華藏佛教視聽圖書館全體同修拜輓
楊展雲 [6]	炳南鄉長先生千古 　儒釋融通 　　　　　　　　　　　　　　　　楊展雲敬輓
董正之 [7]	雪公恩師升西誌感： 　遠宗廬阜，近法靈巖，淨土一宗揚寶島； 　道侔龍舒，行齊安士，聖賢名錄續新篇。 　　　　　　　　　　　　　學生董正之頂禮敬輓

1　照片。
2　照片。
3　《慧炬‧紀念李雪廬長者專輯》第 264 期（1986 年 6 月）頁 5-29。
4　照片。
5　〈追思會公祭〉（1986 年 6 月 8 日），《雪公治喪事宜專輯》，台中蓮社檔案。
6　照片。
7　《明倫》第 164 期（1986 年 4/5 月合刊）。

附錄十：李炳南居士追思會各界輓詩輓聯

臺中佛教會館 [1]	李公炳南大德圓寂 乘願再來 <div align="right">臺中佛教會館</div>
臺北佛教淨業林 [2]	恭輓雪公長者：　　　　　　　　　臺北佛教淨業林 　身教質實，言教老實，直心作道場，從教德範常新，慧日經筵欣有繼； 　望之威嚴，即之端嚴，慈眼觀含識，可慨化緣已盡，宗風蓮社願重來。
劉安祺 [3]	炳南先生千古： 　菩提薩埵 <div align="right">劉安祺敬輓</div>
劉象山 [4]	無盡的追思──輓李炳南居士 民國四十年余初遇臺中，主孔奉祀官府，因與炳老相識，知其飽讀儒書，湛精佛理，兼擅岐黃妙術，嗣後與相見，必深談，比聞在中市宏揚佛法，講授經籍，精神矍鑠，瞻游日盛，忽驚順興，感念殊深，爰綴一聯，以誌哀悼。 　儒釋一心通，抄塵頻揮，淑世能弘孔孟學； 　智悲雙慧具，慈航普渡，活人兼擅扁盧方。
韓同 [5]	炳南尊者圓寂： 　以道德文章，儒林望重，未改書生面目； 　爲如來事業，信眾同欽，何殊菩薩心腸。 <div align="right">韓同敬聯</div>
釋仁俊法師 [6]	炳公長者生西： 　悲潮吼震，爲法忘軀，講導精勤見婆心，是真學彌陀佛者； 　慧業開持，樹風克己，圖回季末驚寢饋，洵不虧釋迦佛人！ <div align="right">驚危沙門仁俊敬輓</div>
釋妙蓮法師 [7]	李長者西皈 　善哉李炳公，震旦老維摩；安詳生西方，拜見阿彌陀。 　頃刻蓮華開，即時返娑婆；繼弘淨土法，導眾歸極樂。 <div align="right">靈巖山寺妙蓮敬輓</div>

1 　照片。
2 　《菩提樹》第 403 期（1986 年 6 月）頁 36-37。
3 　照片。
4 　《明倫》第 164 期（1986 年 4/5 月合刊）。
5 　《菩提樹》第 403 期（1986 年 6 月）頁 36-37。
6 　《菩提樹》第 403 期（1986 年 6 月）頁 36-37。
7 　照片。

3829

李炳南居士年譜【附錄】

釋宣化法師[1]	贊曰： 疾風硬燭，烈火精金。百鍊不銷，金剛法身。 清風明月，不染纖塵。遊戲三昧，如是云云。 又說偈曰： 以身作則化群生，老實念佛九品登。闡揚華嚴法界理，開掘慧礦佛性明。信願持名歸淨土，勸修妙法入蓮城。九七時至生安養，菩薩眷屬日日增。
釋隆道法師[2]	李公炳南老居士生西 儒遵孔孟釋印弘言行真可法○○○○能有幾 ○○○守矢志度生世道已衰頹○○撒手遽云歸 　　　　　　　　　　　　高雄市龍泉寺釋隆道率眾敬輓
釋聖開法師[3]	○○○ 　上品上生 　　　　　　　　　　　　　　　　　慈光山聖開敬輓
釋廣仁法師[4]	李老居士炳南公○○ 是古佛應世是維摩再來說法度生數十年九七大壽得天爵 其言○多方其行足應表高風亮節真堪佩千萬緇素盡推崇 　　　　　　　　　　　　　　　　○○○釋廣仁敬輓
釋廣化法師[5]	德明長者西逝 　正法式微，長者隨長老西去； 　邪說方熾，後生與後學○○。 　　　　　　　　　　　　　　　　　　釋廣化敬輓

說明：另有多幅因照片不清，無法錄載。

1　釋宣化：《水鏡回天錄》（加州：美國萬佛聖城，1993 年 12 月），頁 156-159。
2　照片。
3　照片。
4　照片。
5　照片。

附錄十一：人物小傳索引

（依姓氏筆畫排序）

項次	人物	卷次	譜文日期
1	丁惟汾（1874-1954），字鼎丞	二	1944 年 11 月 16 日
2	于凌波（1927-2005）	四	1961 年 9 月 20 日
3	孔令煜（1887-1955），字雪光，號一庵	二	1938 年 1 月 2 日
4	孔令儁（1876-1958），字靈叔	二	1938 年 1 月 2 日
5	孔令燦（1888-?），字瀞庵	二	1939 年 5 月 28 日
6	孔德成（1920-2008），字玉汝，號達生	一	1920 年 2 月 23 日
7	戈本捷（1913-1991），妻戈周騰	五	1964 年 7 月 28 日
8	方倫（1897-198），字心五	四	1952 年 2 月
9	王天鳴（1897-1972）	四	1960 年 11 月 8 日
10	王仲裕（1891-1981）	六	1981 年 4 月 5 日
11	王仲懿（1910-2005）	五	1966 年 7 月 25 日
12	王孝廉（1942-2022）	五	1966 年 1 月 26 日
13	王從周（1882-1959）	四	1959 年 8 月 28 日
14	王曉西	二	1938 年 3 月 27 日
15	王禮卿（1908-1997）	六	1974 年 8 月 1 日
16	王獻唐（1896-1960）	一	1931 年 1 月 22 日
17	王鶯（1903-1997）	四	1949 年 5 月 29 日
18	朱炎煌（1909-1979）	四	1949 年 5 月 29 日
19	朱斐（1921-2015），號時英	四	1949 年 3 月 18 日
20	朱鏡宙（1890-1985），字鐸民	二	1940 年夏
21	江逸子（1938-），名錦祥，以字行	四	1955 年末
22	何玉貞（1909-2010）	五	1962 年 1 月
23	何清根（1931-1996）	五	1969 年 11 月
24	吳倩蘐（1869?-1947）	一	1919 年 9 月 7 日
25	吳聰龍（1953-2021）	五	1970 年 3 月 9 日
26	呂今山（1882-1949），名鴻陞，字今山	一	1923 年
27	呂正涼（1905-）	四	1951 年 9 月
28	呂佛庭（1911-2005）	四	1949 年 10 月 6 日

項次	人物	卷次	譜文日期
29	李俊龍（1924-2000），字雲溪	一	1924 年
30	李烈鈞（1882-1946），字協和，號俠黃	二	1945 年春
31	李國謨（1941-），又名轂摩	五	1962 年冬
32	李華（1900-1964），字實美	一	1900 年
33	李潄生（1903-1994）	四	1949 年 7 月 3 日
34	李鉌榮（1921-2002），出家法名志心	四	1949 年 5 月 5 日
35	沈尹默（1883-1971），字秋明，號君墨	二	1938 年末
36	沈家楨（1913-2007）	六	1973 年 12 月 7 日
37	邢藍田，字仲采	二	1940 年 10 月 17 日
38	周仁壽（1858-1929），字敬甫	一	1920 年初
39	周邦道（1898-1991），字慶光	四	1949 年 7 月 3 日
40	周宣德（1899-1989）	四	1949 年 5 月 29 日
41	周家麟（1920-2006）	四	1957 年末
42	周榮富（1909-2002）	六	1975 年 5 月
43	周慧德（1911-2004），名阿尪	四	1960 年 5 月 28 日
44	周興南(1879-1947)，字召亭，號退盦	一	1927 年
45	屈萬里（1907-1979），字翼鵬	一	1937 年 10 月 12 日
46	林看治（1907-1992）	四	1949 年 5 月 29 日
47	林進蘭（1919-2004）	四	1949 年 5 月 5 日
48	施人豪（1937-1990）	六	1975 年 8 月
49	柯璜（1876-1963），字定礎	二	1940 年 2 月 22 日
50	胡念祖（1927-2019）	五	1968 年 9 月
51	胡崇理（1911-1983）	六	1972 年
52	胡遠志（1921-2004）	四	1951 年 3 月 20 日
53	唐湘清（1918-1990）	四	1949 年 7 月 3 日
54	夏繼泉（1884-1965），字溥齋，號渠園、蓮居	四	1950 年 2 月 26 日
55	孫奐侖（1887-1958），字藥畬，號庸齋	二	1941 年 7 月 12 日
56	孫立人（1900-1990），字撫民，號仲能	六	1980 年 1 月 6 日
57	孫張清揚（1913-1992），又名張晶英	四	1951 年 12 月 19 日
58	孫陵（1914-1983）	五	1962 年末
59	秦德純（1893-1963），字紹文	五	1962 年 12 月 11 日

附錄十一：人物小傳索引

項次	人物	卷次	譜文日期
60	徐人眾（1911-），號石上老人	六	1976 年 2 月 21 日
61	徐灶生（1899-1984）	四	1960 年 4 月 28 日
62	徐醒民（1928-2022），號自民	五	1964 年 2 月 27 日
63	馬一浮（1883-1967），原名浮，號湛翁	二	1941 年 12 月 5 日
64	馬晉封（1919-1999），字放之，號子晉	一	1928 年 8 月
65	高登海（1908-1999）	四	1951 年 5 月 18 日
66	張月珠（1903-1968），出家法名德熙	四	1950 年 1 月 5 日
67	張佩環，「萬太太」	四	1954 年 7 月 8 日
68	張善子（1882-1940），名澤，號虎痴	二	1938 年末
69	張秀甫	一	1930 年 7 月
70	張瑞焰（1871-?），字輯五	一	1931 年 5 月
71	張闓（1893-1965），林張闓，法名寬心	四	1952 年 4 月 1 日
72	張齡（1910-1979），字劍芬，號無諍居士	六	1979 年仲春
73	張慶祝（1917-2007）	四	1949 年 5 月 5 日
74	梅光羲（1878-1947），字擷芸	一	1914 年
75	莊陔蘭（1872-1946），字心如，號春亭	一	1934 年 3 月
76	莊厚澤（1871-?），字德符，法名德扶	一	1923 年
77	莊郭花（1910-1987），「阿花師姑」	四	1958 年 5 月 24 日
78	許克綏（1892-1983）	四	1949 年 5 月 6 日
79	許炎墩（1923-2014）	四	1949 年 5 月 6 日
80	許俊傑（1935-1982），後改姓游	四	1951 年 6 月
81	許祖成（1908-1980），字慎獨，法號寬成	四	1949 年 7 月 3 日
82	陳之佛（1896-1962），號雪翁	二	1938 年末
83	陳立夫（1900-2001），名祖燕，字立夫	二	1972 年 8 月 3 日
84	陳名豫（1882-1966），字雪南	二	1941 年 7 月 12 日
85	陳樹根（1911-1957）	四	1957 年 10 月 7 日
86	陳澤沛	二	1944 年秋
87	崔玉衡（1905-1984）	四	1951 年 6 月 20 日
88	彭爾康（1908-1983）	七	1983 年 5 月 26 日
89	湯瑛（1888-1959），出家法號融熙	四	1953 年 1 月 8 日
90	馮復光（1892-1966），字述先，號蟄廬	二	1943 年 5 月 22 日

李炳南居士年譜【附錄】

項次	人物	卷次	譜文日期
91	黃雪銀，法名慧真	四	1951年10月
92	楊仁山（1837-1911），名文會	四	1960年10月8日
93	楊廷寶（1901-1982），字仁輝；（妻）陳法青	四	1949年2月26日
94	楊煦（1910-2013），字誠樸	四	1949年1月25日
95	溥儒（1896-1963），字心畬	四	1950年3月
96	董正之（1910-1989）	四	1949年7月3日
97	董汝駿，字雪峰	一	1927年7月
98	靳鶴聲（1898-1998）	三	1947年10月
99	虞愚（1909-1989），字竹園	二	1938年3月27日
100	詹金枝（1909-2001）	五	1962年2月21日
101	廖玉嬌（1926-2018），出家法名恆滋	六	1972年7月
102	熊夢賓（1886-1953）	二	1941年7月12日
103	趙子莪（1887-1969），字阿南	一	1921年
104	趙天行（1914-2006），號道之	七	1983年8月18日
105	趙茂林（1903-1981）	五	1968年10月30日
106	趙錟銓（1925-2016），妻蔣麗亮（1925-2009）	四	1959年8月
107	劉汝浩（1894-1985），字霜橋。	四	1952年4月22日
108	劉梅生（1910-1993），出家法名覺生	四	1957年7月18日
109	劉祖基，法名智雄	四	1949年4月26日
110	劉錫五（1899-1997），字輯廷	六	1971年6月
111	樓永譽（1918-2011）	四	1953年5月25日
112	歐陽鍾裕（1935-）	六	1973年2月6日
113	潘天壽（1897-1971），字大頤	二	1941年末
114	蔡念生（1901-1992），名運辰	四	1955年6月17日
115	蔡榮華（1938-1996）	五	1963年9月2日
116	蔣俊義（1919-2008）	四	1960年8月25日
117	蔣逸雪（1902-1985）	二	1943年4月下旬
118	鄧明香（1924-1991）	四	1950年3月
119	鄭勝陽（1942-2015）	四	1959年末
120	蕭慧心（1912-1992）	四	1951年8月31日
121	賴棟樑（1902-1965）	四	1949年5月6日

附錄十一:人物小傳索引

項次	人物	卷次	譜文日期
122	龍健行（1884-1968），號澄澈，出家法名本際	四	1949 年 10 月 6 日
123	謝健（1883-1960），字鑄陳，晚字竹岑	二	1938 年 3 月 27 日
124	謝潤德（1918-1995）	五	1964 年 7 月 28 日
125	鍾石磐（1904-1992）	四	1961 年 2 月 25 日
126	鍾伯毅（1880-1962），字槐村	五	1962 年 4 月 4 日
127	豐子愷（1898-1975）	二	1942 年 12 月 19 日
128	羅永正（1913-2001），法名無虛	五	1966 年 2 月 4 日
129	釋大雲法師（1879-?），法名能信，法號大雲	一	1936 年 9 月 26 日
130	釋天乙法師（1924-1980）	四	1953 年 9 月 30 日
131	釋太虛大師（1890-1947）	二	1938 年 3 月
132	釋文珠法師（1930-2014）	四	1957 年 9 月 3 日
133	釋仁俊法師（1919-2011）	六	1976 年 11 月 8 日
134	釋印光法師（1862-1940）	一	1932 年 8 月
135	釋印順法師（1906-2005）	二	1964 年 3 月 8 日
136	釋果清（1947-），俗名李子成	六	1981 年底
137	釋南亭法師（1900-1982）	四	1950 年 4 月 27 日
138	釋律航法師（1887-1960）	四	1951 年 3 月 30 日
139	釋恆觀法師	六	1977 年 4 月 22 日
140	釋真空禪師（1872-1952）	一	1931 年 1 月
141	釋能海法師（1886-1967）	三	1946 年 7 月底
142	釋貢噶呼圖克圖（1893-1957）	三	1946 年 7 月底
143	釋淨空法師（1927-2022），俗名徐業鴻	四	1958 年 7 月
144	釋章嘉呼圖克圖（1890-1957）	四	1955 年 6 月 26 日
145	釋斌宗法師（1911-1958）	四	1958 年 5 月 8 日
146	釋圓融法師（1906-1969）	四	1951 年 5 月 16 日
147	釋會性法師（1928-2010）	四	1951 年 3 月 31 日
148	釋道源法師（1900-1988）	四	1955 年 6 月 26 日
149	釋廣化法師（1924-1996）	四	1954 年 10 月 16 日
150	釋德欽法師（1889-1971），俗姓施	四	1953 年 1 月 11 日
151	釋樂果法師（1884-1979）	六	1974 年 3 月 3 日
152	釋應慈法師（1873-1965）	三	1948 年 10 月 18 日

項次	人物	卷次	譜文日期
153	釋證蓮法師（1893-1967）	四	1952 年 2 月 9 日
154	釋寶松法師（1891-1966）	六	1971 年 6 月 27 日
155	釋懺雲法師（1915-2009）	四	1954 年 10 月 28 日
156	〔日〕牧田諦亮（1912-2011）	五	1963 年 4 月 19 日
157	〔美〕尉遲酣（Holmes Welch, 1921-1981）	五	1963 年 11 月 7 日
158	〔美〕漢米爾頓（Clarence Herbert Hamilton, 1886-1986）	五	1963 年 3 月 29 日

附錄十二：徵引文獻[1]

一、譜主著作、手稿、文件、講授筆記

1. 臺中蓮社宗教文物資料——李炳南教化作品與生活紀錄典藏計畫網站：http://140.120.49.138/index_welcome.php
2. 雪廬老人專輯：http://www.haihui.org.tw/data/55/index.asp?t1=4&t2=0&t3=0
3. 李炳南老居士全集編輯委員會編：《李炳南老居士全集》共17冊，臺中：青蓮出版社，2006年。
4. 李炳南老居士全集編輯委員會編：《李炳南老居士全集總目冊》，《全集》總目冊、雪廬老人年表、雪廬風誼。
5. 李炳南：《佛說阿彌陀經摘注接蒙義蘊合刊、大方廣佛華嚴經講述表解》，《全集》第1冊。
6. 李炳南：《講經表解》，《全集》第2、3冊。
7. 李炳南：《大專佛學講座初級教材、弘護小品彙存》，《全集》第4冊。
8. 李炳南：《佛學問答類編》，《全集》第5、6、7冊。
9. 李炳南：《佛說四十二章經表注講義、無量壽莊嚴清淨平等覺經眉注》，《全集》第8冊。
10. 李炳南：《脩學法要》，《全集》第9冊。
11. 李炳南：《脩學法要續編、雪廬述學語錄》，《全集》第10冊。
12. 李炳南：《論語講要》，《全集》第11冊。
13. 李炳南：《禮記選講、中國歷史綱目表、重修莒志選》，《全集》第12冊。
14. 李炳南：《詩階述唐》，《全集》第13冊。
15. 李炳南：《雪廬詩集、雪廬寓臺文存》，《全集》第14冊。

---

[1] 本年譜引用文獻近兩千筆，列舉約需六萬言。為免占據太多篇幅，以下僅錄列部分，其餘各件詳見引文注記出處。

16. 李炳南：《黃帝內經選講》，《全集》第 15 冊。
17. 李炳南：《雪廬老人題畫遺墨》，《全集》第 16 冊。
18. 李炳南答，朱斐編：《佛學問答類編》，臺中：菩提樹雜誌社，1955 年 12 月 8 日初版。
19. 李炳南：《雪廬詩文集》，雪廬述學彙稿之八，臺中：李炳南老居士八秩祝嘏委員會印行，明光出版社發行，1969 年 12 月 8 日。
20. 養正堂出版社編輯室編：《雪廬老人題畫遺墨》，臺中：養正堂出版社，1988 年 12 月。
21. 澹寧齋編著：《雪廬老人題畫遺墨輯》，新北：大古出版，2016 年 3 月再版。
22. 李炳南、佛教居士林：〈李炳南居士來函〉、〈復李炳南居士書〉，《世界佛教居士林林刊》第 38 期，1934 年 7 月 1 日，頁 61；今收入黃夏年主編：《民國佛教期刊文獻集成補編》第 12 卷，頁 69。
23. 李炳南，釋一西：〈李炳南居士上如岑法師書，釋一西附識〉，《淨宗隨刊》第 2 期，1946 年 3 月；收入黃夏年主編：《民國佛教期刊文獻集成補編》第 76 卷，頁 301-303。
24. 李炳南（雪僧）：〈歌樂山蓮社成滅因緣及修眾的感應〉，《淨宗隨刊》第 3 期，1946 年 10 月；收入黃夏年主編：《民國佛教期刊文獻補編》第 76 卷，頁 358-359。
25. 李炳南：〈李炳南居士復如岑法師書〉，《淨宗隨刊》第 3 期，1946 年 10 月；收入黃夏年主編：《民國佛教期刊文獻集成補編》第 76 卷，頁 345-346。
26. 李炳南：〈復如岑法師書〉，原刊《淨宗隨刊》第 3 期，1946 年 10 月；收入黃夏年主編：《民國佛教期刊文獻集成補編》第 76 卷，頁 345-346。
27. 李炳南：〈函如岑法師書〉，《淨宗》第 8/9 期合刊，1948 年 12 月 1 日；今收入黃夏年主編：《民國佛教期刊文獻集成》第 56 卷，頁 88。（原刊篇首漏略十餘字，依《明倫》第 405 期，2010

年 6 月轉載補。）

28. 李炳南、釋如岑：〈持念觀音聖號免厄記〉，《淨宗》第 12-14 期合刊，1949 年 5 月 1 日，頁 12-14；收見黃夏年主編：《民國佛教期刊文獻集成補編》第 82 卷，頁 469-471。
29. 李炳南：〈《佛說阿彌陀經義蘊》通序〉，原刊《覺群》第 75 期，1950 年 2 月；《明倫》第 346 期，2004 年 7 月轉載。
30. 李炳南：〈創刊詞〉，《覺生》第 1 期，1950 年 7 月。
31. 李炳南：〈印光大師圓寂十周年紀念回憶錄〉，原刊於《覺生》第 5/6 期合刊，1950 年 12 月 31 日；再刊於《菩提樹》403 期，1986 年 6 月，頁 33-34。今收入《雪廬寓臺文存》，《全集》第 14 冊之 2，頁 202。
32. 李炳南（寄漚生）：〈臺中市佛化進展的大概〉，《人生》第 3 卷第 2 期，1951 年 3 月 15 日，頁 5-6。
33. 李炳南：〈蓮社社風〉，原刊《覺生》第 19/20 期合刊，1952 年 1 月 31 日，頁 12；轉載於《明倫》第 165 期，1986 年 6 月。
34. 李炳南講，朱斐／宗善記：〈記靈山佛七〉，《覺生》第 22 期，1952 年 3 月 31 日，頁 16-18。
35. 李炳南：〈國父孫中山先生說佛教為救世之仁〉，《慈光》第 25 號，1960 年 4 月 8 日，第 1 版。
36. 李炳南：〈新春敬為臺中蓮友進一言〉，《慈光》第 20 號，1960 年 1 月 25 日，第 1 版。《明倫》第 165 期，1986 年 6 月轉載。
37. 李炳南：〈印光大師墨寶跋〉，《菩提樹》第 97 期，1960 年 12 月 8 日，頁 22；手稿見：【數位典藏】手稿／其他著作／〈印祖往生二十週年序〉。
38. 李炳南：〈吾師印祖涅槃二十周年追思〉十首，《菩提樹》第 97 期，1960 年 12 月，頁 32。
39. 李炳南：〈新春敬向同修恭喜〉，《慈光》第 44 號，1961 年 2 月 10 日，夾頁。
40. 李炳南：〈壬寅新年元旦獻蓮友福語〉，《慈光》第 67 期，1962

年1月31日,第2版。

41. 李炳南:〈雪廬示學語錄:為學之道、陳言務去、道與器、復性書、擇善固執〉,《慈光》第228號,1969年5月15日,第2版。《全集》未收。

42. 李炳南:〈詩法研究:司空曙「經廢寶慶寺」、孟浩然「春曉」〉,《慈光》第228號,1969年5月15日,第2版。《全集》未收。

43. 李炳南:〈詩法研究〉,《慈光》第223-226號,1969年2月17日－1969年4月15日;第229號,1969年5月31日;第234號,1969年8月15日;第239號,1969年12月31日;第241號,1970年1月31日;第244號,1970年4月15日;第246號,1970年6月15日。

44. 李炳南:〈徹悟禪師轉變因果開示隨聞記〉,《慈光》第219/220號合刊,1969年1月1日;223號,1969年2月17日;224/225號合刊,1969年4月1日;226號,1969年4月15日。《全集》未收。

45. 李炳南講,徐醒民記:〈大乘伽耶山頂經選講記略〉,《慈光》第241號,1970年1月31日,第4版;《明倫》第213期,1991年4月轉載。

46. 李炳南:〈內典班四年期之中途變化及因應辦法〉,《內典班文牘》,台中蓮社檔案,1976年11月26日。

47. 李炳南:〈內經簡介——於中國醫藥學院為中醫系學生講述〉,《台中蓮社歷年會議紀錄》,台中蓮社檔案,1977年5月12日。

48. 李炳南:〈五福神木碑記:文法格局評判〉,《明倫》第138期,1983年10月。

49. 李炳南:〈大學首章解(上、中、下)〉,《明倫》第386期,2008年7/8月合刊;第387期,2008年9月;第388期,2008年10月。

50. 李炳南講,詹曙華整理:〈伏惑・信因果——民國66年1月14

日智海學社念佛三天應邀講話〉,《明倫》第 449-453 期,2014 年 11 月－2015 年 4 月。《全集》未見收。

51. 李炳南講,徐醒民記:〈《華嚴經》開講〉,《明倫》第 466 期,2016 年 7/8 月合刊。

52. 李炳南講,詹曙華整理:〈進修九善,上、中、下〉,《明倫》第 487-489 期,2018 年 9-11 月。《全集》未見收。

53. 李炳南:〈致孔令儁函〉(手稿)(1948 年 3 月 13 日),【孔府檔案第 8927 號】,曲阜:孔子博物館提供。

54. 李炳南:〈致孔令儁函〉(手稿)(1948 年 4 月 25 日),【孔府檔案第 8927 號】,曲阜:孔子博物館提供。

55. 李炳南:〈致孔令儁函〉(手稿)(1948 年 4 月 28 日),【孔府檔案第 8927 號】,曲阜:孔子博物館提供。

56. 李炳南:〈致孔令儁函〉(手稿)(1948 年 5 月 21 日),【孔府檔案第 9013 號】,曲阜:孔子博物館提供。

57. 李炳南:〈函沈家楨〉(手稿)(1974 年 7 月 17 日),《內典班文牘》,台中蓮社檔案。

58. 李炳南:〈臨別贈言〉(手稿)(1976 年 2 月 10 日),《內典班文牘》,台中蓮社檔案。

59. 李炳南:《雪公開示講表》(手稿),臺中:台中蓮社收藏,未刊本。

60. 香光編輯委員會:《李炳南老居士復蔡榮華居士書函輯》(手稿照片),馬來西亞:柔佛州香光佛教蓮社,1994 年 7 月。

61. 李炳南講,淨空法師記:《學禮筆記——曲禮(上)》,臺北:華藏淨宗弘化網:http://edu.hwadzan.com/fabodetail/235

62. 李炳南講,鍾清泉整理:《常禮舉要講記》(《全集》未收),明倫月刊資訊網:http://www.minlun.org.tw/1pt/1pt-15-1/0.htm

63. 李炳南:〈禮記檀弓篇講記〉,1978 年,明倫月刊資訊網,「雪公專集」:http://www.minlun.org.tw/1pt/1-dreamweaver/24-01.htm。本篇《全集》未見收。

64. 李炳南講，鍾清泉整理：《禮記月令講記》（《全集》未收），明倫月刊資訊網：http://www.minlun.org.tw/1pt/1pt-16-1/0.htm
65. 李炳南：《禮記曲禮選講講記（一）》（《全集》未收），明倫月刊資訊網：http://www.minlun.org.tw/1pt/1pt-20-1/20-1.htm
66. 李炳南講，徐醒民記：《禮記曲禮選講講記（二）》，1978年2月25日，明倫月刊資訊網：http://www.minlun.org.tw/1pt/1pt-20-1/20-2.htm
67. 李炳南：《論語講記》（《全集》未收），明倫月刊資訊網：http://www.minlun.org.tw/1pt/1pt-4-3/index-00.htm
68. 李炳南講，徐醒民記：《禮記中庸講記》，1965年11月30在中興大學開講，明倫月刊資訊網：http://www.minlun.org.tw/1pt/1pt-18-1/18-1.htm
69. 李炳南講，徐醒民記：《禮記大學講記》，1967年，明倫月刊資訊網：http://www.minlun.org.tw/1pt/1-dreamweaver/24-01.htm
70. 李炳南講，徐醒民記：《樂記》，1968年4-5月；《學記》，1968年5-6月。
71. 李炳南講，徐醒民錄製：「歷代通鑑輯覽雪公講課錄音」，1976年11月18日－1977年10月18日，共52件，台中蓮社檔案。
72. 李炳南：〈為明倫講座第七期學員開示念佛方法〉，《台中蓮社歷年會議紀錄》，台中蓮社檔案，1974年7月27日。
73. 李炳南：〈明倫講座第七期檢討會雪公老師開示〉，《台中蓮社歷年會議紀錄》，台中蓮社檔案，1974年7月28日。
74. 李炳南：〈為內典班弟子開示〉，《內典班文牘》，台中蓮社檔案，1975年8月8日。
75. 李炳南：〈明倫講座第十期高級班得失檢討報告〉，《台中蓮社歷年會議紀錄》，台中蓮社檔案，1976年2月12日。
76. 李炳南講，吳碧霞記：《內學質疑組開示筆記》，1985年6月28日至1986年3月17日，未刊本。
77. 李炳南講，吳碧霞記：《禮記筆記》，1973年5-6月、1978年2

月 25 日。未刊本。
78. 李炳南講，吳碧霞記：《開學典禮開示》，1981 年 8 月 17 日，未刊本。
79. 李炳南講，吳碧霞記：《曲禮筆記》，1972 年 9-11 月，未刊本。
80. 李炳南講，吳碧霞記：《中庸筆記》，1973 年 3-5 月，未刊本。
81. 李炳南講，吳碧霞記：《詩選筆記（甲）》，東海大學中研所，1978 年 9 月 22 日－1979 年 6 月 22 日，未刊本。
82. 李炳南講，吳碧霞記：《詩選筆記（乙）》，東海大學中研所，1979 年 9 月 18 日－1980 年 1 月 8 日，未刊本。
83. 李炳南講，吳碧霞記：《詩選筆記》，中興大學夜間部中文系，1978 年 5 月 29 日－1979 年 2 月 23 日，未刊本。
84. 李炳南講，吳碧霞記：《詩選聽講筆記》，1980 年 9 月 27 日。
85. 李炳南講，吳碧霞記：《論語筆記》，1980-1981 年，未刊本。
86. 李炳南講，吳碧霞記：《內學質疑組開示筆記》，1985 年 6 月 28 日至 1986 年 3 月 17 日，未刊本。
87. 李炳南講，吳聰敏記：《大學筆記》，講於中興大學中文系，1972 年 12 月 4 日－1973 年 2 月 26 日，未刊本。
88. 李炳南講，吳聰敏記：《禮記筆記（曲禮、大學）》，未刊本。
89. 李炳南講，吳聰敏記：《中庸筆記（一）》，講於中興大學中文系，1971 年 5 月 14 日－1971 年 11 月 12 日，未刊本。
90. 李炳南講，吳聰敏記：《中庸筆記（二）》，講於中興大學中文系 1972 年 4 月 15 日－1972 年 6 月，未刊本。
91. 李炳南講，吳聰敏記：《無量壽經筆記》，1971 年 9 月 9 日－1973 年 4 月 19 日，未刊本。
92. 李炳南講，陳雍澤記：《內學質疑組開示筆記》，1985 年 11 月 11 日至 1986 年 3 月 10 日，未刊本。
93. 李炳南講，陳雍澤記：《李太白春夜宴桃李園序講授筆記》，講於台中蓮社，1977 年 7 月 31 日（日、夜各一講）、1977 年 9 月 9 日，共三講，未刊本。

94. 李炳南講，陳雍澤記：《八大人覺經筆記》，講於內典研究班，1975 年 10 月 27 日－1975 年 11 月 18 日，未刊本。
95. 李炳南講，陳雍澤記：《法句譬喻經筆記》，講於內典研究班，1974 年 12 月 26 日－1976 年 12 月 30 日，未刊本。
96. 李炳南講，陳雍澤記：《黃帝內經素問筆記》（甲、乙兩本，分別為中國醫藥學院中醫系三、四年級講授），1973 年 11 月 30 日－1974 年 6 月 7 日，未刊本。
97. 李炳南講，陳雍澤記：《彌陀要解筆記》，講於內典研究班，1974 年 8 月 5 日－1975 年 10 月 21 日，未刊本。
98. 李炳南講，陳雍澤記：《顯密圓通成佛心要筆記》，講於內典研究班，1975 年 11 月 24 日－1976 年 1 月 5 日，未刊本。
99. 李炳南講，陳雍澤記：《修身筆記》，1976 年 4 月 3 日－1978 年 1 月 7 日，未刊本。
100. 李炳南講，陳雍澤記：《華嚴經筆記（四）》，1976 年 11 月 24 日，未刊本。
101. 李炳南講，連淑美記：《內學質疑組開示之一》，1985 年 6 月 28 日至 1985 年 10 月 21 日，未刊本。
102. 李炳南講，黃潔怡記：《詩階述唐上課講錄》，講於中興大學夜間部，未刊本。
103. 李炳南講，黃潔怡記：《明倫月刊座談會雪公開示》，1983 年 6 月 19 日，蓮社錄音室，未刊本。
104. 李炳南講，釋普慧抄錄，蘇全正整理：「李炳南於臺中市靈山寺主持佛七開示法語一覽表」。
105. 徐醒民、王志賢、吳碧霞、吳聰龍等：「華嚴經筆記目次」整理。

二、叢書、網頁

106. 2016 雪廬老人學誼道風論壇：https://www.youtube.com/watch?v=sHjqydIbI54&list=PLuikqSTbabQib9R4ZcgF5drp6sHHxfiWn

107. 台中蓮社全球資訊網：http://www.tclotus.net/
108. 明倫海會全球資訊網：http://www.minlun.org.tw/haihui/
109. 明倫月刊資訊網：http://www.minlun.org.tw/1.htm
110. 《臺灣佛教》期刊數位典藏：http://buddhistinformatics.dila.edu.tw/taiwan_fojiao/
111. 民國佛教期刊文獻集成書目資料庫，法鼓文理學院圖書資訊館：https://buddhistinformatics.dila.edu.tw/minguofojiaoqikan/search.php
112. 黃夏年主編：《民國佛教期刊文獻集成》，北京：全國圖書館文獻縮微複製中心，2006年。
113. 黃夏年主編：《民國佛教期刊文獻集成補編》，北京：中國書店，2008年。
114. 黃夏年主編：《稀見民國佛教文獻匯編（報紙）》，北京：中國書店，2008年。
115. 葉飛鴻主編、程玉鳳執行編輯：《丁惟汾先生史料彙編》，臺北：國史館，2014年。
116. 《人生》期刊電子版，東初老和尚紀念集：http://dongchu.dila.edu.tw/web/No7/lifeNo1_1.html
117. 《菩提樹》、《獅子吼》、《今日佛教》期刊電子版，俱見：香光尼眾佛學圖書館，佛教期刊論文檢索系統：http://www.gaya.org.tw/library/ejournal/index.asp
118. 《慈光》，臺中：慈光圖書館，第001-118號（1959年4月8日－1964年3月31日），缺第62號第4版；第215-252號（1968年7月31日－1970年11月30日）缺第225、235、242、245、247號。
119. 《慧炬》電子期刊，慧炬雜誌社：https://www.towisdom.org.tw/OnePage.aspx?mid=53&id=48
120. 山東省省情資料庫：http://lib.sdsqw.cn/ftr/ftr.htm
121. 國史館檔案史料文物查詢系統：https://ahonline.drnh.gov.tw/index.php?act=Archive/index

122. 國家檔案資訊網：https://aa.archives.gov.tw/Home/Index
123. 〈大雲法師在濟南傳授皈戒誌盛〉，《佛教日報》，上海：1936年10月21日，第2版。今收見黃夏年主編：《稀見民國佛教文獻匯編（報紙）》第4卷，頁198。
124. 〈大雲法師年來各地宏法彙誌〉，《佛教日報》，上海：1936年7月22日，第1版。收入黃夏年主編：《稀見民國佛教文獻匯編（報紙）》第4卷，頁1。
125. 〈濟南淨居寺禪堂落成〉，《佛學半月刊》第242期，1941年12月，頁10；今收黃夏年主編：《民國佛教期刊集成補編》第65卷，頁502。
126. 〈日本侵略魯計劃〉，《佛教日報》（上海），1937年4月8日，第4版。收見黃夏年主編：《稀見民國佛教文獻匯編（報紙）》第6卷，頁152。
127. 〈訊息〉，《佛化新聞》（重慶：長安寺街佛學社）第39、42、64期，1938年3月17日、4月7日、9月8日，第1版；今收見黃夏年主編：《稀見民國佛教文獻彙編（報紙）》第7卷，頁145、157、245。
128. 〈報導〉，《佛化新聞》（成都），第172期，1941年1月16日，第2版。今收見黃夏年主編：《稀見民國佛教文獻彙編（報紙）》第8卷，頁236。
129. 朱斐：〈凌波兄與我——為追念于凌波居士往生二週年作〉，https://www.facebook.com/987184104625117/photos/a.987188164624711/1003483586328502/?type=3&theater
130. 朱斐：〈學佛回憶錄——前妻鄧慧心居士的故事〉，《菩提家訊》第54期：http://www.bodhi.org.tw/index.php?sid=c.1&no=54
131. 朱斐：〈憶念懺公老法師的點點滴滴〉，《菩提樹雜誌與朱斐老居士》，https://www.facebook.com/987184104625117/posts/999921710018023/
132. 江逸子：〈人師難遭　弟子難為　懷師恩〉，2016雪廬老人學誼

道風論壇，2016 年 3 月 29 日，https://www.youtube.com/watch?v=DHS_oLJjfKw

133. 佚名：〈女子蓮社成立紀事〉，《蓮社彙刊》，1934 年。今收入黃夏年主編：《民國佛教期刊文獻集成》第 82 卷，頁 398。

134. 吳碧霞（吳省常）：〈慈光基金會-創辦人簡介-慈光生命記憶〉，https://www.tkcy.org.tw/index.php/know/ourteacher

135. 李建崑：〈先師李炳南居士二、三事〉，浮生漫錄：https://www.potatomedia.co/post/1a5c3a3a-95f0-4b3a-a912-b4d0dd60af3a

136. 李昭容：〈施人豪〉，TBDB 臺灣歷史人物傳記資料庫：http://tbdb.ntnu.edu.tw/showBIO.jsp?id=28B00009-2A91-BE20-5FF4-90ED209D83E9

137. 杜興導演：《護書十四年》，《炮火下的國寶》第 6 集，北京：中國中央電視臺紀錄頻道，2020 年 11 月，https://www.youtube.com/watch?v=x-kWNENXBDU&t=1388s

138. 孟繼新：〈孔府最後的五位管家〉，2019 年 4 月 19 日，中國孔子網：http://www.chinakongzi.org/rw/xszj/mengjixin/201904/t20190419_193345.htm

139. 孟繼新：〈末代衍聖公孔德成〉，2019 年 4 月 19 日，中國孔子網：http://www.chinakongzi.org/rw/xszj/mengjixin/201904/t20190419_193355.htm

140. 林蔚芳：〈一幅珍貴的畫——猗蘭別墅著書圖題畫詩文探源〉，《儒者之風——孔德成先生百年紀念展 培訓講座合輯》，臺北：中華無盡燈文化學會，2019 年，https://www.wct.org.tw/single-post/2019/10/05/ 一幅珍貴的畫-猗蘭別墅著書圖題畫詩文探源

141. 唐瑜凌：〈奉祀官府由來意義成效——兼論雪廬老人與孔上公情誼〉，臺北：中華無盡燈文化學會，2019 年。https://www.wct.org.tw/single-post/2019/10/05/ 奉祀官府由來意義成效-兼論雪廬老人與孔上公情誼

142. 張聖廣：〈訪沈家楨居士談新竹譯經院〉，《正覺之音》第 4

期，新澤西州：印順基金會，1997 年 5 月。https://www.yinshun.org/Enlightenment/1997/1997may/1997may4.htm

143. 張慧蓮：〈大雲法師小傳〉，《正信週刊》第 9 卷第 28 期，漢口：佛教正信會，1937 年 1 月 25 日，頁 3-4；收見黃夏年主編：《民國佛教期刊文獻集成》第 63 卷，頁 271-272。

144. 張濟康：〈濟南佛學社呈准省署立案〉，原刊《世界佛教居士林林刊》第 3 期，「專件」，頁 4-6。今收入黃夏年主編：《民國佛教期刊文獻集成》第 141 卷，頁 207-209。

145. 梅光羲：〈梅大士擷芸與葉恭綽居士論佛法並勸其修淨土書〉，《淨宗隨刊》第 4 期，1947 年，頁 7-9。收入黃夏年主編：《民國佛教期刊文獻集成補編》第 76 卷，頁 386-389。

146. 郭廷以：《中華民國史事日誌》第 1-4 冊，臺北：中央研究院近代史研究所，1984 年。

147. 陳肇璧：〈晨曦學社創社五十年的歷程與發展研析〉，《臺大晨曦學社 50 週年社慶專刊》，頁 23-64。臺大晨曦學社 50 週年社慶專屬網站：https://ntusunrise.org/semicent/ 50index.htm

148. 菩提仁愛之家：〈創辦四十年大事記〉：http://www.bodhi.org.tw/index.php?sid=c.1&no=47#bodhi8

149. 黃啟書：〈孔德成先生主持之兩次修譜工作〉，臺北：中華無盡燈文化學會，2019 年 10 月。https://www.wct.org.tw/single-post/2019/10/04/ 孔德成先生主持之兩次修譜工作

150. 葉國良：〈孔德成先生的青少年與抗戰時期生活〉，臺北：中華無盡燈文化學會，https://www.wct.org.tw/single-post/2019/10/04/ 孔德成先生的青少年與抗戰時期生活（2020 年 11 月 23 日讀取）

151. 歌樂山蓮社：〈上如岑法師書〉，《淨宗隨刊》第 2 期，1946 年 3 月；收入黃夏年主編：《民國佛教期刊文獻集成補編》第 76 卷，頁 301-302。

152. 蓮因寺：〈懺公上人簡傳〉，蓮因寺網站：http://lienyin.blogspot.com/2019/01/blog-post.html

153. 蔣潘定吉：〈濟南女子蓮社吳倩薌居士行略〉，《覺有情》第 8 卷 9 月號，第 12 版；今收黃夏年主編：《民國佛教期刊文獻集成》第 89 卷，頁 256。
154. 蔣濮賢姮：〈濟南女子蓮社成立記〉，《蓮社彙刊》，1934 年。今收入黃夏年主編：《民國佛教期刊文獻集成》第 82 卷，頁 399-400。
155. 濟南明府城管理中心：〈南券門巷憶舊〉，2016 年 12 月 8 日，https://kknews.cc/zh-tw/history/n5ray88.html
156. 豐子愷：〈啟事〉，《佛學》第 220 期，1941 年 1 月 1 日，頁 15。收見黃夏年主編：《民國佛教期刊文獻集成補編》第 65 卷，頁 157。
157. 釋大雲：〈濟南女子蓮社傳戒之感想〉，《佛教日報》（上海），1936 年 10 月 21 日，第 2 版。收入：黃夏年主編：《稀見民國佛教文獻匯編（報紙）》第 4 卷，頁 198。
158. 釋印光、李炳南（李德明）：〈印光法師開示李德明居士法語、李德明居士附誌〉，《淨土宗月刊》第 12 冊，1935 年 10 月。收見黃夏年主編：《民國佛教期刊文獻集成》第 77 卷，頁 105-106。
159. 釋印光：〈淨居寺恭請大藏功德碑記（代作）〉，原刊於《海潮音》第 10 卷第 9 期，1929 年 10 月 22 日，頁 1-2。收見：黃夏年主編：《民國佛教期刊文獻集成》第 173 卷，頁 433-434。
160. 釋印光：「印光老法師請全國同胞持觀音聖號」，《佛化新聞》（重慶）第 3 期，1937 年 8 月 19 日，第 2 版。收見：黃夏年主編：《稀見民國佛教文獻匯編（報紙）》第 7 卷，頁 30。
161. 釋印順：印順法師佛學著作集，https://yinshun-edu.org.tw/Master_yinshun/books
162. 釋如岑：〈如岑法師來函〉，《淨宗》第 6/7 期合刊；收見黃夏年主編：《民國佛教期刊文獻集成》第 56 卷，頁 72。
163. 釋如岑：〈如岑法師開示重慶歌樂山蓮社皈依弟子法語〉，《淨

宗隨刊》第 2 期，1946 年 3 月；收入黃夏年主編：《民國佛教期刊文獻集成補編》第 76 卷，頁 299-300。

164. 釋如岑：〈復南京李炳南居士書〉，《淨宗》第 8/9 期合刊，1948 年 12 月 1 日；今收入黃夏年主編：《民國佛教期刊文獻集成》第 56 卷，頁 88-89。《明倫》第 68 期，1977 年 11 月 20 日轉載。

165. 釋果清：〈歲次乙未年中元祭祖專刊——感懷兩位老恩師〉，2015 年 7 月 4 日，華藏淨宗弘化網：https://ft.hwadzan.com/dv.php?sn=02-042-0154&lang=zh_TW

166. 釋南亭：《南亭和尚全集》，臺北：華嚴蓮社，https://nanting.dila.edu.tw/home/index.html

167. 釋聖嚴：《法鼓全集》2020 紀念版，https://ddc.shengyen.org/?doc=main

168. 釋道安：道安長老著作集，http://daoan.seeland.org.tw/

三、專書、論文集、紀念專集、學位論文

169. 《李老居士講經週年紀念特刊》，臺中：自印本，1950 年 9 月，台中蓮社收藏。

170. 「濟南女子蓮社弘法年月表」，原刊《蓮社彙刊》，1934 年 8 月，頁 26-27；收見黃夏年主編：《民國佛教期刊文獻集成補編》第 82 卷，頁 422-423。

171. 丁汝訒：《汝訒詩稿》、《汝訒詞稿》，《王禮卿教授百年誕辰紀念文集》，臺中：國立中興大學中文系，2011 年 8 月。

172. 上海商業儲蓄銀行旅行部編：《遊川須知》，《中國西南地理史料叢刊》第 41 冊，成都：巴蜀書社，據 1924 年排印本影印，2014 年。

173. 于凌波：《于凌波七十自述——曲折迂迴菩提路》，臺北：慧炬，1997 年 8 月。

174. 于凌波：《淨土與唯識》，臺北：佛陀教育基金會，2019 年 2

月。

175. 于凌波：《民國高僧傳續編》，新北：雲龍出版社，2005 年 9 月。
176. 于凌波等：《李炳南居士與台灣佛教》，臺中：雪廬講堂印經功德會，1995 年 10 月。
177. 山東省地方史志編纂委員會編：《山東省志・人物志》，濟南：山東人民出版社，2003 年。
178. 山東省地方史志編纂委員會編：《山東省志・大事記中冊，1919-1949》，濟南：山東人民出版社，2000 年 12 月。
179. 山東省圖書館、魚臺縣政協編：《屈萬里書信集・紀念文集》，濟南：齊魯書社，2002 年 9 月。
180. 中國社會科學院近代史研究所中華民國史研究室、山東省曲阜文物管理委員會編：《孔府檔案選編》，北京：中華書局，1982 年。
181. 東初老和尚永懷集編輯委員會編：《東初老和尚永懷集》，臺北：中華佛教文化館，1978 年。
182. 國立中興大學中文系主編：《應教木鐸振春風——紀念李炳南教授往生三十週年學術研討會論文集》，臺中：青蓮出版社，2017 年 10 月。
183. 孔垂長：《孔門聖賢畫像冊・弁言》，臺北：大古出版社，2014 年 6 月，頁 8-9。
184. 孔德成：《孔德成先生日記》，臺北：藝術家，2019 年 1 月。
185. 孔德懋：《孔府內宅軼事》，天津：人民出版社，1988 年修訂版。
186. 孔德懋：《孔府內宅軼事》，臺北：傳記文學出版社，1991 年。
187. 孔繁銀：《衍聖公府見聞》，濟南：齊魯書社，1992 年。
188. 王禮卿：《誦芬館詩集》，收見《王禮卿教授百年誕辰紀念文集》，臺中：國立中興大學中文系，2011 年 8 月，頁 369。
189. 安可荇、王書林手稿整理，杜澤遜編校整理：《王獻唐師友書

札》，青島：青島出版社，2009 年。
190. 朱心蕾、吳麗娜主編：《回首前塵二十春——雪廬老人示寂廿週年紀念專輯》，臺中：雪心文教基金會，2006 年。
191. 朱斐：《學佛回憶錄——四十年來寶島佛教影塵回憶記》，臺中：慈光圖書館，2011 年 6 月。
192. 朱鏡宙：《詠莪堂文錄》，著者，1976 年增訂版。
193. 朱鏡宙：《夢痕記》，《朱鏡宙詠莪堂全集（外編）》，臺中：樂清朱氏詠莪堂，1970 年。
194. 江逸子：《雪廬老人題畫遺墨輯》，新北：大古出版社，2016 年 3 月。
195. 吳相湘：《民國百人傳》第 4 冊，臺北：傳記文學出版社，1979 年 1 月再版。
196. 呂今山、鍾孝先、趙阿南：《蓮浮集》，臺南：自印本，1965 年。
197. 呂佛庭：《憶夢錄》，臺北：東大圖書公司，1996 年。
198. 宋憲章等：《壽光縣志》，臺北：成文出版社，據民國 25 年鉛本影印，1968 年 3 月。
199. 李世偉、王見川：《臺灣佛教的探索》，臺北：博揚文化，2005 年 7 月。
200. 李勇慧：《王獻唐研究》，山東大學歷史文獻學博士論文，2011 年 5 月。
201. 李炳南教授百歲紀念文物特展籌備會：《李炳南老教授百歲紀念特刊》，臺中：臺中市文化中心，1989 年 11 月。
202. 李經野等，《曲阜縣志》，臺北：成文出版社，據民國 23 年鉛本影印，1968 年。
203. 汪士淳：《儒者行：孔德成先生傳》，臺北：聯經出版，2013 年 10 月。
204. 沈去疾：《印光大師年譜》，臺中：青蓮出版社，1999 年。
205. 周笑通、馬凌翔、徐仰止、楊際同編：《莒鄉聯語》（莒縣民間

文學集成（四）聯語卷），莒縣：莒縣文藝創作室，1994 年 12 月。
206. 屈萬里：《屈萬里先生文存》，臺北：聯經，1985 年。
207. 明允中：《誠齋詩草・甲乙編》，臺中：自印本，1982 年，國立中興大學圖書館收藏。
208. 武月星主編：《中國現代史地圖集 1919-1949》，北京：中國地圖出版社，1999 年 7 月 1 日。
209. 侯秋東主編：《陳慧劍老居士永懷錄》，臺北：弘一大師紀念學會，2007 年。
210. 政協日照市委員會主編，雋桂德執筆：《日照舉人錄》，北京：中國文史出版社，2011 年 12 月。
211. 洪錦淳：《臺灣當代居士佛教團體台中蓮社之研究》，國立中興大學中國文學系博士論文，2009 年 7 月。
212. 范進福：《國立臺灣大學晨曦學社社史》，臺北：臺大晨曦學社，1965 年 9 月 3 日。
213. 徐醒民：《序跋文集》，臺中：台中市佛教蓮社，2015 年 4 月。
214. 張玉法：《中國現代化的區域研究——山東省》，臺北：中央研究院近代史研究所，1987 年 4 月再版。
215. 張書學、李勇慧：《王獻唐先生年譜長編》，上海：華東師範大學出版社，2017 年 7 月。
216. 張瑞和主編：《勵德特刊——勵德學社創社三十八週年、勵德社友會成立十二週年紀念》，臺中：國立臺中師範學院勵德社友會，2001 年 8 月。
217. 梅光羲：《梅光羲著述集》，北京：東方出版社，2014 年。
218. 莊氏繼修族譜籌備組：《魯莒大店莊氏宗譜》，山東：日照，2002 年 6 月，自印本。
219. 莊玉鈴、劉淑敏、周泳杉：《智海卅週年紀念專刊》，臺中：國立中興大學智海學社，1991 年。
220. 莊陔蘭等：《重修莒志》，莒縣：新成印務局，1936 年。

221. 莊傑、莊虔玉：《莊陔蘭先生文墨選集》，北京：世界圖書出版公司北京公司，2014年7月。
222. 莒縣地方史志編纂委員會：《莒縣志》，北京：中華書局，1999年。
223. 陳永寶編校：《王獻唐先生詩文書畫集》，南投：中興新村，王仲懿印行，1986年
224. 陳慧劍：《南亭和尚年譜》，《南亭和尚全集》第13冊，臺北：財團法人台北市華嚴蓮社，2002年6月：http://dev.dila.edu.tw/nanting/
225. 陳雍澤：《雪廬老人儒佛融會思想研究》，臺中：青蓮出版社，2006年，頁613-614。
226. 陳器文主編：《紀念李炳南教授往生20週年學術研討會論文集》，臺中：國立中興大學中文系，2006年4月。
227. 陳聰榮、徐天相、詹前善、紀潔芳編：《暑期大專佛學講座同學錄⑧紀念冊》，臺中：慈光圖書館，1968年10月15日。
228. 陳聰榮、鄭全義、蔡坤坐等十三人編：《第九屆慈光大專佛學講座同學通訊錄》，臺中：雪廬大專學術講座同學會，1969年10月。
229. 雪廬講堂印經功德會編：《李炳南居士逝世十週年紀念集》，臺中：雪廬講堂印經功德會，1997年。
230. 雪廬講堂印經功德會編印：《李炳南居士與台灣佛教》，臺中：李炳南居士紀念文教基金會，1995年。
231. 普門講堂編：《會性法師略歷》，屏東：普門講堂，2011年。
232. 智燈社：《智燈三十週年特刊》，臺中：國立中興大學，2002年3月。
233. 黃成家主編：《許教授寬成往生十週年紀念專輯》，臺中：國立中興大學智海學社社友會，1990年11月。
234. 趙阿南：《梧香念廬詩鈔》，臺南：自印本，序為1956年。
235. 劉兆祐：《屈萬里先生年譜》，臺北：臺灣學生書局，2011年。

236. 編輯委員會：《臺中蓮社宗教文物資料——李炳南先生教化作品與生活紀錄數位典藏學術研討會論文集》，臺中：青蓮出版社，2013 年 3 月。
237. 蔡運辰（念生），《如是庵內外稿初集》，《如是庵文存》，臺中：健華出版社，1976 年 7 月。
238. 鄭樺主編：《淨空老法師九十年譜》，聯合國教科文組織：淨空之友社，2019 年，頁 22。
239. 賴學輝：《興教與傳宗：民國華嚴僧教育的發展與困境》，上海大學歷史學系碩士論文，2017 年 6 月，頁 86。
240. 錢地之：《朱子四書集註評述》，板橋：自印本，1985 年 12 月初版。
241. 濟南市史志編纂委員會：《濟南市志（第一冊）》，北京：中華書局，1997 年 12 月，頁 54。
242. 謝健：《謝鑄陳回憶錄》，臺北縣：文海，據：楊樹梅，1961 年自印本影印，1973 年，《近代中國史料叢刊》第 91 輯，頁 144。
243. 謝智光：《雪廬老人《論語講要》研究》，東海大學中文系碩士論文，2011 年。
244. 謝智光：《謝潤德寺廟建築設計之人文脈絡研究》，國立中正大學中國文學研究所博士論文，2020 年 7 月。
245. 謝嘉峰：《雪公與菩提》，臺中：今成出版社，1998 年 1 月 4 日。
246. 蘇全正：《臺灣佛教與家族——以霧峰林家為中心之研究》，國立中正大學歷史研究所博士論文，2011 年 7 月，頁 302-306。
247. 釋太虛：《太虛自傳》，臺北：善導寺佛經流通處，1980 年，《太虛大師全集》第 19 編文叢下卷。
248. 釋印光：《印光大師文鈔（續編、三編）》，臺中：台中佛教蓮社，1987 年、1994 年。
249. 釋印順：《太虛大師年譜》，臺北：正聞出版社，1991 年 4 月第 12 版。

250. 釋印順：《平凡的一生（重訂本）》，《妙雲集（下編）》第10冊，臺北：印順文教基金會，2005年6月，新版一刷。
251. 釋妙然：《民國佛教大事年紀》，臺北：海潮音雜誌社，1995年。
252. 釋東初：《中國佛教近代史》，臺北：東初出版社，1974年。
253. 釋南亭：《南亭和尚全集》，臺北：財團法人台北市華嚴蓮社，1990年9月。
254. 釋星雲：《百年佛緣6－文教篇2》，高雄：佛光出版，2013年6月再版。
255. 釋祥雲編：《帶業往生與消業往生》，臺北：天華出版，1983年6月。
256. 釋煮雲：《煮雲法師全集》，高雄：鳳山佛教蓮社，1988年。
257. 釋聖嚴：〈今日的臺灣佛教及其面臨的問題〉，《學術論考》，《法鼓全集》第3輯第1冊，臺北：法鼓文化，2020年，頁265。
258. 釋道源：《道源長老法彙》，臺北：佛陀教育基金會，2019年。
259. 釋滿義：《星雲大師年譜》，《星雲大師全集》第227冊，高雄：佛光出版社，2017年5月。
260. 釋廣化：《親筆日記》，《廣化律師全集》第3冊，南投：南林出版社，2002年。
261. 闞正宗：《台灣佛寺導遊五・中部地區》，臺北：菩提長青，1993年。
262. 闞正宗：《臺灣高僧》，臺北：菩提長青出版社，1990年。
263. 闞正宗：《戰後台灣佛教的幾個面向》，玄奘人文社會學院宗教學系碩士在職專班學位論文，2003年。

四、報紙、期刊及專書文章

264. 〈至聖奉祀官孔德成赴廣州參加祭孔大典〉，《臺灣民聲日報》，1949年9月3日，第1版；1949年8月27日，第1版。

265. 〈國醫李炳南義診〉,《臺灣民聲日報》,1957 年 5 月 22 日,第 3 版。
266. 〈開講唯識境略舉通告〉,《臺灣民聲日報》,1956 年 9 月 29 日,第 3 版。
267. 一峰(受刑人筆名):〈聽台中蓮社弘法團佈教後有感〉,《覺生》第 17 期,1951 年 11 月 30 日,頁 13。
268. 于凌波:〈佛教菩提醫院的現狀和未來的理想〉,《菩提樹》,第 126 期,1963 年 5 月 8 日,頁 8-10。
269. 于凌波:〈「我活著、是為了弘揚佛法」!——雪廬老人嘉言懿行瑣記〉,《菩提樹》第 403 期,1986 年 6 月,頁 20-21。
270. 于凌波:〈李炳南居士推動的社會福利事業〉,中華慧炬佛學會主辦,「佛教社會福利與現代社會」國際學術會議,1994 年 1 月。
271. 孔德成:〈雪廬紀念堂開幕典禮——孔院長講辭〉,《明倫》第 214 期,1991 年 5 月。
272. 孔德成口述,王天昌筆記:〈李炳南先生傳略〉,原刊《國語日報·書和人》,1986 年 7 月 5 日;《明倫》轉載於第 263 期,1996 年 4 月。
273. 王天昌:〈中央研究院故院士屈萬里先生事略〉,《屈萬里先生文存》第 6 冊,臺北:聯經出版,1985 年,頁 2149-2153。
274. 王令樾:〈王禮卿先生傳〉,《紀念王禮卿教授學術研討會會議論文》,國立中興大學中國文學系,2009 年 5 月,頁 169-172。
275. 王仲懿撰,呂佛庭書:〈先師李雪廬老居士舍利碑〉,《菩提樹》第 429 期,1988 年 8 月 8 日,頁 47。
276. 王衢:〈孔奉祀官德成先生與莒縣人之淵源〉,《山東文獻》第 24 卷第 2 期,1998 年 9 月。
277. 〈孔奉祀官至京參加孔子祭典〉,《中央日報》,1946 年 8 月 28 日,第 3 版。
278. 朱仰白:〈故正公董老教授傳略〉,《明倫》第 200 期,1989 年

12 月,頁 27。

279. 朱斐:〈印祖涅槃十週年紀念會在臺中〉,《覺生》第 5/6 期合刊,1950 年 12 月 31 日,頁 37。

280. 朱斐:〈靈山法會三經圓滿觀月會小記〉,《覺生》第 15 期,1951 年 9 月,頁 19。

281. 朱斐:〈臨終如臨戰場——鄧母劉太夫人往生記〉,《菩提樹》第 125 期,1963 年 4 月 8 日,頁 40-42。

282. 朱斐:〈印順導師為何捐建太虛紀念館〉,《菩提家訊》第 51 期。

283. 朱斐:〈炳公老師與我——兼述臺中早期建社弘法的經過〉,《菩提樹》第 403 期,1986 年 6 月 8 日,頁 23-32。

284. 朱斐:〈返鄉記——續篇之一〉,《菩提樹》第 430 期,1988 年 9 月 8 日,頁 37-41。

285. 朱斐:〈懷念兩位菩薩行者——為紀念周子慎大士一百一十歲誕辰而寫〉,《慧炬》第 535/536 期合刊,2009 年 1/2 月,頁 54-56。

286. 江逸子:〈木鐸春風三十載 懷師恩〉,《弘法資訊》第 250/251 期合刊,2016 年 4/5 月,頁 71-73。原演講錄影見:社團法人臺灣企業精英孝廉文化聯合會主辦:《木鐸春風三十載 李炳南老教授圓寂三十周年紀念——雪廬老人學誼道風論壇》,https://www.youtube.com/watch?v=DHS_oLJjfKw

287. 吳有能:〈臺灣人間佛教的兩種淨土觀點——以印順法師與李炳南居士為例〉,《臺大佛學研究》第 14 期,2007 年 12 月,頁 159-220;採訪紀錄見「注 23」,頁 169-170。

288. 吳碧霞:〈雪廬老人桃園弘法散記〉,《明倫》第 8 期,1971 年 10 月。

289. 吳碧霞:〈雪廬老人的精神與風範〉,《明倫》第 283 期,1998 年 4 月。

290. 吳聰敏(吳希仁):〈憶雪公恩師內佛外儒的風範〉,《明倫》

第 263 期，1996 年 4 月。
291. 吳聰敏：〈永懷會公上人——記有關蓮社天台教觀的播種與耕耘〉，《明倫》第 403 期，2010 年 4 月，頁 4-10。
292. 吳聰敏：〈永懷禮卿師——談禮公與蓮社所結法緣〉，《明倫》第 431 期，2013 年 1 月。
293. 吳聰敏：〈敬悼會公上人——記一位精通三藏、老實念佛的一代高僧〉，《明倫》第 402 期，2010 年 2/3 月。
294. 吳麗娜、陳美惠：〈李炳南教授對淨土法門在台流佈之貢獻〉，《東海大學文學院學報》第 49 卷，2008 年 7 月，頁 199-224。
295. 吳麗娜等整理：〈訪指導老師談雪廬老人〉，《智燈社創社三十週年社慶特刊》，國立中興大學智燈社，2002 年 3 月。
296. 呂佛庭：〈己丑中秋夜臺中法華寺智雄寺主集道侶十餘人賞月在庭者有濟南李雪僧臺疆陳正寶南陽呂佛庭〉，《覺群》第 75 期，1950 年 2 月，頁 8。
297. 李老居士炳南治喪委員會謹述：〈李公雪廬老居士事略〉，《明倫》第 164 期，1986 年 4/5 月。
298. 李志夫：〈譯經院的過去、現在與未來〉，《中國佛教》22 卷 11 期，1978 年 8 月 30 日，頁 12-13。
299. 李岫青：〈無日不在思慕中——「正因蓮社」弟子函請返社，之三〉，《明倫》第 397 期，2009 年 9 月。
300. 李俊龍：〈回憶父親〉，《明倫》第 193 期，1989 年 4 月，雪公往生三周年特刊。
301. 李珊、李彤：〈我的父親〉，《明倫》第 310 期，2000 年 12 月。
302. 李相楷（蓮階）：〈寒假期中之休閒生活〉，《慈光》第 226 號，1969 年 4 月 15 日，第 3 版。
303. 周東怡：〈清末《奏定高等小學堂章程》與《奏定初等小學堂章程》的修訂〉，《臺灣師大歷史學報》第 60 期，2018 年 12 月，頁 79-118。

304. 周宣德：〈為籌建菩提醫院而呼籲〉，《菩提樹》第 125 期，1963 年 4 月 8 日，頁 8-9。
305. 周宣德：〈大專青年學佛運動的回顧及對明倫月刊的展望〉，《明倫》第 0 期，1970 年 10 月。
306. 周宣德：〈我崇敬的李雪廬老師〉，《慧炬》第 264 期，1986 年 6 月，紀念李雪廬長者專輯，頁 12-15。
307. 周宣德：〈悼念李雪公老師〉，《明倫》第 164 期，1986 年 4/5 月合刊，頁 59-60。
308. 周宣德：〈我崇敬的李雪廬老師〉，《慎公老居士與淨土妙門——周宣德老居士百一十歲誕辰紀念專輯》，臺北：淨廬念佛會，2008 年，頁 33-37。
309. 屈世釗：〈不可一日無此君〉，《山東圖書館學刊》，2009 年第 3 期，頁 116-117。
310. 屈煥新：〈屈萬里與李炳南喪亂中「鬥富」〉，《明倫》第 474 期，2017 年 5 月，頁 40-45。
311. 東午：〈明倫社創舉第一期寒假大專佛學講座略記〉，《慧炬》第 87 期，1971 年 2 月，頁 49；第 88 期，1971 年 3 月，頁 60。
312. 林鳳一、陳天生口述，黃德川記：〈創業維艱懷恩師〉，《明倫》第 441 期，2014 年 1 月。
313. 治喪委員會：〈周家麟老居士事略〉，《明倫》第 362 期，2006 年 2、3 月。
314. 治喪委員會：〈慈航老法師示寂經過〉，《菩提樹》第 19 期，1954 年 6 月 8 日，頁 2。
315. 侯坤宏：〈戰後臺灣佛教的「護法運動」〉，《中佛教會復會六十週年學術研討會論文集》，臺北：中國佛教會，2007 年 8 月 25 日，頁 403-442。
316. 洪錦淳：〈雪廬老人《禮記》選講特色及其所涵蘊的價值〉，《紀念李炳南教授往生 20 週年學術研討會論文集》，臺中：國立中興大學中國文學系，2006 年 10 月，頁 317-356。

317. 紀潔芳：〈半世紀牽引 一輩子感念——憶慎公恩師兼述智海學社的成長與校園佛法的發展，上、下〉，《慧炬》537 期，2009 年 3 月，頁 42-51；538 期，2009 年 4 月，頁 32-41。
318. 紀潔芳：〈研讀《佛學問答》經驗分享〉，《慧炬》第 576 期，2012 年 6 月 15 日，頁 52-60。
319. 胡建國主編：〈德欽大師事略〉，《國史館現藏民國人物傳記史料彙編》第 23 輯，頁 596-597。
320. 郁英、弘超：〈雪公與智海的一段緣〉，《智海卅週年紀念專刊》，臺中：國立中興大學智海學社，1991 年，頁 67-71。
321. 徐業鴻：〈惜別感言〉，《慈光》第 12 號，1959 年 9 月 25 日，第 3 版。
322. 徐醒民：〈明倫師生遊廬山〉，《明倫》第 7 期，1971 年 9 月；第 504 期，2020 年 5 月重刊。
323. 徐醒民：〈雪公恩師教範〉，《明倫》第 165 期，1986 年 6 月。
324. 徐醒民：〈師恩罔極〉，《明倫》第 173 期，1987 年 4 月。
325. 徐醒民：〈朱公鐸民老居士傳〉，《明倫》第 203 期，1990 年 4 月。
326. 徐醒民：〈雪廬老人詩法〉，《明倫》第 263 期，1996 年 4 月。
327. 徐醒民：〈弘儒弘佛一詩翁〉，《明倫》第 363 期，2006 年 4 月。
328. 徐醒民撰，周家麟書：〈先師李雪廬老居士舍利碑〉，《明倫》第 463 期，2016 年 4 月。
329. 徐醒民：〈戊申教師節從師遊溪頭山觀神木記〉，《明倫》第 507 期，2020 年 9 月。
330. 記者：〈捐資興建療養院之郭真如居士〉，《明倫》第 8 期，1971 年 10 月。
331. 馬晉封（子晉）：〈悼雪廬先生〉，原刊《自立晚報》，1986 年 4 月 29 日；《明倫》第 164 期，1986 年 4 月轉載。
332. 馬晉封（子晉）：〈讀雪公詩憶往〉，《明倫》第 173 期，1987

年 4 月。

333. 高國浚（淨宏）：〈法器遺音泯過現，佛聲恆唱超死生〉，《明倫》第 164 期，1986 年 4/5 月合刊，頁 16-21。

334. 高國浚（淨宏）：〈幻身示寂・佛音不空　綠島栽蓮・行願有成〉，《明倫》第 165 期，1986 年 6 月。

335. 國史館：〈高登海〉，《國史館現藏民國人物傳記史料彙編》第 21 輯，臺北：國史館，2000 年 12 月，頁 280-284。

336. 國史館編：〈王大任先生行述〉，《國史館現藏民國人物傳記史料彙編》第 7 輯，臺北：國史館，1992 年 7 月，第 3 頁。

337. 張清泉（泉居）：〈宋張璩史氏造象磚拓本題記釋文考訂上、下〉，《明倫》第 475 期，2017 年 6 月；476 期，2017 年 7/8 月合刊。

338. 張清泉：〈雪廬詩教旨趣〉，《明倫》第 390 期，2008 年 12 月。

339. 張慈惠：〈宣傳影印大藏經日記（下）〉，《菩提樹》第 38 期，1956 年 1 月 8 日，頁 26-28。

340. 張臨生、陳筱君講述，編輯部整理：〈從文物中仰視孔德成先生傳奇的一生〉，《典藏》第 317 期，2019 年 2 月，頁 52-59。

341. 莊陔蘭：〈定林寺碑〉，政協日照市委員會編：《日照舉人錄第三編・莒縣卷》，北京：中國文史出版社，2011 年 12 月，頁 259。

342. 許祖成（寬成）：〈臺中靈山寺德欽大師事略〉，《明倫》第 7 期，1971 年 9 月。

343. 連淑美：〈廣弘大藏教　指歸彌陀行——雪廬老人講經與修行歸趣探析〉，《紀念李炳南教授往生 20 週年學術研討會論文集》，臺中：青蓮出版社，2006 年 4 月，頁 95-99。

344. 郭森滿：〈追憶五十年前創立臺大晨曦學社之歷程——為臺大晨曦學社成立五十週年而作〉，《慧炬》549 期，2010 年 3 月，頁 74-87。

345. 陳法青：〈甚望早日回京——「正因蓮社」弟子函請返社（之一）〉，《明倫》第 397 期，2009 年 9 月。
346. 陳法青：〈日夜頜望聽宏音——「正因蓮社」弟子函請返社（之二）〉，《明倫》第 397 期，2009 年 9 月。
347. 陳欽忠：〈翛然意遠——憶嚴師窗課二三事〉，《王禮卿教授百年誕辰記紀念文集》，臺中：國立中興大學中國文學系，2011 年 12 月，頁 293-295。
348. 陳慧劍（上官慧劍）：〈滿戒繽紛錄（上、中、下）〉，《菩提樹》第 92-94 期，1960 年 6-8 月。
349. 陳慧劍：〈李雪廬老師山水圖〉，《天華》第 52 期，1983 年 9 月。
350. 智海學社：〈社史〉，《智海卅週年紀念專刊》，臺中：國立中興大學智海學社，1991 年，頁 129-198。
351. 菩提醫院董事會：〈籌建佛教菩提醫院的意義〉、〈佛教菩提醫院（療養院）籌建委員會組織章程草案〉、〈佛教菩提醫院（療養院）籌建委員會接受各界樂捐紀念病房辦法〉，《菩提樹》第 127 期，1963 年 6 月 8 日，頁 8-10。
352. 黃宏介：〈臺中金剛經講座側記〉，《慧炬》第 35/36 期合刊，1965 年 7 月 15 日，頁 37-38。
353. 黃潔怡（弘安）：〈無盡的追思——燈燈相傳綿綿無盡〉，《明倫》第 166 期，1986 年 7 月。
354. 黃潔怡（弘安）：〈雪公靈骨返鄉記〉，《明倫》第 193 期，1989 年 4 月，雪公往生三周年特刊。
355. 黃潔怡（弘安）：〈濟南行（一、二、三、四、五、六、七、八、九）〉，《明倫》第 199-207 期，1989 年 11 月－1990 年 9 月。
356. 黃潔怡（芹生）：〈雪公百歲冥誕紀實〉，《明倫》第 200 期，1989 年 12 月。
357. 黃潔怡（弘安）：〈寄漚軒雪廬老人寓所導覽〉，《明倫》第

266 期,1996 年 7 月 8 月。
358. 黃潔怡(弘安):〈雪公與明倫〉,《明倫》第 300 期,1999 年 12 月。
359. 黃潔怡(弘安):〈雪廬老人往生三十周年文物展側記〉,《明倫》第 467-472 期,2016 年 11 月－2017 年 1/2 月合刊。
360. 董正之:〈敬悼灌園林獻堂老居士〉,《菩提樹》第 47 期,1956 年 10 月 8 日,頁 41。
361. 詹前柏(德安):〈從慈光到慈馨——慈馨兒少之家總務、教保座談紀錄〉,《明倫》第 373 期,2007 年 4 月。
362. 詹泰一:〈菲華佛教居士林回國訪問團訪問楞蓮精舍記〉,《菩提樹》第 56 期,1957 年 7 月 8 日,頁 42。
363. 詹勵吾:〈我與臺灣青年學佛運動〉,《慧炬》第 113/114 期合刊,1973 年 6/7 月,頁 89-94。
364. 詹曙華:〈雪公文物數位典藏紀實〉,《明倫》第 464 期,2016 年 5 月。
365. 雋桂德:〈莊陔蘭〉、〈莒州翰林莊陔蘭新證〉,政協日照市委編,《日照舉人錄》,北京:中國文史出版社,2011 年,頁 257-268。
366. 塵空:〈民國佛教年紀〉,張曼濤主編:《中國佛教史論集(七)民國佛教篇》,臺北:大乘文化,1978 年。
367. 廖一辛:〈李老師講經一週年紀念感想〉,《李老居士講經週年紀念特刊》,臺中:自印本,1950 年 9 月。
368. 褚承志:〈山東公立法政專門學校(上、中、下)〉,《山東文獻》第 10 卷第 4 期,1985 年 3 月 20 日;第 11 卷第 1 期,1985 年 6 月 20 日;第 11 卷第 2 期,1985 年 9 月 20 日。
369. 褚承志:〈山東官立法政學堂(上、中、下)〉,《山東文獻》第 3 卷第 2 期,1977 年 9 月,頁 53-69;第 3 期,1977 年 12 月,頁 94-104;第 4 期,1978 年 3 月,頁 40-62。
370. 褚承志:〈山東法律學堂——第二法政學校〉,《山東文獻》第

4 卷第 2 期，1978 年 9 月，頁 37-55

371. 趙阿南：〈呂今山傳〉，《山東文獻》第 2 卷第 3 期，1976 年 12 月；《明倫》415 期，2011 年 6 月轉載。

372. 趙阿南：〈呂今山傳〉，《蓮浮集》，臺南：自印本，1965 年，頁 7。

373. 劉勝欽：〈臺大晨曦學社之創立及其影響——為紀念周宣德居士誕生一百一十週年暨其推動大專青年佛學運動屆滿五十週年而作（二）〉，《慧炬》第 535/536 期合刊，2009 年 1 月，頁 38-53。

374. 劉智雄：〈紀念炳公老居士一年間弘化工作〉，《覺生》第 1 期，1950 年 7 月，頁 11-12。

375. 劉智雄（智雄）：〈佛教蓮社屏東弘法記〉，《覺生》第 12 期，1951 年 6 月 30 日，頁 14-15。

376. 慧炬社：〈南昌周子慎居士年譜〉，《周子慎居士伉儷追思錄》，臺北：慧炬出版社，1990 年 11 月，頁 44-93。

377. 編者：〈捧出心來與佛看——《明倫》五十年發展歷程〉（摘錄），《明倫》第 500 期，2019 年 12 月。

378. 編者：〈靈巖書樓簡介〉，《明倫》第 1 期，1971 年 3 月。

379. 編者：〈本刊遷京編發啟事〉，《海潮音》第 27 卷第 4 期，1946 年 4 月 1 日，頁 44。

380. 編者：〈專題：雪公來臺初期弘化〉，《明倫》第 401 期，2010 年 1 月。

381. 編輯室：〈願將穢土三千界　遍種西方九品蓮〉，《明倫》第 196 期，1989 年 7/8 月合刊。

382. 蔡運辰（念生）：〈談設立佛教醫院的重要性〉，第 72 期，1958 年 11 月 8 日，頁 6-7。

383. 蔡運辰（念生）：〈台中蓮社傳授在家二眾戒禮讚〉，《菩提樹》第 92 期，1960 年 7 月 8 日，頁 14-15。

384. 蔡運辰（念生）：〈台中蓮社千人戒會同戒錄序〉，《菩提樹》第 93 期，1960 年 8 月 8 日，頁 13。

385. 蔡運辰（念生）：〈偶然耶？感應耶？〉，《菩提樹》第 96 期，1960 年 11 月 8 日，頁 32。
386. 蔡運辰（寬運）：〈慎齋堂沿革記〉，藍吉富主編：《臺灣佛教辭典》，臺南：妙心出版社，2013 年。
387. 鄭振煌：〈臺中半月記──五十四年暑假第一期大專佛學講座後記〉，《菩提樹》第 155 期，1965 年 10 月 8 日，頁 33-35。
388. 鄭振煌：〈臺中受業再記──五十四年暑假第二期大專佛學講座日記〉，《菩提樹》第 156 期，1965 年 11 月 8 日，頁 30-31
389. 鄭振煌：〈慈光暑期學術講座瓔珞記〉，《慧炬》第 37 期，1965 年 11 月 12 日，頁 30-32。
390. 鄭勝陽口述，于凌波筆錄：〈雪廬老人示寂前後〉，《明倫》第 164 期，1986 年 4/5 月合刊。
391. 盧志宏：〈「慈光學術講座」聽講略記〉，《慈光》第 57 號，1961 年 8 月 30 日，第 3 版。
392. 蕭子明：〈周邦道先生事略〉，《江西文獻》第 147 期，1992 年 1 月 1 日，頁 2。
393. 賴建成（乃濟）：〈願各手栽蓮萬頃　從教剎海遍清芬──雪公臺中初結法緣〉，《明倫》第 401 期，2010 年 1 月。
394. 賴崇仁：〈許克綏年表〉，《臺中瑞成書局及其歌仔冊研究》，逢甲大學中文系碩士論文，2005 年 6 月，頁 29-30。
395. 賴棟樑：〈農曆五月初二日李老居士講經一週年紀念在法華寺聚餐席上講話〉，《李老居士講經週年紀念特刊》，臺中：自印本，1950 年 9 月。
396. 謝嘉峰：〈雪廬老人《佛學問答・淨土類》要義之探述〉，《應教木鐸振春風──紀念李炳南教授往生三十週年學術研討會論文集》，臺中：青蓮出版社，2017 年 10 月，頁 235-280。
397. 謝潤德：〈佛教菩提醫院計劃透視圖（草案）〉，《菩提樹》第 141 期，1964 年 8 月 8 日，頁 10。
398. 鍾清泉（三學）：〈說法談經花雨天──普照寺、正因蓮社弘正

法〉,《明倫》第397期,2009年9月。
399. 鍾清泉(藏密):〈化度群迷君有願──一九四九的臺中佛化〉,《明倫》第401期,2010年1月。
400. 鍾清泉(藏密):〈一張別具意義的皈依證──雪公與如岑法師〉,《明倫》第405期,2010年6月。
401. 鍾清泉(藏密):〈每自微吟輒憶君──雪公與莊太史〉,《明倫》第413期,2011年4月。
402. 鍾清泉(三學):〈雪公大專院校授課點滴〉,《明倫》第446期,2014年7月。
403. 鍾清泉(藏密):〈蜀道吟──尋訪雪公入川遺蹤〉,《明倫》第449期,2014年11月。
404. 鍾清泉(三學):〈應教木鐸振春風──《明倫》發行五十年孔學回顧〉,《明倫》第500期,2019年12月。
405. 鍾清泉(藏密):〈客眼巴山似故鄉──雪公在重慶,上、下〉,《明倫》第503、504期,2020年4、5月。
406. 簡宗修:〈沐浴在慈光裡〉,方萬全、徐天相、陳大雄、邱敏霞編:《暑期大專佛學講座同學錄⑦紀念冊》,頁1-6。
407. 簡金武(智果):〈修學法要──淺釋內典研究班班訓(一、二)〉,《明倫》第173、174期,1987年4、5月。
408. 簡金武:〈追思會公二三事〉,《明倫》第403期,2010年4月。
409. 顏廷蘭:〈王獻唐、孔德成、李炳南往來書箋考釋〉,《山東圖書館學刊》,2010年第5期,頁113-117。
410. 蘇全正:〈霧峰林家的女性學佛人──以臺中靈山寺德真法師為例〉,《玄奘佛學研究》第21期,2014年3月,頁61-96。
411. 覺海:〈為響應念生居士提創佛教醫院芻議〉,《菩提樹》第77期,1959年4月8日,頁31。
412. 釋大醒:〈編後雜話〉,《海潮音》第30卷10月號,1949年10月,頁20。

413. 釋大醒：〈有關覺群的歷史——代關於改刊的話〉，《覺群》第75期，1950年2月，頁7。
414. 釋仁俊：〈澹泊似頭陀堅強傚菩薩〉，《慧炬》第264期，1986年6月15日，頁5-6。
415. 釋光持：〈推動大專佛學社團之父——周宣德〉，《法印學報》第7期，2016年10月，頁177。
416. 釋印順：〈台灣當代淨土思想的動向讀後〉，《華雨集》第5集，臺北：正聞出版社，1993年4月，頁103-104。
417. 釋見曄：《走過臺灣佛教轉型期的比丘尼——釋天乙》，《香光莊嚴》第57、58期，1999年3、6月。
418. 釋淨空：〈雪廬恩師往生十周年紀念〉，《內典講座之研究》，臺北：佛陀教育基金會，2013年10月，頁107-114。
419. 釋斌宗講，壽光記：〈台中蓮社傳授在家菩薩戒開示〉，《菩提樹》第32期，1955年7月8日，頁3-7。
420. 釋會性：〈故李公炳南老居士封龕舉靈出殯法語〉，《明倫》第165期，1986年6月。
421. 釋會性：〈故李公炳南老居士追悼典禮法語〉，《明倫》第165期，1986年6月。
422. 釋會性：〈故李公炳南老居士荼毘法語〉，《明倫》第165期，1986年6月。
423. 釋聖嚴：〈今日的臺灣佛教及其面臨的問題〉，《學術論考》，《法鼓全集》2020紀念版第3輯第1冊，頁236-237。
424. 釋道安：〈大專佛學講座緣起〉，《獅子吼》第13卷第9期，1974年9月15日，頁19。
425. 釋演培、釋默如、釋樂觀：〈太虛大師紀念館落成典禮開示〉，《菩提樹》第170期，1967年1月8日，頁40-42。
426. 釋懺雲：〈齋戒學會三十年感言〉，《蓮音》第12期，南投：蓮因寺大專學生齋戒學會，2009年，頁39-43。

五、公文檔案、通訊錄、手冊、地圖

427. 〈山東省垣街市圖〉，參謀本部山東省陸地測量局，1925 年據 1906 年光緒 32 年影印縮製，1930 年複修。
428. 〈中華國恥地圖〉，河北省工商廳，1929 年 10 月。
429. 〈濟南市街道圖〉，濟南：山東書局，1932 年。
430. 日人繪製：〈新興濟南市圖繪〉，1938 年。
431. 〈明倫廣播供應社工作人員聯誼會紀錄〉，《台中蓮社會議紀錄》，台中蓮社檔案，1985 年 4 月 21 日。
432. 〈國文佛學補習班檔案〉，台中蓮社檔案，1953 年。
433. 〈蓮社文教機構致賀函〉、〈奉祀官府職事人員致賀長官函〉，1984 年 8 月 10 日，陳雍澤提供。
434. 〈論語講習班籌備會紀錄〉，《台中蓮社歷年會議紀錄》，台中蓮社檔案，1980 年 2 月 26 日、1980 年 3 月 6 日。
435. 「奉祀官孔德成為赴美考察呈文」，1945 年 10 月 25 日，〈奉祀官職位承襲優待辦法（二）〉，《國民政府》，國史館藏，數位典藏號：001-051610-00004-090。
436. 「大成至聖先師奉祀官府孔德成呈國民政府主席蔣中正為前奉曲邑收復擬請假一個月歸里謁廟」，1947 年 4 月 28 日，〈中央機關主管請假〉，《國民政府》，國史館藏，數位典藏號：001-030030-00008-051。
437. 「派王子壯為祭孔代表」，1947 年 8 月 21 日，〈孔子誕辰紀念日案（二）〉，《國民政府》，國史館藏，數位典藏號：001-051616-00003-059。
438. 「國民政府文官處函津浦鐵路管理局浦兗段管理處」，1947 年 8 月 22 日，〈孔子誕辰紀念日案（二）〉，《國民政府》，國史館藏，數位典藏號：001-051616-00003-056。
439. 「至聖奉祀官孔德成赴廣州參加祭孔大典」，1949 年 8 月 25 日，〈中央報告（一）〉，《蔣中正總統文物》，國史館藏，數位典藏號：002-080101-00028-005。

440. 內典班研究生：〈致沈家楨函〉，《內典班文牘》，台中蓮社檔案，1974 年 12 月 19 日。

441. 內典班：〈內典班上課時間一覽表〉、〈內典班通告〉，《內典班文牘》，台中蓮社檔案，1975 年 2 月 24 日中注語字第 56 號。

442. 孔德成主席，李炳南記錄：〈民國三十七年會議紀錄簿〉，1948 年 3 月 1 日，【孔府檔案第 8928 號】，曲阜：孔子博物館提供。

443. 孔令儁：〈孔府府務委員會主任孔令儁致炳南先生信函〉，1948 年 3 月 14 日，【孔府檔案第 S16231 號】，曲阜：孔子博物館提供。

444. 孔令儁：〈致李炳南函〉，1948 年 4 月 20 日，【孔府檔案第 8962 號】，曲阜：孔子博物館提供。

445. 方萬全、徐天相、陳大雄、邱敏霞編：《暑期大專佛學講座同學錄⑦紀念冊》，臺中：慈光圖書館，1967 年 10 月 15 日。

446. 朱炎煌主席，羅阿琴記錄：〈台中市佛教蓮社六十七年度第一次董監事暨社務工作人員聯席會議紀錄〉，《台中蓮社歷年會議紀錄》，台中蓮社檔案，1978 年 6 月 17 日。

447. 朱炎煌主席，羅阿琴記錄：〈台中市佛教蓮社六十七年度各念佛班聯誼會會議紀錄〉，《台中蓮社歷年會議紀錄》，台中蓮社檔案，1978 年 6 月 18 日。

448. 李經野等：〈卷四　政教志〉，《曲阜縣志》，臺北：成文出版社據民國 23 年鉛本影印，頁 51。

449. 李興河等主編：〈大事記〉，《臨沂地區志》，北京：中華書局，2001 年。

450. 李鴻儒主編：《世界李氏宗譜・第二輯・卷九・譜系五》，臺北：世界李氏宗親總會宗譜纂修委員會，1978 年 12 月。

451. 沈家楨、李炳南：〈雪公與沈家楨來往書函〉，《內典班文牘》，台中蓮社檔案，1974 年 3 月 20 日、1976 年 3 月 30 日、1976 年 12 月 2 日、1976 年 12 月 8 日。

452. 卓遵宏、侯坤宏訪問，周維朋記錄：〈朱斐居士訪談錄（一、二）〉，《國史館館訊》第 2 期，2009 年 6 月，頁 128-167；

《國史館館訊》第 3 期,2009 年 12 月,頁 149-181。

453. 林敏雄、李相楷編:《慈光大專學術講座同學錄》,臺中:慈光圖書館,1965 年 2 月 15 日。

454. 姜維翰:〈孔德成撤離孔府〉,中國人民政治協商會議山東省青島市委員會文史資料研究委員會編:《青島文史資料》第 8 輯,青島:中國人民政治協商會議山東省青島市委員會文史資料研究委員會,1981 年 10 月,頁 110-111。

455. 胡建國:〈德欽大師事略〉,《國史館現藏民國人物傳記史料彙編》第 23 輯,臺北:國史館,2000 年,頁 595-597。

456. 祭孔禮樂工作委員會:《祭孔禮樂之改進》,臺北:祭孔禮樂工作委員會,1970 年 9 月;收錄於「內政教育兩部會呈『祭孔禮樂之改進』工作報告」,1971 年 9 月 16 日,〈行政院第 1239 次會議議事錄〉,《行政院》,國史館藏:【數位典藏】號:014-000205-00395-002,頁 80-105。

457. 許巍文:〈致函雪公〉,《內典班文牘》,台中蓮社檔案,1974 年 1 月 25 日、1974 年 1 月 28 日、1974 年 2 月 20 日。

458. 陳聰榮、徐天相、詹前善、紀潔芳編:《慈光大專暑期佛學講座⑧紀念冊》,臺中:慈光圖書館,1968 年 10 月 15 日。

459. 董正之主席,王烱如記錄:〈台中市佛教蓮社六十一年度第三次董監事聯席會議紀錄〉,台中蓮社檔案,1972 年 11 月 13 日。

460. 台中蓮社:《台中市佛教蓮社社員名冊,附台中市佛教蓮社章程》,台中蓮社檔案,1952 年 1 月。

461. 台中蓮社:《社務報告書》,台中蓮社檔案,1951 年度至 1959 年度、1961 年度、1962 年度、1965 年度至 1968 年度。

462. 台中蓮社:《蓮社日誌》,台中蓮社檔案,1952 年至 1960 年、1966 年、1973 年僅記兩日、1974 年至 4 月 9 日、1978 至 1989 年。

463. 台中蓮社:《四十八願願員名冊》,台中蓮社檔案,1960 年 5 月 16 日。

464. 台中蓮社:〈台中佛教蓮社聯誼會會議紀錄〉,《台中蓮社歷年

會議紀錄》，台中蓮社檔案，1967 年 7 月 13 日。
465. 台中蓮社：〈台中市佛教蓮社改建工程籌備委員會會議紀錄〉，《台中蓮社歷年會議紀錄》，台中蓮社檔案，1973 年 11 月 13 日、1974 年 9 月 22 日。
466. 台中蓮社：〈新念佛班聯合成立大會・開示〉，《台中蓮社歷年會議紀錄》，台中蓮社檔案，1978 年 11 月 18 日。
467. 台中蓮社：〈台中蓮社蓮慈基金救濟會成立大會紀錄〉，《台中蓮社歷年會議紀錄》，台中蓮社檔案，1979 年 2 月 27 日。
468. 台中蓮社：〈台中蓮社榮富助念團成立大會紀錄〉，《台中蓮社歷年會議紀錄》，台中蓮社檔案，1980 年 8 月 2 日。
469. 台中蓮社：〈台中蓮社淨宗巡迴弘法團第一次籌備會議紀錄〉，《台中蓮社歷年會議紀錄》，台中蓮社檔案，1983 年 7 月 18 日。
470. 台中蓮社六十週年紀念專刊編輯委員會：《蓮花一瓣分台中——台中市佛教蓮社六十週年紀念專刊》，臺中：台中蓮社，2011 年。
471. 語譯會：〈台中佛經注疏語譯會編輯委員譯注經題清冊〉，《內典班文牘》，台中蓮社檔案，1974 年 8 月 1 日。
472. 劉壽林、萬仁元、王玉文、孔慶泰編：《民國職官年表》，北京：中華書局，1995 年，頁 222-228。
473. 聯勤總司令部運輸署：〈函復訂船票事〉，奉祀官府檔案，1949 年 1 月 20 日，郭基發提供。
474. 釋淨空：〈致函雪公〉，《內典班文牘》，台中蓮社檔案，1974 年 12 月 17 日。

六、私文書、手稿、題辭、訪談紀錄

475. 孔德成、李炳南：〈70-72 年臺中論語講習班孔上公與雪公來往函件〉，台中蓮社檔案。
476. 王炯如：〈菩提仁愛之家訪談紀錄〉，臺中：菩提仁愛之家，2023 年 1 月 30 日，未刊本。

477. 張式銘訪問：〈林鳳一師伯口述歷史訪談〉，台中蓮社檔案，2017年1月9日。
478. 張式銘訪問：〈鄭惠文師姑口述歷史訪談〉，台中蓮社檔案，2017年4月10日、2017年5月6日。
479. 張式銘訪問：《張慶祝師姑九十回顧》，臺中：自印本，2006年。
480. 莊陝蘭：〈老春來函〉（手稿），《雪廬詩文集》，臺中：明光出版社，1969年12月8日，《蜀道吟》卷末附錄。
481. 莊氏：〈莊陝蘭年表〉（手稿），山東：日照，莊德潤（莊陝蘭曾孫）提供。
482. 陳名豫：〈遣憂、病枕偶成、炳南師兄惠導淨修常賜開示抒感奉贈〉（手稿），《雪廬詩文集》，臺中：明光出版社，1969年12月8日，《蜀道吟》卷末附錄。
483. 林其賢、郭惠芯：〈楊煕先生與雪公交誼——楊子江、劉行健訪談錄〉，《明倫》第536期，2023年7/8月合刊。
484. 淨空老法師報恩講堂／徐醒民教授訪談／2012.3.2 啟講於台灣台中蓮社／編號：52-491／共1集：http://www1.amtb.tw/baen/jiangtang.asp?web_choice=68& web_rel_index=2938
485. 謝智光：〈《論語講要》筆記者徐醒民先生訪談錄〉，《雪廬老人《論語講要》研究》，頁256-268。
486. 釋印光：〈印光大師墨寶——民國廿四、五年間與本刊社長之親筆函〉（手稿），《菩提樹》第97期，1960年12月，頁20-21。原件收於【數位典藏】書信／出家法師／印光法師。

七、圖片、照片

487. 本書《圖冊》所錄照片，依智慧財產權相關法規使用，其所有權歸屬原授權者。取自【數位典藏】、台中蓮社等機構者，已於《年譜》中注記出處，不再於《圖冊》說明。經照片提供者同意載記者，於《圖冊》中注明申謝。

李炳南居士年譜

2025年3月初版
有著作權・翻印必究
Printed in Taiwan.

定價：新臺幣全套6500元
（全套書共六冊，不分售）

編輯委員 吳聰敏（召集人）	編　著	林其賢
吳碧霞、紀海珊、張式銘、張清泉、連文宗、郭惠芯、陳雍澤	主　編	胡琡珮
陳雍政、黃潔怡、詹前柏、詹曙華、賴建成、鍾清泉、林其賢	校　對	楊俶儼
	內文排版	胡常勤
	封面設計	李偉涵

出　版　者	聯經出版事業股份有限公司	編務總監	陳逸華
地　　　址	新北市汐止區大同路一段369號1樓	副總經理	王聰威
叢書編輯電話	（02）86925588轉5305	總　經　理	陳芝宇
台北聯經書房	台北市新生南路三段94號	社　　長	羅國俊
電　　　話	（02）23620308	發　行　人	林載爵
印　刷　者	文聯彩色製版有限公司		
總　經　銷	聯合發行股份有限公司		
發　行　所	新北市新店區寶橋路235巷6弄6號2樓		
電　　　話	（02）29178022		

行政院新聞局出版事業登記證局版臺業字第0130號

本書如有缺頁，破損，倒裝請寄回台北聯經書房更換。　ISBN　978-957-08-7614-7（全套精裝）
聯經網址：www.linkingbooks.com.tw
電子信箱：linking@udngroup.com

國家圖書館出版品預行編目資料

李炳南居士年譜/林其賢編著．胡琡珮主編．初版．新北市．
聯經．2025年3月．年譜共3880面．圖冊516面．年譜14.8×21公分．
圖冊21×29.7公分
ISBN 978-957-08-7614-7（全套精裝）

1.CST：李炳南　2.CST：年譜

783.3986　　　　　　　　　　　　　　　　　114001345